巴渝文献总目
民国卷·著作文献（上）

任竞　王志昆 ○主编

重庆出版集团
重庆出版社

图书在版编目(CIP)数据

巴渝文献总目·民国卷·著作文献/任竞,王志昆主编.
—重庆:重庆出版社,2017.1

ISBN 978-7-229-11910-2

Ⅰ.①巴… Ⅱ.①任… Ⅲ.①地方文献—图书目录—四川—民国 ②地方文献—图书目录—重庆—民国 Ⅳ.①Z812.271 ②Z812.271.9

中国版本图书馆CIP数据核字(2017)第035497号

巴渝文献总目·民国卷·著作文献
BAYU WENXIAN ZONGMU·MINGUOJUAN·ZHUZUO WENXIAN
任　竞　王志昆　主编

责任编辑:林　郁
责任校对:李小君
装帧设计:王芳甜

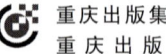出版

重庆出版集团
重庆出版社

重庆市南岸区南滨路162号1幢　邮编:400061　http://www.cqph.com
重庆出版社艺术设计有限公司制版
重庆天旭印务有限责任公司印刷
重庆出版集团图书发行有限公司发行
E-MAIL:fxchu@cqph.com　邮购电话:023-61520646
全国新华书店经销

开本:787mm×1092mm　1/16　印张:57.25　字数:868千
2017年5月第1版　2017年5月第1次印刷
ISBN 978-7-229-11910-2
定价:135.00元(上、下)

如有印装质量问题,请向本集团图书发行有限公司调换:023-61520678

版权所有　侵权必究

编撰委员会

顾　　　问	傅璇琮
总 策 划 人	杨恩芳　周　勇
学术牵头人	蓝锡麟　黎小龙
主　　　编	任　竞　王志昆
副 主 编	袁佳红
编 撰 人	袁志鹏　张海艳　谭小华　曾　妍　陈桂香　刘　威
	谭　翠　国　晖　李腾达　张　丁　周兴伟　张保强
学术审稿	刘明华　杨恩芳　张荣祥　黎小龙　周　勇　周晓风
	段　渝　韩云波　傅德岷　舒大刚　蓝锡麟　熊宪光
	曾代伟　唐润明　李茂康　潘　洵　何　兵　曹文富
	马　强　徐　立

总序

蓝锡麟

两百多万字的《巴渝文献总目》即将出版发行。它标志着经过六年多的精准设计、切实论证和辛勤推进,业已明确写入《重庆市国民经济和社会发展第十三个五年规划》的《巴渝文库》编纂出版工程,取得了第一个硕重的成果。它也预示着,依托这部前所未有的大书已摸清和呈显的巴渝文献的厚实家底,对于巴渝文化的挖掘、阐释、传承和弘扬,都有可能进入一个崭新的阶段。

《巴渝文库》是一套以发掘梳理、编纂出版巴渝文献为主轴,对巴渝历史、巴渝人文、巴渝风物等进行广泛汇通、深入探究和当代解读,以供今人和后人充分了解巴渝文化、准确认知巴渝文化,有利于存史、传箴、资治、扬德、励志、育才的大型丛书。整套丛书都将遵循整理、研究、求实、适用的编纂方针,运用系统、发展、开放、创新的文化理念,力求能如宋人张载所倡导的"为天地立心,为生民立命,为往圣继绝学,为万世开太平"那样,对厘清巴渝文化文脉,光大巴渝文化精华,作出当代文化视野所能达致的应有贡献。

这其间有三个关键词,亦即"巴渝"、"文化"和"巴渝文化"。

"巴渝"称谓由来甚早。西汉司马相如的《上林赋》中,即有"巴渝宋蔡,淮南于遮"的表述,桓宽的《盐铁论·刺权篇》也有"鸣鼓巴渝,交作于堂下"的说法。西晋郭璞曾为《上林赋》作注,指认"巴西阆中有渝

水,僚人居其上,皆刚勇好舞,汉高祖募取以平三秦,后使乐府习之,因名巴渝舞也。"从前后《汉书》至新旧《唐书》,以及《三巴记》、《华阳国志》等典籍中,都能见到"巴渝乐"、"巴渝舞"的记载。据之不难判定,"巴渝"是一个地域历史概念,它泛指的是先秦巴国、秦汉巴郡辖境所及,中有渝水贯注的广大区域。当今重庆市,即为其间一个至关重要的组成部分,并且堪称主体部分。

关于"文化"的界说,古今中外逾百种,我们只取在当今中国学界比较通用的一种。马克思在《1844年经济学哲学手稿》里指出:"动物只生产自己本身,而人则再生产整个自然界。"因此,"自然的人化",亦即人类超越本能的、有意识地作用于自然界和社会的一切创造性活动及其物质、精神产品,就是广义的文化。在广义涵蕴上,文化与文明大体上相当。广义文化的技术体系和价值体系建构两极,两极又经由语言和社会结构组成文化统一体。其中的价值体系,即与特定族群的生产方式和生活方式相适应,构成以语言为符号传播的价值观念和行为准则,通常被称为观念形态,就是狭义的文化。文字作为语言的主要记载符号,累代相积地记录、传播和保存人类文明的各种成果,则形成文献。文献直属于狭义文化,具有知识性特征,但同时又是广义文化的价值结晶。《巴渝文库》的"文"即专指文献,整部丛书都将遵循以上认知从文献伸及文化。

将"巴渝"和"文化"两个概念和合为一,标举出"巴渝文化"特指概念,乃是二十世纪中后期发生的事。肇其端,《说文月刊》1941年10月在上海,1942年8月在重庆,先后发表了卫聚贤的《巴蜀文化》一文,并以"巴蜀文化专号"名义合计发表了25篇文章,破天荒揭橥了巴蜀文化的基本内涵。从五十年代到九十年代,以成渝两地的学者群作为主体,也吸引了全国学界一些人的关注和参与,对巴蜀文化的创新探究逐步深化、丰富和拓展,并由"巴蜀文化"总体维度向"巴蜀文明"、"巴渝文化"两个向度切分、提升和衍进。在此基础上,以1989年11月重庆博物馆编辑、重庆出版社出版第一辑《巴渝文化》首树旗帜,经1993年秋在渝召开"首届全国巴渝文化学术研讨会"激扬波澜，到1999年间第四辑《巴渝文化》结集面世，确证了"巴渝文化"这一地域历史文化概念的提出和形成距今已达三十多年，并已获得全国学界的广泛认同。黎小龙所撰《"巴蜀文化"、"巴渝文化"概念及其基本内涵的形成与嬗变》一文，对其沿革、流变及因果考镜翔实，梳理通达，足可供而今而后一切关注巴渝文化的人溯源知流，辨伪识真。

从中不难看出，巴蜀文化与巴渝文化不是并列关系，而是种属关系，彼此间有同有异，可合可分。用系统论的观点考察种属，自古及今，巴蜀文化都是与荆楚文化、吴越文化同一层级的长江流域的一大地域历史文化，巴渝文化则是巴蜀文化的一个重要分支。自先秦迄于两汉，巴渝文化几近巴文化的同义语，与蜀文化共融而成巴蜀文化。魏晋南北朝以降，跟巴渝相对应的行政区划迭有变更，仅言巴渝渐次不能遍及巴，但是，在巴渝文化的核心区、主体圈和辐射面以内，巴文化与蜀文化的兼容性和互补性，或者一言以蔽之曰同质性，仍然不可移易地存在，任何时势下都毋庸置疑。而与之同时，大自然的伟力所造就的巴渝山水地质地貌，又以不依任何人的个人意志为转移的超然势能，对于生息其间的历代住民的生产方式和生活方式施予重大影响，从而决定了巴人与蜀人的观念取向和行为取向不尽一致，各有特色。再加上巴渝地区周边四向，东之楚、南之黔、北之秦以及更广远的中原地区的文化都会与之相互交流、渗透和浸润，巴渝文化之于巴蜀文化具有某些异质性，更加不可避免。既有同质性，又有异质性，就构成了巴渝文化的特质性。以此为根基，在尊重巴蜀文化对巴渝文化的统摄地位的前提下，将巴渝文化切分出来重新观照，合情合理，势在必然。

周边四向其他文化与巴渝文化交相作用，影响之大首推蜀文化自不待言，但对楚文化也不容忽视。《华阳国志·巴志》有言："江州以东，滨江山险，其人半楚，姿态敦厚。垫江以西，土地平敞，精敏轻疾。上下殊俗，情性不同。"正是这种交互性的生动写照。就地缘结构和族群渊源而言，理当毫不含糊地说，巴渝文化地域恰是巴蜀文化圈与荆楚文化圈的边缘交叉地域。既边缘，又交叉，正负两端效应都有。正面的效应，主要体现在有利于生成巴渝文化的开放、包容、多元、多样上。而负面的效应，则集中反映在距离两大文化圈的核心地区比较远，无论在广义层面，还是在狭义层面，巴渝文化的演进发展都难免相对滞后。负面效应贯穿先秦以至魏晋南北朝时期，直至唐宋才有根本的改观。

地域历史的客观进程即是巴渝文化的理论基石。当第四辑《巴渝文化》出版面世时，全国学界已对巴渝文化概念及其基本内涵取得不少积极的研究成果，认为巴渝文化是指以今重庆为中心，辐射川东、鄂西、湘西这一广大地区内，从夏商直至明清时期的物质文化和精神文化的总和，已然成为趋近共识的地域历史文化界说。《巴渝文库》自设计伊始，便认同这一界说，并将其贯彻编纂全过程。但在时空界线上略有调整，编纂出版的主要内容已确认为，从有文物佐证和文字记载的上古时期开始，直至1949年9月30日为止，举凡曾对今重庆市以及周边相关的历代巴渝地区的历史进程产生过影响，具备文献价值，能够体现巴渝文化的基本内涵的各种信息记录，尤其是得到自古及今广泛认同的代表性著述，都在尽可能搜集、录入和整理、推介之列，当今学人对于巴渝历史、巴渝人文、巴渝风物等的研究性著述也将与之相辅相成。一定意义上，它也可以叫《重庆文库》，然而不忘文化初始，不忘文化由来，还是《巴渝文库》体现顺理成章。

须当明确指出，《巴渝文库》瞩目的历代文献，并非一概出自巴渝本籍人士的手笔。因为一切文化得以生成和发展，注定都是在其滋生的热土上曾经生息过的所有人，有所发现、有所创造的共生结果，决不应该分本籍或外籍。对巴渝文化而言，珍重和恪守这一理念尤关紧要。唐宋时期和民国年间，无疑是巴渝文化最辉煌的两大时段，非巴渝籍人士在这两大时段确曾有的发现和创造，明显超过了巴渝本籍人士，排斥他们便会自损巴渝文化。所以我们对于文献的收取原则，是不分彼此，一视同仁，尊重历史，敬畏前贤。只不过，有惩于诸多发抉限制，时下文本还做不到应收尽收，只能做到尽可能收。拾遗补阙之功，容当俟诸后昆。

还需要强调一点，那就是作为观念形态的狭义的文化，在其生成和发展的过程中，必然会受到一定时空的自然条件和社会条件，尤其是后者中的经济、政治等广义文化要素的多层多样性的制约和支配。无论是共时态还是历时态，都因之而决定，不同的地域文化会存在不平衡性和可变动性。但文化并不是经济和政治的单相式仆从，它也有自身的构成品质和运行规律。一方面，文化的发展与经济、政治的发展并不一定同步，通常呈现出相对滞后性和相对稳定性，而在特定的社会异动中又有可能凸显超前。另一方面，不管处于哪种状态下，文化都对经济、政治等等具有能动性的反作用，特别是反映优秀传统或先进理念的价值观念和行为准则，对整个社会多维度的，广场域的渗透影响十分巨大。除此而外，任何文化强势区域的产生和延续，决然都离不开文化贤良和学术精英的引领开拓。这一切，在巴渝文化的演进流程中都有长足的映现，而巴渝文献正是巴渝文化行进路线图的历史风貌长卷。

从这一长卷可以清晰地指认，巴渝文献为形，巴渝文化为神，从先秦迄于民国三千多年以来，历代先人所创造的巴渝地域历史文化，的确是源远流长，根深叶茂，绚丽多姿，历久弥新。尽管文献并不能够代替文物、风俗之类对于文化也具有的载记功能和传扬作用，但它作为最重要的传承形态，如今荟萃于一体，分明已经展示出了巴渝文化的四个行进阶段。

第一个阶段，起自先秦，结于魏晋南北朝。这一阶段长达千余年，前大半段恰为上古巴国、两汉巴郡的存在时期，因而正是巴渝文化的初始时期；后小半段则为三国蜀汉以降，多族群的十几个纷争政权先后交替分治时期，因而从文化看只是初始时期的迟缓延伸。巴国虽曾强盛过，却如《华阳国志·巴志》所记，在鲁哀公十八年（前477）以后，"楚主夏盟，秦擅西土，巴国分远，故于盟会希"，沦落为一个无足道的僻远弱国。政治上的边缘化，加之经济上的山林渔猎文明、山地农耕文明相交错，生产力低下，严重地桎梏了文化的根苗茁壮生长。其间最大的亮点，在于巴、楚共建而成的巫、神、辞、谣相融合的三峡文化，泽被后世，长久不衰。两汉四百年大致延其续，在史志、诗文等层面上时见踪影，但表现得相当零散，远不及以成都为中心的蜀文化在辞赋、史传等领域都蔚为大观。魏晋南北朝三百多年，社会大动荡，生产大倒退，文化生态极为恶劣，反倒陷入了裹足不前之状。较之西向蜀文化和东向楚文化，这一阶段的巴渝文化，明显地处于后发展态势。

第二个阶段，涵盖了隋唐、五代、两宋，近七百年。其中的前三百余年国家统一，带动了巴渝地区经济社会恢复性的良动发展，后三百多年虽然重现政治上的分合争斗，但文化驱动空前自觉，合起来都给巴渝文化注入了生机。特别是科举、仕宦、贬谪、游历诸多因素，促成了包括李白、"三苏"在内，尤其是杜甫、白居易、刘禹锡、黄庭坚、陆游、范成大等文学巨擘寓迹巴渝，直接催生出两大辉煌。一是形成了以"夔州诗"为品牌的诗歌胜境，流誉峡江，彪炳汗青，进入了唐宋两代中华诗歌顶级殿堂。二是发掘出了巴渝本土始于齐梁的民歌"竹枝词"，创造性转化为文人"竹枝词"，由唐宋至于明清，不仅传播到全中国的众多民族，而且传播到全球五大洲。与之相仿佛，宋代理学大师周敦颐、程颐先后流寓巴渝，也将经学、理学以及兴学施教之风传播到巴渝，迄及明清仍见光扬。在这两大场域内，中华诗歌界和哲学界，渐次有了巴渝本土文人如李远、冯时行、度正、阳枋等的身影和行迹。尽管只是局部范围的异军突起，卓尔不群，但这种文化突破，却比1189年重庆升府得名，进而将原先只有行政、军事功能的本城建成一座兼具行政、军事、经济、文化、交通等多功能的城市要早得多。尽有理由说，这个阶段显示着巴渝文化振起突升。

第三个阶段，贯通元明清，六百多年。在这一时期，中华民族国家的族群结构和版图结构最终底定，四川省内成渝之间的统属格局趋于稳固，经济社会发展进入了新的里程，巴渝文化也因之而拓宽领域沉稳地成长。特别是明清两代大量移民进入巴渝地区，晚清重庆开埠，带来新技术和新思想，对促进经济和文化繁荣起了大作用。本地区文化名人前驱后继，文学如邹智、张佳胤、傅作楫、周煌、李惺、李士棻、钟云舫，史学如张森楷，经学如来知德，佛学如破山海明，书画如龚晴皋，成就和影响都超越了一时一地，邹容宣传民主主义革命思想更是领异于时代。外籍的文化名人，诸如杨慎、曹学佺、王士祯、王尔鉴、李调元、张问陶、赵熙等，亦有多向的不俗建树。尽管除邹容一响绝尘之外，缺少了足以与唐宋高标相比并的全国一流性高峰，但认定这一阶段巴渝文化构筑起了有如地理学上所谓中山水准的文化高地，还是并不过分的。

第四个阶段，从1912年民国成立开始，到1949年11月30日国共易帜为止，不足四十年。虽然极短暂，社会历史的风云激荡却是亘古无二，重庆在抗日战争时期成为全中国的战时首都更是空前绝后。由辛亥革命到五四运动，重庆的思想、政治精英已经站在全川前列，家国情怀、革命意识已经在巴渝地区强势贲张。至抗战首都期间，数不胜数的全国一流的文化贤良和学术精英汇聚到了当时重庆和周边地区，势所必至地全方位、大纵深推动文化迅猛突进，就将重庆打造成了那个时期全中国的最大最高的文化高地，其间还耸出不少全国性的文化高峰。其先其中其后，巴渝本籍的文化先进也竞相奋起，各展风骚，如卢作孚、任鸿隽、刘雪庵就在他们所致力的文化领域高扬过旗帜，潘大逵、杨庶堪、吴芳吉、张锡畴、何其芳、李寿民等也声逾夔门，成就不凡。毫无疑问，这是巴渝文化凸显鼎盛、最为辉煌的一个阶段，前无古人，后世也难以企及。包括大量文献在内，它所留下的极其丰厚的思想、价值和精神遗产，永远都是巴渝文化最珍贵的富集宝藏。

由文献反观文化，概略勾勒出巴渝文化的四个生成、流变、发展阶段，指定会有助于今之巴渝住民和后之巴渝住民如实了解巴渝文化，切实增进对于本土文化的自知之明、自信之气和自强之力，从而做到不忘本来，吸收外来，面向未来，更加自觉地传承和弘扬巴渝文化，不懈地推动巴渝文化在新的语境中创造性转化，创新性发展。对于非巴渝籍人士，同样也有认识意义。《巴渝文献总目》没有按照这四个阶段划段分卷，而是依从学界通例分成"古代卷"和"民国卷"，与如此分段并不相抵牾。四分着眼于细密，两分着眼于大观，各有所长，相得益彰。

《巴渝文献总目》作为《巴渝文库》起始发凡的第一部大书，基本的编纂目的在于摸清文献家底，这一个目的已然达到。但它展现的主要是数量。

反观于文化，数量承载的多半还是文化总体的支撑基座的长度和宽度，而并不是足以代表那种文化的品格和力量的厚度和高度。文化的品格和力量蕴含在创造性发现、创新性发展，浸透着质量，亦即思想、价值和精神的精华当中，任何文化形态均无所例外。因此，几乎与编纂《巴渝文献总目》同时起步，我们业已着手披沙拣金，精心遴选优秀文献，分门别类，钩玄提要，以编撰出第二部大书，亦即《巴渝文献要目提要》。明年或后年，当《巴渝文献要目提要》也编成出版以后，两部大书合为双璧，就将对传承和弘扬巴渝文化，持续地生发出别的文化样式所不可替代的指南工具书作用。即便只编辑出版这样两部大书，《巴渝文库》工程便建立了历代前人未建之功，足可以便利当代，嘉惠后人，恒久存传。

《巴渝文库》的期成目标，远非仅编辑出版上述两部大书而已。按既定设计，今后十年内外，还将以"文献"、"新探"两大编的架构形式，分三步走，继续推进，争取总体量达到300种左右。"文献"编拟称《历代巴渝文献集成》，旨在对著作类和单篇类的优秀的，或者有某种代表性的文献进行抉取、整理、注疏、翻印、选编或辑存，使之更适合古为今用，预计180种左右。"新探"编拟称《历代巴渝文化研究》，旨在延请本土学人和外地学人，在文献基础上，对巴渝历史、巴渝人文、巴渝风物等作出创造性研究和创新性诠释，逐步地产生出著述成果120种左右。与其相对应，第一步为基础性工作，即在配套完成两部大书的同时，至迟于2017年四季度前，确定"文献"编的所有子项目和项目承担人。第二步再用三至五年时间，集中精力推进"文献"编的分项编辑出版，力争基本完成，并至迟于2020年四季度前，确定"新探"编的所有子项目和项目承担人。第三步另用五年或者略多一点时间，完成"新探"编，力争2027年前后能竟全功。全过程都要坚持责任至上、质量第一原则，确保慎始慎终，以达致善始善终。能否如愿以偿，有待多方协力。

总而言之，编辑出版《巴渝文库》是一项重大文化建设工程，需要所有参与者自始至终切实做到有抱负，有担当，攻坚克难，精益求精，前赴后继地为之不懈努力，不竟全功，决不止息。它也体现着党委意向和政府行为，对把重庆建设成为长江上游的文化高地具有不容低估的深远意义，因而也需要党委和政府高屋建瓴，贯穿全程地给予更多关切和支持。它还具备了公益指向，因而尽可能地争取社会各界关注和支持，同样不可或缺。事关立心铸魂，必须不辱使命，前无愧怍于先人，后无愧怍于来者。初心长在，同怀勉之！

2016 年 12 月 16 日于淡水轩

前言

　　人类文明的传承主要依托三个方面的载体，一是传世文献，一是地下文物，一是民间传说。就重庆现状看，关于巴渝历史文化的考古发现、民间传说虽然不少，但比较零碎，不成系统；而大量的传世文献，源远流长，比较完整地保存了巴渝历史文化。我国自《汉书·艺文志》起，目录学发展颇具规模，如人所熟知的《隋书·经籍志》、《旧唐书·经籍志》等，随正史得以广泛流传。宋代以后，雕版印刷开始普及，传世目录大行其道，其经典如《新唐书·艺文志》、《郡斋读书志》、《遂初堂书目》等，检索便利，为士人称道。重庆的传世文献，虽然较为宏富，但是，却无一部较为完整的书目。迄今为止，我们所见最早的书目，当数清嘉庆十九年（1814年）四川邻水人、清乾隆后期举人廖寅（字亮工）的《补华阳国志三州郡县目录》。其后，合川人张森楷在民国初年有《通史堂书库目录》、《贲园书库目录辑略》问世，但均不能涵盖重庆的传世文献。

　　重庆大学成立后，先后编辑过《重庆大学图书馆图书目录》（1935）、《四川省立重庆大学图书馆图书目录》（1935）、《四川省立重庆大学图书馆中文书籍目录》（1935），这些目录虽然只包括该校藏书，但其中也有部分记载有四川、重庆的历史文化。

　　抗战期间，重庆有几部目录值得重视。一是国立中央图书馆筹备处编《（重庆各图书馆所藏）西南问题期刊联合目录》（1938）、《（重庆各图书馆所藏）西南问题联合书目初稿续》（1938），一是《抗战地方史书目》（1939）。其中，有不少涉及四川、重庆历史文化。此外，《抗战地方史书目》（国立中央图书馆筹备处编1939年4月）、《抗战地方史书目 军事史书目社会史书目》

（国立中央图书馆筹备处编1939）、《抗战社会史书目》（国立中央图书馆筹备处编，1939年6月）、《抗战文艺书目抗战史书目补遗》（国立中央图书馆筹备处编1939）等，保留不少记载四川、重庆历史文化的书籍，值得参考。

巴渝历代典籍，数量甚为宏富。在启动《巴渝文库》工程之前，实有必要首先编纂一部全面搜集、系统整理巴渝文献的总目录，以便彻底摸清新中国成立以前历代巴渝文献的存佚状况，为顺利完成《巴渝文库》工程奠定基础。历史上的目录学，要么记一代著述之盛，要么记一代藏书之精，要么"辨章学术，考镜源流"。《巴渝文献总目》在"辨章学术，考镜源流"方面，将为《巴渝文库》提供重要的内容支撑，从而有利于确定后续的具体选题品种，进而组织完成各门类图书的编纂和出版。可以说，《巴渝文献总目》是关乎整个《巴渝文库》工程成败的关键。

专录一书以述一地著作，据《千顷堂书目》记载，始于明万历年间祁承㸁的《两浙著作考》。明代四川新都杨慎有《全蜀艺文志》，收录范围以与蜀有关为准，共收有名氏的作者630人，诗文1873篇，按文体编排，以时间先后为序。附引用书目、作者篇名索引。杨慎在正德六年（1511年）殿试第一，考中状元，是四川人的骄傲，所以，他的作品，在巴蜀大地影响深远。《四库全书总目提要》评："博采汉、魏以降诗文之有关于蜀者汇为此书，包括网罗，极为赅洽。……如斯之类，皆足以资考核。诸篇之后，复俊间附案语……详略异同，彼此互见，亦颇有所辨证。"

明末曹学佺撰《蜀中著作记》，专记巴蜀文献，全书十二卷，或征引古书，述其撰人及内容，或据实书，钞其序跋，为后世留下了宝贵的参考资料。近人王晓波编纂有《清代蜀人著述总目》、许肇鼎著《宋代蜀人著作存佚录》、《中国地方志集成》（四川府县志辑），也是极有参考价值的重要目录。

特别值得一提的是仅见于重庆图书馆收藏的《四川丛书采访书目录》。此目录系民国六年四月，胡淦等四川同仁在成都浙江会馆的"四川丛书编纂处"，根据省志、县志和各家藏书目杂记诸书；收集、整理四川人所著，及宦迹四川的学人有关四川的所有文献。全书共3册，收罗作者约2500多人，超过4000条书目。全书的书名、著者，按县份逐一统计。其主要记录有书名、著者和出处三项。这个目录，为考察清末民初四川所有文献的存佚，提供了极大便利。

从接受编纂《巴渝文献总目》的艰巨任务以来，重庆图书馆的各位同仁在长达六年多的时间里，以筚路蓝缕之精神，终日在书山文海中爬罗剔抉，最终遴选出新中国成立以前的历代巴渝著述著作7212种，单篇文献29497条。所以，我们认为，《巴渝文献总目》必将成为检寻巴渝文献的钥匙，研究巴渝历史文化的向导，对今后《巴渝文库》的编纂，无疑奠定了一块坚实的基石，值得一书。

2016年6月19日

凡例

《巴渝文库》是一套以系统整理、编纂和出版巴渝历史文献为主的大型文化丛书，是巴渝文化的百科全书。《巴渝文献总目》则是《巴渝文库》的总书目和总纲领，旨在摸清家底、正本清源、提纲挈领、有的放矢。该《总目》按文献出版时间分为"古代卷"和"民国卷"；无出版时间的按写作时间归类。其中"民国卷·著作文献"的编写情况如下：

一、收录原则

1. 内容原则

（1）凡与巴渝历史文化直接相关的著作文献，无论时代地域，原则上均全面收录。

（2）其他著作之中若有完整章（节）内容涉及重庆的，原则上亦收入本《总目》。

（3）巴渝籍人士（包括在重庆出生的外籍人士）的著作，收入本《总目》。

（4）寓居巴渝的人士所撰写的其他代表性著作，视具体情况酌情收录，以"附录"形式列于《总目》之后，力求做到博观约取、去芜存菁。

2. 地域范围

原则上以重庆直辖后的行政区划为基础，根据民国时期的地理建制，可以根据具体情况适当张弛。

3. 时间范围

"民国卷·著作文献"收录 1912 年 1 月 1 日至 1949 年 9 月 30 日间出版的所有相关著作文献（包括线装书）。同一著作的不同版本，由于既有平装，又有线装，以 1912 年为界，1912 年前出版的归入古代卷，1912 年后（含 1912

年）出版的归入民国卷。例如：

（道光）忠州直隶州志八卷首一卷/（清）吴友篪修，（清）熊履青纂.——清道光六年（1826）忠州州署刻本.——八册.——吴友篪，生卒年不详，字编山，江苏吴县人。监生。清道光四年（1824）任忠州知州。熊履青，生卒年不详，字耳山，忠州（今重庆忠县）人，清嘉庆十五年（1810）举人.——书目来源：中国国家图书馆、首都图书馆、北京大学图书馆、上海图书馆、山东大学图书馆、南京大学图书馆、四川省图书馆、四川大学图书馆、重庆图书馆、北碚图书馆、涪陵区图书馆、泸州市图书馆。

缙云文集四卷/（宋）冯时行撰.——清乾隆三十七年至四十七年（1772—1782）四库全书本.——四册.——中国国家图书馆、台湾"国立故宫博物院"图书文献馆、浙江图书馆、甘肃省图书馆。

以上入古代卷。

（道光）忠州直隶州志八卷首一卷/（清）吴友篪修，（清）熊履青纂.——1932年铅印本.——作者简介：吴友篪，字编山，江苏吴县人。监生。清道光四年（1824）任忠州知州。熊履青，字耳山，忠州（今重庆忠县）人，清嘉庆十五年（1810）举人.——书目来源：中国国家图书馆、复旦大学图书馆、武汉大学图书馆、四川省图书馆、四川大学图书馆、重庆图书馆、北碚图书馆、重庆师范大学图书馆、四川省社会科学院图书馆、西南民族大学图书馆、达州市图书馆、南充市图书馆、万州区图书馆、重庆市档案馆

缙云文集四卷/（宋）冯时行撰.——上海：商务印书馆，1935.——影印四库全书珍本初集本，四册.——作者简介：冯时行（1100—1163），字当可，号缙云，恭州巴县乐碛（今属重庆渝北区洛碛镇）人。少时读书巴县之缙云山寺，故号缙云。其籍或作巴县，或作璧山，概因二县境界邻比.——书目来源：中国国家图书馆、北京大学图书馆、澳门大学

明代妇人散曲集附录二种/（明）王端淑辑；卢前校订.——上海：中华书局，1937.5.——书目来源：北碚图书馆

以上入民国卷。

此种处理办法参照1986年国家图书馆编著的《民国时期总书目》的编

撰法。

二、收录规模

《巴渝文库总目·民国卷·著作类》一书共收录书目5505种、7660条。

报刊类将单独出版目录和提要，故本书未予收录。

因条件所限，域外相关书目只收录少部分中译本。

三、著录体例

1. 条目著录项目及著录细则

（1）著录项目：每条目录按照题名、著者、出版地、出版者、出版时间、著作说明、作者简介、书目来源的顺序，采用标识符号法进行著录。出版地、出版者或出版时间不清楚的，用"［××不详］"进行标注；出版地、出版者与出版时间均不清楚的，用"［出版项不详］"进行标注。没有附注项则不用著录。

（2）著录格式：题名/著者. ——出版地：出版者，出版时间. ——著作说明. ——作者简介. ——书目来源。（注：除题名和著者必备外，其余内容可选，"［ ］"内为著录者自拟的内容）

（3）著录细则：出版年与月间用"."；版次前用","；多卷书的不同卷或册次间用"、"；连续卷或册次间用"-"；部分卷次为不同单位收藏的，数据不合并。

2. 图书条目排列组织法

（1）主要依据《中国图书馆分类法》（第五版）将图书分为21个大类，即A 马克思主义、列宁主义，B 哲学、宗教，C 社会科学总论，D 政治、法律，E 军事，F 经济，G 文化、科学、教育、体育，H 语言、文字，I 文学，J 艺术，K 历史、地理，N 自然科学总论，O 数理科学和化学，P 天文学、地球科学，Q 生物科学，R 医药、卫生，S 农业科学，T 工业技术，U 交通运输，V 航空，Z 综合性图书。

（2）在各个类目下，不同种图书主要按出版年为主顺序排序（若出版时间不详，但有准确著成时间的按著作完成时间排序），再按题名、作者、出版者的拼音顺序进行排序。连续出现相同著者的书目，只保留第一条的作者简介；同

种图书（书名与作者相同的图书）按出版年，出版者、出版地的拼音顺序进行排序，只保留第一条题名、作者简介以及相同的内容附注，合并为一种书目；出版项不详、出版时间不详的在后。

（3）拼音顺序为，每一项按首字，即阿拉伯数字、字母、汉字排序，汉字再以音序排。若首字音同，则依第二字的拼音字母次序排列，余依次类推。

（4）朝代（如：乾隆、嘉庆、道光、同治、光绪等）不参加排序。

（5）为集中各类中的相关题名，题名中的"民国"、"简要"、"修订"、"修正"、"新"、"最新"、"新撰"、"实用"、"应用"、"现代"、"现行"、"最近"、"最近之"等只作为说明性文字时略去，不参加排序。

（6）标点符号（" "、《 》、（ ）等），空格排列时略去不计。

（7）题名中的年份统一按阿拉伯数字大小排列，汉字数字尽量按数字的大小集中。

（8）同一年份的不同版本，首先以版次排序。

3. 关于繁体字和异形字

本书所收条目的汉字形体除按著录规则必须使用的繁体字和异体字按书名原样著录外，以现行的汉字形体为标准著录。

四、本书后附有以拼音字母为序的"著者索引"和"题名索引"，可供读者检索使用。

目录
CONTENTS

上册

总序/蓝锡麟◎1

前言◎1

凡例◎1

A 马克思主义、列宁主义◎1

B 哲学、宗教◎2

C 社会科学总论◎29

D 政治、法律◎41

E 军事◎189

F 经济◎212

G 文化、科学、教育、体育◎304

下册

H 语言、文字◎349

I 文学◎359

J 艺术◎524

K 历史、地理◎540

N 自然科学总论◎622

O 数理科学和化学◎627

P 天文学、地理科学◎631

Q 生物科学◎642

R 医学、卫生◎647

S 农业科学◎663

T 工业技术◎678

U 交通运输◎695

V 航空、航天◎705

Z 综合性图书◎705

后记◎711

题名索引 714◎

著者索引 839◎

◎A 马克思主义、列宁主义

1930 年

反杜林论/ 恩格斯著；朱泽淮，朱芳淮合译. ——[出版地不详]：[出版者不详]，1930. ——作者简介：朱泽淮（1903—1940），又名亚韩、亚凡，重庆丰都县人. ——书目来源：《丰都县志》第 665 页

唯物论与经验批判论/ 列宁著；朱泽淮译. ——[出版地不详]：[明日书店]，1930. ——英译本转译。为该书的第一个中文译本. ——书目来源：《丰都县志》第 665 页

1943 年

马克思主义与社会史观/ 叶楚伧著. ——[出版地不详]：[出版者不详]，[1943]. ——书目来源：国家图书馆

出版时间不详

列宁是怎样工作的/ 张锡畴译. ——[出版项不详]. ——作者简介：张锡畴（1905—1989），原名张锡俦，笔名继纯，重庆涪陵人。译于 1939 年至 1941 年在外文出版局工作期间. ——书目来源：《涪陵文史资料》第十四辑第 90 页

列宁文选/ 列宁著；张锡畴，师哲，谢唯真，李立三等译. ——[出版项不详]. ——译于 1939 年至 1941 年张锡畴在外文出版局工作期间. ——书目来源：《涪陵文史资料》第十四辑第 90 页

列宁主义问题／斯大林著；张锡畴，师哲，谢唯真，李立三等译．——[出版项不详]．——译于1939年至1941年张锡畴在外文出版局工作期间．——书目来源：《涪陵文史资料》第十四辑第90页

列宁传略／斯大林著；张锡畴，师哲，谢唯真，李立三等译．——[出版项不详]．——译于1939年至1941年张锡畴在外文出版局工作期间．——书目来源：《涪陵文史资料》第十四辑第90页

苏联共产党（布）历史简明教程／斯大林著；张锡畴，师哲，谢唯真，李立三等译．——[出版项不详]．——译于1939年至1941年在外文出版局工作期间．——书目来源：《涪陵文史资料》第十四辑第90页

◎B 哲学、宗教

1921年

楞严说通十卷／（清）刘道开撰．——上海：中华书局，1921，铅印本．——十册．——作者简介：刘道开（1601—1681），一名远鹏，字非眼，别号了庵居士，巴县人．——书目来源：中国国家图书馆、上海图书馆

／（清）刘道开撰．——上海：中华书局，1923铅印本．——十册．——书目来源：北京大学图书馆、中国人民大学图书馆、南京大学图书馆

1922年

物的分析／（英）罗素演讲；任鸿隽译．——上海：商务印书馆，1922．——罗素演讲录之三．——作者简介：任鸿隽（1886—1961），字叔永，重庆垫江人．——书目来源：南京图书馆

／（英）罗素著；任鸿隽译记．——上海：商务印书馆，1926．——Russell, Bertrand Arthur William 1872—1970．——书目来源：重庆图书馆、国家图书馆、四川省图书馆

1924年

泰谷尔与佛化新青年／宁达蕴编辑．——[出版地不详]：佛化新青年会，

1924. ——作者简介：宁达蕴（1902—1971），原名隆卿，又名毅，重庆彭水县人. ——书目来源：吉林省图书馆

1926 年

东瀛佛教观察记/ 宁达蕴编. ——[出版地不详]：[出版者不详]，1926. ——书目来源：《民国时期总书目 1911—1949 宗教》

1927 年

重庆佛学社佛七课程/ 重庆佛学社念佛会修订. ——重庆：重庆佛学社，1927. ——书目来源：重庆图书馆

1928 年

近代伦理思想小史/（日）藤井健治郎著；潘大道译. ——上海：商务印书馆，1928. ——作者简介：潘大道（1888—1927），字立三，又作力山，开县人. ——书目来源：重庆图书馆、国家图书馆、南京图书馆、四川省图书馆、广西壮族自治区图书馆

／（日）藤井健治郎著；潘大道译. ——上海：商务印书馆，1930. ——书目来源：重庆图书馆、广西壮族自治区图书馆

／（日）藤井健治郎著；潘大道译. ——[出版地不详]：商务印书馆，1930.4. ——书目来源：上海图书馆

／（日）藤井健治郎著；潘大道译. ——上海：商务印书馆，[出版时间不详]. ——书目来源：南京图书馆

1930 年

觉花园全集/ 宁达蕴. ——上海：佛学书局，[1930—1931]. ——书目来源：《彭水县志》第 949 页

太虚大师宜游记/（释）太虚著. ——上海：大东书局，1930. ——作者附注：太虚法师（1890—1947），法名唯心，字太虚，号昧庵，俗姓吕，乳名淦森，学名沛林。浙江省崇德县人。1932 年在重庆北碚创办了世界佛学苑汉藏教理院。1930—1947 年在重庆生活. ——书目来源：重庆图书馆

现代哲学之趋势/ 朱泽准，朱芳准合译. ——[出版地不详]：[出版者不

详], 1930. ——书目来源:《丰都县志》第 665 页

1931 年

重庆市中华基督教青年会十周年纪念专册/ 重庆市中华基督教青年会. ——[出版地不详]:[出版者不详],1931. ——书目来源:国家图书馆

佛学历史/ 慈忍室主人编. ——上海:佛学书局,1931.10. ——《海潮音文库》之一,太虚法师. ——书目来源:国家图书馆

破山明禅师语录二十一卷附年谱一卷/(清)(释)海明禅师述;(清)(释)印正编;(清)(释)印绶阅订. ——成都:昭觉寺经房,1931,刻本. ——十册. ——作者简介:海明禅师(1597—1666),又名通明,俗姓蹇,字万峰,号破山,世称破山祖师,四川大竹人。在梁山(即重庆梁平县)创建"双桂堂",成为西南"禅宗祖庭"。释印正,海明禅师门徒,生平事迹不详。著有《玉泉即景六首》。释印绶,生平事迹不详,著有《发芽塔铭》. ——书目来源:四川大学图书馆

西南和平法会特刊/ 张心若编辑. ——重庆:西南和平法会,1931. ——该法会 1929 年 10 月在重庆真武山护国禅院举行. ——书目来源:国家图书馆、南京图书馆

1932 年

世界佛学苑汉藏教理院开学纪念特刊/ 汉藏教理院编辑. ——重庆:汉藏教理院,1932. ——书目来源:重庆图书馆

1934 年

重庆市青年会第五届征友会纪念册/ 重庆市中华基督教青年会编. ——重庆:重庆市中华基督教青年会,1934. ——书目来源:重庆图书馆、国家图书馆

多尊者金刚瑜伽甘露宏化初记/ 张心若著. ——重庆:重庆佛教密乘团,1934. ——收《西南和平法会》《渝沪小住》等. ——作者简介:张心若(1886—1946),四川省中江县人. ——书目来源:重庆图书馆

汉藏教理院年刊/ 汉藏教理院编. ——重庆:汉藏教理院,1934. ——书目来源:重庆图书馆

哲学与唯物辩证法／周辅成著．——［出版地不详］：现代科学社出版部，1934．——作者简介：周辅成（1911—2009），重庆江津人．——书目来源：《民国时期总书目 1911—1949 哲学·心理学》

1935 年

丰都宗教习俗调查／卫惠林著．——［出版地不详］：四川乡村建设学院研究实验部，1935．——调查四川丰都的宗教和社会风俗．——书目来源：重庆图书馆、四川省图书馆

太虚大师讲录／（释）［太虚］著述．——汉口：佛教正信会，1935．——书目来源：重庆图书馆、上海图书馆、南京图书馆

／（释）［太虚］著述．——汉口：佛教正信会，［出版时间不详］．——书目来源：广西壮族自治区图书馆

1936 年

老子述记 2 卷／朱芾煌撰．——［出版地不详］：商务印书馆，1936．——作者简介：朱芾煌（1885—1941），又名黻煌，重庆江津人，同盟会会员．——书目来源：南京图书馆、四川大学图书馆

菩提道次第广论 24 卷／西藏宗喀巴，法尊译．——重庆：汉藏教理院，1936．——上、下册．——作者简介：法尊，中国僧人、佛学翻译家。本姓温，字妙贵，河北深县（今深州）人。1934—1948 年在重庆缙云山主持汉藏教理院．——书目来源：重庆图书馆

／西藏宗喀巴，法尊译．——［重庆］：汉藏教理院，1942，重印．——上、下册．——书目来源：首都图书馆

菩提道次第修法 2 卷／西藏善慧，法尊译．——重庆：汉藏教理院，1936．——书目来源：重庆数字图书馆

哲学辞典／颜实甫编译．——［出版地不详］：［出版者不详］，［约 1936—1937］．——作者简介：颜实甫（1898—1974），名学荣，号歆，重庆江津人．——书目来源：重庆数字图书馆

1937 年

密宗道次第广论五卷／克主大师著；法尊法师译．——重庆：四川北碚汉

藏教理院，1937.4.——书目来源：北碚区图书馆

我去过的西藏／法尊法师著.——重庆北碚：汉藏教理院发行，1937.6，初版.——书目来源：北碚区图书馆、西南大学图书馆等藏

现代唯物论／（日）永田广志著；钟复光，施复亮合译.——上海：进化书局出版，1937.——作者简介：钟复光（1903—1992）又名希孟，重庆江津人；施复亮（1899—1970）原名施存统，又名伏量，浙江金华人.——书目来源：《江津文史资料选辑》第2辑第88页、西南大学图书馆

现代西藏／法尊著.——重庆北碚：汉藏教理院发行，1937.6，初版.——书目来源：北碚区图书馆

／法尊著.——[出版地不详]：东方书社，1943.——有太虚序（民国二十六年四月八日在雪山丈室太虚），刘百闵序（中华民国二十八年十二月二十六日刘百闵序于重庆）.——书目来源：西南大学图书馆、西南政法大学图书馆等藏

朝话／梁漱溟.——[重庆]：乡村书店，1937.——作者简介：梁漱溟（1893—1988），字寿铭，原名焕鼎，曾用笔名寿名、瘦民、漱溟。原籍广西桂林，生于北京。1938—1942年，1946—1948年在重庆生活.——书目来源：重庆图书馆

／梁漱溟.——长沙：商务印书馆，1940.12.——书目来源：重庆图书馆、南京图书馆

／梁漱溟.——[北京]：中国文化服务社，1942.——书目来源：重庆图书馆

／梁漱溟.——桂林：中国文化服务社，1943，丛编：青年文库.——书目来源：重庆图书馆、南京图书馆

／梁漱溟讲.——北京：北京中国文化服务社，1946.——书目来源：重庆数字图书馆

庄子校证／杨明照.——北平：燕京大学哈佛燕京学社，1937.——本书系燕京学报第21期抽印本：参考校释《庄子》众本之异同，分条疏证。《庄子》原文据世德堂本.——作者简介：杨明照（1909—2003），字韬甫，重庆大足

人。早年就读于重庆大学国学系。1936 年入燕京大学研究院国文学部。1939 年起先后在燕京大学、中国大学、成都燕京大学、四川大学任教。为四川大学首批博士生导师之一. ——书目来源：北京大学图书馆

1938 年

辩中边论颂释／（释）太虚讲. ——重庆：佛经流通处，1938. ——书目来源：重庆图书馆、北碚区图书馆

驳欧阳渐法相辞典叙　第一、二册／（释）法尊著. ——北碚：汉藏教理院印行，1938.7. ——书目来源：北碚区图书馆

凯旋的人生　下册　十个成功者的史实／柳叔堪选辑. ——重庆：重庆中华基督教青年会；国难工作委员会，1938. ——书目来源：重庆图书馆

抗战建国与民生哲学／姜琦著. ——重庆：独立出版社，1938. ——书前自序写有"二七·七·二四，姜琦写成在重庆寓庐". ——书目来源：重庆图书馆

／姜琦著. ——重庆：艺文研究会，1938.12. ——书目来源：重庆图书馆、北碚区图书馆

／姜琦著. ——重庆：独立出版社，1939，3 版，[30] 312 页. ——书目来源：重庆图书馆

／姜琦著. ——重庆：独立出版社，1939，312 页. ——书目来源：西南大学图书馆

／姜琦著. ——重庆：独立出版社，1939，[40] 312 页. ——书目来源：西南大学图书馆

吕氏春秋校证／杨明照校. ——北平：燕京大学哈佛燕京学社，1938. ——本书是《燕京学报》第 22 期抽印本，对许维遹（骏斋）《吕氏春秋集释》本《吕氏春秋》校正，共得 180 余则，每则先列集释原文，后校证. ——书目来源：国家图书馆（仅存目录）

论语课不分卷附孟子课／欧阳渐撰. ——[重庆]：四川江津支那内学院，[1938—1943]. ——1938 年 5 月欧阳渐叙于江津支那内学院蜀院. ——书目来源：北碚区图书馆

毛诗课 一卷/欧阳渐.——重庆：江津支那内学院蜀院，1938.5.——书目来源：重庆数字图书馆

民族哲学大纲/汪少伦.——重庆：正中书局，1938.——书目来源：辽宁省图书馆、重庆图书馆、国家图书馆、西南大学图书馆、西南政法大学图书馆

/汪少伦.——重庆：正中书局，1943，5版.——有三版自序：民国三十一年五月九日于国立中央大学.——书目来源：重庆图书馆、国家图书馆、南京图书馆

/汪少伦.——上海：正中书局，1946.6，沪1版.——书目来源：湖南图书馆、江西省图书馆、重庆图书馆、国家图书馆

1939 年

大学之道：团长训词/［蒋介石讲］；中央训练团编.——重庆：中央训练团，1939.——书目来源：重庆图书馆

法相辞典/朱芾煌编纂.——长沙：商务印书馆，1939.——书目来源：国家图书馆、南京图书馆

/朱芾煌编纂.——［出版地不详］：商务印书馆，1940.——书目来源：西南大学图书馆

华岩备志一卷 续志四卷 附石林即景一卷/（清）邓迪原辑；（释）宗镜续志；德玉著.——1939年续修，1940年刊本.——重庆市佛寺志书，记载重庆市缙云山（寺）、华岩寺、石林寺的山川形势、古迹、寺院、人物、物产及题咏诗文等.——书目来源：北碚区图书馆

经论断章读二卷/欧阳渐撰.——江津：江津支那内学院，1939.——民国二十八年欧阳渐叙于江津支那内学院蜀院.——书目来源：北碚区图书馆

刘子斠注/杨明照注.——北平：燕京大学哈佛燕京学社，1939.——本书是燕京大学《文学年报》第4期的抽印本：对海宁陈氏影印本《刘子》55章的考证、注解.——书目来源：河北师范大学图书馆

内院杂刊/欧阳渐著.——重庆江津：支那内学院蜀院，1939.——书目来源：民国时期文献联合目录

狮吼龙啸/（释）太虚.——重庆：世界佛学苑汉藏教理院，1939.——书

目来源：重庆图书馆、北碚区图书馆

吾国吾民与佛教/（释）印顺. ——［重庆］：汉藏教理院，1939. ——在汉藏教理学院写. ——书目来源：《出版的殊胜因缘》

渝院道训汇编/［作者不详］. ——［出版地不详］：［出版者不详］，1939. ——书目来源：古籍善本网

中国哲学史纲要/向林冰著. ——［出版地不详］：生活书店，1939. ——书目来源：中国社会科学院图书馆、广东省立中山图书馆、复旦大学图书馆、上海社会科学院图书馆、重庆工商大学图书馆

1940 年

重庆市中华基督教青年会二十周年纪念册/重庆市中华基督教青年会编. ——［重庆］：［重庆市中华基督教青年会印］，1940. ——书目来源：重庆图书馆、北碚区图书馆

/重庆市中华基督教青年会编. ——重庆：重庆市中华基督教青年会，1941. ——书目来源：重庆图书馆

/重庆市中华基督教青年会编. ——重庆：重庆市中华基督教青年会，［出版时间不详］. ——书目来源：国家图书馆

服务的人生观/田乃剑，杨觉农，凌君逸. ——重庆：青年出版社，1940. ——1939年三青团在重庆举办"服务与人生观"论文竞赛应征得奖作品专集。收田乃剑、杨觉农、凌君逸三人的文章. ——书目来源：重庆图书馆

郭象庄子注是否窃自向秀检讨/杨明照. ——北平：燕京大学哈佛燕京学社，1940. ——书目来源：北京大学图书馆

经论继章读 不分卷/欧阳渐. ——重庆江津：支那内学院，1940. ——书目来源：南京图书馆

精刻大藏经/欧阳渐. ——［出版地不详］：［出版者不详］，1940. ——书目来源：《重庆晚报》2011年1月10日

孔墨的研究/郭沫若著. ——［出版地不详］：［出版者不详］，1940. ——书目来源：重庆中国三峡博物馆

孔子人格学术与现代各科学派之最高原理/柯璜著. ——［成都］：孔学

会总会，1940.10. ——作者简介：柯璜（1876—1963），字定础，浙江省黄岩县人。抗战期间在重庆. ——书目来源：上海图书馆

设计讲话/ 顾毓琇讲. ——［出版地不详］：［中央训练团］，1940. ——中央训练团，于1939年初自湖南迁到桂林、重庆. ——书目来源：重庆图书馆

生死观/ 王幕陶. ——重庆：青年书店，1940.5. ——1939年11月12日于重庆. ——书目来源：见《抗战以来图书选目》

事业管理与职业修养/ 邹韬奋著. ——重庆：生活书店，1940. ——作者1940年4月20日序于重庆。将其在生活书店《店务通讯》上发表的关于事业的管理与职业修养的文章选辑成册。书末附《生活史话》《为生活书店辟谣等文告海内外读者及朋友们》等. ——作者简介：邹韬奋（1895—1944），原名邹恩润，福建长乐人。1938年10月—1941年2月在重庆. ——书目来源：重庆图书馆

世苑汉藏教理院普通科第二届毕业同学录/ 北碚汉藏教理院编. ——［北碚］：［汉藏教理院印］，1940.7. ——书目来源：北碚区图书馆

/ 汉藏教理院编. ——［北碚］：汉藏教理院，1940. ——书目来源：重庆图书馆

西藏民族政教史 6卷/（释）法尊编. ——重庆：缙云山编译处，1940. ——书目来源：陕西师范大学图书馆

心理与测验/ 教育通讯周刊社编. ——重庆：教育通讯周刊社，1940. ——书目来源：山东省图书馆、江西省图书馆、重庆图书馆、南京图书馆

行易知难学说语要/ 张厉生. ——［重庆］：军事委员会政治部，1940. ——书目来源：重庆图书馆

/ 张厉生. ——［重庆］：中央训练团党政高级训练班，1943. ——书目来源：重庆图书馆

学庸教授纲要/ 魏应鹏草拟. ——［重庆］：中央陆军军官学校教育处，1940. ——书目来源：重庆图书馆

藏文读本初稿/（释）法尊，（释）印顺编. ——重庆：汉藏教理院，1940. ——藏汉对照. ——作者简介：释印顺（1906—2005），又称印顺导师、印顺长

老、印顺法师，俗名张鹿芹，浙江海宁人，为太虚大师门徒. ——书目来源：国家图书馆

藏要经叙　不分卷／欧阳渐. ——重庆江津：支那内学院蜀院，1940. ——书目来源：南京图书馆

真现实论／（释）太虚著. ——上海：中华书局，1940. ——书目来源：重庆图书馆、上海图书馆、南京图书馆

中庸传／欧阳渐. ——重庆：江津支那内学院蜀院，1940. ——书目来源：重庆数字图书馆

1941 年

辩证法论丛／毛起鵕. ——重庆：独立出版社，1941. ——复旦大学社会学系毛起鵕等曾在北碚复旦大学任教发行《社会事业与社会建设专刊》（辑入言心哲、毛起鵕、郭任远、张鸿钧、李景汉、孙本文等学者的14篇论文）. ——书目来源：重庆图书馆、南京图书馆、吉林省图书馆、贵州省图书馆

重庆市基督教男女青年会服务学生委员会三年来工作报告／重庆市基督教男女青年会服务学生委员会编. ——重庆：重庆市基督教男女青年会服务学生委员会，1941. ——本书有"为学生服务工作进一言"、"工作概况"、"表格报告"、"战时生活一页"等内容. ——书目来源：重庆图书馆

大般若波罗蜜多经叙 3 卷／欧阳渐. ——［江津］：支那内学院蜀院，1941. ——书目来源：南京图书馆

服务与人生／余家菊. ——重庆：独立出版社，1941. ——书前有（民国）二十九年五月余家菊识于黄沙溪. ——书目来源：重庆图书馆、北碚区图书馆

抗战哲学／冯玉祥. ——桂林：三户图书社，1941. ——书目来源：重庆图书馆、国家图书馆、广西壮族自治区图书馆

／冯玉祥. ——［出版地不详］：三户图书社，1941. ——书目来源：四川大学图书馆

／冯玉祥. ——桂林：三户图书社，［1941.11］. ——书目来源：南京图书馆

／冯玉祥. ——桂林：三户图书社，1943. ——书目来源：重庆图书馆

孔学杂著一卷/欧阳竟无撰．——重庆：支那内学院蜀院黄连科，1941 刻本．——一册．——书目来源：中国国家图书馆

／欧阳渐．——［重庆江津］：支那内学院，1942．——书目来源：南京图书馆

人生之新认识／严鸿瑶．——重庆：独立出版社，1941．——序言于 1939 年在青木关（重庆）教育部时写成．——书目来源：《抗战以来图书选目》

／严鸿瑶．——上海：独立出版社，1941．——书目来源：复旦大学图书馆、中国社会科学院图书馆、吉林省图书馆

／严鸿瑶．——重庆：独立出版社，1942.9．——书目来源：吉林省图书馆、重庆图书馆、国家图书馆、上海图书馆

／严鸿瑶．——上海：独立出版社，1942.9．——书目来源：复旦大学图书馆、中国社会科学院图书馆、吉林省图书馆

十力语要 卷 2／熊十力著．——［出版地不详］：［出版者不详］，1941．——书目来源：重庆图书馆

说仁说义／张澜撰．——［出版地不详］：[出版者不详]，1941．——在重庆时写成．——作者简介：张澜（1872—1955），字表方，四川南充人．——书目来源：《四川省志 人物志》第 222 页

我的佛教改进运动略史／（释）太虚讲述．——［出版地不详］：觉音社，1941．——书目来源：重庆图书馆

学术演讲集／王星拱，黄炎培，章辑五，陈觉玄，冯汉骥，曾昭抡，刘百川，王文萱，胡焕庸，傅葆琛，马衡，张忠绂，四川省政府教育厅著．——四川：四川省政府教育厅，[1941.6—1943.5]．——作者简介：胡焕庸（1901—1998），江苏宜兴人。抗战期间在重庆生活．——书目来源：上海图书馆

哲学大纲／周辅成编著．——重庆：正中书局，1941．——本书是关于哲学一般问题之论述、介绍，全书以问题为中心，将哲学史上各派的意见融合在内，特别是将中国哲学也置入其中．——作者简介：周辅成（1911—2009），重庆江津人．——书目来源：重庆图书馆

／周辅成编著．——上海：正中书局，1946．——书目来源：重庆图书馆、

南京图书馆

/周辅成编著. ——上海：正中书局，1947. ——书目来源：重庆图书馆

哲学与教育对于青年的关系/蒋介石讲. ——[重庆]：中央训练团印，1941.7. ——书目来源：北碚区图书馆

1942 年

辩证唯物论之透视/周肖鸥. ——重庆：正中书局，1942. ——书前有民国三十年四月三十日周肖鸥于重庆. ——书目来源：重庆图书馆、北碚区图书馆

处世艺术：即生活的艺术/（法）莫洛亚著；周文波译. ——重庆：文座出版社，[1942]. ——版权页注为 1941 年 5 月出版。书前有，1942 年 2 月 13 日文波译于陪都. ——书目来源：重庆图书馆

/（法）莫洛亚著；周文波译. ——重庆：文座出版社，1942. ——书目来源：重庆图书馆、北碚区图书馆

/（法）莫洛亚著；周文波译. ——重庆：文座出版社，1945，再版. ——书目来源：重庆图书馆

佛教各宗派源流□□卷/（释）太虚法师撰. ——重庆：北碚汉藏教理学院，1942 铅印本. ——一册. ——书目来源：中国人民大学图书馆、北京大学图书馆、复旦大学图书馆、南开大学图书馆

国父孙中山底历史哲学/燕义权. ——重庆：国民图书出版社，1942.5 初版. ——书前有（民国）三十年七月十五日燕义权自序于陪都重庆. ——书目来源：重庆图书馆、北碚区图书馆、西南大学图书馆

合川教会简史/陆尔逊. ——[出版地不详]：[出版者不详]，1942. ——书目来源：《卫理华西通讯》

竟无内学杂著 不分卷/欧阳渐. ——[重庆江津]：支那内学院蜀院，1942. ——书目来源：南京图书馆

论道集：古代儒家辑/陶希圣. ——重庆：南方印书馆，1942. ——书前有陶希圣（民国）三十一年十月一日重庆. ——作者简介：陶希圣（1899—1988），字希圣，以字行，湖北黄冈人，曾任汪伪中央常务委员会委员兼中央宣传部部长。后与高宗武逃赴香港，揭露汪日签订卖国密约内容。1942 年 2 月到

重庆，任蒋介石侍从秘书，起草《中国之命运》，任《中央日报》总主笔. ——书目来源：北碚区图书馆

民生哲学引义，一名，天人四论，新哲学体系 / 苏渊雷著. ——重庆：商务印书馆，1942. ——书目来源：广西壮族自治区图书馆

/ 苏渊雷著. ——重庆：商务印书馆，1943. ——书目来源：重庆图书馆、上海图书馆

/ 苏渊雷著. ——重庆：商务印书馆，1944. ——书目来源：上海图书馆、南京图书馆、四川大学图书馆

名理新论，一名，辩证法订补 / 苏渊雷著. ——北碚：黄中出版社印行，1942.8 初版. ——书目来源：北碚区图书馆

/ 苏渊雷著. ——重庆：独立出版社，1942. ——书目来源：重庆图书馆、南京图书馆、上海图书馆、广西壮族自治区图书馆

/ 苏渊雷著. ——北碚：黄中出版社，1944.1，订正一版. ——书目来源：北碚区图书馆

/ 苏渊雷著. ——北碚：黄中出版社，1944. ——书目来源：重庆图书馆、上海图书馆、南京图书馆

内院杂著 / 欧阳渐. ——[出版地不详]：支那内学院蜀院，1942. ——书目来源：南京图书馆

青铜时代 / 郭沫若著. ——[出版地不详]：[出版者不详]，1942. ——此时作者生活于重庆，属文工会. ——书目来源：《重庆文史资料丛刊·重庆抗战纪事》第 249 页

/ 郭沫若. ——重庆：文治出版社，1945. ——书目来源：重庆图书馆、南京图书馆

/ 郭沫若. ——[出版地不详]：[出版者不详]，1945.3. ——书目来源：《陪都人物纪事》第 193 页

/ 郭沫若. ——上海：群益出版社，1946. ——书目来源：《重庆抗战纪事》第 249 页、重庆图书馆、广西壮族自治区图书馆

/ 郭沫若. ——上海：群益出版社，1947. ——书目来源：南京图书馆

新人生观 / 罗家伦著 . ——重庆：商务印书馆，1942. ——书目来源：重庆图书馆、四川省图书馆、贵州省图书馆

/ 罗家伦著 . ——重庆：商务印书馆，1943.1，5 版 . ——书目来源：重庆图书馆

/ 罗家伦著 . ——重庆：商务印书馆，1943.9，7 版 . ——书目来源：重庆图书馆、北碚区图书馆

/ 罗家伦著 . ——重庆：商务印书馆，1944.2，3 版 . ——书目来源：重庆图书馆

/ 罗家伦著 . ——重庆：商务印书馆，1944.2，8 版 . ——书目来源：重庆图书馆

/ 罗家伦著 . ——成都：商务印书馆，1945，9 版 . ——书目来源：重庆图书馆

/ 罗家伦著 . ——上海：商务印书馆，1947. ——书目来源：重庆图书馆

十批判书 / 郭沫若著 . ——［出版地不详］：［出版者不详］，1942. ——此时作者生活于重庆，属文工会 . ——书目来源：《重庆文史资料丛刊·重庆抗战纪事》第 249 页

/ 郭沫若 . ——重庆：群益出版社，1945. ——书目来源：重庆图书馆

/ 郭沫若著 . ——重庆：群益出版社，1945.9. ——书目来源：上海图书馆、南京图书馆

/ 郭沫若著——上海：群益出版社，1946. ——书目来源：上海图书馆、广西壮族自治区图书馆

/ 郭沫若 . ——上海：群益出版社，1947. ——书目来源：重庆图书馆

/ 郭沫若著 . ——上海：群益出版社，1948. ——书目来源：上海图书馆

叔本华生平及其学说 / 陈铨编著 . ——重庆：独立出版社，1942. ——书目来源：重庆图书馆、广西壮族自治区图书馆

/ 陈铨编著 . ——重庆：独立出版社，1942.8. ——书目来源：南京图书馆

/ 陈铨编撰 . ——重庆：独立出版社，1943. ——书目来源：见《抗战以来图书选目》

太虚大师文选 / [作者不详] . ——重庆：陪都罗汉寺佛经流通处印行，1942.10 初版 . ——书目来源：北碚区图书馆

新唯识论（3 卷）（存 2 卷）/ 熊十力著 . ——[出版地不详]：[出版者不详]，1942. ——书目来源：四川省图书馆

/ 熊十力著 . ——重庆：商务印书馆，1944. ——书目来源：重庆图书馆、国家图书馆、南京图书馆、四川省图书馆、贵州省图书馆

心经读（一卷）/ 欧阳渐 . ——[重庆江津]：支那内学院蜀院，1942. ——书目来源：南京图书馆

曾涤生之自我教育 / 陈清初 . ——重庆：商务印书馆，1942. ——序言：1942 年 4 月 4 日陈清初谨识于渝州风雨楼 . ——书目来源：吉林省图书馆、重庆图书馆、国家图书馆

/ 陈清初 . ——重庆：商务印书馆，1943.4. ——书目来源：浙江省图书馆

/ 陈清初 . ——重庆：商务印书馆，1942.12，再版 . ——书目来源：重庆图书馆

/ 陈清初 . ——重庆：商务印书馆，1943.12，3 版 . ——书目来源：重庆图书馆

1943 年

班禅大师全集 / 刘家驹编 . ——重庆：班禅堪布会议厅，1943. ——1941 年任国民政府军事委员会参议时，在北碚编写 . ——作者简介：刘家驹（生卒年不详），四川甘孜巴塘县人，生活在重庆 . ——书目来源：西北民族大学图书馆、四川省图书馆、中国社会科学院图书馆、吉林省图书馆、南京大学图书馆、重庆图书馆、国家图书馆、南京图书馆

/ 刘家驹编 . ——重庆：中国边疆学会，1943.10. ——任国民政府军事委员会参议时，在北碚编写 . ——书目来源：南京图书馆

德国心理战 / （美）法拉哥著；萧孝嵘译 . ——重庆：商务印书馆，1943. ——书前有萧孝嵘识于国立中央大学心理系，（民国）三十二年四月十日 . ——书目来源：重庆图书馆、北碚区图书馆

老子章句新释 / 张默生注释 . ——上海：东方书社，1943. ——作者简介：

张默生（1895—1979），古典文学家。原名张敦讷。山东临湘人。1941年9月至1946年7月任复旦大学（重庆北碚）教授，1946年8月—1950年，任四川北碚相辉学院教授兼中文系主任，重庆大学中文系教授.——书目来源：上海图书馆

／张默生注释.——上海：东方书社，1946.——书目来源：重庆图书馆

／张默生注释.——［出版地不详］：东方书社，1948.——书目来源：重庆图书馆

理则学／吴俊升，边振方 同撰.——重庆：正中书局，1943.——作者简介：吴俊升（1901—2000），著名教育家，江苏如皋人。曾任国民政府教育部高等教育司司长，国立中央大学教育学院教授。1941年6月，宁夏绥宁师范学校第一任校长边振方和教师王良池、李少鲁、段雨汀、孔宪珂等由重庆到宁夏.——书目来源：《抗战以来图书选目》

实用理则学八讲／陈大齐.——重庆：文化服务社，1943.——中央政治学校公务员训练部高等课讲授理则学时所用讲义.——作者简介：陈大齐（1886—1983），字百年，浙江海盐人。心理学家。曾任浙江高等学校校长，北京大学教授、系主任、代理校长。（国民政府）考试院秘书长（1942年1月10日—1942年1月27日），（国民政府）考试院考选委员会委员长（1934年12月22日—1948年6月）.——书目来源：西南大学图书馆、西南政法大学图书馆

／陈大齐.——重庆：文化服务社，1945.——书目来源：见《抗战以来图书选目》

逻辑指要／章士钊.——重庆：文化服务社，1943.——作者简介：章士钊（1881—1973），字行严，笔名黄中黄、青桐、秋桐，湖南省善化县（今长沙市）人。1938年6月起，历任第一、二、三、四届国民参政会参政员，1946年回上海.——书目来源：见《抗战以来图书选目》

／章士钊.——［出版地不详］：时代精神社，1943.6.——章士钊1939年5月12日序于重庆，张君劢1939年7月（时客蜀中）序，高承元1939年7月17日序于重庆.——书目来源：西南大学图书馆、重庆图书馆、国家图书馆、南京图书馆、四川大学图书馆、贵州省图书馆、西南政法大学图书馆

民族素质之改造／张君俊.——重庆：商务印书馆，1943.——书前有张君俊序于中山文化教育馆，民国二十八年六月.——书目来源：重庆图书馆、北碚区图书馆

欧阳竟无大师纪念刊：1871—1943／支那内学院蜀院编.——重庆：四川江津森森公司，1943.——书目来源：北碚区图书馆

青年期心理学／严谦六.——重庆：正中书局，1943，初版.——1937年7月于国立中央大学作序，该书是在1936年中国童子军干部训练班授课时用的讲稿。国立中央大学1937年迁至重庆、成都等地办学，称"重庆中央大学".——书目来源：重庆图书馆

／严谦六.——上海：正中书局，1943.——书目来源：天津图书馆、重庆图书馆、国家图书馆

／严谦六.——上海：正中书局，1947.2.——书目来源：重庆图书馆、国家图书馆、南京图书馆

人生兴趣／曹孚著.——北碚：光亭出版社，1943.11.——书目来源：北碚区图书馆

太虚大师文选／（释）福善编.——重庆：罗汉寺佛经流通处，1943.——书目来源：南京图书馆

／（释）福善编.——重庆：罗汉寺佛经流通处，[出版时间不详].——书目来源：重庆图书馆

伊斯兰教义与党员守则／张兆理著.——重庆：图书出版社，1943.4.——书后有（民国）三十一年七月七日张兆理跋于复兴关中央训练团.——书目来源：北碚区图书馆

印度之佛教／（释）印顺.——重庆：正闻学社，1943.——1942年10月3日自序于合江法王学院.——作者简介：释印顺（1906—2005），又称印顺导师、印顺长老、印顺法师，俗名张鹿芹，浙江海宁人，为太虚大师门徒。七七军兴后，避难至重庆，抗战期间在重庆.——书目来源：上海图书馆、国家图书馆、南京图书馆

曾涤生立达要旨／陈清初.——重庆：人文书店，1943.9.——序言：1943

年7月15日陈清初谨识于渝州悔园. ——书目来源：西南大学图书馆、复旦大学图书馆、武汉大学图书馆、吉林省图书馆

中国青年之路/ 杨玉清. ——重庆：北斗书店，1943. ——作者简介：杨玉清（1906—1995），湖北孝感杨店镇人。抗日战争爆发，回国曾任国民党中央社会部文化事业科科长、中央政治学校训导教授、中央训练委员会编审处长、三青团中央团部宣传处副处长等职。1943年起，先后在重庆、南京任国民政府行政院评事. ——书目来源：广东省立中山图书馆、吉林省图书馆

中西哲学思想之比较研究集/ 唐君毅. ——重庆：正中书局，1943. ——作者简介：唐君毅（1909—1978），四川宜宾人。抗战爆发后，入川转任华西大学讲师，不久再赴重庆，任中央大学讲师，至1944年升为教授，并兼哲学系主任，一直到1949年. ——书目来源：天津图书馆、湖南图书馆、江西省图书馆、重庆图书馆、国家图书馆

1944 年

变态心理学/ 陈节坚. ——重庆：商务印书馆，1944. ——书目来源：重庆图书馆、北碚区图书馆

船山学案/ 侯外庐. ——重庆：三友书店，1944.4，初版. ——书前有"外庐，序于渝之山谷中". ——作者简介：侯外庐（1903—1987），原名兆麟，又名玉枢，自号外庐，山西省平遥县人。曾生活在重庆. ——书目来源：重庆图书馆、北碚区图书馆、西南大学图书馆

从叔本华到尼采/ 陈铨著. ——重庆：在创出版社，1944. ——作者简介：陈铨（1903—1969），原名大铨，字涛西，别名陈正心，四川富顺人。1940—1945年在重庆生活. ——书目来源：重庆图书馆

/ 陈铨著. ——上海：大东书局，1946. ——书目来源：重庆图书馆

老子/ 张默生. ——［出版地不详］：胜利出版社，1944. ——书目来源：重庆图书馆

老子现代语解/ 陆世鸿. ——重庆：中华书局，1944. ——中华民国三十二年冬月思红陆世鸿自序于重庆. ——书目来源：重庆图书馆、北碚区图书馆

老子章句新编/ 严灵峰. ——重庆：文风书店，1944. ——书前有"严灵峰

序于重庆".——书目来源：重庆图书馆、北碚区图书馆

伦理学体系：中国道德之路／汪少伦.——重庆：商务印书馆，1944.——序言：1943年11月于中央政治学校教务主任室．原稿数次为授课时用．——书目来源：辽宁省图书馆、天津图书馆、湖南图书馆、重庆图书馆、国家图书馆

／汪少伦．——重庆：商务印书馆，1945，再版．——书目来源：重庆图书馆、国家图书馆

／汪少伦．——上海：商务印书馆，1946，上海初版．——书目来源：山东省图书馆、浙江图书馆、重庆图书馆、国家图书馆

／汪少伦．——上海：商务印书馆，1947，上海再版．——书目来源：吉林省图书馆、湖南图书馆、江西省图书馆、山东省图书馆、浙江图书馆、首都图书馆、重庆图书馆、国家图书馆

孟子会笺／温晋城．——重庆：正中书局，1944．——作者时任重庆中央政治大学教授、总务长．——书目来源：重庆图书馆、北碚区图书馆

民生哲学精义／胡一贯著．——［重庆］：中央文化运动委员会，1944.8．——中央文化运动委员会文化运动丛书第六种．——书目来源：西南大学图书馆

民族气节论／成惕轩．——重庆：国民图书出版社，1944．——书目来源：重庆图书馆、北碚区图书馆、西南大学图书馆

墨子校注十卷附录四卷／吴毓江校注．——重庆：独立出版社，1944．——十册．——二十世纪四十年代《墨子校注》获国家学术二等奖，在国际上被载入世界权威著作《简明不列颠百科全书》．——作者简介：吴毓江（1898—1977），又名继刚，号墨生，重庆秀山县人．曾任《四川日报》主笔．——吉林大学图书馆、中山大学图书馆、北京大学图书馆、河南大学图书馆

人生基础哲学 增订本／柯璜著．——重庆：商务印书馆，1944.1．——书目来源：重庆图书馆、天津图书馆、山西省图书馆、国家图书馆

／柯璜著．——重庆：商务印书馆，1946．——书目来源：重庆图书馆、国家图书馆

/柯璜著. ——上海：商务印书馆，1947.1. ——书目来源：南京图书馆、山东省图书馆、上海图书馆

　　/柯璜著. ——重庆：商务印书馆，1947.1. ——书目来源：浙江图书馆

　　生之原理/陈立夫著. ——重庆：正中书局，1944. ——作者简介：陈立夫（1900—2001），名祖燕，字立夫，浙江吴兴人。1939—1945年在重庆生活. ——书目来源：重庆图书馆

　　/陈立夫著. ——重庆：正中书局，1945. ——书目来源：重庆图书馆、南京图书馆、贵州省图书馆

　　/陈立夫著. ——［出版地不详］：正中书局，1945. ——书目来源：南京图书馆

　　/陈立夫著. ——上海：正中书局，［1945］. ——书目来源：重庆图书馆、国家图书馆、上海图书馆

　　/陈立夫著. ——［出版项不详］. ——书目来源：广西壮族自治区图书馆

　　世界佛学苑汉藏教理院特刊/汉藏教理院. ——重庆：私立北泉图书馆部，1944. ——书目来源：重庆图书馆、北碚区图书馆

　　宋元学案/胡秋原著. ——重庆：中周出版社，1944. ——书目来源：重庆图书馆

　　/胡秋原著. ——重庆：中周出版社，1944.9. ——书目来源：上海图书馆

　　天人四论，一名，新哲学体系 /苏渊雷著. ——重庆：黄中出版社，1944. ——书目来源：重庆图书馆、南京图书馆、上海图书馆

　　/苏渊雷著. ——重庆：黄中出版社，［出版时间不详］. ——书目来源：重庆图书馆

　　性心理/（美）霭理斯著；冯明章译. ——重庆：文摘出版社，1944. ——书目来源：重庆图书馆、北碚区图书馆

　　伊斯兰教志略 一册/许崇灏. ——重庆：商务印书馆，1944.1，初版. ——序言：民国三十二年五月许崇灏于陪都之陶园. ——书目来源：北京大学图书馆、中国社会科学院图书馆、西北民族大学图书馆、广西师范大学图书馆、贵州省图书馆、郑州大学图书馆、吉林省图书馆、南京大学图书馆、苏州图书

馆、宁夏图书馆、上海社会科学院图书馆、西华师范大学图书馆

易通／苏渊雷著．——重庆：黄中出版社，1944．——钵水斋丛书．——书目来源：重庆图书馆

／苏洲雷著．——［重庆］：黄中出版社，1944.10 渝订正一版．——书目来源：北碚区图书馆

中国古代思想学说史／侯外庐．——重庆：文风书局，1944．——书目来源：重庆图书馆、贵州省图书馆

／侯外庐．——重庆：文风书局，1944.6．——书目来源：上海图书馆

／侯外庐．——上海：文风书局，1946．——书目来源：《重庆抗战纪事》第 249 页、重庆图书馆、南京图书馆

中国近世思想学说史／侯外庐．——重庆：三友书店，1944．——上卷。书前有"外庐，民国三十三年，元旦日，序于渝市山谷中"．——书目来源：重庆图书馆、北碚区图书馆、西南大学图书馆

／侯外庐．——重庆：三友书店，1945．——下卷．——书目来源：重庆图书馆、北碚区图书馆、重庆中国三峡博物馆

中国天主教史论丛／方豪著．——重庆：商务印书馆，1944．——作者简介：方豪（1910—1980），字杰人，浙江杭州人，曾在重庆生活．——书目来源：重庆图书馆

／方豪著．——上海：商务印书馆，1947．——书目来源：南京图书馆

／方豪著．——［出版地不详］：商务印书馆，1947．——书目来源：四川省图书馆

／方豪著．——［出版地不详］：商务印书馆，1947.3．——书目来源：四川省图书馆

1945 年

爱的对话／（古希腊）柏拉图著；林苑文译．——重庆：国际文化服务社，1945.7，初版．——书前有民国三十四年六月廿五日潘钟天心序于重庆民主世界杂志社．——书目来源：重庆图书馆、北碚区图书馆

精刻大藏经目录／支那内学院蜀院编．——江津：江津支那内学院，

1945.2. ——书目来源：北碚区图书馆

竟无孔学——中庸传一卷/ 欧阳渐撰. ——江津：江津支那内学院蜀院，1941.3. ——民国二十九年一月欧阳渐述于江津支那内学院. ——书目来源：北碚区图书馆

抗战初结声中东方学术界之函讨/ 傅养恬编辑. ——［出版地不详］：启文印刷局，1945. ——收录太虚法师与林海坡、吕寒潭等人的来往书信5封. ——书目来源：重庆数字图书馆

孔墨底批判/ 郭沫若撰. ——重庆：群众周刊社，1945.3. ——书目来源：北碚区图书馆

理想的前途：甲集/ 陈果夫. ——［出版地不详］：正中书局，1945. ——书前自序写有"陈果夫，中华民国三十四年二月十二日于巴县小温泉健庐". ——书目来源：重庆图书馆

陪都慈云寺僧侣救护队纪念刊/ 陪都慈云寺僧侣救护队总队部编. ——重庆：陪都慈云寺僧侣救护队总队部，1945.3. ——书目来源：重庆市档案馆

人生佛教/（释）太虚大师述. ——［出版地不详］：海潮音社出版，1945.6，初版. ——书目来源：北碚区图书馆

/（释）太虚述意. ——重庆：海潮音社，1945. ——书目来源：重庆图书馆、南京图书馆

/（释）太虚大师. ——上海：海潮音社，1946. ——书目来源：上海图书馆、南京图书馆

/（释）太虚述意. ——［出版地不详］：海潮音月刊社，1946.12. ——书目来源：上海图书馆、南京图书馆

松雪道人书般若心经/ 戴传贤跋. ——北碚：中国书学研究会碑帖部发行，1945.2. ——作者简介：戴季陶（1891—1949），初名良弼，后名传贤，字季陶，笔名天仇。原籍浙江湖州，生于四川广汉。抗战时期在重庆. ——书目来源：北碚区图书馆

唯识学探源/（释）印顺著. ——重庆：重庆北碚缙云山释妙钦发行，1945.1. ——书目来源：北碚区图书馆

／（释）印顺.——重庆：正闻学社，1945.——书目来源：上海图书馆、国家图书馆、南京图书馆、重庆图书馆

渝院道训汇编 甲申集／[作者不详].——[出版地不详]：[出版者不详]，1945.——书目来源：国家图书馆

渝院道训汇编 戊寅集至癸未集／[作者不详].——[出版地不详]：[出版者不详]，1945.——书目来源：国家图书馆

真理之神／杨家骆著.——北碚：中国辞典馆印行，1945.8.——本书为参观大足石刻的经过与感想.——作者简介：杨家骆（1912—1991），江苏南京人，抗战期间在重庆北碚生活，现代图书馆学家、藏书家.——书目来源：北碚区图书馆

／杨家骆著.——[出版地不详]：世界书局，1946.——书目来源：重庆图书馆、南京图书馆

1946 年

母教／傅琴心.——上海：正中书局，1946.——作者附注：傅琴心，余干县人，曾在重庆北碚生活.——书目来源：重庆图书馆

／傅琴心.——上海：正中书局，1946.11.——书目来源：南京图书馆

／傅琴心.——[出版地不详]：正中书局，1946.——书目来源：西南大学图书馆、陕西学前师范学院图书馆、云南师范大学图书馆、吉林师范大学图书馆

魏晋清谈思想初论／贺昌群著.——重庆：商务印书馆，1946.——作者简介：贺昌群（1903—1973），四川马边县人。20世纪40年代受聘重庆大学历史系教授所著.——书目来源：重庆图书馆、广西壮族自治区图书馆

／贺昌群著.——上海：商务印书馆，1947.——书目来源：南京图书馆

／贺昌群著.——上海：商务印书馆，1947.4.——书目来源：上海图书馆

先秦诸子文选／张默生选注.——重庆：东方书社，1946.——书目来源：重庆图书馆

1947 年

公教通讯（第一期）／重庆市公教同学会.——[出版地不详]：[出版者

不详]，1947. ——书目来源：重庆市档案馆

新美学/［蔡仪］著. ——上海：群益出版社，1947. ——作者简介：蔡仪（1906—1992），原名蔡南冠，湖南攸县人. ——书目来源：南京图书馆

/蔡仪. ——上海：群益出版社，1949. ——书目来源：贵州省图书馆

/蔡仪. ——［出版项不详］. ——书目来源：《重庆抗战纪事》第250页

太虚大师纪念集/汉藏教理院同学会编. ——重庆：汉藏教理院同学会，1947. ——书目来源：重庆图书馆、广西壮族自治区图书馆

中国佛教青年之前途/（释）惟贤著. ——四川合江：龙进庄，1947. ——作者简介：释惟贤（1920—2013），四川省蓬溪县人. ——书目来源：重庆图书馆

中国思想通史/杜国庠，侯外庐，纪玄冰，赵纪彬. ——上海：新知书店，1947. ——作者简介：杜国庠（1889—1961），曾用杜守素、林伯修等笔名，广东澄海人。写于重庆. ——书目来源：重庆图书馆、南京图书馆

1948年

基督与我/陈崇桂著. ——重庆：布道杂志社，1948. ——作者简介：陈崇桂（1884—1964），湖北荆州人，1943—1949年在重庆生活. ——书目来源：重庆图书馆、南京图书馆

庄子新释（上册）/张默生选注. ——上海：东方书社，1948. ——书目来源：重庆图书馆

1949年

抗战初结声中东方学术界之函讨/［作者不详］. ——［出版地不详］：［出版者不详］，1949.5. ——书目来源：重庆市档案馆

先秦诸子思想概要/杜国庠著. ——北京：生活·读书·新知三联书店，1949.7. ——此时作者生活于重庆，属文工会。写于重庆. ——书目来源：《重庆文史资料丛刊·重庆抗战纪事》第250页

出版时间不详

八德论/周子游. ——［出版项不详］. ——作者简介：周子游（1894—

1960），名阳临，笔名静园，重庆奉节人．——书目来源：《奉节县志》第 845 页

般若波罗蜜多心经述记 一卷／（释）太虚讲；史一如笔记．——北碚：汉藏教理院，［出版时间不详］．——书目来源：北碚区图书馆

抱朴子外校笺／杨明照．——民国末年，写成初稿．——作者简介：杨明照（1909—2003），字韬甫，重庆大足人．——书目来源：曹顺庆《杨明照教授传略》，1999.9

沉思偶录，又名，自己的认识／颜实甫著．——［出版项不详］．——哲学笔记．——书目来源：《江津文史资料选辑》第 5 辑第 45 页

大乘教义／刘声元，史玉如著．——［出版项不详］．——作者简介：刘声元（？—1917），字历青，重庆万县人．——书目来源：《万县市文史资料选辑》第 2 辑第 26 页

韩非／张默生．——［重庆］：教育部民众读物编审委员会，［出版时间不详］．——写于重庆．——书目来源：《四川省志 人物志》第 924 页

汉唐精神／贺昌群著．——［出版项不详］．——书目来源：《四川省志 人物志》第 618 页

华岩寺志／［作者不详］．——［出版项不详］．——2 函 8 册，线装．——书目来源：西南政法大学图书馆

／［作者不详］．——［出版项不详］．——第一、二卷，第三卷，第四卷。3 册．——书目来源：重庆市档案馆

家训二卷／刘泽嘉著．——该书散佚无存．——作者简介：刘泽嘉（1880—1949），字颖滨，别号叟岩，重庆江津人。继程农初之后，担任民国《江津县志》总纂．——书目来源：《江津文史资料选辑》第 10 辑第 1 页

竟无内外学／欧阳渐．——［出版项不详］．——书目来源：《抗战以来图书选目》

孔子衍义／熊国璋．——［出版项不详］．——晚年著书．——作者简介：熊国璋（1874—1949），字特生，谱名焕邑，号两周山人，也称周溪道人，重庆万县人．——书目来源：《万县文史资料 第 1 辑》第 8 页

来瞿唐先生易注十五卷首一卷末一卷/（明）来知德撰，（清）高奣映校. ——［出版地不详］：江东茂记书局，民国石印本. ——八册. ——作者简介：来知德（1525—1604），字矣鲜，号瞿塘，梁山县（今重庆梁平县）人；高奣映（1647—1707），字元廓、雪君，别号问米居士，云南姚安人. ——书目来源：苏州大学图书馆

吕览校释/梅际郇著. ——［出版项不详］. ——书目来源：《四川省志 人物志》第 784 页

伦理学纲要/孔健民. ——40 年代初，四川国医学院任教时编撰的讲义. ——书目来源：《杏林名师——成都中医药大学 50 周年校庆版》第 11 页

论衡本性篇疏证/孔健民. ——20—30 年代撰写的心理学史范畴专著. ——书目来源：《杏林名师——成都中医药大学 50 周年校庆版》第 11 页

孟子改制述要□□卷/李源泉撰. ——［出版项不详］. ——作者简介：李源泉，重庆江北人，曾任江北县教育局长。近代著名教育家. ——书目来源：民国《江北县志稿·艺文志》

欧阳渐记叙 一卷/欧阳渐. ——［出版地不详］：金陵刻经处，［出版时间不详］. ——书目来源：南京图书馆

群经大义□□卷/杨士钦撰. ——［出版项不详］. ——作者简介：杨士钦（1861—1914），字鲁丞，重庆江津人。清末拔贡. ——书目来源：民国《江津县志·人物志》

群经纲纪考 十六卷/李滋然. ——［出版项不详］. ——作者简介：李滋然（1851—1912），字命三，号树斋，采薇僧，重庆长寿县人. ——书目来源：《巴蜀人物库》

世界佛学院建设计划书/（释）［太虚］撰. ——昆明：玉慧观，［出版时间不详］. ——书目来源：重庆图书馆

/（释）［太虚］撰. ——［出版项不详］. ——书目来源：南京图书馆

四川宗教哲学研究社成立大会特刊/宗教哲学研究社编. ——成都：宗教哲学研究社，［出版时间不详］. ——内收该社成立大会宣言，该社简章及概要等. ——书目来源：重庆图书馆

太虚大师川东演说集　附诗录/[（释）太虚]．——[出版项不详]．——在重庆佛学社、旧县议会、江巴璧合峡防局、重庆大学等地的各种演说词，弟子克全记．附太虚及前人的多首内容涉重庆的诗篇．——书目来源：重庆数字图书馆

文选理学权舆续补/向宗鲁．——[出版项不详]．——作者简介：向宗鲁（1895—1941），原名永年，学名承周，巴县人．——书目来源：《成都大辞典》

先秦诸子的若干问题/杜国庠著．——[出版项不详]．——此时作者生活于重庆，属文工会，写于重庆．——书目来源：《重庆文史资料丛刊·重庆抗战纪事》第250页

性三品派之人性论/孔健民．——20—30年代撰写的心理学史范畴专著．——书目来源：《杏林名师——成都中医药大学50周年校庆版》第11页

性善情恶源之人性论/孔健民．——20—30年代撰写的心理学史范畴专著．——书目来源：《杏林名师——成都中医药大学50周年校庆版》第11页

学术史□□卷/杨士钦撰．——出版情况不详，或未竟或散佚．——书目来源：民国《江津县志·人物志》

渝院道训　六卷/[作者不详]．——[出版项不详]．——书目来源：北碚区图书馆

渝院道训汇编　七卷/[作者不详]．——[出版项不详]．——书目来源：国家图书馆（存目）

直觉与表现辩/梁宗岱作．——[出版项不详]．——在北碚作．——作者简介：梁宗岱（1903—1987），广东新会人，生于广西百色．抗战时期在重庆生活．——书目来源：《北碚文史资料》第4辑 抗日战争时期的北碚第424页

中国人性论史纲/孔健民．——20—30年代撰写的心理学史范畴专著．——书目来源：《杏林名师——成都中医药大学50周年校庆版》第11页

中国儒家民主学案/李源泉撰．——[出版项不详]．——书目来源：民国《江北县志稿·艺文志》

中国思想史/侯外庐著．——[出版项不详]．——任职迁入北碚的中苏文化杂志社时期写成．——书目来源：《北碚文史资料》第4辑 抗日战争时期的北

碚第 13 页

中国庄子哲学/ 颜实甫著．——［出版项不详］．——以法文译注．——书目来源：《江津文史资料选辑》第 5 辑第 45 页

周易疏校后记/ 向宗鲁．——［出版项不详］．——书目来源：《四川省志·人物志》第 480 页

◎C 社会科学总论

1914 年

四川重庆中西德育社年终成绩之报告/［中西德育社］编．——重庆：中西德育社，1914.——封面题名：重庆中西德育社。四川重庆中西德育社于1899年由公谊会与中外人士同意发起成立。本书收有绪言，会员一览表，民国三年腊月十号止出入一览表，德育社扩充新社出入一览表，新社捐资一览表，民国三年常年费及特别捐，本社的图片资料．——书目来源：重庆图书馆

1918 年

中国人口论/ 陈长蘅．——上海：商务印书馆，1918.——书目来源：广西壮族自治区图书馆

／陈长蘅．——上海：上海商务印书馆，［1920］．——书目来源：重庆图书馆

／陈长蘅．——上海：上海商务印书馆，1924.——书目来源：重庆图书馆

／陈长蘅．——上海：上海商务印书馆，1926.——书目来源：重庆图书馆

／陈长蘅．——上海：上海商务印书馆，1928.——书目来源：重庆图书馆、四川省图书馆

／陈长蘅．——上海：上海商务印书馆，［1932］．——书目来源：重庆图书馆

／陈长蘅．——北京：国立北京大学附设农村经济研究所，1943.——书目来源：国家图书馆

1920年

四川省内务统计报告书／四川省长公署政务厅内务科编．——成都：四川省长公署政务厅内务科，1920．——书目来源：重庆图书馆

1927年

社会调查方法／樊弘著．——上海：商务印书馆，1927．——作者简介：樊弘（1900—1988），重庆江津人．——书目来源：重庆图书馆、国家图书馆、南京图书馆、四川省图书馆、广西壮族自治区图书馆

／樊弘著．——［出版地不详］：商务印书馆，1927.8．——书目来源：四川省图书馆

／樊弘著．——上海：商务印书馆，1928．——书目来源：重庆图书馆

／樊弘著．——［上海］：中华教育文化基金董事会社会调查部，1928.9．——书目来源：上海图书馆

／樊弘著．——上海：商务印书馆，1933．——书目来源：重庆图书馆、南京图书馆、贵州省图书馆

／樊弘著．——上海：商务印书馆，1935．——书目来源：重庆图书馆

／樊弘著．——上海：商务印书馆，［出版时间不详］．——书目来源：广西壮族自治区图书馆

1928年

第一次中国劳动年鉴／王清彬，王树勋，樊弘，林颂河，陶孟和著．——北平：社会调查部，1928.12．——书目来源：上海图书馆

1929年

近代社会思想史要／（日）平林初之辅著；钟复光，施复亮合译．——上海：大江书铺出版，1929.11．——作者简介：钟复光（1903—1992），又名希孟，重庆江津人；施复亮（1899—1970），原名施存统，又名伏量，浙江金华人．——书目来源：北京大学图书馆、复旦大学图书馆、四川师范大学图书馆等有藏

／（日）平林初之辅著；钟复光，施复亮合译．——［出版地不详］：大江

书铺出版，1930. ——书目来源：《江津文史资料选辑》第 2 辑第 88 页

1930 年

璧山县平民救济院月报/ 黄各谦等编. ——璧山［重庆］：璧山县平民救济院，1930. ——本月报乃是璧山县平民救济院造具的 1930 年 12 月 1 日起至 31 日止的收支报销清册，详细地记载了该院 12 月份的收支情况. ——书目来源：重庆图书馆

三民主义与人口政策/ 陈长蘅. ——上海：上海商务印书馆，1930. ——书目来源：重庆图书馆、国家图书馆、南京图书馆、四川省图书馆、广西壮族自治区图书馆

／陈长蘅. ——上海：上海商务印书馆，1933. ——书目来源：重庆图书馆、上海图书馆

上海工人生活程度的一个研究 / 杨西孟著. ——北平：社会调查所，1930. ——据上海调查货价处，1927 年 11 月—1928 年 10 月对上海纱厂二百多户工人家庭全年的调查所作分析报告。附录：国内各地劳动者生活费表. ——作者简介：杨西孟（1900—1996），重庆江津人. ——书目来源：重庆图书馆、上海图书馆、南京图书馆、四川省图书馆

指数公式总论/ 杨西孟编. ——北平：社会调查所，1930. 5. ——书目来源：上海图书馆、南京图书馆、四川省图书馆

／杨西孟编. ——北平：社会调查所，［出版时间不详］. ——书目来源：重庆图书馆

1931 年

生活费指数编制法/ 杨西孟编. ——上海：社会调查所，1931. ——编制法概论及各国编制法之比较。附录：1. 各国编制生活费指数之机关、披露指数之刊物及指数包括之区域一览表；2. 北平生活费指数. ——书目来源：重庆图书馆

／杨西孟编. ——上海：社会调查所，1934. ——书目来源：国家图书馆

／杨西孟编. ——上海：社会调查所，1935. ——书目来源：重庆图书馆、西南大学图书馆

1932 年

河北省二万五千家乡村住户之调查/ 董时进著．——[出版地不详]：[出版者不详]，1932.5．——作者简介：董时进（1900—1984），重庆垫江人．——书目来源：南京图书馆、四川省图书馆

统计表中之上海/ 罗志如著．——南京：国立中央研究院社会科学研究所，1932．——作者简介：罗志如（1901—1992），重庆江津人．——书目来源：重庆图书馆、国家图书馆、南京图书馆、四川省图书馆

1933 年

中国科学社重庆社友会社员录/ 中国科学社第十八届年会编．——重庆：中国科学社第十八届年会，1933．——本书有职员表、中国科学社第十八届年会职员表、重庆社友录、第十八届年会来川社员录、中国科学社重庆社友会简章五部分内容．——书目来源：重庆图书馆

1934 年

重庆市私立孤儿院院务纪要 二十一周年纪念 / 重庆市私立孤儿院编．——重庆：重庆市私立孤儿院，1934．——重庆渝中富商胜家公司经理刘子如，于民国三年二月八日宴请中西德育社、中西英年会、基督教美以美会、内地会、公谊会、自养美道会、重庆总商会等赞助，以临江门外胜家缝纫女校为重庆市私立孤儿院院址，招男女生共四十名。十月八日，举行开学典礼，重庆各领事馆均派人来参加。这份纪要记录了院徽院旗院歌，院长与董事肖像，各方题字，插图，过去、现在将来之本院，后附录有社会舆论对本院观感，杂件．——书目来源：重庆图书馆

生命表编制法/ 罗志如．——上海：上海商务印书馆，1934．——书目来源：重庆图书馆、国家图书馆、上海图书馆、南京图书馆、四川省图书馆

统计论丛 / 陈长蘅编．——上海：黎明书局，1934．——书目来源：重庆图书馆、上海图书馆、南京图书馆

/ 陈长蘅．——[出版地不详]：黎明书局，1934.6．——书目来源：北京大学图书馆、中国社会科学院图书馆、西南大学图书馆、广东省立中山图书馆、

吉林省图书馆、南京大学图书馆、复旦大学图书馆、上海社会科学院图书馆等有藏。

1937 年

农村社会学导言 / 言心哲编.——上海：中华书局，1937.——书目来源：重庆图书馆、国家图书馆、南京图书馆、四川省图书馆

1938 年

抗战中社会问题 / 罗家伦等著.——上海：独立出版社，1938.——书目来源：重庆图书馆

四川省建设统计提要 / 四川省政府建设厅秘书室统计股编辑.——四川：四川省政府建设厅，1938.——书目来源：重庆图书馆、上海图书馆、南京图书馆

四川省禁烟总局实施档案计划 / 殷仲麒编.——重庆：四川禁烟总局编纂组，1938，初版.——书目来源：北碚区图书馆

四川省统计提要 / 四川省政府统计处编.——四川：四川省政府统计处，1938.——书目来源：重庆图书馆

酉秀黔彭垦调查报告 / 四川省政府编.——［出版地不详］：四川省政府，［1938］.——正文题名：四川省东南边区酉秀黔彭石五县垦殖调查报告。引言：绍行附识廿七年十二月.——书目来源：嘉兴学院图书馆

酉秀黔彭石垦殖调查报告 / 四川省政府编.——［出版地不详］：四川省政府，1938.——共6章。报告四川酉阳、秀山、黔江、彭水、石砫等五县的自然条件、农村经济、社会、荒地等调查情况。附录：实验垦区理想计划草案等.——书目来源：重庆数字图书馆

战地服务工作与经验 / 柳乃夫著.——汉口：生活书店，1938.——作者简介：赵宗麟（1910—1939），号玉书，笔名柳乃夫，曾改名赵乎，重庆荣昌县人.——书目来源：重庆图书馆、上海图书馆

/ 柳乃夫著.——［出版地不详］：生活书店，1938.——书目来源：重庆数字图书馆

1939 年

四川省建设统计提要/ 四川省政府建设厅秘书室统计股编辑.——四川：四川省政府建设厅，1939.——全部为表。主要内容有：四川经济概述及农、林、水利、矿业、工业、商业、交通等各项统计.——书目来源：南京图书馆

四川省最近职业教育计划汇编/ 四川省政府教育厅编.——成都：四川省立教育科学馆，1939.——四川省教育厅教育丛刊 第 2 辑职字第 1 号。内收四川省农业职业教育讨论会议议案、建教合作委员会工作计划大纲等 11 种.——书目来源：重庆图书馆、南京图书馆

中国社会问题/ 孙本文著.——著于重庆沙磁文化区.——重庆：青年书店，1939.——书目来源：重庆图书馆、南京图书馆

1940 年

何鲁文钞/ 何鲁.——北京：中华书局，1940.——收有川政评议文章、重庆艺术专门学校刊序等.——作者简介：何鲁（1894—1973），字奎垣，四川广安人。1932—1949 年在重庆，其间，1937 年应熊庆来之邀任云南大学理学院院长约一年，曾任重庆大学理学院院长、重庆大学校长、部聘教授.——书目来源：西南大学图书馆、广东省立图书馆、吉林大学图书馆

四川哥老会改善之商榷/ 宋仲堪等执笔.——成都：四川地方实际问题研究会，1940.——包括哥老会之简史，哥老会之检讨，改善哥老会之方法，哥老会会员训练之要点。附代拟简章 22 条.——书目来源：重庆图书馆、国家图书馆（缩微）

四川禁烟汇报/ 四川省禁烟督办公署，四川省禁烟委员会编.——成都：四川省禁烟委员会，1940.——有"廿四年至廿九年禁烟机构组织情形"、"四川省禁烟委员会规程"、"四川省禁烟督办公署组织规程"、"廿四年至廿九年禁种情形"、"廿四年至廿九年禁吸经过"、"廿四年至廿九年禁运情形"等内容。附"四川省各县市办理禁政成绩考核总表"、"四川省各级办理禁政人员一览表".——书目来源：重庆图书馆

四川省禁烟善后计划大纲草案：四川省禁烟实施办法大纲/ 四川省训练团

编．——四川：四川省训练团，1940．——包括扩大禁烟宣传动员党政军学，统一禁烟机构，厉行禁种，加紧禁吸，改进禁运、禁售办法，彻底肃清民间存土，彻底肃清川东余毒等十一条实施办法．——书目来源：重庆图书馆

四川省禁烟实施办法大纲／四川省训练团编．——［出版地不详］：四川省训练团，1940．——书目来源：南京图书馆

峡区民国二十九年度户口普查专刊／［作者不详］．——［出版地不详］：［出版者不详］，1940．——书目来源：《北碚文史资料》第4辑抗日战争时期的北碚第65页

1941 年

重庆市生活费指数／社会部统计处编．——重庆：社会部统计处，1941．——有《重庆市工人生活费指数》《民国三十年六月份重庆市工人生活费指数变动说明》《重庆市工人生活费指数图》《重庆市公务员生活费指数》《民国三十年六月份重庆市公务员生活费指数变动说明》《重庆市公务员生活费指数图》《民国三十年六月份重庆市主要生活必需品零售价格》等内容．——书目来源：重庆图书馆

重庆市统计提要／重庆市政府统计处．——重庆：重庆市政府，1941．——民国三十年辑．——书目来源：重庆市档案馆、国家图书馆

沙磁区学术讲演会讲演集·第一辑／沙磁区学术讲演会干事会编辑．——重庆：沙磁区学术讲演会干事会，1941．——书目来源：国家图书馆、南京图书馆、吉林省图书馆

沙磁区学术讲演会讲学录·第一辑／孙科等著．——重庆：［出版者不详］，1941．——书目来源：重庆图书馆

四川边区各民族之人口数字／傅双无编．——成都：书生书店，1941．——书目来源：重庆图书馆

／傅双无编．——成都：书生书店，1941.8．——书目来源：南京图书馆

四川省建设统计年鉴／四川省政府建设厅编．——四川：四川省政府建设厅，1941．——全部为表．——书目来源：重庆图书馆、南京图书馆

四川省建设统计年鉴／四川省政府建设厅编．——［出版地不详］：四川

省政府建设厅，约［1941—1949］. ——书目来源：国家图书馆

1942 年

重庆市工资指数 / 社会部统计处编. ——重庆：社会部统计处，1942. ——重庆市工资指数：民国三十一年七月、十二月，四川省重要市县生活费指数月报：民国三十一年十二月　本书有"重庆市工资指数图"、"五年来重庆市工资指数之分析"、"重庆市产业工人工资指数"、"重庆市职业工人工资指数"、"重庆市各业工人最近相邻两月工资比较"等内容。另有"四川省重要市县生活费指数月报（民国三十一年十二月）". ——书目来源：重庆图书馆、南京图书馆

重庆市统计提要 1941 年度 / 重庆市政府. ——重庆：重庆市政府，1942. ——书目来源：南京图书馆

民族文化建立论 / 苏渊雷著. ——重庆：独立出版社，1942. ——书目来源：上海图书馆、重庆图书馆

民族文化论纲 / 苏渊雷著. ——重庆：独立出版社，1942. ——1941 年 12 月 21 日叙于巴之南泉. ——书目来源：上海图书馆

/ 苏渊雷著. ——重庆：北碚黄中出版社，1944. ——书目来源：重庆图书馆、上海图书馆、南京图书馆、北碚区图书馆

四川人 / 叶育之编. ——成都：四川帐表工业社印刷厂，1942. ——共 15 篇。有《四川精神》《四川治乱为国家兴亡之关键》《川滇黔三省的革命历史》《四川治乱与人口问题》《四川人》《历史上之四川人物》等. ——作者简介：叶育之，字英俊，四川人。曾住重庆东打铜街 61 号. ——书目来源：重庆图书馆

四川省选县户口普查方案 / 四川省选县户口普查委员会制订. ——选县：四川省选县户口普查委员会，1942. ——书目来源：重庆图书馆、南京图书馆

四川省重要市县生活费指数月报［民国三十一年十二月］/ 社会部统计处编. ——［重庆］：社会部统计处，［1942］. ——书目来源：重庆图书馆

现代中国社会问题 / 孙本文著. ——重庆：商务印书馆，1942. ——一册. ——书目来源：重庆图书馆

/ 孙本文著. ——重庆：商务印书馆，1943. ——二、三、四册. ——著于抗

战期间的重庆沙磁文化区.——书目来源：重庆图书馆、南京图书馆（不分册）、四川大学图书馆（不分册）、贵州省图书馆

　　/ 孙本文著.——重庆：商务印书馆，1944.——一、三、四册.——书目来源：重庆图书馆

　　/ 孙本文著.——上海：商务印书馆，1945.——一、二、三、四册.——书目来源：重庆图书馆

　　/ 孙本文著.——上海：商务印书馆，1946.——一、二、三、四册.——书目来源：重庆图书馆

　　/ 孙本文著.——上海：商务印书馆，1947.——二、三、四册.——书目来源：重庆图书馆

　　/ 孙本文著.——上海：商务印书馆，1948.——书目来源：南京图书馆

1943 年

北碚统计总报告 1943 年度 / 北碚管理局统计室编.——北碚：北碚管理局统计室印，1944 年 12 月 25 日编、1945 年 4 月 25 日印.——书目来源：重庆市档案馆

社会调查与统计第二号北碚社会概况调查 / 社会部统计处编.——［出版地不详］：社会部统计处，1943.——书目来源：北碚区图书馆、吉林省图书馆、苏州图书馆

简要统计手册（四川省江北县） /［作者不详］.——［出版地不详］：［出版者不详］，1943.6.——书目来源：重庆市档案馆

简要统计手册（二）（四川省江津县） /［作者不详］.——［出版地不详］：［出版者不详］，1943.12.——书目来源：重庆市档案馆

1944 年

重庆市统计手册 / 重庆市政府编.——重庆：重庆市政府，1944.——根据重庆市政府 1943 年度年鉴撮要编成。内容分"总类"、"土地与户口"、"警卫"、"财政"、"公务"、"卫生"与"教育"等.——书目来源：重庆图书馆

楚信文存 / 叶溯中编.——上海：［出版者不详］，1944.——作者简介：叶溯中（1902—1964），浙江永嘉人，抗战期间在重庆生活.——书目来源：江西

省图书馆

调查统计概述／吴大钧讲．——重庆：中央训练团党政训练班，1944．——中央训练团，于1939年初自湖南迁到桂林、重庆．党政训练班第一期于1940年3月1日在重庆南温泉开办（该日即为团庆），第二、三期迁至重庆近郊浮图关上，自第四期起又由关上迁至关下．——作者简介：吴大钧（1902—？），福建闽侯人，抗战期间在重庆生活，曾任中国国民党中央党部统计处处长．——书目来源：重庆图书馆、四川省图书馆

季鸾文存／张季鸾著；胡霖编．——重庆：大公报馆，1944．——书目来源：重庆图书馆、天津图书馆、国家图书馆

／张季鸾著；胡霖编．——［出版地不详］：大公报馆，1944．——书目来源：西南大学图书馆、复旦大学图书馆、成都学院图书馆、四川师范大学图书馆等有藏．

／张季鸾著．——［出版地不详］：大公报馆，1944.12．——第1册．——书目来源：西北师范大学图书馆、河北师范大学图书馆、首都图书馆、嘉兴学院图书馆、中国社会科学院图书馆

／张季鸾著．——［出版地不详］：大公报馆，1944.12．——第2册．——书目来源：广西师范大学图书馆、嘉兴学院图书馆

／张季鸾著；胡霖编．——重庆：大公报馆，1945．——2册．——书目来源：首都图书馆

／张季鸾著．——［出版地不详］：大公报馆，1947．——书目来源：中国社会科学院图书馆、四川师范大学图书馆、西华大学图书馆、河北师范大学图书馆

简要统计手册（四川省江北县）／［作者不详］．——［出版地不详］：［出版者不详］，1944.8．——书目来源：重庆市档案馆

现代社会事业／言心哲著．——重庆：商务印书馆，1944．——书目来源：重庆图书馆、四川省图书馆

／言心哲．——重庆：商务印书馆，1944.9．——1943年6月1日序于北碚国立复旦大学社会研究室．——书目来源：《抗战以来图书选目》

／言心哲著. ——上海：商务印书馆，1946. ——书目来源：国家图书馆、南京图书馆

／言心哲著. ——重庆：商务印书馆，1946，沪初版. ——书目来源：南京图书馆

／言心哲. ——上海：商务印书馆，1946.6. ——西南大学图书馆

四川省永川县简要统计手册／永川县政府编. ——重庆永川：永川县政府，1944.6. ——书目来源：南京图书馆

业务管理／卢作孚讲. ——［出版地不详］：中央训练团党政高级训练班，1944. ——作者简介：卢作孚（1893—1952），原名魁先，别名卢思，重庆合川人. ——书目来源：国家图书馆

业务管理总论／卢作孚讲；中央训练团党政高级训练班编. ——［出版地不详］：［出版者不详］，1944. ——书目来源：国家图书馆

中国社会史／陶希圣著. ——重庆：文风书局，1944. ——书目来源：重庆图书馆、国家图书馆、南京图书馆

1945 年

重庆工人家庭生活程度／社会部统计处编. ——重庆：社会部统计处，1945. ——1941年10月对重庆地区240个工人家庭的调查资料。大部分为调查统计表. ——书目来源：重庆图书馆、南京图书馆

重庆市生命统计简编／重庆市生命统计联合办事处. ——重庆：重庆市生命统计联合办事处，1945. ——有"调查前之准备"、"出生死亡之查报及死因之推定"、"统计结果提要"、"重庆市生命统计委员会组织规程"等内容；统计区域：重庆市马王庙镇江寺中二路两路口四派驻所；统计时间：民国三十四年. ——书目来源：重庆图书馆、南京图书馆

重庆市统计提要／重庆市政府统计处. ——［出版地不详］：［出版者不详］，1945. ——民国三十四年辑. ——书目来源：重庆市档案馆

简要统计手册（四川省第三区）／［作者不详］. ——［出版地不详］：［出版者不详］，1945. ——书目来源：重庆市档案馆

旅渝心声／王云五. ——重庆：商务印书馆，1945. ——本书为政治、经

济、教育、文化、出版等内容的社会科学文集.——作者简介：王云五（1888—1979），原名日祥，号岫庐，广东香山县（今中山县）人。抗战期间在重庆生活.——书目来源：重庆图书馆、上海图书馆、四川省图书馆

社会学名词/ 国立编译馆编.——重庆：正中书局，1945.——书目来源：北碚区图书馆

四川省建设统计提要/四川省政府建设厅秘书室统计股编辑.——四川：四川省政府建设厅，1945.——书目来源：重庆图书馆

四川省统计提要/ 四川省政府统计处编.——四川：四川省政府统计处，1945.——书目来源：重庆图书馆

行政统计：四川省第十二区/［作者不详］.——［出版地不详］：［出版者不详］，1945.——书目来源：重庆市档案馆

1946 年

新民族观：上册 / 罗家伦著.——重庆：商务印书馆，1946.——书目来源：重庆图书馆

四川省统计年鉴/［作者不详］.——［出版地不详］：［出版者不详］，1946.——书目来源：四川大学图书馆

在重庆雾中/ 胡绳著.——重庆：生生出版社，1946.——书目来源：南京图书馆、四川省图书馆、国家图书馆

1947 年

重庆市统计提要/ 重庆市政府统计处.——［出版地不详］：［出版者不详］，1947.——收录民国三十六年重庆市组织系统相关统计资料.——书目来源：重庆市档案馆

/ 重庆市政府统计处.——重庆：重庆市出版统行处，1947.——民国三十六年辑.——书目来源：国家图书馆

四川北碚管理局三十六年度统计总报告/［作者不详］.——［出版地不详］：［出版者不详］，1947.——书目来源：重庆市档案馆

四川省永川县简要统计手册/ 永川县政府编.——重庆永川：永川县政府，

1947. ——本书对土地、户口、党团、政治组织、军法、财务、农矿、工商、交通、合作、教育、宗教、卫生、赈济、兵役、警卫十六个方面进行简要统计．——书目来源：重庆图书馆

1948 年

简要统计手册（第四期）（四川省江津县）／［作者不详］．——［出版地不详］：［出版者不详］，1948.1.——书目来源：重庆市档案馆

1949 年

大家听教授讲演／费青，樊弘讲．——［出版地不详］：[出版者不详]，[1949].——书目来源：国家图书馆

出版时间不详

四川省内务统计报告书／四川省长公署政务厅内务科编．——成都：四川省长公署政务厅内务科，[出版时间不详]．——书目来源：重庆图书馆

四川省统计年鉴：1—7 册／[作者不详]．——[出版项不详]．——书目来源：重庆图书馆

酉秀黔彭垦调查报告／陈筑山．——[出版项不详]．——书目来源：重庆中国三峡博物馆

◎D 政治、 法律

1912 年

政见商榷会宣言书／程德全著．——［出版地不详］：［出版者不详］，1912.——作者简介：程德全（1860—1930），字纯如，号雪楼，法名寂照。重庆云阳县人．——书目来源：南京图书馆

／程德全著．——上海：商务印书馆，1912.11.——书目来源：上海图书馆

1913 年

革命军　驳康有为书／邹容，章太炎著．——上海：[上海神州广文社]，1913．——作者简介：邹容（1885—1905），原名桂文，又名威丹、蔚丹、绍陶，留学日本时改名邹容。四川巴县人。清末革命家．——书目来源：国家图书馆

／邹容，章太炎著．——上海：上海神州广文社，[出版年不详]．——书目来源：国家图书馆

前农林总长宋教仁被刺案内应夔丞家搜获函电文件检查报告／程德全，应德闳编．——[出版地不详]：程德全、应德闳，[1913.5]．——书目来源：国家图书馆

中国改造论／孙倬章．——[出版地不详]：[出版者不详]，1913—1914．——作者简介：孙倬章（1885—1932），名贻谋，重庆云阳人．——书目来源：《云阳县志》第1101页，《四川省志 人物志》第778页

／孙倬章．——成都：民力日报社，1927．——书目来源：重庆图书馆、上海图书馆、四川大学图书馆

1914 年

法学通论　上下卷／潘大道，李庭恺编．——[出版地不详]：右文社，1914．——书目来源：重庆图书馆

社会主义史／孙倬章著．——上海：商务印书馆，1914.10．——百科小丛书之一．——书目来源：《云阳县志》第1101页

／孙倬章著．——上海：商务印书馆，1924．——百科小丛书之一．——书目来源：重庆图书馆、上海图书馆

／孙倬章著．——上海：商务印书馆，1926．——百科小丛书之一．——书目来源：重庆图书馆

／孙倬章著．——上海：商务印书馆，1930．——书目来源：上海图书馆、南京图书馆

／孙倬章著．——上海：商务印书馆，1933，国难后1版．——书目来源：上海图书馆、南京图书馆

1916 年

保甲须知/ 冷雪樵. —— [出版地不详]：[出版者不详]，[约在1916—1937年间]. ——在荣县任职时著. ——作者简介：冷雪樵（1893—1951），名天庆，重庆铜梁县人. ——书目来源：《铜梁县志》第768页

三民主义浅说/ 冷雪樵. —— [出版地不详]：[出版者不详]，约在1916—1937年间]. ——在荣县任职时著. ——书目来源：《铜梁县志》第768页

1919 年

重慶領事館管轄内事情/日本总领事馆（在重庆）编. ——[东京]：外务省通商局，1919. ——书目来源：日本国立国会图书馆

1921 年

在重慶日本領事館管内状況/（日）外务省通商局 编. ——[东京]：外务省通商局，1921. ——书目来源：日本国立国会图书馆

1923 年

新革命论 / 孙倬章著. ——上海：健社，1923.10. ——书目来源：国家图书馆、浙江图书馆

1926 年

地方自治救国论/ 孙倬章著. ——[出版地不详]：[出版者不详]，1926. ——附注：有著者序2篇；均写于1926年5月。分7章。论述地方自治与各方面的关系，地方自治的权限与范围，地方自治应举办的事务和进行的步骤，以及中国地方自治的沿革等. ——书目来源：重庆图书馆、上海图书馆

劳动年鉴/ 樊弘著. ——[出版地不详]：[出版者不详]，1926. ——书目来源：《江津文史资料选辑》第11辑第112页

1927 年

驳覆柯劭忞王树枏等对于总会议决事件之修正案/ 江庸著. ——[出版地不详]：[出版者不详]，[1927]. ——作者简介：江庸（1877—1960），字翊云、翼云，号澹翁，重庆璧山人. ——百度学术网

不平等条约/漆南薰著.——重庆：国民书店，1927.——书目来源：重庆图书馆

到革命之路/孙倬章著.——成都：民力日报社，1927.——书目来源：国家图书馆

江巴璧合特组峡防团务局概况一览/中央政治学校，合作学院合编.——[出版地不详]：中央政治学校，1927.——书目来源：国家图书馆

江巴璧合特组峡防团务局事业进程一览/中央政治学校，合作学院编.——[出版地不详]：中央政治学校发行，[1927].——书目来源：国家图书馆、重庆北碚区图书馆

劳动立法原理/樊弘著.——上海：商务印书馆，1927.——分12章：劳动的意义与劳动契约的特质、劳动问题何以有别于无产阶级的问题、劳动保护法规的学理基础、雇佣关系的进化、雇佣争议的和平解决、工资制度与最低工资立法、最多时间与休息、失业、卫生与安全、劳动保险及执行等。末章专述万国劳动立法的进化.——书目来源：重庆图书馆、广西壮族自治区图书馆

/樊弘著.——上海：商务印书馆，1927.8.——书目来源：上海图书馆

/樊弘著.——上海：商务印书馆，1928.——书目来源：重庆图书馆、国家图书馆、南京图书馆、四川省图书馆

/樊弘著.——上海：商务印书馆，1930.——书目来源：重庆图书馆、贵州省图书馆

/樊弘著.——上海：商务印书馆，1933.——书目来源：南京图书馆

1928 年

成都市市政年鉴 第1期/杨吉甫，晏碧如，刘燕谋，聂开阳编.——[出版地不详]：[出版者不详]，1928.1.——作者简介：杨吉甫（1904—1962），原名有庆，万县人.——书目来源：复旦大学图书馆

重庆三三一惨案纪念特刊 第1册/邓士英等著.——[出版地不详]：[出版者不详]，1928.——1927年3月31日重庆民众请愿（为刘湘打伤167人）周年，本书为纪念刊.——书目来源：中国社会科学院图书馆

地方自治/孙倬章著.——成都：民力日报社，1928.——书目来源：南京

图书馆、四川省图书馆

革命军／邹容著．——上海：民智书局，1928．——书目来源：重庆图书馆

／邹容著．——上海：民智书局，1929，再版．——书目来源：人民大学图书馆

／邹容著．——［出版地不详］：［出版者不详］，［1944］．——书目来源：重庆图书馆

／邹容著．——［出版地不详］：有正书局，［出版时间不详］．——书目来源：上海图书馆

／邹容著．——［出版地不详］：有正书局，［出版时间不详］．——书目来源：北京大学图书馆

／邹容著．——［出版项不详］．——内收邹容烈士遗著《革命军》。前有《总理训词》与《总裁训词》．——书目来源：重庆图书馆

矿商须知／四川实业厅驻渝办事处编．——重庆：长安寺启文印刷局1928．——收矿业条例、矿业条例施行细则、矿业注册条例、开业注册条例施行细则、矿业呈文程式、修正小矿业暂行条例、查勘矿区规则等有关条例27条．——书目来源：重庆图书馆

评中国共产党／孙倬章著．——成都：民力日报社，1928．——书目来源：重庆图书馆

群生论／孙倬章著．——成都：民力日报社，1928．——书目来源：重庆图书馆

社会主义哲学史要／（日）河田嗣郎著；潘大道译．——上海：商务印书馆，1928．——书目来源：南京图书馆

／河田嗣郎著；潘大道译．——上海：商务印书馆，1928.9．——书目来源：重庆图书馆

四川重庆各法团机关李石两代表请愿纪录／石荣廷，李奎安编．——上海：蜀评社发行部，1928．——书目来源：重庆图书馆

／石荣廷，李奎安编．——［出版地不详］：蜀评社发行部，1928．——书目来源：中国社会科学院图书馆

巡视各县报告 / 胡次威等著. —— ［出版地不详］：四川省政府民政厅，［1928？—1949？］. ——作者简介：胡长清（1900—1988），曾用名胡次威，重庆万县人. ——书目来源：南京图书馆

1929 年

应用会议法 / 彭光钦编译. ——上海：世界书局，1929. 3. ——作者简介：彭光钦（1906—1991），重庆长寿县人. ——书目来源：国家图书馆、浙江图书馆

会议法研究 / 彭光钦编译. ——上海：世界书局，1929. ——书目来源：重庆图书馆、国家图书馆、上海图书馆、南京图书馆

两年来的峡防局 / ［作者不详］. ——［重庆］：峡防局，1929. ——书目来源：刘重来.《卢作孚与嘉陵江三峡乡村建设运动》. 西南大学乡村建设学院，2013 年 5 月 22 日

1930 年

巴县地方自治讲习所讲录汇刊 / ［冯均逸］编. ——［出版地不详］：［巴县地方自治讲习所］，［1930］. ——上下册. 这是第一期讲习所成员学习完成以后，综合讲录而汇编成的，分上下册. ——作者简介：冯均逸（1888—1960），国民党少将. 四川平昌人. 曾任四川省巴县县长，开县县长. ——书目来源：重庆图书馆

/ ［冯均逸］编. ——［出版地不详］：［巴县地方自治讲习所］，［出版时间不详］. ——书目来源：重庆图书馆

重庆市各工会调查报告录 / 国民革命军第二十一军政治训练部编. ——［出版地不详］：国民革命军第二十一军政治训练部，1930. ——本书共记录了重庆市泥水工会，重庆市下货苦力工会，重庆市丝绵工会等五十个工会的情况。主要记录了各工会的会址及分会支部，沿革，负责人，会员人数，经费，工资，工作时间，生活概况，失业及救济，知识程度，一般思想，职业介绍，入会手续，工作内容等. ——书目来源：重庆图书馆

民法总则 / 胡长清著. ——上海：商务印书馆，1930. ——书目来源：上海

图书馆

　　／胡长清著．——上海：商务印书馆，1935．——书目来源：南京图书馆

　　／胡长清著．——上海：商务印书馆，1935.11．——书目来源：重庆图书馆

　　／胡长清著．——上海：商务印书馆，1937.6．——书目来源：上海图书馆

四川巴县地方自治讲习所办理经过之报告／李袭封编．——巴县重庆：巴县自治讲习所，1930．——报告主要有绪言，插图，讲习所创办经过，教务工作，训育工作，讲习结果，后附载有本所简章，教务处组织规程，本所牌告，本所启示等．——书目来源：重庆图书馆

万县地方法院成立经过及十九年度处务概略／万县地方法院编．——重庆万县：万县地方法院，[1930]．——本书主要记录了成立之部（筹备、建筑、开院），处务之部（党务、审判、检查），专载，附录（法院职员表，检查处职员表，处分书，申请再议），杂俎等。书前附有法院人物肖像图和法院建筑图，院长题词，万县院长贾光荣、首席检察官黄道坤作的序言．——书目来源：重庆图书馆、重庆市档案馆

政治科学概论／杨公达．——上海：神州国光社，1930．——作者简介：杨公达（1907—1972），字文彬，重庆长寿人．——书目来源：重庆图书馆、上海图书馆、南京图书馆

1931 年

各国民法条文比较／胡长清著．——[出版地不详]：法律评论社，1931．——书目来源：南京图书馆

　　／胡长清著．——北平：法律评论社，1931．——书目来源：重庆图书馆

　　／胡长清著．——[出版地不详]：法律评论社，1931.7.10．——书目来源：上海图书馆

　　／胡长清著．——上海：会文堂新记书局，1935．——书目来源：重庆图书馆

工人运动底理论与实际／钟复光，施复亮合译．——[出版地不详]：大江书铺出版，1931．——书目来源：《江津文史资料选辑》第2辑第88页

婚姻法之近代化／（日）栗生武天，胡长清著．——南京：法律评论社，

1931.——书目来源：南京图书馆、四川省图书馆、广西壮族自治区图书馆

／（日）栗生武天，胡长清著．——上海：商务印书馆，1935.——书目来源：南京图书馆、广西壮族自治区图书馆

／（日）栗生武天，胡长清著．——上海：商务印书馆，1935.11.——书目来源：上海图书馆

民法债总论／ 胡长清编．——上海：商务印书馆，1931.2.——书目来源：上海图书馆

／胡长清编．——上海：商务印书馆，1933.——书目来源：南京图书馆

／胡长清编．——上海：商务印书馆，1939.——书目来源：重庆图书馆

／胡长清编．——上海：商务印书馆，[出版时间不详]．——书目来源：南京图书馆、四川省图书馆

欧美各国宪法史／ 潘大逵著．——上海：大东书局，1931.——作者简介：潘大逵（1901—1991），重庆开县人．——书目来源：重庆图书馆、国家图书馆

契约法论／ 胡长清著．——上海：商务印书馆，1931.——书目来源：南京图书馆、四川省图书馆、广西壮族自治区图书馆

／胡长清著．——上海：商务印书馆，1931.4.——书目来源：上海图书馆

／胡长清著．——上海：商务印书馆，1934.6.——书目来源：上海图书馆、南京图书馆

日本刑法改正案评论／（日）冈田朝太郎，胡长清．——上海：法学编译社，1931.——书目来源：南京图书馆、四川省图书馆、贵州省图书馆

／（日）冈田朝太郎，胡长清．——上海：法学编译社，1931.8.——书目来源：上海图书馆

／（日）冈田朝太郎，胡长清．——上海：法学编译社，1937.——书目来源：广西壮族自治区图书馆

四川底问题／ [卢作孚] 著．——[出版地不详]： [出版者不详]，1931.——书目来源：重庆数字图书馆

／卢作孚著．——[出版项不详]．——书目来源：《四川省志 人物志》第402页、重庆图书馆

/［卢作孚］著. ——［出版项不详］. ——书目来源：重庆图书馆

新盐法的起草经过及其内容说明/ 陈长蘅报告；许师慎笔记. ——［出版地不详］：盐政讨论会，1931. ——陈长蘅在立法院纪念周上所作关于1931年3月立法院通过的盐法的报告. ——书目来源：上海社会科学院图书馆

/陈长蘅报告；许师慎笔记. ——南京：盐政讨论会，1934.5. ——书目来源：上海图书馆

中国婚姻法论/ 胡长清著. ——南京：法律评论社，1931. ——书目来源：重庆图书馆、南京图书馆、广西壮族自治区图书馆

/胡长清著. ——南京：法律评论社，1932. ——书目来源：南京图书馆

中华民国民法物权精义/ 胡长清著. ——南京：法律评论社，1931. ——书目来源：重庆图书馆、南京图书馆

1932年

巴县第七次县行政会议录/［作者不详］. ——［出版地不详］：［出版者不详］，1932. ——民国二十一年十月召开。本次会议提案及决议案25件及县属各机关二十年度决算案列表若干。本次会议录分议录序言、开会词、开会程序、出席会员一览表、会议议案目录（内政类、教育类、建设类、财政类）、会议议案、闭会词七部分. ——书目来源：重庆图书馆

董时进论文及演说词/ 董时进著. ——［出版地不详］：文化学社，1932. ——书目来源：四川省图书馆

涪陵县政府廿年度建设科行政事业报告书 /黄达夫辑. ——涪陵［重庆］：涪陵县政府建设科，1932. ——书目来源：国家图书馆

童子军营地工程/ 赵慰祖编；冷雪樵等校订. ——上海：少年用品供应社，1932. ——作者简介：冷雪樵（1893—1951），名天庆，铜梁县巴川镇人. ——书目来源：国家图书馆

怎样干：中国革命问题批判/ 孙倬章. ——［出版地不详］：社会科学研究社，1932. ——附注：第二复本. ——书目来源：上海图书馆、四川省图书馆

/孙倬章. ——上海：商务印书馆，1932. ——可能笔名为"史巴达"，在上海自费出版. ——书目来源：《云阳县志》第1101页、重庆图书馆

／孙倬章．——［出版地不详］：社会科学研究社，［出版时间不详］．——民国籍粹．——书目来源：南京图书馆

政党概论／杨公达著．——上海：神州国光社，1932．——书目来源：重庆图书馆、国家图书馆

／杨公达著．——上海：神州国光社，1933，再版．——书目来源：重庆图书馆、南京图书馆、四川省图书馆

中国继承法论／胡长清著．——南京：法律评论社，1932．——书目来源：重庆图书馆

／胡长清著．——南京：法律评论社，1936．——书目来源：广西壮族自治区图书馆

1933 年

巴县第八次县行政会议录／［作者不详］．——［出版地不详］：［出版者不详］，1933.4．——书目来源：重庆图书馆

巴县第九次县行政会议录／［作者不详］．——［出版地不详］：［出版者不详］，1933.11．——巴县第九次县行政会议于民国二十二年十一月召开，会议录有会议序言、致词、程序、出席会员一览表、议案目录、议案六部分内容。书后附县属各机关二十一年度决算表会议议案．——书目来源：重庆图书馆

璧山县县政公报特刊／［作者不详］．——璧山县［重庆］：璧山县县政府，1933．——本特刊为关于改订乡镇公所组织及闾邻编制。书后附改订璧山县各乡镇调解委员会规则．——书目来源：重庆图书馆

重庆市反省院两周年经过报告书／［作者不详］．——重庆：［出版者不详］，1933．——书目来源：国家图书馆

政论存稿／周开庆著．——重庆：四川晨报社，1933．——收著者为湖北《民国时报》《四川晨报》等撰写的时论、社论 100 篇．——作者简介：周开庆（1904—1987），重庆江津人．——书目来源：重庆图书馆

／周开庆著．——重庆：四川晨报社，1933.7．——书目来源：南京图书馆

中国民法总论／胡长清著．——上海：商务印书馆，1933．——书目来源：南京图书馆、广西壮族自治区图书馆、贵州省图书馆

／胡长清著．——上海：商务印书馆，1934．——书目来源：贵州省图书馆

／胡长清著．——上海：商务印书馆，1934.4．——书目来源：上海图书馆

／胡长清著．——上海：商务印书馆，1935．——书目来源：贵州省图书馆

／胡长清著．——上海：商务印书馆，1935.5．——书目来源：上海图书馆

／胡长清著．——［出版地不详］：商务印书馆，1935．——书目来源：南京图书馆

／胡长清著．——上海：商务印书馆，1936．——书目来源：重庆图书馆

／胡长清著．——长沙：商务印书馆，1939．——书目来源：重庆图书馆

／胡长清著．——上海：商务印书馆，1939．——上册．——书目来源：四川省图书馆

／胡长清著．——重庆：商务印书馆，1945．——书目来源：重庆图书馆

／胡长清著．——上海：商务印书馆，1945．——下册．——书目来源：四川省图书馆

／胡长清著．——上海：商务印书馆，1946．——书目来源：贵州省图书馆

／胡长清著．——上海：商务印书馆，1947．——书目来源：重庆图书馆

／胡长清著．——上海：商务印书馆，［出版时间不详］．——书目来源：广西壮族自治区图书馆

中国宪法史纲要／潘大逵著．——上海：上海法学编译社，1933．——书目来源：国家图书馆、南京图书馆、贵州省图书馆

／潘大逵著．——上海：上海法学编译社，1937．——书目来源：重庆图书馆、南京图书馆、四川省图书馆、贵州省图书馆

1934 年

巴县第十一次县行政会议录／［作者不详］．——［出版地不详］：［出版者不详］，1934.1．——巴县第十一次县行政会议按顺序应于民国二十三年十月召开。本次会议共有二十三项决议案。本会议录有会议出席会员一览表、会议议案目录、会议议案三部分内容。书后附有县属各机关二十二年度决算表。本次会议录议案涉及内政、教育、建设、财政四类．——书目来源：重庆图书馆

璧山县团务委员会二十三年度团务进行计划大纲／璧山县团务委员会

编．——璧山［重庆］：璧山县团务委员会，［1934］．——介绍该会的编制、训练、垦殖东西山荒地计划、建筑碉堡办法等情况．——书目来源：重庆图书馆

复兴中国与政治制度之历史研究／杨启高著．——南京：拔提书店，1934.8．——作者简介：杨启高，重庆南川人．——书目来源：南京图书馆

合作的国际与中国／伍玉璋编．——成都：普益协社，1934．——书目来源：重庆图书馆、国家图书馆、四川省图书馆

江北建设特刊／江北县县政府建设科编．——江北县［重庆］：江北县县政府建设科，1934．——封面题名，江北建设特镌。本刊内分行政、事业、调查、统计、专载等，辑录有关该县建设机关的沿革、人事、章则及各项建设事业（包括农、林、棉、蚕场所的建设，街道整理，电话设施，测量河道等项）的资料。调查项目包括：土地、矿产的分布、农村经济的状况、消费、工人工资、交通运输、农田水利、农村借贷储蓄、币制等。卷末"专载"栏编入《重庆米价之研究》及《重庆米价与江北契价之关系》两篇专论，内附折页地图和照片．——书目来源：重庆图书馆

近代政治思潮／潘大逵著．——上海：世界书局，1934．——书目来源：重庆图书馆、国家图书馆、南京图书馆、四川省图书馆

民法物权／胡长清著．——上海：商务印书馆，1934．——书目来源：重庆图书馆、南京图书馆、四川省图书馆、广西壮族自治区图书馆

／胡长清著．——上海：商务印书馆，1935．——书目来源：重庆图书馆、南京图书馆

四川省第三区行政督察专员公署工作报告／［作者不详］．——［出版地不详］：［出版者不详］，1934年6月至1936年5月．——书目来源：重庆市档案馆

四川省会公安局工作年报／四川省会公安局工作报告编纂委员会编纂．——成都：四川省会公安局，1934．——书目来源：重庆图书馆

中国的建设问题和人才的训练／卢作孚．——上海：生活书店，1934．——内收《建设中国的困难及其必循的道路》《中国的根本问题是人的训练》《从四个运动做到中国统一》《我们的要求和训练》等12篇．——书目来源：《北碚地

方志》第 539 页、重庆图书馆、上海图书馆、南京图书馆、四川省图书馆

中国童子军初级课程：最新训练标准童子军课本 / 冷雪樵，罗烈．——上海：大上海有限消费合作社，1934.9.20.——书目来源：上海图书馆

租税各论 / 沙里格曼著；胡宇光译．——上海：上海商务印书馆，1934.——上下册．——作者简介：胡宇光（1896—1957），又名胡泽，合川县盐井乡人．——书目来源：《合川县志》第 752 页、重庆图书馆、上海图书馆、广西壮族自治区图书馆

/ 沙里格曼著；胡宇光译．——长沙：商务印书馆，1940.——1—4 册。封面印有：汉译世界名著 汇集作者所写的论文编成。分为 24 章，论述租税之沿革、各种租税理论及美、英、德等十余个国家的税制。末三章专论战费问题．——书目来源：《合川县志》第 752 页、重庆图书馆、南京图书馆

1935 年

重庆市反省院四周年成绩报告表 / 重庆市反省院编．——重庆：重庆市反省院，1935.——包括重庆市反省院暂行条例、管理规则、训育计划纲要等，出版年据内容推断．——书目来源：国家图书馆

/ [作者不详]．——重庆：[出版者不详]，[1935.3].——包括重庆市反省院暂行条例、管理规则、训育计划纲要等，出版年据内容推断．——书目来源：重庆市档案馆、国家图书馆

重庆市反省院四周年成绩报告表弁言 / [作者不详]．——[出版地不详]：[出版者不详]，[1935].——书目来源：重庆市档案馆

丰都县县政府二十四年春季行政会议特刊 / 丰都县政府编．——丰都[重庆]：丰都县政府，1935.——书目来源：国家图书馆

丰都县县政府职员录 / [作者不详]．——丰都[重庆]：丰都县政府，1935.——书目来源：国家图书馆

奉节县县政府职员录 / [作者不详]．——奉节[重庆]：奉节县县政府，1935.——书目来源：国家图书馆

各国民法条文比较总则编 / 胡长清著．——上海：会文堂新记书局，1935.3.——书目来源：南京图书馆

／胡长清著．——上海：新记书局，1937．——书目来源：贵州省图书馆

国难与青年／周开庆著．——北平：华西书店出版，1935．——收《国难与青年》《青年的出路》《新生活运动之旨趣》《国际联盟与中国》《怎样去认识现中国的政治》《华北停战协定之认识》《破坏与建设》等37篇．——书目来源：重庆图书馆

合川县救济院成案汇编／[作者不详]．——[出版地不详]：[出版者不详]，1935.8．——书目来源：重庆市档案馆

綦江、铜梁、荣昌县地方建教工作报告书／綦江县政府，铜梁县政府，荣昌县政府制．——[出版地不详]：[出版者不详]，1935．——本书为綦江、铜梁、荣昌县在建设和教育方面的工作报告并分别进行讲述．——书目来源：重庆图书馆

社会正义论／霍布浩士著；胡宇光译．——上海：商务印书馆，1935．——书目来源：重庆图书馆、南京图书馆、四川省图书馆、广西壮族自治区图书馆

／霍布浩士著；胡宇光译．——上海：商务印书馆，1935.8．——书目来源：上海图书馆

／霍布浩士著；胡宇光译．——上海：商务印书馆先后出版，[1931—1935]．——书目来源：《合川县志》第752页

视察四川省各县新县制及重庆市地方自治报告书／[作者不详]．——[出版地不详]：[出版者不详]，[1935]．——书目来源：国家图书馆

四川巴县地方法院二十三年度工作摘要报告书／方仲颖编著．——巴县：巴县地方法院，1935．——分：弁言、报告、附录、附表四部分。自1934年1月至1935年6月底．——书目来源：重庆图书馆、上海图书馆、南京图书馆

四川省第三区行政督察专员巡视辖区各县视察报告书／[作者不详]．——[出版地不详]：[出版者不详]，1935年9月至1936年1月．——书目来源：重庆市档案馆

四川省二十五年度县地方预算汇编／[四川省政府会计处编]．——[成都]：[四川省政府会计处]，[1935]．——书目来源：嘉兴学院图书馆

四川省新生活运动总报告[1935]／四川省新生活运动促进会编．——

[出版地不详]：四川省新生活运动促进会，1935.——书目来源：重庆图书馆

童子军起源史 / 范晓六编；冷雪樵校．——上海：二二五童子军书报用品社，1935.——书目来源：国家图书馆

巫山县县政府所属各科会职员录 / [作者不详]．——巫山[重庆]：巫山县县政府，1935.——书目来源：国家图书馆

新生活运动手册 / 新生活运动促进总会编．——[出版地不详]：新生活运动促进总会，1935.——作者简介：新生活运动促进总会于抗战期间迁至重庆．——书目来源：上海图书馆、南京图书馆、四川省图书馆

新生活运动总报告 / 新生活运动促进总会编．——[出版地不详]：新生活运动促进总会，1935.——书目来源：上海图书馆、四川省图书馆

政训工作之理论与实际 / 周开庆著．——[出版地不详]：军事委员会委员长行营政训处西北分处，1935.——内分政训工作与中国国民革命、政训工作的纲领、政训工作的组织系统、平时政训工作的实施、战时政训工作的实施等8章．——书目来源：重庆图书馆

中国的建设问题与人的训练 / 卢作孚．——上海：生活书店，1935.——书目来源：重庆图书馆

/ 卢作孚．——上海：生活书店，1937.——书目来源：重庆图书馆、国家图书馆、上海图书馆

中国合作社法论 / 伍玉璋编．——南京：[出版者不详]，1935.——书目来源：重庆图书馆

中国民法债编总论 / 胡长清著．——上海：商务印书馆，1935.——书目来源：重庆图书馆、贵州省图书馆

/ 胡长清著．——上海：商务印书馆，1935.7.——书目来源：重庆图书馆、南京图书馆

/ 胡长清著．——长沙：商务印书馆，1939.3.——书目来源：上海图书馆

/ 胡长清著．——上海：商务印书馆，1944.——书目来源：贵州省图书馆、广西壮族自治区图书馆

/ 胡长清著．——上海：商务印书馆，1948.——书目来源：重庆图书馆、

南京图书馆、四川省图书馆

／胡长清著．——上海：商务印书馆，[出版时间不详]．——书目来源：广西壮族自治区图书馆

中国童子军中级训练／冷雪樵，罗烈主编．——上海：童训图书社，[1935.9]．——书目来源：浙江图书馆

中国童子军史 ／范晓六编著；冷雪樵校正．——上海：二二五童子军书报用品社，1935．——书目来源：广西壮族自治区图书馆

／范晓六编著；冷雪樵校正．——上海：二二五童子军书报用品社，[出版时间不详]．——书目来源：广西壮族自治区图书馆

1936 年

半年来的云阳／云阳县政府秘书室编辑．——[重庆云阳]：云阳县政府秘书室，1936．——书目来源：国家图书馆

一年来的云阳汇刊／云阳县政府秘书室编．——[重庆云阳]：云阳县政府秘书室，1936．——书目来源：国家图书馆、重庆图书馆

重庆各机关法团名称／[作者不详]．——[重庆]：[出版者不详]，1936．——书目来源：重庆市档案馆

重庆市政概要／[作者不详]．——[出版地不详]：[出版者不详]，1936．——书目来源：重庆市档案馆

重庆太平洋大药房同人须知／重庆太平洋大药房编．——重庆：太平洋大药房，1936．——内收"太平洋大药房组织大纲"、"营业部、会计部、货务部、事务部、广告部办事细则"、"门市规则"、"店员通则"等．——书目来源：重庆图书馆

大足县政府工作报告／[作者不详]．——[出版地不详]：[出版者不详]，1936.6．——书目来源：重庆市档案馆

奉使俄罗斯日记／程演生辑；中国历史研究社编．——[出版地不详]：神州国光社，1936．——收张鹏翮《奉使俄罗斯日记》．——作者简介：张鹏翮（1649—1725），字运青，号宽宇、信阳子。清代四川遂宁黑柏沟（今重庆潼南）人。清康熙九年（1670年）进士，官至文华殿大学士，人称"贤相"，又

为"治河名臣",谥号"文端"。《清史稿》卷二七九有传.——书目来源:云南大学图书馆、西北民族大学图书馆、广州大学图书馆、复旦大学图书馆等藏

/程演生辑;中国历史研究社编.——[出版地不详]:神州国光社,1947.4,第3版.——收张鹏翮《奉使俄罗斯日记》.——书目来源:福建师范大学图书馆

合川县县政府工作报告/王锡圭著.——[出版地不详]:[出版者不详],1936.——这是合川县二十四年七月一日起到二十五年五月底的政府工作报告,主要讲民政类,财政类,教育类,建设类,司法类,防务类六个方面的工作情况.——书目来源:重庆图书馆

合川县县政府工作报告/[作者不详].——[出版地不详]:[出版者不详],1936.6.——书目来源:重庆市档案馆

修正嘉陵江三峡乡村建设实验区署组织规程/[作者不详].——[出版地不详]:[出版者不详],1936.1.——书目来源:重庆市档案馆

建设川康合作事业五步计划/伍玉章著.——北碚[重庆]:北碚农村银行,1936——作者简介:伍玉璋,四川泸县人,1931年起任北碚农村银行经理.——书目来源:重庆图书馆

江北县政府工作报告/[作者不详].——[出版地不详]:[出版者不详],1936.6.——书目来源:重庆市档案馆

江津县政府工作报告书/[作者不详].——[出版地不详]:[出版者不详],1936.6.——书目来源:重庆市档案馆

领袖、干部与群众/周开庆著.——南京:中心评论社,1936.——书目来源:南京图书馆、国家图书馆

/周开庆著.——上海:正中书局,1936.——书目来源:重庆图书馆

/周开庆著.——南京:正中书局,1936.1.——书目来源:南京图书馆

綦江县政府抗战时期中心工作报告书/[作者不详].——[出版地不详]:[出版者不详],1936.7—1938.8.——书目来源:重庆市档案馆

四川省第三区行政督察专员公署第二次行政会议汇编/[作者不详].——[出版地不详]:[出版者不详],1936.7.——书目来源:重庆市档案馆

四川省第三区行政督察专员沈鹏巡视辖区各县区视察报告书/［作者不详］．——［出版地不详］：［出版者不详］，1936.10—1937.1.——书目来源：重庆市档案馆

四川省第三区壮丁队干部训练班通讯录/四川省第三区壮丁队干部训练班编．——四川：四川省第三区壮丁队干部训练班，1936.——书目来源：重庆图书馆

四川省第十二区壮丁队干部训练班第一期毕业同学录/四川省第十二区壮丁队干部训练班编．——四川：四川省第十二区壮丁队干部训练班，1936.——书目来源：重庆图书馆

四川省二十六年度县地方预算汇编/［四川省政府会计处编］．——成都：四川省政府财政厅，［1936］．——书目来源：南京图书馆

/［四川省政府会计处编］．——［成都］：［四川省政府会计处］，［1937］．——书目来源：重庆图书馆

四川省新生活运动总报告［1936］/四川省新生活运动促进会编．——成都：四川省新生活运动促进会，1936.——代序（一）、代序（二），分3编。介绍四川省新生活运动促进会简史，工作概况及各县工作拾零等。有新运标帜等图表，蒋介石《新生活运动之意义》，刘湘《本会之使命》。附录：《本会干事会会议记录》等3篇．——书目来源：国家图书馆（缩微）、南京图书馆

铜梁县县政府工作报告书/［作者不详］．——［出版地不详］：［出版者不详］，1936.6.——书目来源：重庆市档案馆

新撰童子军中级训练/冷雪樵编．——上海：二二五童子军书报用品社，1936.——书目来源：广西壮族自治区图书馆

/冷雪樵编．——［出版地不详］：二二五童子军书报用品社，［出版时间不详］．——书目来源：重庆图书馆

现阶段的中日问题/周开庆著．——南京：中心评论社，1936.——共7篇：《中国政府的对日政策》《调整中日关系之展望》《川越使华与今后中日关系之动向》《论中日经济提携》《论所谓共同防赤》《华北走私问题》《日本增兵华北之检讨》．——书目来源：重庆图书馆、南京图书馆、四川省图书馆

/周开庆著. ——南京：拔提书店，1936.8. ——书目来源：南京图书馆

新生活运动标帜/新生活运动促进总会订. ——［出版地不详］：新生活运动促进总会，1936. ——新生活运动促进总会，抗战期间迁于重庆. ——书目来源：重庆图书馆

新生活运动辑要/新生活运动促进总会编. ——［出版地不详］：新生活运动促进总会，1936.7. ——书目来源：国家图书馆、四川省图书馆

中国民法继承论/胡长清著. ——上海：商务印书馆，1936. ——曾列为"大学丛书"，至今仍在台湾再版发行. ——书目来源：重庆图书馆、贵州省图书馆

/胡长清著. ——上海：商务印书馆，1936.7. ——书目来源：上海图书馆、南京图书馆

/胡长清著. ——上海：商务印书馆，1936.9. ——书目来源：上海图书馆

/胡长清著. ——长沙：商务印书馆，1939. ——书目来源：重庆图书馆

/胡长清著. ——长沙：商务印书馆，1940. ——书目来源：重庆图书馆

/胡长清著. ——重庆：商务印书馆，1945. ——书目来源：重庆图书馆、贵州省图书馆

/胡长清著. ——上海：商务印书馆，1946. ——书目来源：重庆图书馆

中国民法亲属论/胡长清著. ——上海：商务印书馆，1936. ——曾列为"大学丛书"，至今仍在台湾再版发行. ——书目来源：重庆图书馆、南京图书馆

/胡长清著. ——上海：商务印书馆，1936.9. ——书目来源：上海图书馆

/胡长清著. ——上海：商务印书馆，1939. ——书目来源：四川省图书馆

/胡长清著. ——上海：商务印书馆，1947. ——书目来源：重庆图书馆

中国童子军初级训练/冷雪樵，罗烈主编. ——上海：童训图书社，[1936.2]. ——书目来源：浙江图书馆

1937 年

一九三六年之中日关系/周开庆著. ——南京：正中书局，1937. ——书目来源：南京图书馆、四川省图书馆

／周开庆著．——南京：正中书局，1937.5．——书目来源：上海图书馆

　　／周开庆著．——上海：正中书局，1937．——书目来源：国家图书馆

巴县县政府二十五年度工作报告／［巴县县政府］编．——［巴县］：［巴县县政府］，［1937］．——巴县政府二十五年度工作报告是从二十五年九月到二十六年九月底，列叙一年来各类经办政事的一个概要。本报告分民政、财政、教育、建设、军法5项。书中附有津巴联防区略图、巴綦联防区略图、巴涪南三县联防区略图3幅图．——书目来源：重庆图书馆

　　／［巴县县政府］编．——巴县［重庆］：［巴县县政府］，［出版时间不详］．——书目来源：重庆图书馆、南京图书馆

重庆市保甲须知／重庆市警察局编．——重庆：重庆市警察局，1937．——本书取材于重庆市编查保甲户口暂行办法与各种保甲法令，以及重庆市警察局治安、户籍、卫生、交通等各种法规之精要编订成册．——书目来源：重庆图书馆

重庆市各界抗敌后援会工作概述／重庆各界抗敌后援会编．——重庆：重庆各界抗敌后援会，1937．——介绍重庆市抗敌后援会成立的经过及一年来工作概况。有卷头语、总理遗像、领袖抗战训示、题字、插图、序言等．——书目来源：重庆图书馆

重庆市警察法规汇编／［作者不详］．——［出版地不详］：［出版者不详］，1937.1．——书目来源：重庆市档案馆

重庆市消防法规／［作者不详］．——重庆：重庆市消防联合救火队员训练班，1937．——内容有《扩充消防组织大纲》《修正重庆市消防联合章程》《重庆市消防联合会会员入会细则》《重庆市消防联合会选举规则草案》等．——书目来源：重庆图书馆

重庆消防法规／［作者不详］．——［出版地不详］：［出版者不详］，1937.5．——书目来源：重庆市档案馆

川灾概况及其救济经过／四川省政府民政厅编述．——成都：四川省政府民政厅，1937．——叙述四川灾患之远因，四川灾患之实况，政府救灾之经过等．——书目来源：重庆图书馆、南京图书馆

大足县县政府造呈抗战时期中心工作报告书/［作者不详］.——［出版地不详］：［出版者不详］，1937.7—1938.8.——书目来源：重庆市档案馆

合川县政府抗战时期中心工作报告目录/［作者不详］.——［出版地不详］：［出版者不详］，1937.7—1938.8.——书目来源：重庆市档案馆

江津县县政府抗战时期中心工作报告书/［作者不详］.——［出版地不详］：［出版者不详］，1937.7—1938.8.——书目来源：重庆市档案馆

蒋委员长新生活运动讲演集/新生活运动促进总会编.——［出版地不详］：新生活运动促进总会，1937.——新生活运动促进总会，抗战期间迁于重庆.——书目来源：Stanford University（斯坦福大学）图书馆、浙江大学图书馆、中山大学图书馆、吉林大学图书馆

六三禁烟节纪念特刊/四川省禁烟委员会编.——四川：四川省禁烟委员会，1937.——包括《禁烟与训政》（刘湘），《心理禁烟》（邓汉祥），《六三禁烟感言》（嵇祖佑），《六三禁烟节感言》（唐华），《纪念六三那应有的认识》（董宗骥）等9篇，各报纪念六三禁烟社评14篇，专载16篇，附载数十篇.——书目来源：重庆图书馆、南京图书馆、四川大学图书馆

内地工作的经验/柳乃夫著.——汉口：黑白丛书社，1937.12.——黑白丛书战时特刊10.——书目来源：重庆图书馆、南京图书馆

/柳乃夫著.——上海：生活书店，1937.12.——书目来源：国家图书馆

抢救华北/柳乃夫等著.——上海：上海杂志公司，1937.8.——书目来源：国家图书馆、江西省图书馆、浙江图书馆

/柳乃夫等著.——上海：上海杂志公司，1937，增订本.——当代青年丛书。本书共4篇。金则人《卢沟桥事变前后的局势一般》、柳乃夫《华北事件可能前途的估计》、刘群《华北抗战计划》《当前全民救国工作大纲》.——书目来源：重庆图书馆、南京图书馆

清洁规矩运动推行办法/新生活运动促进总会编.——南京：新生活运动促进总会，1937.4.——书目来源：南京图书馆

全国机关公团名录/杨家骆著.——南京：中国辞典馆，1937.——内分政治社会、教育文化、经济生产3部分共24卷，包括1936年全国各类机关的地

址、主管人员职衔、姓名、籍贯等，附：《我的终身事业》《从我的史学理想说到民国史稿副刊的出版》. ——作者简介：杨家骆（1912—1991），江苏南京人，抗战期间在重庆北碚生活，现代图书馆学家、藏书家. ——书目来源：重庆图书馆、国家图书馆、南京图书馆

全国新生活运动／新生活运动促进总会编. ——［出版地不详］：新生活运动促进总会，1937. ——书目来源：重庆图书馆

日本大陆政策／柳乃夫著. ——上海：黑白丛书社，1937.3. ——书目来源：重庆图书馆

　　／柳乃夫著. ——上海：黑白丛书社，1937.6. ——书目来源：重庆图书馆

　　／柳乃夫著. ——上海：黑白丛书社，1938. ——黑白丛书5. ——书目来源：重庆图书馆、南京图书馆

荣昌县政府抗战时期中心工作报告书／［作者不详］. ——［出版地不详］：［出版者不详］，1937.7—1938.8. ——书目来源：重庆市档案馆

世界往哪里去／柳乃夫著. ——上海：当代青年出版社，1937.1. ——当代青年丛书. 第一辑. 之六. ——书目来源：重庆图书馆

　　／柳乃夫著，金则人主编. ——上海：当代青年出版社，1937.2. ——当代青年丛书. 第一辑. 之六. ——书目来源：重庆图书馆、国家图书馆

　　／赵宗麟. ——［出版项不详］. ——抗战期间著作. ——书目来源：《荣昌县志》第1022页

四川省永川县政府二十六年七月起二十七年八月止抗战时期中心工作报告／［作者不详］. ——［出版地不详］：［出版者不详］，1937.7—1938.8. ——书目来源：重庆市档案馆

四川省政府建设厅驻渝办事处工作报告／四川省政府建设厅驻渝办事处辑. ——［出版地不详］：［出版者不详］，1937. ——书目来源：古籍图书网

孙哲生先生最近讲演集／孙科著. ——［出版地不详］：［出版者不详］，［约在1937—1949年］. ——书目来源：南京图书馆

　　／孙科著. ——［出版地不详］：中苏文化协会，1940. ——书目来源：重庆图书馆、上海图书馆

铜梁县政府抗战时期中心工作报告书/［作者不详］.——［出版地不详］：［出版者不详］，1937.7—1938.8.——书目来源：重庆市档案馆

为对日抗战告出川将士书 / 刘湘著.——成都：川康绥靖主任公署，1937.——作者简介：刘湘（1890—1938），又名元勋，字甫澄，法号玉宪，四川省大邑县人.——书目来源：重庆图书馆

新生活问答/ 新生活运动促进总会编.——［出版地不详］：新生活运动促进总会，1937.——新生活运动促进总会，抗战期间迁于重庆.——书目来源：四川省图书馆

新生活运动标语汇编/ 新生活运动促进总会编.——重庆：新生活运动促进总会，1937.——书目来源：上海图书馆、四川省图书馆

/ 新生活运动促进总会编.——［出版地不详］：新生活运动促进总会，1939，再版.——书目来源：重庆图书馆

/ 新生活运动促进总会编.——重庆：新生活运动促进总会，1941.4，2版.——书目来源：南京图书馆

中日问题读本/ 柳乃夫著.——上海：一般书店，1937.——新青年百科丛书 第1辑6.——书目来源：重庆图书馆、南京图书馆

中日战争与国际关系/ 柳乃夫，吴狄周著.——汉口：上海杂志公司，1937.——书目来源：重庆图书馆、国家图书馆、南京图书馆、四川省图书馆

/ 柳乃夫，吴狄周著.——上海：抗战出版部出版社，1937影印本.——书目来源：南京图书馆

/ 赵宗麟.——［出版项不详］.——抗战期间著作.——书目来源：《荣昌县志》第1022页

资本主义的前途/ 柳乃夫著.——上海：上海杂志公司，1937.——当代青年丛刊.——书目来源：重庆图书馆、南京图书馆

1938 年

一九三八年之中日关系/ 周开庆著.——成都：［出版者不详］，［1938］.——本书有一九三八年中日关系之演变，第一期抗战第二阶段之经过，第一期抗战第三阶段之经过等内容.——书目来源：重庆图书馆

巴县保训合一干部训练队同学通讯录／巴县保训合一干部训练队编．——[巴县]：巴县保训合一干部训练队，1938．——书目来源：国家图书馆（存目）

比较宪法／王世杰，钱端升著．——重庆：商务印书馆，1942，渝 1 版 增订 4 版．——上下册．——作者简介：王世杰（1892—1981），字雪艇，湖北崇阳人。钱端升（1900—1990），字寿朋，上海人，1942 年第 4 版增订于重庆．——书目来源：重庆数字图书馆

／王世杰，钱端升著．——重庆：商务印书馆，1942，渝 2 版 增订 4 版．——上册．——书目来源：重庆数字图书馆

／王世杰，钱端升著．——重庆：商务印书馆，1942，渝 2 版 增订 4 版．——下册．——书目来源：重庆图书馆

／王世杰，钱端升著．——重庆：商务印书馆，1943.12，渝 3 版 增订 4 版．——上下册．——书目来源：重庆图书馆

／王世杰，钱端升著．——南昌：商务印书馆，1943.12，赣 1 版 增订 4 版．——上册．——书目来源：重庆数字图书馆

／王世杰，钱端升著．——北京：商务印书馆，1944.2，增订 4 版．——下册．——书目来源：四川省图书馆

／王世杰，钱端升著．——重庆：商务印书馆，1945，增订 4 版．——上下册．——书目来源：重庆图书馆

重庆市各界抗敌后援会工作概述／重庆各界抗敌后援会编．——重庆各界抗敌后援会，1938．——书目来源：国家图书馆

重庆市各界抗敌后援会工作概述 民国廿六年八月起至廿七年八月底止／重庆各界抗敌后援会编．——[出版地不详]：七七书局，[1938]．——书目来源：西南政法大学图书馆

重庆市江巴各界抗战建国周年纪念大会续收捐款及所有开支清册／[作者不详]．——[出版地不详]：[出版者不详]，1938．——书目来源：重庆市档案馆

从国际形势观察中国抗战前途／陈独秀著．——广州：亚东图书馆，1938．——作者简介：陈独秀（1879—1942），原名庆同，字仲甫，号实庵，

1938—1942年在重庆生活. ——书目来源：重庆图书馆、南京图书馆

打回南京去/林森著. ——[出版地不详]：民团周刊社，1938. ——内收《国府移驻重庆后的感想》《长期抗战必能获得最后胜利》《调整中央行政机构的重要意义》《我为保障和平抵抗到底》《国际援助与自力更生》《打回南京去》等7篇. ——书目来源：西北师范大学图书馆、广东省立中山图书馆

当前的几个实际工作问题/柳乃夫著. ——广州：抗敌救国丛书社，1938. ——书目来源：重庆图书馆、国家图书馆、上海图书馆、南京图书馆、四川省图书馆

/柳乃夫著. ——上海：读书生活出版社，1938. ——书目来源：重庆图书馆

党国先进抗战言论集/林森等执笔；独立出版社编. ——汉口：独立出版社，1938. ——共21篇。有林森的《自存与共存》《保卫国土是全国军民应有的天职》，汪兆铭的《怎样才能持久？》《怎样巩固后方？》，戴传贤的《抗敌救国的要点》，孔祥熙的《中日战争与中国财政》等。战时综合丛书. ——作者简介：林森（1868—1943），字子超，号长仁，曾用名天波，晚年自号"青芝老人"，福建闽县人。1937年11月随政府到重庆. ——书目来源：重庆图书馆、天津图书馆、国家图书馆、江西省图书馆

/林森等执笔；独立出版社编. ——[重庆]：独立出版社，[1938.8]再版. ——书目来源：南京图书馆、重庆图书馆、国家图书馆、浙江图书馆

/林森等执笔；独立出版社编. ——重庆：独立出版社，1939，20版. ——书目来源：南京图书馆、国家图书馆、江西省图书馆

第二届参政会特辑/新华日报馆编. ——重庆：新华日报馆，1938. ——书目来源：国家图书馆、重庆图书馆、南京图书馆、吉林省图书馆

革命领导权/叶溯中等执笔. ——浙江：浙江省抗日自卫委员会战时教育文化事业委员会，1938. ——书目来源：国家图书馆、上海图书馆

/叶溯中. ——浙江：浙江省抗日自卫委员会战时教育文化事业委员会，1938.7. ——书目来源：南京图书馆

各省市新运会代表大会纪录及民国二十七年度/新生活运动促进总会编.

——［出版地不详］：新生活运动促进总会，1938.——新生活运动促进总会，抗战期间迁于重庆．——书目来源：重庆图书馆

国防最高会议对国民参政会第二次大会移送各案之决议一览／［作者不详］．——［出版地不详］：［出版者不详］，1938.——书目来源：国家图书馆、南京图书馆

国民参政会／范予遂著．——重庆：独立出版社，1938.12.——书目来源：浙江图书馆

／范予遂著．——重庆：独立出版社，1940.——书目来源：国家图书馆、重庆图书馆、南京图书馆、湖南图书馆

国民参政会／童蒙圣等执笔．——重庆：独立出版社，1938.——书目来源：国家图书馆、重庆图书馆

／童蒙圣等执笔．——重庆：独立出版社，1939.——书目来源：国家图书馆、重庆图书馆

国民参政会／行政院新闻局编．——重庆：行政院新闻局，1938.12.——书目来源：浙江图书馆

／行政院新闻局编．——重庆：行政院新闻局，1940.——书目来源：浙江图书馆

国民参政会参政员姓名略历一览／国民参政会秘书处编．——［出版地不详］：［出版者不详］，1938.——书目来源：国家图书馆

国民参政会第二次大会记录／国民参政会秘书处编．——南京：国民参政会秘书处，1938.——书目来源：国家图书馆、重庆图书馆

国民参政会文献汇编／蒋卉辑．——南宁：民团周刊社，1938.——书目来源：国家图书馆、重庆图书馆

国以民为本／林森著．——［出版地不详］：民团周刊社，1938.——内收《信赖政府竭尽职责》《保卫国土是全国军民应尽的天职》《提倡募集抗敌将士慰劳金及伤兵难民棉衣运动》《公务员要摒除恶习尽忠职务》《国以民为本》等8篇．——书目来源：重庆数字图书馆

健党与建国／叶溯中等执笔．——汉口：独立出版社，1938.——内收《三

民主义者团结起来》(叶溯中),《告本党同志》(邹明初),《健全中国国民党》《勖中国国民党》(庄语),《复兴国民党》(《时代日报》),《统一建国与党派问题》(高凤),《国民党与各党各派》(叶青),《党派问题平议》(黄旭初),《我们对于党派问题的意见》《再论党派问题》(陶百川),《关于党的问题》(刘炳藜)等11篇.——书目来源：重庆图书馆

／叶溯中等.——汉口：独立出版社,1938.4.——书目来源：南京图书馆

／叶溯中等执笔.——重庆：独立出版社,1938.12,8版.——书目来源：重庆图书馆

／叶溯中等.——汉口：独立出版社,1939.6.——书目来源：南京图书馆

／叶溯中等执笔.——重庆：独立出版社,1939,14版.——书目来源：重庆图书馆

江北县政刊／江北县政府秘书室编.——江北：江北县政府秘书室,[1938].——内分专载、本府呈文、本府训令、本府函咨、本府指令、本府布告、电令、法规、事业报告等12部分.——书目来源：重庆图书馆

／江北县政府秘书室编.——江北：江北县政府秘书室,[出版时间不详].——书目来源：重庆图书馆

蒋委员长抗战言论集／新生活运动促进总会编.——重庆：新生活运动促进总会,1938.——新生活运动促进总会,抗战期间迁于重庆.——书目来源：重庆图书馆、国家图书馆、南京图书馆、四川省图书馆

抗战建国纲领浅说／中国国民党中央执行委员会宣传部编.——[出版地不详]：正中书局,1938.——书目来源：Stanford University（斯坦福大学）图书馆、西北师范大学图书馆、中共四川省委党校图书馆、云南师范大学图书馆、中国社会科学院图书馆

／中国国民党中央执行委员会宣传部编.——[出版地不详]：中国国民党浙江省党部,1938.——按《抗战建国纲领》内容顺序,分为总则、外交、军事、政治、经济、民众运动、教育等8编进行讲解,分别由陶希圣、周鲤生、徐培根、陈博生、陈豹隐、陶百川、叶溯中撰述.附《抗战建国纲领》.——书目来源：西南大学图书馆、复旦大学图书馆、云南师范大学图书馆

/中国国民党中央执行委员会宣传部编. ——[出版地不详]：中国国民党浙江省党部，1939. ——书目来源：中国社会科学院图书馆

/[作者不详]. ——[出版地不详]：中央陆军军官学校第三分校，1939. ——书目来源：Stanford University（斯坦福大学）图书馆、广东省立中山图书馆

抗战建国纲领研究：8 册 / 独立出版社编. ——重庆：独立出版社，1938. ——书目来源：重庆数字图书馆

抗战建国纲领研究 / 周佛海，陶希圣主编；潘公展编著. ——重庆：艺文研究会，1938. ——书目来源：重庆图书馆、吉林省图书馆、国家图书馆

抗战建国纪念日名言特选 / 戴旭初编选. ——[出版地不详]：拔提书店，1938. ——共30篇。有《"七七"抗战建国周年纪念告国民书》（中央党部），林森《纪念"七七"要坚定抗战必胜建国必成信念》，蒋中正《告全国军民》，冯玉祥《向着最后胜利的目标前进》，于右任《神圣抗战第一年》，汪兆铭《抗战建国日感想》等。附：郭沫若《双七节挽歌》. ——书目来源：重庆数字图书馆

抗战建国小丛书 / 潘公展，叶溯中等. ——重庆：独立出版社，1938. ——书目来源：南京图书馆

抗战一周年 / 蒋卉编. ——[出版地不详]：民团周刊社，1938. ——内收《国民党中央"七七"抗战建国周年纪念告国民书》《告本党同志书》及林森、蒋介石、李宗仁、王冷斋文章各一篇. ——书目来源：重庆数字图书馆

抗战与民众运动 / 沙千里著. ——汉口：生活书店，1938. ——作者简介：沙千里（1901—1982），曾用名仲渊、重远。原籍江苏苏州。生于上海。1938—1946年在重庆生活. ——书目来源：重庆图书馆、国家图书馆、南京图书馆、四川大学图书馆

抗战中的西南民族问题 / 江应梁著. ——重庆：中山文化教育馆，1938.10. ——书目来源：国家图书馆、重庆图书馆、南京图书馆

抗战周年纪念册 / 中国国民党中央执行委员会宣传部编. ——[重庆]：中国国民党中央执行委员会宣传部，1938. ——内收《本党为七七抗战建国周年纪

念告国民书》《神圣抗战的一年》等 26 篇。著者有林森、于右任、孔祥熙、李宗仁、陈诚、周佛海、马寅初、陈立夫等.——书目来源：重庆数字图书馆

民众运动篇 / 潘公展编著.——重庆：艺文研究会，1938.——其他题名：抗战建国纲领研究.——书目来源：重庆图书馆、国家图书馆、南京图书馆、四川省图书馆

民族野心 / 陈独秀著.——广州：亚东图书馆，1938.——书目来源：重庆图书馆

民族至上论 / 罗家伦等著.——上海：独立出版社，1938.——书目来源：重庆图书馆

/ 罗家伦等著.——汉口：独立出版社，1938.4.——书目来源：重庆图书馆、北碚区图书馆

/ 罗家伦等著.——［出版地不详］：独立出版社，1939.——书目来源：重庆图书馆

目前国内外形势与参政会第四次大会的成绩 / 陈绍禹著.——上海：先行出版社，1938.——.九月二十日在《新华日报》工作人员会上的报告.——书目来源：国家图书馆

/ 陈绍禹著.——延安：解放社，1939.——书目来源：山西省图书馆

/ 陈绍禹著.——重庆：新华日报馆，1939.——书目来源：国家图书馆、重庆图书馆、江西省图书馆

/ 陈绍禹著.——香港：香港时论编译社，1939.10.——书目来源：国家图书馆

平教事业在抗战建国中的芹献 / 晏阳初讲.——［出版地不详］：中华平民教育促进会秘书处，1938.——书目来源：国家图书馆

青年往何处去 / 蒋中正，王芸生，刘百闵，易君左，章益，秋阳，徐旭生，翁文灏，许恪士执笔.——汉口：独立出版社，1938.——作者简介：蒋介石（1887—1975），浙江奉化人，1937—1946 年在重庆生活.——书目来源：南京图书馆、四川省图书馆、广西壮族自治区图书馆

/ 蒋中正，王芸生，刘百闵，易君左，章益，秋阳，徐旭生，翁文灏，许

恪士执笔．——汉口：独立出版社，1938.5.——书目来源：重庆图书馆

／蒋中正等执笔．——重庆：独立出版社，1938.12.——书目来源：重庆图书馆

／蒋中正等执笔．——重庆：独立出版社，1939.——书目来源：重庆图书馆

日寇开发华北的阴谋／刘仁著．——汉口：黎明书局，1938.——作者简介：刘仁（1909—1973），原名段永鹓、段永强，四川酉阳（现为重庆市酉阳土家族苗族自治县）龙潭镇五育村人．——书目来源：重庆图书馆、四川大学图书馆、四川省图书馆

如何抗敌／梁漱溟．——［重庆］：乡村书店，1938.——书目来源：重庆图书馆

如何认识总理／黄季陆．——［出版地不详］：民团周刊社，［1938］．——作者简介：黄季陆（1899—1985），字学典，名陆、季陆，四川叙永人，1938年后在重庆生活．——书目来源：国家图书馆

社会部北碚儿童福利实验区工作概况／［作者不详］．——［出版地不详］：［出版者不详］，1938.5.——书目来源：重庆市档案馆

省政问题／胡次威等著．——重庆：中央训练团党政高级训练班，［1938？—1945？］．——书目来源：南京图书馆

／胡次威著．——［重庆］：中央训练团党政高级训练班，1943.——书目来源：重庆图书馆

暑期学生农村服务报告／新生活运动促进总会编．——重庆：新生活运动促进总会，1938.——内收重庆大学、四川大学、复旦大学、四川省立教育学院、云南大学的工作报告各1份。新生活运动促进总会，抗战期间迁于重庆．——书目来源：国家图书馆、南京图书馆、四川省图书馆

司法行政部在部服务职员录／司法行政部编．——重庆：司法行政部，1938.——书目来源：国家图书馆

司法院战时工作概况／司法院编．——重庆：司法院，1938.——书目来源：国家图书馆

四川省第三行政督察区区政概况统计图表／沈鹏编. ——永川：第三行政督察专员公署，1938. ——书目来源：重庆图书馆

四川省二十七年度各县地方预算汇编／[四川省政府财政厅]编. ——成都：四川省政府财政厅，[1938]. ——书目来源：国家图书馆

四川省现行财政章令汇刊／四川省政府财政厅秘书室编. ——成都：四川省政府财政厅，1938. ——内收1935年至1938年所颁关于整理财政金融、会计等项工作的章则法令200余种. ——书目来源：重庆图书馆、国家图书馆（缩微）

四川省永川县政府抗战时期中心工作报告／沈鹏. ——永川：四川省永川县政府，1938. ——书目来源：国家图书馆

四川省政府委员会会议纪录：4辑／四川省政府秘书处秘书室纪录股编纂. ——成都：四川省政府秘书处公报室，1938. ——书目来源：重庆图书馆

四川省政府委员会会议纪录：5辑／四川省政府秘书处秘书室纪录股编纂. ——成都：四川省政府秘书处公报室，1938. ——1938年1月21日至1938年3月4日四川省政府委员会第201次至第212次会议纪录. ——书目来源：国家图书馆（缩微）

所谓国际二大阵线／陈独秀等执笔. ——重庆：独立出版社编印，1938.10，初版. ——书目来源：北碚区图书馆

统一与抗战／潘公展等执笔. ——重庆：独立出版社，1938. ——书目来源：上海图书馆、四川大学图书馆

外交部留部职员名册／[作者不详]. ——[重庆]：外交部，1938. ——书目来源：国家图书馆

我对于抗战的意见／陈独秀著. ——汉口：华中图书公司，1938. ——书目来源：重庆图书馆

／陈独秀著. ——广州：亚东图书馆，1938. ——书目来源：重庆图书馆、南京图书馆、广西壮族自治区图书馆

我们的抗战领袖／潘公展著；中国文化建设协会主编. ——长沙：商务印书馆，1938.2. ——作者简介：潘公展（1894—1975），原名有猷，字干卿，号

公展，吴兴（今湖州）人。抗战时期生活在重庆．——书目来源：重庆图书馆

我们断然有救／陈独秀著．——广州：亚东图书馆，1938．——书目来源：重庆图书馆、南京图书馆

五月／四川省立重庆大学抗战后援会宣传组．——四川省立重庆大学抗战后援会宣传组·重庆，1938.5．——书目来源：重庆大学图书馆

现阶段的青年运动／陈铭枢等著．——广州：晨光出版社，1938．——论文集．内收陈铭枢的《献给伟大时代的青年》，张申府的《所望于今日青年的两三点》，周恩来的《现阶段的青年运动的性质与任务》，钱俊瑞的《青年训练问题》，新华的《青年武装问题》，徐冰的《今日之中国青年》等7篇．——书目来源：重庆图书馆、贵州省图书馆

乡村抗战宣传资料／新生活运动促进总会编．——［出版地不详］：新生活运动促进总会，1938．——书目来源：重庆图书馆、国家图书馆、南京图书馆

血的教训／罗广文．——［出版地不详］：［出版者不详］，1938．——作者简介：罗广文（1905—1956），重庆忠县人．——书目来源：《忠县志》第686页

一得集／贺衷寒．——［出版地不详］：［国民政府军事委员会政治部］，1938．——作者简介：贺衷寒（1900—1972），湖南岳阳人，1938—1946年在重庆生活．——书目来源：重庆图书馆

／贺衷寒．——重庆：国民政府军事委员会政治部，1938．——书目来源：南京图书馆

／贺衷寒．——重庆：拔提书店，1942．——书目来源：南京图书馆

永川县念七年整理保甲概况／沈鹏编述．——永川：四川省第三区行政督察专员公署，1938．——介绍1938年整理县保甲的经过及准备期、编查期、整理期的各阶段的工作情况．——书目来源：重庆图书馆

在火线上的四川健儿／杨昌溪主编．——上海：金汤书店，1938．——抗战通讯报道集．收《站在国防前线的川军》《血战东战场上的杨森将军》《孙军滕县血战实录》《滕县血战殉国的王铭章师长》《陈离师长病榻访问记》《两下店川军建奇功》《在西火线上血战的川军》《保卫长治的李其相将军》等20篇．

——书目来源：重庆图书馆、国家图书馆、南京图书馆

怎样发动民众自卫组织／赵宗麟．——汉口：上海杂志公司，1938.——本书是作者随上海文化界内地服务团到苏、浙、皖一带做宣传工作看到的民运工作的实际情形的记录。内容有：悲痛的回忆、亡羊补牢、怎样办、两个希望等．——书目来源：重庆图书馆、南京图书馆

怎样组织民众／沙千里，史良等著．——上海：救亡文化出版社，1938.——书目来源：国家图书馆、南京图书馆

战时政治制度／潘公展编著．——［出版地不详］：正中书局，1938.——书目来源：国家图书馆、南京图书馆、四川省图书馆

中央革命勋绩审查委员会概况：民国二十七年十二月／中央革命勋绩审查委员会编．——［重庆］：中央革命勋绩审查委员会，1938.——书目来源：南京图书馆、国家图书馆

中央文化驿站总管理处实施行及三联制报告书／中央文化驿站总管理处编．——重庆：［中央文化驿站总管理处］，［1938？—1945？］．——书目来源：国家图书馆（存目）、南京图书馆

中央训练团党政训练班学员手册／中央训练团编．——重庆：中央训练团[1938？—1945？].——书目来源：国家图书馆（存目）

中央要人抗战言论集／林森等著．——汉口：民族出版社，[1938]．——书目来源：国家图书馆

1939 年

陈部长讲述第二期抗战情况：汉蒙文本／陈诚．——［重庆］：国民党中央组织部，1939.——书目来源：重庆图书馆、北碚区图书馆

陈立夫先生抗战言论专刊：汉蒙文本／陈立夫讲．——［重庆］：中央组织部印，1939.3.——书目来源：北碚区图书馆

新重庆附市内各机关一览表／陆思红编．——［出版地不详］：[出版者不详]，1939.——书目来源：北碚区图书馆

重庆市各界抗敌后援会收支各界慰劳款物征信录／重庆市各界抗敌后援会慰劳组编印．——重庆：重庆市各界抗敌后援会慰劳组，1939.——书目来源：

国家图书馆

/ 重庆市各界抗敌后援会慰劳组编. —— 重庆：重庆市各界抗敌后援会慰劳组印，[出版时间不详]. —— 书目来源：北碚区图书馆

重庆市临时参议会第一次大会纪录/ 重庆市临时参议会秘书处编. —— 重庆：重庆市临时参议会秘书处，1939. —— 1939 年 10 月 1 日至 15 日召开。分重庆临时参议会之召集、第一次大会之筹备及开会经过、法规、正副议长及参议员候补参议员名单、第一次大会议事记录、重要文电、第一次大会提案一览表等 15 项。附录：正副议长及参议员候补参议员履历表、秘书处职员履历表、秘书处组织系统表 3 种. —— 书目来源：重庆图书馆、南京图书馆、国家图书馆

重庆市政府法规汇编/ 重庆市政府参事室编. —— 重庆：重庆市政府秘书处，1939. —— 本书有《重庆市政府组织规则》《重庆市振济会组织规程》《重庆市政府取缔收容训练及救济乞丐办法》《重庆市日用必需品公卖处董事会组织规程》《重庆市设立中心学校暂行办法大纲》等法规. —— 书目来源：重庆图书馆

重庆市政府公报/ 重庆市政府秘书处编. —— [重庆]：[出版者不详]，1939. —— 书目来源：重庆图书馆

重庆训练集选辑/ [作者不详]. —— [出版地不详]：中央陆军军官学校，1939. —— 廿八年三月一日对党政训练班第一期开学训词，有《党政人员的职责》等 10 篇。附录《中庸之要旨与军事之基本学理》等 5 篇. —— 书目来源：重庆图书馆

重庆训练集选辑/ 蒋介石讲话；黄埔出版社编. —— 重庆：黄埔出版社，1939.10. —— 书目来源：南京图书馆

重庆训练选集/ 中国国民党中央执行委员会训练委员会编. —— 重庆：中国国民党中央执行委员会训练委员会，1939. —— 辑录蒋介石对学员的讲话 11 篇。包括《科学精神与科学方法》《党政训练班创办之意义与党政人员当前的急务》《行的道理》《政治的道理》《党政训练的要旨》《认识时代——何谓"科学的群众时代"》《训练的目的与训练实施纲要》等. —— 书目来源：重庆图书馆、南京图书馆

/中国国民党中央执行委员会训练委员会编.——[出版地不详]：中国国民党中央执行委员会训练委员会，1939.——书目来源：重庆图书馆

从美国看到世界/（英）斯特勒澈（J. Stracher）著；韬奋译.——[重庆]：生活书店，1939.——书名原文：Hope in America.——书目来源：复旦大学图书馆、黑龙江省图书馆、广东省立中山图书馆

打破敌人建设东亚新秩序的阴谋/［中国国民党中央执行委员会宣传部］编.——[重庆]：中国国民党中央执行委员会宣传部，1939.——内收《第二期抗战中的设施和进展》（林森），《异哉日本的东亚新秩序》（孔祥熙），《日本人的字典要从反面去看》（张群），《知己知彼》等10篇。附录：《驳斥日本宣传》（重庆市国际团体对外宣传）等3篇.——书目来源：重庆数字图书馆

党务实施上之问题 / 叶楚伧.——重庆：中央训练团，1939.3.——中央训练团党政训练班讲演录.——书目来源：南京图书馆

/叶楚伧讲述.——[出版地不详]：中央训练团党政训练班，1939.——书目来源：重庆图书馆、国家图书馆

/叶楚伧.——重庆：中央训练团党政训练班，1940.——书目来源：南京图书馆

党务实施上之问题（总论）纲要/朱家骅.——[重庆]：中央训练团党政训练班，1939.——书目来源：重庆图书馆、重庆市档案馆

/朱家骅.——[重庆]：中央训练团党政训练班，1940.——书目来源：重庆图书馆

党务实施之问题：社会组织部分/陈立夫.——[重庆]：中央训练团党政训练班，1939.——书目来源：重庆图书馆、重庆市档案馆

党政军联席会议提案 / 唐式遵著.——[出版地不详]：[出版者不详]，1939.——作者简介：唐式遵（1883—1950），字子晋，四川仁寿县人。曾在重庆生活，著于重庆.——书目来源：重庆图书馆

党政训练班第二期人事研讨与演习报告书/叶楚伧，余井塘讲.——[出版地不详]：中央训练团党政训练班，1939.——党政训练班第第二期在重庆近郊浮图关上举行.——作者简介：叶楚伧（1887—1946），原名单叶、宗源，以

字行，笔名小凤，江苏吴县（今苏州）人，抗战期间在重庆生活. ——书目来源：国家图书馆

党政训练的要旨：党政训练班第二期开学日讲 / 蒋介石. ——［重庆］：党政训练班，1939. ——书目来源：重庆图书馆、重庆市档案馆

峨嵋训练集 / 蒋中正. ——重庆：黄埔出版社，1939. ——书目来源：南京图书馆

/ 蒋中正. ——南京：新中国出版社，1947.4. ——书目来源：南京图书馆

/ 蒋中正. ——［出版地不详］：国防部新闻局，1947.4. ——书目来源：上海图书馆

/ 蒋中正. ——［出版项不详］. ——书目来源：上海图书馆

防空法规汇刊 / 防空学校编. ——［出版地不详］：防空学校，1939.1. ——书目来源：重庆市档案馆、重庆图书馆、南京图书馆、江西省图书馆

妇女运动的理论与实践 / ［作者不详］. ——重庆：新华日报馆，1939.12. ——收邓颖超文章多篇. ——书目来源：重庆数字图书馆、西南政法大学图书馆

告川省同胞书 / 蒋介石讲. ——［出版地不详］：［出版者不详］，1939.10. ——书目来源：北碚区图书馆

国际无产阶级和人民反对法西斯的统一战线：慕尼黑会谈后 / 季米特洛夫；戈宝权译. ——戈宝权当时任职重庆新华日报. ——新华日报馆，1939. ——书目来源：重庆图书馆

最近国际形势 / 王世杰讲. ——［出版地不详］：中央训练团，1939. ——书目来源：国家图书馆

/ 王世杰讲. ——重庆：中央训练团，1939.3. ——王世杰在重庆中央训练团党政训练班上的讲话. ——书目来源：重庆图书馆、四川省图书馆

/ 王世杰讲. ——［出版地不详］：中央训练团，1939.10. ——书目来源：重庆图书馆

/ 王世杰讲. ——［出版地不详］：中央训练团，1939.12. ——书目来源：重庆图书馆

／王世杰讲．——［出版地不详］：中央训练团，1940.1.——书目来源：重庆图书馆

国民参政会川康建设视察团报告书／国民参政会川康建设视察团编．——［出版地不详］：国民参政会川康建设视察团，1939.——川康建设视察团分东路、南路、西路。东路组赴酉阳、秀、黔、彭视察．——书目来源：国家图书馆、重庆图书馆、南京图书馆

国民参政会第三次大会记录／国民参政会秘书处编．——［出版地不详］：［出版者不详］，1939.——书目来源：国家图书馆、重庆图书馆、天津图书馆

国民参政会第三次大会蒋议长开会词及休会词／［作者不详］．——［出版地不详］：中央组织部，1939.——书目来源：国家图书馆、重庆图书馆

国民参政会第四次大会记录／国民参政会秘书处编．——南京：国民参政会秘书处，1939.——书目来源：国家图书馆、重庆图书馆

国民参政会第四次大会议事日程／国民参政会秘书处编．——［出版地不详］：［出版者不详］，1939.——书目来源：国家图书馆

国民参政会第四次大会议事日程．第九次会议／国民参政会秘书处编．——重庆：国民参政会秘书处，1939.——书目来源：国家图书馆

国民参政会华北慰劳视察团报告书节要／［作者不详］．——重庆：国民参政会华北慰劳视察团，1939.——书目来源：国家图书馆

国民参政会决议案实施情形一览／国民参政会秘书处编．——南京：国民参政会秘书处，1939.8.——书目来源：国家图书馆

国民参政会宣言／［作者不详］．——［出版地不详］：世界书局，1939.——书目来源：国家图书馆、吉林省图书馆

国民精神总动员正解／叶楚伧等编．——重庆：独立出版社编印，1939.6，初版．——书目来源：北碚区图书馆

国庆纪念册／［中国国民党中央执行委员会宣传部］编．——［重庆］：中国国民党中央执行委员会宣传部，1939.——内收《二十八年国庆日告全国国民书》（蒋介石），《中央国庆纪念典礼报告词》（林森），《国庆日广播讲演词》（吴敬恒），《纪念国庆与保存国格》（孔祥熙），《抗战第三年之国庆》（于右

任）等24篇．——书目来源：吉林省图书馆

何总长应钦言论选集／何应钦著．——［出版地不详］：［出版者不详］，［1939］．——书目来源：南京图书馆、重庆图书馆、国家图书馆

建国之路／叶溯中等执笔．——重庆：独立出版社，1939.10．——书目来源：江西省图书馆

禁烟问题／陈豹隐编．——［出版地不详］：中央训练团党政训练班，1939．——中央训练团党政训练班讲演录。内容有禁烟简史，禁烟的意义，政策、步骤和方法，六年禁烟计划的实施及成就，抗战建国与提前禁烟的必要及可能，共5部分．——书目来源：广东省立中山图书馆

抗战必胜论／何应钦等执笔；独立出版社编．——重庆：独立出版社，1939．——书目来源：南京图书馆、重庆图书馆、国家图书馆

抗战第三年／陈孝威主编．——香港：天文台半周评论社，1939.07．——内收《抗战二周年之感想》（林森）、《告全国军民书》（蒋介石）、《抗战与行政》（孔祥熙）、《抗战与立法》（孙科）、《抗战与司法》（居正）、《抗战两年来之外交》（王宠惠）、《抗战以后的中国》（宋庆龄）、《纪念"七七"勿望反攻》（陈孝威）等46篇。再版本374页，增收《抗战必胜建国必成之真理》（李宗仁）等2篇。共48篇。附录：《陈孝威将军提要》《抗战两年大事纪要》．——书目来源：广东省立中山图书馆、中国社会科学院图书馆

抗战建国二周年纪念册／中国国民党中央执行委员会宣传部编．——［重庆］：中国国民党中央执行委员会宣传部，1939．——内收《抗战第二周年纪念日告全国军民书》（蒋介石）、《抗战二周年之感想》（林森）、《抗战与行政》（孔祥熙）、《抗战与立法》（孙科）等22篇。附录：《抗战二年来大事纪要》（中央日报）．——书目来源：上海社会科学院图书馆、台湾大学图书馆、吉林大学图书馆、云南师范大学图书馆、中国社会科学院图书馆

空袭救济工作报告／重庆空袭救济委员会联合办事处编．——［重庆］：［出版者不详］，1939.9．——书目来源：重庆市档案馆

林主席抗战言论集／林森著；独立出版社编．——重庆：独立出版社，1939．——书目来源：辽宁省图书馆、广东省立中山图书馆、广西壮族自治区图

书馆、国家图书馆、江西省图书馆

/林森著.——[出版地不详]：独立出版社，[出版时间不详].——第2辑.——书目来源：重庆数字图书馆

领袖、政府、主义/潘公展等执笔.——重庆：独立出版社，1939.——书目来源：国家图书馆

民众动员问题/冯玉祥执笔.——[出版地不详]：独立出版社，1939.——作者简介：冯玉祥（1881—1948），字焕章，原名基善，河北人，1939—1945年在重庆生活.——书目来源：南京图书馆

/冯玉祥执笔.——重庆：独立出版社，[1939].——书目来源：国家图书馆

/冯玉祥执笔.——汉口：独立出版社，[出版时间不详].——书目来源：广西壮族自治区图书馆

欧战论/胡秋原著.——重庆：建国印书馆，1939.——祖国社战时丛书，其序写于1938年重庆的祖国社编辑部.——书目来源：重庆图书馆、北碚区图书馆、南京图书馆

日本国情讲话/杨玉清著.——重庆：独立出版社，1939.——书目来源：重庆图书馆、南京图书馆、国家图书馆

三民主义青年团/叶溯中等著.——重庆：独立出版社，1939.——书目来源：南京图书馆

/叶溯中等著.——重庆：独立出版社，1939.8，7版.——内收《欢迎国民党的生力军》（叶溯中）、《设立青年团与巩固党基》（李鸿音）、《全国青年应为三民主义而奋斗》（朱曙）、《三民主义青年团与中国革命》（吴曼君）、《三民主义青年团与青年运动》（茹燕之）、《三民主义青年团的性质与精神》（简贯三）等9篇文章。有《战时综合丛书第3辑例言》。附录"蒋委员长为组织三民主义青年团告全国人民书.——书目来源：重庆图书馆

三民主义青年团中央干事会工作报告/[三民主义青年团中央干事会]编.——[重庆]：三民主义青年团中央干事会，1939.——书目来源：国家图书馆

／［三民主义青年团中央常务干事会］编．——［重庆］：三民主义青年团中央常务干事会，1940.——书目来源：国家图书馆

什么是列宁主义／凯丰编译．——中国出版社，1939.8.——1939年1月，凯丰到重庆工作，配合周恩来做了大量统战工作．——书目来源：北碚区图书馆

时论丛刊 第1辑／时论丛刊社．——［出版地不详］：时论丛刊社，1939.4.——书目来源：重庆数字图书馆

司法院最近工作概况／司法院编．——［重庆］：司法院，1939.——民国二十八年二月．——书目来源：国家图书馆

／司法院编．——［重庆］：司法院，1940.——民国二十八年八月．——书目来源：国家图书馆

／司法院编．——［重庆］：司法院，1940.——民国二十九年三月．——书目来源：国家图书馆

四川省保甲概况／蔡天石编．——成都：四川省政府民政厅，1939.——书目来源：重庆图书馆、南京图书馆

四川省二十八年度各县地方预算汇编／［作者不详］．——［出版地不详］：［出版者不详］，［1939］．——收有重庆各县的地方预算，如合川、黔江、秀山、石砫、永川、潼南等地．——书目来源：重庆数字图书馆

四川省民政统计／四川省民政厅编．——四川：四川省民政厅，1939.——书目来源：重庆图书馆

四川省营业税局法令汇编／［作者不详］．——四川：［出版者不详］，1939.——辑入有关法令25种．——书目来源：重庆图书馆、南京图书馆

四川省政府民政概况／四川省民政厅汇制．——四川：四川省政府民政厅，1939.——书目来源：重庆图书馆

四川省政府民政厅联合在川各大学考察县政总报告／四川省民政厅编．——四川：四川省民政厅，1939.——书目来源：重庆图书馆、南京图书馆

四川省政府清理债务委员会总报告书／四川省政府清理债务委员会编．——成都：四川省政府清理债务委员会，1939.——书目来源：重庆图书馆

四川省政府施政纲要暨二十九年度施政计划／［四川省政府编］．——四川：四川省训练团，［1939］．——书目来源：南京图书馆

苏联的民主／（英）斯隆著；邹韬奋译．——［重庆］：韬奋出版社，1939.5．——书目来源：首都图书馆、成都信息工程大学图书馆、浙江大学图书馆、广西社会科学院图书馆

苏联共产党（布）党章：共产国际的支部／凯丰．——［重庆］：新华日报馆，1939．——书目来源：重庆图书馆、北碚区图书馆

苏联共产党（布）党章的修改／凯丰译．——重庆新华日报馆，1939.10，再版．——书目来源：北碚区图书馆

团结与民主／寿春园编辑．——［出版地不详］：时事研究会，1939.12．——收有：刘伯承：论游击战与运动战、关于平原游击战争诸问题。刘伯承（1892—1986），原名刘明昭，重庆开县人．——书目来源：复旦大学图书馆、福建师范大学图书馆

外交与国际政治／罗家伦等著．——重庆：独立出版社，1939．——书目来源：重庆图书馆

伟大的新中国／中华编译馆编纂．——［出版地不详］：中华编译馆出版部，1939．——共21篇。有蒋介石的《中国抗战必然胜利》等，朱德的《抗日游击战争》《抗战与华北》，毛泽东的《抗日持久战争》，白崇禧的《全面战争与全面战术》，林森的《怎样实行国民精神总动员》《政治重于军事》，孙科的《中国抗战的前途》《完成我们的神圣使命》，张群的《新时期与新奋斗》，周恩来的《目前抗战形势论》，彭德怀的《华北抗战概况与今后形势》，宋美龄的《抗战中的妇女工作》，宋庆龄的《告国际妇女》，何香凝的《我要说的话》等．——书目来源：中国社会科学院图书馆

我们对于"快干硬干实干"应有体验／贺衷寒讲．——［出版地不详］：游击干训班，1939．——作者简介：贺衷寒（1900—1972），湖南岳阳人，1938—1946年在重庆生活．——书目来源：重庆图书馆

五四运动与现阶段青年运动／陈立夫．——［出版地不详］：青年出版社，1939．——在重庆纪念五四运动二十周年的文集．——书目来源：重庆图书馆

/陈立夫. ——［出版地不详］：青年出版社，1940. ——书目来源：重庆图书馆、北碚区图书馆、西南大学图书馆

宪政运动参考材料/ 全民抗战社编. ——［重庆］：生活书店，［1939.11］. ——第1辑，邹韬奋编选. ——书目来源：天津图书馆、中国社会科学院图书馆、吉林省图书馆

/全民抗战社编. ——［重庆］：生活书店，［1940.1］. —— 第2辑，邹韬奋编选. ——书目来源：《韬奋全集9》（邹韬奋）第254页

新生活劳动服务团组织大纲/ 新生活运动促进总会编. ——［出版地不详］：新生活运动促进总会，1939. ——中央训练团党政训练班演讲录。新生活运动促进总会，抗战期间迁于重庆. ——书目来源：重庆图书馆、四川省图书馆

/新生活运动促进总会编. ——［出版地不详］：新生活运动促进总会，1941. ——书目来源：重庆图书馆、南京图书馆

行政院关于国民参政会第二次大会决议各案办理情形报告表/ 行政院编. ——［出版地不详］：行政院，1939. ——书目来源：国家图书馆、重庆图书馆、南京图书馆

行政院关于国民参政会第三次大会决议各案办理情形报告表/ 行政院编. ——［出版地不详］：行政院，1939. ——书目来源：国家图书馆

远东中心美日关系的观察/ 陈玉祥著. ——重庆北碚：中山文化教育馆编行，1939.12. ——书目来源：北碚区图书馆

中国国民党党史纪要：第一辑/ 邹鲁. ——重庆：青年书店，1939，165页. ——书目来源：重庆图书馆

中国国民党历代重要决议/ 叶楚伧讲. ——［重庆］：中央训练团党政训练班，1939. ——封面印有：中央训练团党政训练班讲演录. ——书目来源：重庆图书馆、国家图书馆

/叶楚伧讲. ——［出版地不详］：［出版者不详］，1939. ——书目来源：国家图书馆

/叶楚伧讲述. ——［出版地不详］：中央训练团党政训练班，1939.1. ——

书目来源：重庆图书馆

　　/叶楚伧讲述.——[出版地不详]：中央训练团党政训练班，1940.1.——书目来源：重庆图书馆

　　/叶楚伧讲述.——[出版地不详]：中央训练团党政训练班，1940.5.——书目来源：重庆图书馆

　　/叶楚伧讲.——[出版地不详]：[出版者不详]，1940.5.——书目来源：江西省图书馆

中日战争之策略与战略问题/周恩来著.——[出版地不详]：抗战编译社，1939.——书目来源：《陕西省志 出版志》（陕西省地方志编纂委员会编）第230页

中日战争之策略与战略问题报告大纲/周恩来著.——[出版地不详]：抗战编译社，1939，16页.——书目来源：《周恩来研究史》周恩来研究资料目录索引（汪浩，王家云，陈春雷，施振宏著）

　　/周恩来著.——[出版地不详]：抗战编译社，1939.——书目来源：《周恩来研究史》周恩来研究资料目录索引（汪浩，王家云，陈春雷，施振宏著）

　　/周恩来著.——[出版地不详]：游击队干部训练班，1939.5.——书目来源：《周恩来研究史》周恩来研究资料目录索引（汪浩，王家云，陈春雷，施振宏著）

中苏关系与我国抗战前途/孙科讲.——重庆：中山文化教育馆，1939.——出版日期据此次招待重庆文化界日期，1939年1月7日在招待重庆文化界席上演词.——书目来源：上海图书馆

中央训练团党政训练班第四期人事演习讲评/[中央训练团编].——[重庆]：[中央训练团]，[1939—1940].——第四期（1939年）、第六期（1940年）.——书目来源：国家图书馆（存目）、南京图书馆

中央训练团党政训练班小组会议讨论总结论/柳克述等编.——[出版地不详]：[中央训练团党政训练班]，1939.——第四期第一次.——书目来源：国家图书馆（存目）

　　/屈武等编.——[出版地不详]：[中央训练团]，1939.——第四期第二

次．——书目来源：重庆图书馆

/许孝炎等编．——［重庆］：［中央训练团］，1939．——第四期第三次．——书目来源：重庆图书馆

/［中央训练团］编．——［重庆］：［中央训练团］，1939．——第四期第四次、第五次．——书目来源：国家图书馆（存目）、重庆图书馆

/郑震宇，雷殷编．——［出版地不详］：[中央训练团]，1939．——第四期第六次．——书目来源：重庆图书馆

/［作者不详］．——［出版地不详］：中央训练团党政训练班，1939．——第四期第七次．——书目来源：国家图书馆（存目）

/张龄编．——［出版地不详］：［中央训练团］，1939．——第五期．——书目来源：重庆图书馆

/孙炳炎编．——［出版地不详］：［中央训练团］，1939．——第五期第二次．——书目来源：重庆图书馆

/张九如等编．——［出版地不详］：［中央训练团］，1940．——第六期．——书目来源：重庆图书馆

/［中央训练团］编．——［重庆］：中央训练团，1940．——第七期．——书目来源：重庆图书馆、国家图书馆

/姚子和编．——重庆：中央训练团党政训练班，1940，74页．——第十期．——书目来源：国家图书馆（存目）

/何维凝等编．——［出版地不详］：［中央训练团］，1940．——第十一期．——书目来源：重庆图书馆

/郑伯豪编．——［出版地不详］：中央训练团党政训练班，1940．——第十三期．——书目来源：重庆图书馆

/孟广厚等编制．——［重庆］：［中央训练团］，1941．——第十二期．——书目来源：国家图书馆

/王冠青等编制．——［重庆］：［中央训练团］，1941．——第十三期．——书目来源：重庆图书馆、国家图书馆

/刘琼，宋述樵编制．——［重庆］：［中央训练团］，1941．——第十四期．

——书目来源：国家图书馆

/印维廉等编制. ——［重庆］：［中央训练团］，1941. ——第十五期. ——书目来源：南京图书馆、国家图书馆

/中央训练团编. ——重庆：中央训练团，［1941.9］. ——第十六期. ——书目来源：江苏省公安厅档案室

/蒋默掀等编制. ——［重庆］：教育委员会教育组，1941. —— 第十七期. ——书目来源：国家图书馆

/向理润等编制. ——［重庆］：教育委员会教育组，1942. —— 第十八期. ——书目来源：国家图书馆

/彭国彦等编制. ——［重庆］：教育委员会教育组，1942. —— 第十九期. ——书目来源：国家图书馆

/刘博昆等编制. ——［重庆］：教育委员会教育组，1942. —— 第二十期. ——书目来源：国家图书馆

/吴茂荪等编制. ——［重庆］：教育委员会教育组，1942. ——第二十一期. ——书目来源：南京图书馆、重庆图书馆、国家图书馆

/教育委员会训导组编. ——［出版地不详］：教育委员会训导组，1943—1944. —— 第二十七期（1943年），第二十九期（1944年）. ——书目来源：重庆图书馆、南京图书馆、国家图书馆、浙江图书馆

中央训练团党政训练班训练实施计划/［中央训练团］编. ——［重庆］：［中央训练团］，［1939—1942］. ——第二至五期（1939年），第六至八、十至十一期（1940年），第十四、十六至十七期（1941年），第二十三期（1942年12月）. ——书目来源：重庆图书馆、国家图书馆、南京图书馆

/教育委员会编. ——重庆：教育委员会，［1943—1944］. ——第二十六、二十八期（1943年），第二十九至三十期（1944年）. ——书目来源：南京图书馆、国家图书馆

中央训练委员会训练团三年调训计划：民国二十八年八月一日/ 中央训练委员会编. ——［重庆］：中央训练委员会，1939. ——书目来源：南京图书馆、天津图书馆、国家图书馆

中央训练委员会训练团分团训练实施计划纲要／中央训练委员会编 . ——重庆：中央训练委员会，［1939.8］. ——书目来源：国家图书馆（存目）

中央训练委员会工作报告／［作者不详］. ——重庆：［出版者不详］，1939 油印本. ——书目来源：国家图书馆

1940 年

二十八年度重庆青年夏令营训练纪实／三民主义青年团中央团部编. ——重庆：三民主义青年团中央团部，1940. ——书目来源：重庆图书馆

最近本党历次大会宣言及重要决议案／中央执行委员会秘书处. ——［重庆］：中央执行委员会秘书处，1940. ——书目来源：重庆图书馆

财政部对国民参政会第五次大会之口头报告／孔祥熙著. ——［出版地不详］：［出版者不详］，1940. ——书目来源：国家图书馆

重庆はいつ陥落するか／（日）椎名一雄 著. ——东京：パンフレット文芸社，1940. ——书目来源：日本国立国会图书馆

重庆青年夏令营第一期训练纪实／三民主义青年团中央团部编. ——重庆：编者印行，1940. ——书目来源：北碚区图书馆

重庆市动员委员会工作报告：廿九年三月至八月／重庆市动员委员会编. ——［重庆］：［重庆市动员委员会］，［1940］. ——书目来源：重庆图书馆

重庆市警察局工作报告：廿九年三月至八月／［重庆市警察局编］. ——重庆：［重庆市警察局］，［1940］. ——本书内容有警察行政、司法行政、警察教育行政、兵役行政、关于防空事项、接收新市区、警务设备纪要等. ——书目来源：重庆图书馆

重庆市临时参议会第二次大会纪录／重庆市临时参议会秘书处编. ——重庆：重庆市临时参议会秘书处，1940. ——1940 年 4 月 1 日至 13 日召开。分重庆临时参议会之召集，第二次大会之筹备及开会经过、法规、正副议长及参议员候补参议员名单，第二次大会议事记录、重要文电，第二次大会提案一览表等 15 项. ——书目来源：重庆图书馆、国家图书馆

重庆市临时参议会第三次大会纪录／重庆市临时参议会秘书处编. ——重庆：重庆市临时参议会秘书处，1940. ——1940 年 11 月 18 日至 30 日召开。分

重庆临时参议会之召集，第三次大会之筹备及开会经过、法规、正副议长及参议员候补参议员名单、第三次大会议事记录、重要文电，第三次大会提案一览表等15项. ——书目来源：重庆图书馆、南京图书馆、国家图书馆

重庆市社会局职员录/ 重庆社会局编. ——重庆：重庆市社会局，1940. ——书目来源：国家图书馆

川康建設視察團報告書/重庆·国民参政会·川康建设期成会[编]；上海·日本总领事馆特别调查班 译. ——[上海]：[上海·日本总领事馆特别调查班]，1940. ——书目来源：日本国立国会图书馆

川政建设之检讨与今后应有之努力/ 蒋介石著. ——[出版地不详]：中央秘书处文化驿站总管理处，1940. ——书目来源：重庆图书馆

促成宪政与实施训政：团长训词/ 蒋介石. ——[重庆]：中央训练团，1940. ——书目来源：重庆图书馆

党德与党纪/ 中国国民党中央党执行委员会训练委员会. ——[重庆]：中国国民党中央党执行委员会训练委员会，1940. ——书目来源：重庆图书馆、北碚区图书馆

党务实施上之问题：党务的一般工作问题与组织工作问题/ 朱家骅. ——[重庆]：中央训练团，1940. ——书目来源：重庆图书馆、重庆市档案馆

党务实施上之问题：社会工作部分/ 谷正纲. ——[重庆]：中央训练团党政训练班，1940. ——书目来源：重庆图书馆

/谷正纲. ——[重庆]：中央训练团党政训练班，1940.5. ——书目来源：重庆图书馆、重庆市档案馆

党政训练班训练实纪/ 袁金书，詹行煦著；中央训练团编. ——[重庆]：中央训练团，[1940]. ——党政训练班第一年训练实纪. ——书目来源：重庆图书馆

/中央训练团编. ——[重庆]：中央训练团，[1941]. ——党政训练班第二年训练实纪. ——书目来源：重庆图书馆

/中央训练团编. ——[重庆]：中央训练团，[1942]. ——党政训练班第三年训练实纪. ——书目来源：重庆图书馆

／［党政训练班］编 . —— ［重庆］：［党政训练班］，［1943］. —— 党政训练班第四年训练实纪 . —— 书目来源：国家图书馆

二年来之国际反侵略运动中国分会／国际反侵略运动大会中国分会 . —— 重庆：新蜀报社，1940. —— 书目来源：重庆图书馆

／国际反侵略运动中国分会编 . —— ［重庆枣子岚垭］：国际反侵略运动中国分会印，1940，初版 . —— 书目来源：北碚区图书馆

冯副委员长抗战言论集／冯玉祥 . —— 重庆：生活书店，1940. —— 书目来源：重庆图书馆、国家图书馆、贵州省图书馆、广西壮族自治区图书馆

／冯玉祥 . —— 重庆：生活书店，[1940.4]. —— 书目来源：上海图书馆、南京图书馆

国际劳工组织与援华运动／朱学范 . —— ［重庆］：中央社会部，1940. —— 书目来源：重庆图书馆

国际形势与中国／孙科著 . —— 桂林：东方出版社，1940. —— 孙科游欧回国后于1939年12月23日在重庆中苏文化协会、国际反侵略大会中国分会和国民外交协会三团体欢迎会上的讲话。书前有救亡日报社论《苏联与帝国主义战争》. —— 书目来源：贵州省图书馆

国际形势与中国抗战／周恩来著 . —— 重庆：新华日报馆，1940.10，22页 . —— 作者简介：周恩来（1898—1976）出生于江苏省淮安府阳县，祖籍浙江绍兴。幼名大鸾，取学名恩来，字翔宇，化名或笔名有：飞飞、飞、伍豪、伍、周少山、少山、冠生、冠、维思、陈宽、胡必成、赵来等。1938年12月中旬—1946年5月初在重庆 . —— 书目来源：《周恩来研究史》周恩来研究资料目录索引（汪浩，王家云，陈春雷，施振宏著）

国民参政会第四次大会决议案行政院办理情形一览表／行政院秘书处编 . —— ［出版地不详］：行政院秘书处，1940. —— 书目来源：国家图书馆、重庆图书馆、南京图书馆

国民参政会第五次大会／国民参政会秘书处编 . —— ［出版地不详］：中央训练团，1940. —— 收参政员董必武、梁漱溟等6人的询问案及答复等 . —— 书目来源：重庆图书馆

国民参政会第五次大会记录／国民参政会秘书处编 . —— [出版地不详]：国民参政会秘书处，1940. ——书目来源：国家图书馆、重庆图书馆

国民参政会第五次大会行政院报告书／行政院秘书处编 . —— [出版地不详]：行政院秘书处，1940. ——书目来源：国家图书馆、南京图书馆

国民参政会第二届第一次大会记录／国民参政会秘书处编 . —— [出版地不详]：[出版者不详]，1940. ——书目来源：重庆图书馆

国民参政会华北慰劳视察团报告书／国民参政会华北慰劳视察团编 . —— [出版地不详]：国民参政会华北慰劳视察团，1940. ——书目来源：国家图书馆、重庆图书馆、南京图书馆

国民精神总动员特刊／[作者不详] . —— [出版地不详]：[出版者不详]，1940. ——分论著、计划、法规、电令、附载等5部分。论著收《怎样实行精神总动员》（林森），《全国开始实施精神总动员》（蒋介石）等12篇 . ——书目来源：重庆数字图书馆

国民精神总动员之要义与四维之阐扬／孔祥熙 . ——重庆：蒙藏委员会编译室，1940. ——孔副院长祥熙六月一日在渝市银行界国民月会议上演讲 . ——书目来源：重庆图书馆、北碚区图书馆

何部长对各区经理会议训词／何应钦讲 . —— [重庆]：[出版者不详]，[1940.5] . ——书目来源：国家图书馆（存目）

合川血债录／三民主义青年团重庆支团合川分团国立二中区队编 . ——重庆：编者印，1940.7. ——书目来源：北碚区图书馆

蒋委员长为日汪密约告全国军民书／蒙藏委员会编译室 . ——重庆：蒙藏委员会编译室，1940. ——书目来源：重庆图书馆、重庆大学图书馆

蒋委员长为日汪密约告全国军民书及告友邦人士书／蒋介石 . ——四川省政府秘书处编译室，1940. ——书目来源：重庆图书馆

教育与建国／教育通讯周刊社编 . ——重庆：教育通讯周刊社，1940. ——书目来源：江西省图书馆、吉林省图书馆、重庆图书馆、南京图书馆、贵州省图书馆

军制与动员：志愿兵役制／四川省训练团 . ——四川：四川省训练团，

1940.——四川省训练团讲义,分3编:总论、国军组成法、编制.——书目来源:重庆图书馆

抗建三年/[作者不详].——[福建]:福建省政府教育厅,1940.——中等学校补充教材国民科之二:收文20篇。作者有林森、孙科等。介绍抗战3年来各方面的形势.——书目来源:重庆数字图书馆

抗战建国纲领释义/[作者不详].——[出版地不详]:黄埔出版社,1940.——内容与中国国民党中央执行委员会宣传部编《抗战建国纲领浅说》基本相同。按《抗战建国纲领》内容顺序,分为总则、外交、军事、政治、经济、民众运动、教育等7编进行讲解,分别由陶希圣、周鲠生、徐培根、陈博生、陈豹隐、陶百川、叶溯中撰述。附录部分增入《抗战建国纲领之实施》.——书目来源:广东省立中山图书馆、吉林省图书馆、西南大学图书馆

抗战建国纲领研究/叶溯中编著.——重庆:独立出版社,1940.——分抗战与建国、抗战建国的史例、抗战建国与国民革命、抗战建国的最高准绳及领导者4部分.——书目来源:重庆图书馆、南京图书馆、四川省图书馆

抗战建国纲领研究 总则篇/叶溯中著.——重庆:独立出版社,1940.1.——书目来源:南京图书馆

抗战建国时期之精神与训练/于右任讲.——重庆:中央训练团党政训练班,1940.——书目来源:重庆图书馆

抗战与乡村:我个人在抗战中的主张和努力的经过/梁漱溟著.——[出版地不详]:[出版者不详],1940.——民国二十九年三月三十日 重庆.——书目来源:重庆图书馆

领袖与抗战建国/胡秋原,李建明著.——重庆:独立出版社,1940.——抗战建国纲领丛书.——书目来源:重庆图书馆、北碚区图书馆、南京图书馆

论东北问题/于毅夫著.——重庆:东北救亡总会宣传部,1940.——书目来源:南京图书馆、辽宁省图书馆、重庆图书馆、贵州省图书馆、国家图书馆

民生哲学与民生主义/胡秋原著.——重庆:中国文化服务社,1940.——讲述民生主义的哲学和政策,全书分:三民主义之哲学基础,民生主义经济政策(内有民生主义一般概念、中山先生的民生主义、如何实行民生主义3节)

两部分. ——书目来源：重庆图书馆、北碚区图书馆

／胡秋原著. ——重庆：中国文化服务社，1940.12. ——书目来源：上海图图书馆

民生主义之综合研究／陈长蘅编著. ——重庆：正中书局，1940. ——作者简介：陈长蘅（1888—1987），字伯修，号建公，重庆荣昌人. ——书目来源：重庆图书馆、广西壮族自治区图书馆

／陈长蘅编著. ——上海：正中书局，1946. ——书目来源：重庆图书馆、国家图书馆、南京图书馆

南泉夏令营别记／包文同著. ——重庆：青年出版社，［1940］. ——记1939年8月在南泉举办"三民主义青年团重庆市青年夏令营"的活动情况. ——书目来源：南京图书馆

日本对华的宣传政策／任白涛著. ——长沙：商务印书馆，1940. ——书目来源：重庆图书馆、国家图书馆、南京图书馆、四川省图书馆

日本明治维新史纲／郑学稼著. ——［出版地不详］：新中国文化出版社，1940. ——上册. ——书目来源：北碚区图书馆、武汉大学图书馆、河南大学图书馆、云南师范大学图书馆、吉林省图书馆、南京大学图书馆

／郑学稼著. ——［出版地不详］：新中国文化出版社，1940.7. ——下册. ——书目来源：陕西师范大学图书馆

三民主义青年团重庆青年劳动服务营筹备特刊／干部讲习班主编. ——重庆：干部讲习班，1940. ——书目来源：国家图书馆

三民主义青年团二周年纪念特刊／三民主义青年团中央团部编辑. ——重庆：青年出版社，1940. ——书目来源：重庆图书馆

三民主义青年团之任务及工作实施／张治中. ——［重庆］：［中央训练团］，1940. ——书目来源：重庆图书馆、重庆市档案馆

三民主义青年团之使命及团务概况／陈立夫著. ——［重庆］：中央训练团，1940. ——书目来源：南京图书馆、重庆图书馆

三民主义青年团中央常务干事会工作报告／［三民主义青年团中央常务干事会］编. ——［重庆］：三民主义青年团中央常务干事会，1940. ——附录中

央干事会监察会全体人员中央干事会各室处主管人员名单.——书目来源：国家图书馆

三民主义青年团中央干事会二十九年度工作计划／[三民主义青年团中央干事会]编.——[重庆]：三民主义青年团中央干事会，1940.——书目来源：国家图书馆

事變後第三週年ニ於ケル重慶側政治論説／台灣拓殖株式會社編.——[出版地不详]：[出版者不详]，1940.——书目来源：中国国立台湾图书馆

誓雪五三国耻／蒋介石讲.——[出版地不详]：[出版者不详]，[1940].——书目来源：重庆图书馆、南京图书馆

四川建设之检讨与今后应有之努力／蒋介石著.——成都：四川省训练团，1940.——书目来源：重庆图书馆

／蒋介石著.——成都：四川省训练团，1940.6.——书目来源：南京图书馆

四川省第十区新县制实施及其工作概况／[作者不详].——[出版地不详]：[出版者不详]，1940.3.——书目来源：重庆市档案馆

／[作者不详].——[出版地不详]：[出版者不详]，1940.12.——书目来源：重庆市档案馆

／[作者不详].——[出版项不详].——书目来源：重庆市档案馆

四川省各县实施新县制整编保甲清查户口法规汇编／[四川省政府编].——成都：四川省训练团，1940.——书目来源：重庆图书馆

／[四川省政府编].——资中：资中县政府，1941.——书目来源：重庆图书馆

四川省警政概况／惠晋编述.——成都：四川省政府，1940.——书目来源：重庆图书馆

／惠晋编述.——成都：四川省政府，1940.12.——书目来源：南京图书馆

四川省临时参议会第二次大会议案录／[四川省临时参议会]编.——四川：[四川省政府]，[1940].——书目来源：重庆图书馆

四川省民政厅人事财物文书档案管理办法／四川省民政厅秘书室编.——

四川：四川省政府，1940.——四川省民政丛刊民总 11.——书目来源：重庆图书馆、南京图书馆

四川省现行法规汇编/ 四川省政府秘书处法制室编.——成都：四川省政府秘书处法制室，1940.——第一册：组织法、服务法　第二册：民政.——书目来源：重庆图书馆、南京图书馆

四川省政府二十九年度施政计划民政部份总纲/［四川省政府编］.——四川：四川省训练团，1940.——书目来源：重庆图书馆

四川省政府建设厅施政报告：二十八年十月至二十九年十月止/ 四川省政府建设厅编.——四川：四川省政府建设厅，1940.——书目来源：国家图书馆、南京图书馆

四川省政府施政纲要暨二十九年度施政计划/［四川省政府编］.——四川：四川省训练团，1940.——书目来源：重庆图书馆

四川省政府委员会会议纪录：9、10（上下）、11、12 辑/ 四川省政府秘书处秘书室纪录股编纂.——成都：四川省政府秘书处公报室，1940.——书目来源：重庆图书馆

四川省政府训练团第三区训练班第一期职、教、学员通讯录/［四川省政府训练团第三区训练班编］.——［四川］：［四川省政府训练团第三区训练班］，1940.——书目来源：重庆图书馆

孙哲生先生最近言论集/ 孙哲生著.——［出版地不详］：中苏文化协会，1940.——2 册.——作者简介：孙科（1891—1973），字连生，号哲生。广东香山县（今中山市）人。抗战时期生活在重庆.——书目来源：重庆图书馆、国家图书馆（缩微）

/ 孙哲生著.——［出版地不详］：中苏文化协会，［出版时间不详］.——3册.——书目来源：上海图书馆

团结抗战！反对内战！/［作者不详］.——［出版地不详］：［出版者不详］，1940.——系关于新四军苏北事件之文电等。收 1. 中国共产党关于解决两党纠纷之六月提案　2. 中国国民党关于解决两党纠纷之第一复案　3. 中国国民党七月提示案，中国共产党八月复案　4. 周恩来同志关于调整作战区域及游

击部队办法之提议三项 5.何参谋总长白副参谋总长致十八集团军朱总司令彭副总司令新四军叶军长皓代电. ——书目来源：国家图书馆

团长最近对于党务之指示 / 中央训练团. ——重庆：中央训练团，1940. ——书目来源：湖南图书馆、重庆图书馆、国家图书馆、南京图书馆

/ 中央训练团. ——重庆：中央训练团，1941. ——书目来源：重庆图书馆、国家图书馆

我们对于五五宪草的意见 / 沙千里，韬奋等. ——重庆：生活书店，1940. ——书目来源：上海图书馆

五权宪法草案精义 / 潘公展，陈长蘅编著. ——重庆：正中书局，1940. ——宪政小丛书. ——书目来源：重庆图书馆、国家图书馆、上海图书馆

/ 潘公展，陈长蘅编著. ——南京：正中书局，1945. ——宪政小丛书. ——书目来源：国家图书馆、南京图书馆

五权宪法草案精义 / 陈长蘅编著. ——重庆：正中书局，1940. ——书目来源：广西壮族自治区图书馆

/ 陈长蘅编著. ——［上海］：正中书局，1940. ——书目来源：上海图书馆

/ 陈长蘅编著. ——金华：正中书局，1940. ——书目来源：重庆图书馆

/ 陈长蘅编著. ——重庆：正中书局，1943. ——书目来源：重庆图书馆

/ 陈长蘅编著. ——重庆：正中书局，1945. ——书目来源：重庆图书馆、南京图书馆

/ 陈长蘅编著. ——上海：正中书局，1945.10. ——书目来源：国家图书馆、南京图书馆

/ 陈长蘅编著. ——［出版项不详］. ——书目来源：四川省图书馆

五权宪法之思想与制度 / 杨幼炯著. ——长沙：商务印书馆，1940. ——共分3章。论述法律思潮的蜕变和五权宪法的立法精神，并从公法学上说明五院制度的特性及均权制度和地方政府等. ——书目来源：重庆图书馆、国家图书馆、南京图书馆

县各级组织纲要及四川省实施上注意事项 / ［作者不详］. ——四川：四川

省训练团，1940. ——内收《县各级组织纲要》《县各级组织纲要实施办法原则》《县各级组织纲要实施上应注意事项》《行政院颁发县各级组织纲要实施办法三原则应注意事项》《四川省县各级组织纲要实施上补充注意事项》等5篇. ——书目来源：重庆图书馆

/ [作者不详] . ——成都： [出版者不详]，1940. 3. ——书目来源：南京图书馆

宪政言论选集/中国国民党中央宣传部编. —— [重庆]：中国国民党中央宣传部，1940. ——收《对于修正国民大会关系法规应有的认识》（林森），《实施宪政问题》（孙科），《宪政与法治自由》（潘公展），《讨论五五宪草应有的认识》（楼桐荪）等13篇章. ——书目来源：武汉大学图书馆、吉林省图书馆

宪政运动论文选集/邹韬奋. —— [出版地不详]：生活书店，1940. ——书目来源：重庆图书馆

新生活运动促进总会伤兵之友社总社工作报告 二十九年度/伤兵之友社总社编. —— [重庆]：伤兵之友社总社，1940. ——1940年2月19日新生活运动六周年纪念日，伤兵之友社总社在重庆成立. ——书目来源：重庆数字图书馆

新生活运动六周年纪念伤兵之友扩大征求社员各队社费征信录/新生活运动促进总会伤兵之友社总社编. —— [重庆]：新生活运动促进总会伤兵之友社总社，1940. ——书目来源：南京图书馆

新运妇女生产事业 松溉的妇女生产事业/新运妇女指导委员会松溉纺织实验区编. —— [出版地不详]：新运妇女指导委员会松溉纺织实验区，1940. ——介绍松溉纺织实验区（四川永川）的创办经过和该区的妇女生活学校，合作社、工场、农场等概况. ——书目来源：西南大学图书馆

宣传工作要领 / 潘公展讲. ——重庆：中央训练团党政训练班，1940. ——书目来源：重庆图书馆、国家图书馆

/ 潘公展讲. ——重庆：中央训练团党政训练班，1942. ——书目来源：重庆图书馆、南京图书馆

训练实纪 党政训练班/ 中央训练团编. —— [重庆]：中央训练团，[1940] . ——第一年. ——书目来源：国家图书馆

／中央训练团编．——［重庆］：中央训练团，［1942］．——第三年．——书目来源：国家图书馆

"以不变应万变"的抗战原理／潘公展著．——重庆：独立出版社，1940.——书目来源：南京图书馆、吉林省图书馆、重庆图书馆、湖南图书馆、国家图书馆、江西省图书馆

战地政治经济／张群．——［重庆］：中央训练团，1940.——1940年中央训练团党政训练班讲演．——书目来源：重庆图书馆

战时日本问题十讲／宁一先．——西安：中华民国留日同学会，1940.——书目来源：重庆图书馆

／宁一先．——重庆：中华民国留日同学会，1940.4.——1939年6月22日于重庆浮图关．——书目来源：湖南图书馆、吉林省图书馆、江西省图书馆、福建师范大学图书馆、湖南大学图书馆、淮阴师范学院图书馆、苏州大学图书馆、复旦大学图书馆、重庆图书馆、国家图书馆、南京图书馆

哲学译文集／沈志远．——［出版地不详］：生活书店，1940，再版．——编者一九四□年三月于重庆．——书目来源：重庆图书馆

振济委员会工作概况：民国二十九年三月／［作者不详］．——［重庆］：振济委员会，1940.——书目来源：国家图书馆

现代政治与中国／贺衷寒讲述．——重庆：黄埔出版社，1940.——书目来源：重庆图书馆

／贺衷寒讲述．——重庆：黄埔出版社，1940.8.——书目来源：南京图书馆

直属重庆市执行委员会廿九年五六七三月工作报告／［作者不详］．——重庆：重庆市执行委员会，1940.——书目来源：国家图书馆

中国国民党党史概要草案：上辑／张继．——［重庆］：中央训练团，1940.——书目来源：重庆图书馆、重庆市档案馆

中国国民党党史概要讲演汇辑／张继．——［重庆］：中央训练团，1940.3.——书目来源：重庆市档案馆

中国国民党的新阶段 / 叶溯中，陈铭枢，蒋坚忍等执笔 . ——重庆：独立出版社，1940. ——书目来源：国家图书馆、吉林省图书馆

中国国民党宣言集 / 独立出版社编 . ——重庆：独立出版社，1940.3，增订本 . ——书目来源：重庆数字图书馆

中国国民党中央直属重庆市执行委员会工作报告 民国二十九年□月至十月 / [中国国民党中央直属重庆市执行委员会编] . ——重庆：[中国国民党中央直属重庆市执行委员会]，1940. ——书目来源：国家图书馆

现代中国外交史 / 吴敬恒，蔡元培，王云五主编 . ——[出版地不详]：商务印书馆，1940. ——蔡元培（1868—1940），字鹤卿，浙江绍兴山阴县（今浙江绍兴）人。王云五（1888—1979），原名日祥，号岫庐，广东香山县（今中山县）人，抗战期间写于重庆 . ——书目来源：南京图书馆、四川省图书馆

中日国际编年史详目 近代部分 / 杨家骆著 . ——[出版地不详]：民族文化书局，1940. ——《中日国际编年史》共80卷，本册为37卷至第80卷目录（自清光绪二十年至"七七"事变）. ——书目来源：重庆图书馆、南京图书馆、西南大学图书馆、中共四川省委党校图书馆、广东省立中山图书馆

中央党政军提高行政效能及行政三联制总检讨会议第二次会议记录 / [作者不详] . ——重庆：[出版者不详]，[1940？—1945？]油印本 . ——书目来源：国家图书馆（存目）

中央党政军提高行政效能及行政三联制总检讨会议决议案 / [作者不详] . ——重庆：[出版者不详]，[1940？—1945？]，油印本 . ——书目来源：国家图书馆（存目）

中央训练团党政训练班第六期工作讨论述评 / 中央训练团编 . ——[出版地不详]：中央训练团，[1940] . ——书目来源：南京图书馆、重庆图书馆、国家图书馆

中央训练团党政训练班第七期经理演习计划 / 闻亦有著 . ——[重庆]：中央训练团，1940. ——书目来源：国家图书馆

中央训练团党政训练班调查演习书面讲评 / [中央训练团] 编 . ——[重庆]：[中央训练团]，1940. ——第五、六期 . ——书目来源：国家图书馆

中央训练团党政训练班工作讨论结论 / 中央训练团编 . ——[重庆]：中央训练团，1940—1941. ——第八至十期（1940年），第十一至十二期（1941

年）.——书目来源：重庆图书馆、南京图书馆、国家图书馆

／教育委员会教育组编．——重庆：教育委员会教育组，［1941—1943］．——第十五期（1941年12月），第十六期（1942年1月），第二十一、二十二期（1943年）.——书目来源：国家图书馆（存目）、重庆图书馆

1941年

最近本党历次大会重要决议案／中央训练团．——［重庆］：中央训练团，1941.——书目来源：重庆图书馆、重庆市档案馆

／中央训练团．——［重庆］：中央训练团，1942.——书目来源：重庆图书馆、北碚区图书馆、西南大学图书馆、重庆市档案馆

／中央训练团．——［重庆］：中央训练团，1943.4.——书目来源：重庆图书馆、重庆市档案馆

／中央训练团．——［重庆］：中央训练团，1943.11.——书目来源：重庆图书馆

重慶の悲劇／李泉生 著；［在上海日本総領事館特別調査班］译．——［上海］：在上海日本総領事館特別調査班，1941．——书目来源：日本国立国会图书馆

重慶の死相／（日）三島助治 著．——东京：国民政治经济研究所，1941．——书目来源：日本国立国会图书馆

重庆青年服务营特约讲演集／重庆青年劳动服务营．——重庆：重庆青年劳动服务营，1941．——书目来源：南京图书馆、国家图书馆

重庆青年服务营训练计划大纲及实施办法／［作者不详］．——重庆：［出版者不详］，［1941］．——书目来源：国家图书馆

重庆市党部工作报告［民国三十年元月份］／［中国国民党中央直属重庆市执行委员会］．——重庆：中国国民党重庆市执行委员会，1941．——书目来源：国家图书馆

重庆市党部工作报告［民国三十年四月份］／中国国民党中央直属重庆市执行委员会．——重庆：中国国民党重庆市执行委员会，1941．——书目来源：国家图书馆

重庆市党部工作报告［民国三十年五月份］／［中国国民党中央直属重庆市执行委员会］. ——重庆：中国国民党重庆市执行委员会，1941. ——书目来源：国家图书馆

重庆市动员委员会工作报告：廿九年九月至卅年二月／［重庆市动员委员会编］. ——［重庆］：［重庆市动员委员会］，［1941］. ——有"本会概述"、"国民精神总动员实施情形"、"经济动员工作"等内容. ——书目来源：重庆图书馆

重庆市妇女团体一览／［作者不详］. ——［出版地不详］：［出版者不详］，1941. ——书目来源：中国台湾中央研究院

重庆市警察局二十九年度统计年鉴／重庆市警察局总务科统计段. ——［出版地不详］：［出版者不详］，1941. ——书目来源：南京图书馆

重庆市警察局工作报告：廿九年九月至卅年二月／［重庆市警察局编］. ——重庆：［重庆市警察局］，［1941］. ——本书内容有公安行政、福利行政、人事行政、司法行政、教育行政、勤务督察、兵役行政、地方自治、防空事项等. ——书目来源：重庆图书馆

重庆市警察局念九年度统计年鉴／唐毅等编. ——重庆：重庆市警察局总务科统计股，1941. ——本书系取材于国民二十九年重庆市警察局各项工作报告，由主管部门，各就业实施情况分类列表，经统计股详细审核，汇制成册。分总务、保甲、户口、治安、交通、消防、司法、警政统计、兵役、勤务校训、教育、医务、习艺及其他共十四类. ——书目来源：重庆图书馆

重庆市警察局三十年度统计年鉴／［作者不详］. ——［出版地不详］：［出版者不详］，1941. ——书目来源：重庆市档案馆

重庆市临时参议会第四次大会纪录／重庆市临时参议会秘书处编. ——重庆：重庆市临时参议会秘书处，1941. ——1941年5月1日至13日举行。分重庆临时参议会之召集、第四次大会之筹备及开会经过、法规、正副议长及参议员候补参议员名单、第四次大会议事记录、重要文电、第四次大会提案一览表等15项. ——书目来源：重庆图书馆、南京图书馆、国家图书馆

重庆市临时参议会第五次大会纪录／重庆市临时参议会秘书处编. ——重

庆：重庆市临时参议会秘书处，1941.——1941年12月15日至25日召开。分重庆临时参议会之召集、第五次大会之筹备及开会经过、法规、正副议长及参议员候补参议员名单、重庆市地方自治法规研究委员会工作报告、第五次大会议事记录、重要文电、第五次大会提案一览表等15项.——书目来源：国家图书馆、重庆图书馆

重庆市市民居住证申请表填写说明／重庆卫戍总司令部编.——重庆：白鹤印刷社，1941.——内容为申请表填写说明并附换给重庆市市民居住证办法及施行细则.——书目来源：重庆图书馆

重庆市政府工作报告：三十年一至六月份／[作者不详].——重庆：[出版者不详]，1941.——报告内容有筹办防毒及疏散经过、防空洞工程及管理概况、成立市图书杂志审查处、成立流浪儿童教养所、成立警察第十七分局等47项.——书目来源：重庆图书馆

重慶政府戰時法令集／興亞院華中連絡部.——［上海］：興亞院華中連絡部，1941.——シリーズ名 華中調査資料；第161号.——书目来源：日本国立国会图书馆

党务与教育／中央组织部编.——[出版地不详]：中央文化驿站管理处，1941，100页.——书目来源：重庆图书馆

／中央组织部编.——[出版地不详]：中央文化驿站管理处，1941，98页.——书目来源：江西省图书馆

／中央组织部编.——[出版地不详]：中央组织部，1944.——书目来源：重庆图书馆、国家图书馆

党务与教育／中央组织部党员训练处编.——重庆：中央秘书处文化驿站总管理处，1941，再版.——书目来源：吉林省图书馆、重庆图书馆、国家图书馆、南京图书馆

第一届国民参政会第三、四次大会决议案继续办理情形报告表／行政院秘书处编.——[出版地不详]：行政院秘书处，1941.——书目来源：国家图书馆

第一届国民参政会第五次大会决议案行政院办理情形一览表／行政院编.——南京：行政院，1941.——书目来源：国家图书馆

第二届国民参政会第一次大会决议案行政院办理情形报告表／行政院秘书处编．——［出版地不详］：行政院秘书处，1941．——书目来源：国家图书馆

第二届国民参政会第一次大会考试院施政报告书／［作者不详］．——［出版地不详］：［出版者不详］，1941．——书目来源：国家图书馆、南京图书馆

第二届国民参政会第一次大会行政院报告书／行政院编．——南京：行政院，1941．——书目来源：国家图书馆、南京图书馆

第二届国民参政会第二次大会立法院工作报告／立法院编．——重庆：立法院，1941．——书目来源：国家图书馆、南京图书馆

东北四省旅渝同乡"九一八"十周年纲念会宣言（汉藏文版）／蒙藏委员会编译室编译并印行．——［出版地不详］：［出版者不详］，1941．——书目来源：北碚区图书馆

告革命青年／张治中．——［重庆］：三民主义青年团中央团部，1941．——书目来源：重庆图书馆、北碚区图书馆

国策之原理：三民主义之理论与实行／胡秋原著．——重庆：时代日报印刷出版社，1941．——发表于《祖国》1941年第48、49期．——书目来源：重庆图书馆

／胡秋原著．——重庆：时代日报印刷出版社，1941.11．——书目来源：南京图书馆

国防讲话／杨杰编．——重庆：中央训练团，1941．——作者简介：杨杰（1889—1949），字耿光。1940年，其以军事委员会顾问的闲差留在重庆，后任中央训练团教官，1940—1944年生活在重庆．——书目来源：重庆图书馆、国家图书馆

／杨杰编．——重庆：中央训练团党政训练班，1944．——中央训练团党政训练班讲演录．——书目来源：南京图书馆、国家图书馆

国共论／胡秋原著．——［出版地不详］：求是出版社，1941．——发表于《祖国》1941年第43期，内收《国共论——一个非死硬派的看法》《论中国革命之道路》．——书目来源：重庆图书馆、南京图书馆

／胡秋原著．——重庆：祖国出版社，1941．——书目来源：西南大学图

书馆

／胡秋原著. —— ［出版地不详］：［出版者不详］，1941. ——书目来源：北碚区图书馆

国民参政会第二届第一次大会纪录／国民参政会秘书处编. ——南京：国民参政会秘书处，1941. ——书目来源：国家图书馆、南京图书馆

国民参政会第二届第一次大会决议案实施情形一览／国民参政会秘书处编. ——［出版地不详］：［出版者不详］，1941. ——书目来源：国家图书馆、南京图书馆

国民参政会第二届第一次大会军事委员会军事报告之一部／军事委员会办公厅编. ——［出版地不详］：军事委员会办公厅，1941. ——书目来源：国家图书馆、重庆图书馆、南京图书馆

国民参政会第二届第一次大会提案原文·五（114—148）／［作者不详］. ——［出版地不详］：［出版者不详］，1941. ——书目来源：国家图书馆

机关管理／萧明新编. ——［出版地不详］：中央训练委员会内政部，1941.12，初版. ——书目来源：西南政法大学图书馆

甲午以来中日军事外交大事纪要／杨家骆著. ——［出版地不详］：商务印书馆，1941. ——作者简介：杨家骆（1912—1991），江苏南京人。抗战期间在重庆北碚中国辞典馆做编辑工作. ——书目来源：西南政法大学图书馆、北京大学图书馆、江西省图书馆

蒋介石先生的思想体系／周开庆著. ——兰州：政论社，1941. ——全书分7章。论述蒋介石思想产生的背景，以及其哲学、政治、教育、经济、军事思想. ——书目来源：重庆图书馆、南京图书馆

／周开庆著. ——重庆：正中书局，1943. ——书目来源：国家图书馆

／周开庆著. ——金华：正中书局，1943. ——书目来源：重庆图书馆

／周开庆著. ——［出版地不详］：正中书局，1946. ——书目来源：四川大学图书馆

／周开庆著. ——上海：正中书局，［出版时间不详］. ——书目来源：重庆图书馆

蒋委员会长在第二届国民参政会在二次大会致开幕词 / 蒋介石著. ——[出版地不详]: 中央组织部, 1941. ——书目来源: 国家图书馆

节约献金救国运动的文件 / 冯玉祥. ——重庆: [出版者不详], 1941.8. ——书目来源: 南京图书馆

/ 冯玉祥. ——[出版地不详]: [出版者不详], [1944.7.12]. ——书目来源: 上海图书馆

近世东北国际关系日记 / 杨家骆, 李慧可著. ——[出版地不详]: 东北问题研究社, 1941. ——自1894年4月至1931年9月19日期间有关东北问题的中外交涉大事记. ——书目来源: 重庆图书馆、国家图书馆、南京图书馆

/ 杨家骆, 杨李慧著. ——[出版地不详]: 东北问题研究社, 1941.9. ——书目来源: 复旦大学图书馆、成都图书馆、中国社会科学院图书馆、吉林省图书馆

经济部对第三届国民参政会第一次大会各询问案之答复 / [作者不详]. ——重庆: 经济部, 1941. ——书目来源: 国家图书馆

抗战四年 / 军事委员会政治部编. ——[出版地不详]: 军事委员会政治部, 1941. ——收文70余篇. 作者有何应钦、孔祥熙、程潜、陈铭枢、熊佛西、老舍等. ——书目来源: 广东省立中山图书馆、中共四川省委党校图书馆、北京大学图书馆、中国社会科学院图书馆、吉林省图书馆

抗战以来 / 黄炎培著. ——上海: 韬奋出版社, 1941. ——书目来源: 广西壮族自治区图书馆

/ 黄炎培著. ——[出版地不详]: 韬奋出版社, 1941. ——书目来源: 南京图书馆

/ 黄炎培著. ——香港: 华商报馆, 1941.8. ——书目来源: 南京图书馆

/ 黄炎培著. ——香港: 华商报馆营业部, 1941.8. ——书目来源: 上海图书馆

/ 黄炎培著. ——重庆: 国讯书店, 1942. ——书目来源: 重庆图书馆

/ 黄炎培. ——重庆: 国讯书店, 1942. ——1942年1月28日夜黄炎培渝州张园寓楼. ——书目来源: 重庆图书馆、北碚区图书馆、西南大学图书馆

／黄炎培著．——上海：生活书店，1946.——书目来源：四川省图书馆

／黄炎培著．——上海：韬奋出版社，1946.——书目来源：重庆图书馆

／黄炎培著．——重庆：国讯书店，1946.——书目来源：南京图书馆

／黄炎培著．——上海：国讯书店，1946.——书目来源：重庆图书馆

／黄炎培著．——上海；重庆：国讯书店，1946.5.——书目来源：上海图书馆

／黄炎培著．——[出版地不详]：韬奋出版社，1946.10.——书目来源：上海图书馆、南京图书馆

林主席二届参政会训词／林森著；中央组织部编．——[出版地不详]：中央组织部，1941.——书目来源：国家图书馆

论国民参政会／志刚等著．——上海：求知出版社，1941.——书目来源：国家图书馆

论民主政治／邓初民．——重庆：学术出版社，1941.——作者简介：邓初民（1889—1981），字昌权，湖北石首人，1940—1946年在重庆生活．——书目来源：国家图书馆、南京图书馆、四川大学图书馆、四川省图书馆

论苏德战争及其他／周恩来著．——青岛：青岛出版社，1941.8.——书目来源：复旦大学图书馆、宁波市图书馆、吉林省图书馆

米國の重慶援助の全貌／牛島俊作．——东京：东亚研究会，1941.——书目来源：中国国立台湾图书馆

欧洲外交透视／（美）斐德烈舒曼著；陈希孟译．——重庆：中国文化服务社，1941.——书前有"程希孟一九四□年五月，白沙"．——书目来源：重庆图书馆、北碚区图书馆

屏障陪都的綦江／任建蜀．——[出版地不详]：[出版者不详]，1941.——书目来源：重庆市档案馆、重庆图书馆

日苏条约的分析／郑学稼著．——[出版地不详]：军事委员会政治部，1941.——书目来源：吉林省图书馆

如何做妇女运动／朱家骅．——[重庆]：中央组织部，1941.——书目来源：重庆图书馆

三民主义讲演集／戴季陶讲.——泰和［江西］：江西省三民主义文化运动委员会，1941.——书目来源：重庆图书馆、南京图书馆

三民主义青年团中央团部工作报告／［三民主义青年团中央团部编］.——［重庆］：三民主义青年团中央团部，1941.——二十九年度.——书目来源：国家图书馆（存日）

／［三民主义青年团中央团部］编.——［重庆］：三民主义青年团中央团部，1941.——三十年一月至十月.——书目来源：重庆图书馆、国家图书馆

／［三民主义青年团中央团部］编.——［重庆］：三民主义青年团中央团部，1942.——三十一年一月至十月.——书目来源：重庆图书馆、国家图书馆

／［三民主义青年团中央团部］编.——［重庆］：三民主义青年团中央团部，1943.——三十一年十一月至三十二年八月.——书目来源：南京图书馆、国家图书馆

社会行政概论／孙本文等著.——重庆：中国文化服务社，1941.——书目来源：重庆图书馆

／孙本文等著.——［出版地不详］：中国文化服务社，1944.——书目来源：重庆图书馆、南京图书馆

世界大戦卜重慶政權／南満州鉄道株式会社.——［上海］：満鉄上海事務所調査室，1941.——书目来源：日本国立国会图书馆

四川省第三区行政督察区三十年度中心工作方案及补充章则／［作者不详］.——［出版地不详］：［出版者不详］，［1941］.——书目来源：重庆市档案馆

四川省二十九年度民政统计／四川省政府民政厅编.——成都：四川省政府民政厅，1941.——书目来源：重庆图书馆、南京图书馆

四川省禁烟善后法令汇编／四川省政府禁烟善后督理处编.——成都：四川省政府禁烟善后督理处，1941.——包括中央法规及重要电令（15件），省府公布章程及重要电令（30件），组织规程等（6件）。附载3篇.——书目来源：重庆图书馆、国家图书馆（缩微）

四川省救济概况／刘笃葊编述.——成都：四川省政府，1941.——四川省

民政厅民政丛刊。包括赈灾救济、改组成立各县市赈济会，推行救济灾准备金，义民救济，空袭救济，儿童救济，各县救济院等．——书目来源：重庆图书馆、南京图书馆

／刘笃庵编述．——［出版地不详］：四川省政府，1941．——书目来源：Stanford University（斯坦福大学）图书馆

四川省实施县各级组织纲要三年计划大纲／四川省政府民政厅编．——成都：四川省政府民政厅，1941．——书目来源：重庆图书馆

四川省调整县政府机构人事法规辑要：民国廿九年十一月起至三十年五月止／四川省政府民政厅第四科编．——成都：四川省政府民政厅，1941．——书目来源：重庆图书馆

四川省现行法规汇编／四川省政府秘书处法制室编．——成都：四川省政府秘书处法制室，1941．——第三册：财政，第四册：教育，第五册：建设。五册：分工商、水利、电政、公路、航政、农矿、垦殖、杂项等12类．——书目来源：重庆图书馆、国家图书馆（第五册 缩微）

四川省征购粮食法令辑要／四川省政府财政厅，财政部四川省田赋管理处编．——［出版地不详］：四川省政府财政厅，1941．——辑入第三次全国财政会议的训词、电令、宣言及有关田赋征实的法规草案15种．——书目来源：重庆图书馆、国家图书馆（缩微）

四川省政府三十年度施政计划／四川省政府编．——成都：四川省政府，1941．——有该省教育施政述要、施政计划，以及该省参议会对施政计划的审查意见等。附：分期进度表．——书目来源：国家图书馆

四川省政府三十年度施政计划：民政部分／四川省政府编．——成都：西南印本局，1941．——四川省政府民政厅民政丛刊 民总17 附分期进度表．——书目来源：南京图书馆

四川省政府三十年施政计划分期进度表：教育部分／［作者不详］．——［出版地不详］：［出版者不详］，［1941］．——书目来源：重庆图书馆、国家图书馆（缩微）

四川省政府施政报告／四川省政府编．——四川：四川省政府，1941．——

书目来源：南京图书馆

孙哲生先生抗建七讲 / 孙科著 . —— ［出版地不详］：中山文化教育馆，1941. ——书目来源：重庆图书馆

/ 孙科 . ——［出版地不详］：中山文化教育馆，1941. ——中山文化教育馆抗战特刊 . ——书目来源：重庆图书馆、上海图书馆

太平洋战争与世界战局 / 新华日报馆编 . ——［出版地不详］：新华日报馆，1941. 12. ——内收中共文件《中国共产党为太平洋战争宣言》《中共中央关于太平洋反日统一战线的指示》2 篇。另收周恩来《太平洋战争与世界战局》《世界政治的新转变》（解放日报社论）、《太平洋大战爆发》（新华日报社论）等 4 篇 . ——书目来源：复旦大学图书馆、Berlin State Library（德国柏林国家）图书馆、吉林大学图书馆、吉林省图书馆

我们的祖国 / 胡秋原著 . ——重庆：文风书局，1941. ——书目来源：重庆图书馆、北碚区图书馆、重庆市档案馆

西南民族问题 / 张潜华著 . ——重庆：青年书店，1941. ——书目来源：国家图书馆、重庆图书馆、南京图书馆

一年来国际关系的回顾与前瞻 / 刘光炎 . ——重庆：军事委员会政治部，1941. ——作者简介：刘光炎（1904— ），浙江绍兴人。南京中央军校军官教育团政治教官，国民党中央宣传部宣传委员 . ——书目来源：重庆图书馆、国家图书馆、南京图书馆

英美合作与日美战争 / 刘光炎 . ——重庆：军事委员会政治部，1941. ——书目来源：重庆图书馆

中共问题重要文献 / ［作者不详］. —— ［出版地不详］：大公出版社，1941. ——内分"整个中共问题"、"新四军事件与军纪问题"、"中共参政员不出席参政会问题"等 5 部分。收《廿六年九月廿二日中国共产党宣言》《廿九年十二月九日蒋委员长展期限新四军北移手令》等。另有国内国际评论 22 篇 . ——书目来源：重庆图书馆

中共与二届参政会 . 毛泽东等不出席事件汇编 / 樊凤林编 . ——成都：众志书局，1941. ——书目来源：国家图书馆

中国共产党外交理论的分析／刘光炎．——重庆：胜利出版社，1941．——书目来源：重庆图书馆、国家图书馆

／刘光炎．——泰和：胜利出版社江西分社，1941．——书目来源：国家图书馆

／刘光炎．——香港：胜利出版社香港分社，1941．——书目来源：国家图书馆

／刘光炎．——重庆：胜利出版社，1942．——书目来源：国家图书馆

中国国民党政纲及抗战建国纲领之实施／叶楚伧，张群著．——广东：广东省地方行政干部训练团，1941．——有中国国民党历次重要决议、抗战建国纲领及其实施等内容。附录中国国民党政纲、中国国民党抗战建国纲领．——作者简介：张群（1899—1974），四川华阳人，抗战期间写于重庆．——书目来源：重庆图书馆

／叶楚伧，张群著．——［出版地不详］：广东省地方行政干部训练团，1941．——书目来源：重庆数字图书馆

中国国民党政纲政策及决议／张厉生．——［重庆］：中央训练团党政训练班，1941．——书目来源：重庆图书馆

中央警官学校二、三、四周年纪念合刊：中华民国二十六年九月至二十九年八月／中央警官学校编译股编辑．——［重庆］：中央警官学校编译股，1941．——书目来源：国家图书馆

中央警官学校成立五周年纪念特刊／中央警官学校编译股编辑．——［重庆］：中央警官学校编译股，1941．——书目来源：重庆图书馆、国家图书馆

中央训练团重庆分团地方行政人员自传／［作者不详］．——［重庆］：［中央训练团重庆分团］，约［1941—1949］．——手写本。中央训练团1939—1946年3月在重庆．——书目来源：国家图书馆

中央训练团党政训练班第十六期经理演习讲话纲要／［中央训练团］编．——［重庆］：［中央训练团］，1941．——书目来源：南京图书馆、重庆图书馆、广西壮族自治区图书馆、国家图书馆

中央训练团党政训练班第十六期社会工作人员训练班第二期职教学员通

讯录／[中央训练团]编．——[出版地不详]：[出版者不详]，1941．——书目来源：重庆图书馆、国家图书馆

中央训练团党政训练班第十七期调查演习计划、讲话／徐恩曾讲．——[出版地不详]：中央训练团印刷所，1941．——书目来源：重庆图书馆

中央训练团党政训练班毕业学员通讯须知／[作者不详]．——[出版地不详]：国民政府军事委员会委员长侍从室第三处，[1941]．——书目来源：重庆图书馆

中央训练团讲词选录／中国国民党中央执行委员会训练委员会编．——[重庆]：中国国民党中央执行委员会训练委员会，1941．——第一册．——书目来源：南京图书馆、重庆图书馆、国家图书馆、江西省图书馆

／中国国民党中央执行委员会训练委员会编．——[重庆]：中国国民党中央执行委员会训练委员会，1941．——第二册 军事政治．——书目来源：南京图书馆、重庆图书馆、国家图书馆、江西省图书馆

／中国国民党中央执行委员会训练委员会编．——[出版地不详]：中国国民党中央执行委员会训练委员会，1941．——第三册 经济教育．——书目来源：重庆图书馆

／[作者不详]．——[出版项不详]．——中央训练团1939年至1946年3月在重庆．——书目来源：重庆市档案馆

中央训练团小组讨论资料选录／中国国民党中央执行委员会训练委员会编．——重庆：中国国民党中央执行委员会训练委员会，1941．——书目来源：南京图书馆、重庆图书馆、国家图书馆、浙江图书馆

中央训练团业务演习选录／中国国民党中央执行委员会训练委员会编．——[重庆]：中国国民党中央执行委员会训练委员会，1941．——书目来源：南京图书馆、重庆图书馆、广西壮族自治区图书馆、国家图书馆、浙江图书馆、江西省图书馆

1942年

北碚管理局卅一年度3—7月工作概况／北碚管理局．——[出版地不详]：[出版者不详]，1942．——书目来源：北碚区图书馆

本团性质与工作讲评/ 张治中. ——［重庆］：三民主义青年团中央团部，1942. ——书前有张书记长（民国）三十年九月对中央团部三十年度工作检讨会议之总讲评. ——书目来源：重庆图书馆

璧山县临时参议会第一次大会议事记录　三十一年九月/［璧山县临时参议会编］. ——璧山［重庆］：璧山县临时参议会，1942. ——记录了每次开会的时间、地点、出席人员、报告事项、议会、议案及议案内容等。会期：1942年9月1日至6日. ——书目来源：重庆图书馆

兵役法规汇编/ 中央训练团兵役干部训练班编. ——重庆：军学书店，1942. —— 4 册. ——书目来源：重庆市档案馆、重庆图书馆、南京图书馆、国家图书馆

兵役法令表解/ 军政部兵役署役政司宣查科编. ——［出版地不详］：军政部兵役署役政司宣查科，1942. ——书目来源：重庆市档案馆、重庆图书馆、南京图书馆、国家图书馆

财政厅各项专案报告 / 甘绩镛报告. ——［出版地不详］：［出版者不详］，［1942］. ——作者简介：甘绩镛（1888—1962），号典夔，重庆荣昌县人. ——书目来源：国家图书馆

长寿县临时参议会第一次大会议事记录/ 长寿县临时参议会编. ——长寿县临时参议会，1942. ——书目来源：重庆图书馆

城市工作隐蔽政策/ 刘仁编. ——［出版地不详］：［出版者不详］，1942. ——在晋察冀抗日根据地时期编写. ——书目来源：《四川省志 人物志》第301页

重慶の抗戦力/（日）三宅贞夫 著. ——东京：朝日新闻社，1942. ——书目来源：日本国立国会图书馆

重慶近情/ 日本帝国大使馆（在南京）编. ——南京：在南京日本帝国大使馆，1942. ——书目来源：日本国立国会图书馆

重庆市党部工作总报告 / 中国国民党中央直属重庆市执行委员会编. ——重庆：中国国民党中央直属重庆市执行委员会，1942. ——书目来源：国家图书馆

重庆市动员委员会工作报告：卅年九月至卅一年二月／[重庆市动员委员会编]．——[重庆]：[重庆市动员委员会]，[1942]．——有"本会概述"、"国民精神总动员实施情形"、"宣传工作"等内容．——书目来源：重庆图书馆

重庆市警察局工作报告：三十年九月至三十一年二月／[重庆市警察局编]．——重庆：[重庆市警察局]，[1942]．——本书内容有警察行政、保甲行政、兵役行政、防空防毒四部分．——书目来源：重庆图书馆

重庆市警察局三十年度统计年鉴／[重庆市警察局编]．——重庆：重庆市警察局，1942，油印本．——书目来源：国家图书馆

重庆市警察局三十年度统计年鉴／唐毅等编．——重庆：重庆市警察局总务科统计股，1942．——本书系取材于民国三十年重庆市警察局各项工作报告，由主管部门，各就实施情况分类列表，汇制成册。分总务、人事、保甲、组训、户籍、治安、交通、消防、司法、禁烟、兵役、督察、教育、空袭、医务、习艺及其他共十七类．——书目来源：南京图书馆、重庆图书馆

／唐毅主编．——[重庆]：重庆市警察局印行，1942 石印本．——书目来源：北碚区图书馆

／唐毅主编．——[出版地不详]：[出版者不详]，1942．——书目来源：北碚区图书馆

重庆市临时参议会第六次大会纪录／重庆市临时参议会秘书处编．——重庆：重庆市临时参议会秘书处，1942．——1942年5月11日至20日召开。分重庆临时参议会之召集、第六次大会之筹备及开会经过、法规、正副议长及参议员候补参议员名单、重庆市地方自治法规研究委员会工作报告、第六次大会议事记录、重要文电、第六次大会提案一览表等15项。附录《本会第一次大会至第六次大会提案及执行情形汇编》．——书目来源：国家图书馆、重庆图书馆

重庆市图书杂志审查处工作报告：三十年九月至三十一年二月／[作者不详]．——重庆：重庆市图书杂志审查处，1942．——有一般处务，审查工作，检查工作，调查工作，设计研究，工作联络等内容。附录：重庆市图书杂志审查组织规程，核发图书及稿审查证号码一览表，查获违禁图书一览表等．——书目来源：重庆图书馆

重庆市言论动向报告／［作者不详］． ——重庆：［出版者不详］，1942. ——书目来源：国家图书馆

重庆市政府法规汇编／重庆市政府参事室编． ——重庆：重庆市政府参事室，1942. ——书目来源：南京图书馆

重庆市政府法规汇编 第二册：组织及服务（中）／重庆市政府参事室编．——重庆：重庆市政府参事室，1942. ——有《修正重庆市物价评定委员会组织规程》《重庆市工商业行规审查委员会组织规程》《重庆市教育设计委员会组织规程》《修正重庆市振济会组织规程》《重庆市私立学校补助费审查委员会组织规程》等法规．——书目来源：重庆图书馆

重庆市政府法规汇编 第四册：社会类／重庆市政府参事室编．——重庆：重庆市政府参事室，1942. ——有《重庆市优待出征抗敌军人家属条例施行细则》《重庆市社会局设置公共平民食堂办法》《重庆市社会局管理平价食堂规则》《重庆市政府取缔募捐办法》《重庆市管理广告规则》等法规．——书目来源：重庆图书馆

重庆市政府法规汇编 第五册：警察类（上） 第六册：警察类（下）／重庆市政府参事室编．——重庆：重庆市政府参事室，1942. ——有《重庆市警察局取缔深夜喧哗及噪音办法》《重庆市警察局取缔团体游行规则》《重庆市警察局义勇警察组训纲要》《重庆市房屋租约使用规则》《重庆市警察局执行非常时期取缔集会演说办法应行注意事项》等法规．——书目来源：重庆图书馆

重庆市政府法规汇编 第七册：财政／重庆市政府参事室编．——重庆：重庆市政府参事室，1942. ——有《重庆市筵席及娱乐税征收规则》《重庆市财政局税捐违章案得罚款提奖分配办法》《重庆市契税暂行规则》《重庆市屠宰税征收章程》《重庆市营业牌照税征收规则》等法规．——书目来源：重庆图书馆

重庆市政府法规汇编 第八册：工务卫生类／重庆市政府参事室编．——重庆：重庆市政府参事室，1942. ——有《修正重庆市政府工程管理通则》《重庆市技师副测绘员取费规则》《重庆市工务局管理私建临时人行道暂行办法》《重庆市卫生局管理医院暂行规则》《重庆市卫生局管理开业医师本报特约记者

规则》《重庆市战时卫生人员征调抽签办法》法规．——书目来源：重庆图书馆

重庆市政府法规汇编／重庆市政府参事室编．——重庆：重庆市政府参事室，1942.——有《重庆市改进保甲养成人民自治实施程序施行细则》《重庆市保甲设计委员会组织规程》《重庆市非常时期保甲长待遇及奖励办法施行细则》《重庆市保甲行政会议规则》《重庆市各镇镇务会议规则》等法规．——书目来源：重庆图书馆

重庆市政府工作报告：三十一年四至六月份／[作者不详]．——重庆：[出版者不详]，1942.——报告内容有奉行中央法令事项、颁行本市单行法规事项、市政会议议事项、社会（附教育）、警察（附兵役）、财政（附土地）、工务（附公用）卫生、粮政等11项。附录重庆单行法规26项，统计资料图表31项．——书目来源：重庆图书馆

重庆战时体制论／（日）石滨知行著．——东京：中央公论社，1942.——书目来源：日本国立国会图书馆

重庆政权崩溃／（伪）北京新闻协会．——[出版地不详]：[出版者不详]，1942.——书目来源：国家图书馆、首都图书馆

重慶最後の日／（日）伊藤松雄著．——大阪：日本出版社，1942.——书目来源：日本国立国会图书馆

党的组织与领导／朱家骅．——[重庆]：中央训练团党政训练班，1942.——书目来源：重庆图书馆

第二届国民参政会第二次大会决议案办理情形报告表／国民参政会秘书处编．——[出版地不详]：国民参政会秘书处，1942.——书目来源：国家图书馆

／[作者不详]．——重庆：行政院秘书处，1942.——书目来源：国家图书馆、南京图书馆

第三届参政会第一次大会教育部工作报告书／教育部编．——[出版地不详]：教育部，1942.——书目来源：国家图书馆、南京图书馆

第三届国民参政会第一次大会考试院报告书／考试院编．——[出版地不详]：考试院，1942.——书目来源：国家图书馆、重庆图书馆、南京图书馆

第三届国民参政会第一次大会立法院工作报告 / 立法院编 . ——重庆：立法院，1942. ——书目来源：国家图书馆、重庆图书馆

第三届国民参政会第一次大会总裁致闭幕词全文 / 蒋介石著；蒙藏委员会编译室编译 . ——［出版地不详］：蒙藏委员会编译室，1942. ——书目来源：国家图书馆、重庆图书馆、浙江图书馆

断末魔の重慶 /（日）沼館一郎著 . ——东京：神栄館，1942. ——书目来源：日本国立国会图书馆

对渝共攻势宣传工作报告 /（伪）宣传部编 . ——［南京］：宣传部，1942. ——书目来源：国家图书馆

二次世界大战中美国外交政策 / 谢仁钊 . ——重庆：国民外交协会，1942. ——书前有三十年九月一日于重庆 . ——书目来源：重庆图书馆、北碚区图书馆、西南政法大学图书馆

法律知识与青年 / 陈盛清 . ——重庆：中国文化服务社，1942. ——书前有编者（民国）二十九年天中节于北碚 . ——书目来源：重庆图书馆、北碚区图书馆、西南政法大学图书馆

访问印度的感想与对太平洋战局的观察 / 蒋介石 . ——［重庆］：国民政府军事委员会委员长侍从室，1942. ——书目来源：重庆图书馆

服务须知　第三辑：警察 / 北碚嘉陵江三峡乡村建设实验区署印行 . ——［出版地不详］：［出版者不详］，1942. ——书目来源：北碚区图书馆

妇女与时代：三八节座谈会广播词摘要 / 张默君，谢冰心等著 . ——［出版地不详］：［出版者不详］，1942. ——书目来源：北碚区图书馆

各训练机关送审教材总检讨：民国二十八年至三十年 / 中国国民党中央执行委员会训练委员会编 . ——［重庆］：中国国民党中央执行委员会训练委员会，1942. ——书目来源：国家图书馆、浙江图书馆

公民 / 叶溯中，朱元懋编著；叶楚伧，陈立夫主编 . ——重庆：正中书局，1942. ——第二、三册 . ——书目来源：重庆图书馆

　　／叶溯中等编著；叶楚伧，陈立夫主编 . ——重庆：正中书局，1943. ——第三册 . ——书目来源：重庆图书馆

国父遗教类编／萨孟武．——［重庆］：中央政治学校研究部，1942．——第1辑。参与编撰的人员都是当时在重庆的中央政治学校研究部的人员．——书目来源：重庆图书馆、北碚区图书馆

／萨孟武．——［重庆］：中央政治学校研究部，1942.6，4版．——第2、3辑．——书目来源：重庆图书馆

国家总动员讲话 ／ 杨杰著．—— 重庆：中央训练团党政训练班，1942．——中央训练团党政训练班讲演录．——书目来源：重庆图书馆、南京图书馆、国家图书馆

国民参政会第二届第二次大会纪录／国民参政会秘书处编．——［出版地不详］：国民参政会秘书处，1942．——书目来源：国家图书馆、南京图书馆、重庆图书馆

国语推行重要法令／教育部公布．——重庆：教育部，1942．——教育部公布：收国民党教育部1940年9月—1942年1月所公布的有关国语推行的7个法令，其中有《教育部国语推行委员会章程》《国语讲习课暂行纲要》《公布中华新韵令》《推行注音国字令》．——书目来源：重庆数字图书馆

合川县临时参议会首次大会议事记录／［作者不详］．——［出版地不详］：［出版者不详］，1942．——书目来源：重庆市档案馆

何总长讲话／何应钦讲．——［出版地不详］：［出版者不详］，1942．——书目来源：重庆市档案馆

纪念手册／新生活运动八周年纪念大会暨陪都新运模范区周年纪念大会编．——［重庆］：新生活运动八周年纪念大会暨陪都新运模范区周年纪念大会，1942．——新生活运动八周年纪念、陪都新运模范区周年纪念：收录《一年来本会工作概况》（黄仁霖）、《本区一年来工作检讨》（殷新甫）、《大会各项节目及日程表》《二十六同盟国人文史地简表》《本区各组事工简则》等．——书目来源：国家图书馆（缩微）

江北县临时参议会第一次大会记录／［江北县临时参议会编］．——江北县［重庆］：江北县临时参议会，［1942］．——记录了第一次大会开会经过、正副议长暨参议员名单、第一次大会议事记录、江北县政府交议案原文、参议员提

案等内容．会期：1942年9月10—14日．——书目来源：重庆图书馆

江津县地方行政干部训练班各科讲义/陈一等讲．——江津［重庆］：江津县地方行政干部训练班，1942．——内收陈一的《自治与保甲大纲》，《新县制之理论与实施大纲》，影盛春的《户籍概论》，袁如骧的《征购粮食乡镇与保甲人员》，何伯康的《国民教育》，邱维藩的《现行财政法令》等十二篇．——书目来源：重庆图书馆

江津县各区乡镇保维持治安实施办法/［作者不详］．——［出版地不详］：［出版者不详］，1942.9．——书目来源：重庆市档案馆

江津县政府三十一年度一至八月工作报告/［作者不详］．——［出版地不详］：［出版者不详］，1942．——书目来源：重庆市档案馆

蒋兼院长在第三届参政会开会词暨加强管制物价方案全文/［作者不详］．——［出版地不详］：［出版者不详］，1942.10．——书目来源：重庆市档案馆

蒋委员长告美国军民书：汉藏文本/中央组织部．——［重庆］：中央组织部，1942.6．——书目来源：北碚区图书馆

蒋委员长为实施国家总动员法告同胞书/蒋介石．——［重庆］：中央组织部，1942．——蒋介石三十一年五月四日在重庆向全国发表广播演说．——书目来源：重庆图书馆

蒋委员长在第三届参政会致开幕词/蒋介石著；中央组织部边疆语文编译委员会译．——［出版地不详］：中央组织部边疆语文编译委员会，1942．——书目来源：国家图书馆、南京图书馆

蒋委员长在第三届参政会致闭幕词/中央组织部边疆语文编译委员会译．——［出版地不详］：中央组织部边疆语文编译委员会，1942．——书目来源：国家图书馆、重庆图书馆、南京图书馆

进修的参考　附：怎么样为社会做事/北碚管理局．——［出版地不详］：［出版者不详］，1942.3．——书目来源：北碚区图书馆

近来之国际关系与太平洋大战/刘光炎．——重庆：军事委员会政治部，1942．——书目来源：重庆图书馆、国家图书馆

军事计政人员手册/军政部会计处编．——［重庆］：军政部会计处，

1942.——包括蒋介石、林森等人关于计政的演词，以及国民党军政机关各级计政组织概况等.——书目来源：重庆数字图书馆

开县临时参议会第一次大会记录／［开县临时参议会编］.——开县［重庆］：［开县临时参议会］，1942.——分会议记录、参议员提案、大会宣言、重要文电、演词等5项。会期：1942年9月15日至20日.——书目来源：重庆图书馆

立法院川康考察团报告／立法院川康考察团编.——重庆：中央秘书处，1942.——书目来源：国家图书馆、重庆图书馆

联合国日／中国国民党中央执行委员会宣传部编.——［重庆］：中国国民党中央执行委员会宣传部，1942.——本书收有关评论、献词等39篇，并介绍联合国家简况及"联合国日"中外庆祝活动.——书目来源：重庆图书馆

社会部重庆社会服务处章则辑要／社会部重庆社会服务处编.——重庆：社会部重庆社会服务处，1942.10.——书目来源：重庆市档案馆、南京图书馆、国家图书馆

世界新形势与中日问题／陶希圣著——重庆：南方印书馆，1942.——书目来源：重庆图书馆、国家图书馆、南京图书馆、上海图书馆

事务管理／王云五.——重庆：中央训练团，1942.12.——书目来源：南京图书馆

四川省二十九年度捐献军粮委员会工作总报告书／四川省二十九年度捐献军粮委员会编.——成都：四川省二十九年度捐献军粮委员会，1942.——有"节录总裁为实施粮食管理告四川民众书"、"本会一年来办理之经过"、"四川省二十九年度捐献军粮运动实施办法"、"本会委员姓名一览表"、"本会职员姓名年龄籍贯一览表"等内容。封面题名：二十九年捐献军粮委员会工作报告.——书目来源：重庆图书馆

四川省江北县临时参议会第一次大会会议纪录／秘书处编.——重庆：［出版者不详］，1942.——书目来源：重庆数字图书馆

四川省警察训练所工作概况／四川省警察训练所编.——成都：四川省警察训练所，1942.——书目来源：重庆图书馆

四川省三十年度编查保甲户口纪要／李廷梁编著．——成都：四川省政府民政厅，1942．——书目来源：重庆图书馆、南京图书馆

四川省三十年度禁政概况／四川省政府禁烟善后督理处编．——成都：四川省政府禁烟善后督理处，1942．——包括办理禁政机构、禁种概况、禁吸概况、肃土概况、查辑概况、禁毒概况、烟案审判处理概况、办理禁政人员之奖惩等9章．——书目来源：重庆图书馆、南京图书馆

四川省实施县各级组织纲要三年计划大纲四川省实施县各级组织纲要第二期中心工作计划、四川省政府实施县各级组织纲要辅导会议规程／四川省政府民政厅编．——成都：西南印书局，1942，四川省政府民政厅民政丛书．——书目来源：南京图书馆

四川省铜梁县临时参议会第一届第一二三次大会会议记录／［作者不详］．——铜梁：铜梁县临时参议会，1942．——书目来源：国家图书馆

四川省县市临时参议会参议员手册／四川省图书杂志审查处编．——成都：胜利出版社四川分社，1942．——书目来源：重庆图书馆、南京图书馆

四川省县市临时参议会第一届参议员名录／四川省图书杂志审查处编纂．——［出版地不详］：胜利出版社四川分社，1942．——书目来源：重庆图书馆

四川省现行法规汇编　第六册：保安、计政、地政及其他／四川省政府秘书处法制室编．——成都：四川省政府秘书处法制室，1942．——书目来源：重庆图书馆

四川省政府三十一年度施政计划／四川省政府编．——成都：四川省政府，1942．——此书已为政治分册收录．——书目来源：国家图书馆（缩微）

四川省政府施政报告／四川省政府编．——四川：四川省政府，1942．——书目来源：南京图书馆

四川省政府统计处三十一年度普通政务工作计划／四川省政府编．——成都：四川省政府，［1942］．——书目来源：南京图书馆

四川盐工概况／四川省盐业工会筹备委员会编．——四川：四川盐业工会筹备委员会，1942．——内分14章，概述盐的产制，盐工种类、人数，盐工生活、教育、福利等．——书目来源：重庆图书馆、国家图书馆（缩微）

乡镇自治/ 胡次威著. ——[成都]：[四川省训练团]，1942. ——书目来源：重庆图书馆

心理建设与县政建设/ 陈仪著. ——福建：福建省政府秘书处，1942.3. ——书目来源：南京图书馆

新生活运动八周年纪念陪都新运模范区周年纪念纪念手册/新生活运动八周年纪念陪都新运模范区周年纪念大会编. ——[重庆]：新生活运动八周年纪念陪都新运模范区周年纪念大会发行，1942.2. ——书目来源：国家图书馆

新运总会陪都新运模范区周年纪念特刊/ 新运总会陪都新运模范区编. ——[重庆]：新运总会陪都新运模范区，1942. ——收孔祥熙、于右任、陈立夫、白崇禧等14人的题辞、照片30幅，于斌、章楚等纪念文章，重庆新生活运动情况报导等. ——书目来源：国家图书馆

行政要领/ 陈仪. ——[出版地不详]：[出版者不详]，1942. ——讲述各级政府执行政令的要领. ——书目来源：重庆图书馆、南京图书馆

/ 陈仪. ——[出版地不详]：[出版者不详]，1942.9. ——中央训练团党政训练班讲演录。讲述各级政府执行政令的要领. ——书目来源：上海图书馆

训练概况/ 中国国民党中央执行委员会训练委员会编. ——[重庆]：中国国民党中央执行委员会训练委员会，1942. ——民国二十七年至三十年. ——书目来源：国家图书馆

/中国国民党中央执行委员会训练委员会编. ——[重庆]：中国国民党中央执行委员会训练委员会，1943. ——民国三十一年度. ——书目来源：重庆图书馆、国家图书馆

/中国国民党中央执行委员会训练委员会编. ——[重庆]：中国国民党中央执行委员会训练委员会，1944. ——三十二年度. ——书目来源：重庆图书馆、国家图书馆

英国议会访华团资料/[作者不详]. ——[出版地不详]：[出版者不详]，[1942]. ——书目来源：国家图书馆

战时青年 / 沈子善，杨天全. ——重庆：独立出版社，1942. ——书目来源：吉林省图书馆、重庆图书馆、国家图书馆、南京图书馆

政治建设论 / 杨幼炯著 . ——重庆：独立出版社，1942. ——共 3 编。分述中国政治建设的思想基础、政治制度的理论与机构、人事行政制度与吏治改进的途径等 . ——书目来源：重庆图书馆、南京图书馆

中国的前途 / 孙科著 . ——重庆：商务印书馆，1942，渝版，粉报纸 . ——收《抗战建国的基本认识》《国际现势与中国》等 22 篇 . ——书目来源：重庆图书馆、上海图书馆、南京图书馆、四川省图书馆

/ 孙科著 . ——重庆：商务印书馆，1943. ——书目来源：重庆图书馆、国家图书馆（缩微）

/ 孙科著 . ——重庆：商务印书馆，1945. ——书目来源：上海图书馆

/ 孙科著 . ——上海：商务印书馆，1945，沪初版 . ——书目来源：重庆图书馆、南京图书馆

中国国民党中央战时工作干部训练团四周年纪念特刊 / ［中国国民党战时工作干部训练团］编 . ——［重庆］：［中国国民党战时工作干部训练团］，1942. ——本书分 3 部分：特载、团务、附录 . ——书目来源：国家图书馆

中国之路 / 汪少伦 . ——重庆：商务印书馆，1942. ——本书别名：民族哲学观察下之中国现代问题及其解决。在民族哲学大纲三版自序中谈及了《中国之路》的创作。1942 年 3 月自序于重庆沙坪坝国立中央大学 . ——书目来源：辽宁省图书馆、天津图书馆、湖南图书馆、江西省图书馆、重庆图书馆、国家图书馆、贵州省图书馆

/ 汪少伦 . ——重庆：商务印书馆，1943，再版 . ——书目来源：重庆图书馆

/ 汪少伦 . ——重庆：商务印书馆，1944，3 版 . ——书目来源：重庆图书馆

/ 汪少伦 . ——重庆：商务印书馆，1945，4 版 . ——书目来源：重庆图书馆

/ 汪少伦 . ——上海：商务印书馆，1946. ——书目来源：浙江图书馆、重庆图书馆、国家图书馆、南京图书馆

中央训练团党政训练班第十九期经理演习计划、讲话纲要、题目及说明、

参考材料 / 陈良讲 . —— [重庆]：[中央训练团], 1942. ——书目来源：重庆图书馆

中央训练团党政训练班工作讨论会讨论题目 / 教育委员会教育组编 . ——[重庆]：教育委员会教育组, 1942. ——第二十一、二十二期 . ——书目来源：国家图书馆、重庆图书馆

中央训练团党政训练班工作讨论资料选录：党务行政 / 中国国民党中央执行委员会训练委员会编 . ——重庆：中国国民党中央执行委员会训练委员会, 1942. ——训练丛书 . ——书目来源：南京图书馆、重庆图书馆、国家图书馆、浙江图书馆、江西省图书馆

中央训练团、党政训练班训育讲评 / 教育委员会教育组编 . ——重庆：教育委员会教育组，[1942—1944] . ——第二十二期（1942年），二十九期（1944年）. ——书目来源：国家图书馆

中央训练团党政训练班职教学员总名册 第一辑 / [中央训练团] 编 . ——[重庆]：[中央训练团], 1942. ——书目来源：国家图书馆

中央训练团讲词选录增篇 / 中国国民党中央执行委员会训练委员会编 . ——[重庆]：中国国民党中央执行委员会训练委员会, 1942. ——书目来源：南京图书馆、重庆图书馆、湖南图书馆、国家图书馆、江西省图书馆、浙江图书馆

中央战时工作干部训练团四周年纪念特刊：1938年—1942年 / 中国国民党中央执行委员会训练委员会编辑 . ——重庆：中国国民党中央执行委员会训练委员会印, 1942. ——书目来源：国家图书馆

中央执行委员会第五届第十一次全体会议社会部工作报告 / 社会部编 . ——重庆：[社会部],[1942] . ——书目来源：国家图书馆（存目）

1943年

巴县临时参议会第一次大会记录 / [巴县临时参议会秘书室编] . ——巴县[重庆]：[巴县临时参议会秘书室],[1943] . ——1942年9月1日至6日举行. 分第一届参议员之选定、第一次大会之召集、法规、议长参议员名单、议事记录、重要文电、演词及宣言、议案原文及议决案等14项 . ——书目来源：

重庆图书馆、四川大学图书馆、西南大学图书馆

巴县临时参议会第二次大会记录/［巴县临时参议会秘书室编］.——巴县［重庆］：［巴县临时参议会秘书室］，［1943］.——分开会经过、议长参议员名单、大会议事记录、议案及议决案、重要文电、演词及宣言等9项。附录：《巴县汽车公司报告》等4种。会期：1943年5月15日至23日.——书目来源：重庆图书馆、西南大学图书馆

巴县县政府修正乡镇长副遴选核委暂行办法/巴县县政府制定.——巴县［重庆］：巴县县政府，1943.——本办法于三十一年八月十八日公布施行，共有29条.——书目来源：重庆图书馆

保险法概论/陈顾远.——重庆：正中书局，1943.12，初版（渝本）.——书前有民国三十年二月五日陈顾远写于北碚龙岗.——书目来源：重庆图书馆、北碚区图书馆、西南政法大学图书馆

北碚管理局临时参议会第三次大会记录/［作者不详］.——［出版地不详］：［出版者不详］，1943.9.——书目来源：北碚区图书馆

北碚管理局卅二年度1—6月份工作报告/北碚管理局编.——北碚：［出版者不详］，1943.——书目来源：北碚区图书馆

/［作者不详］.——［出版地不详］：［出版者不详］，1943.——书目来源：重庆市档案馆

/［作者不详］.——［出版项不详］.——书目来源：重庆市档案馆

本党五届十中全会有关组训工作决议及总裁指示摘要/中央组织部.——［重庆］：中央组织部，1943.——书目来源：重庆图书馆

本党五十年来外交奋斗史研讨大纲/［作者不详］.——［出版地不详］：［出版者不详］，1943.2.——书目来源：重庆市档案馆

长寿县临时参议会第二次大会会议录/长寿县临时参议会编.——［长寿］：长寿县临时参议会，1943.——书目来源：重庆图书馆

重庆抗战力调查日记/室铁平.——东京：人文阁，1943.——书目来源：国家图书馆

重慶抗戰力調査日記/（日）小池毅著.——东京：人文阁，1943.——

书目来源：日本国立国会图书馆

重庆市临时参议会第二届第一次大会纪录/ 重庆市临时参议会秘书处编. ——重庆：重庆市临时参议会秘书处，1943. ——1943 年 4 月 1 日至 13 日召开。内分第二届第一次大会开会经过、法规、正副议长及参议员候补参议员名单、第二届第一次大会议事纪录、重要文电、演词及颂词、市政府施政报告等 14 项。附录：第二届正副议长参议员候补参议员履历表、秘书处职员履历表. ——书目来源：重庆图书馆

重庆市临时参议会第二届第二次大会纪录/ 重庆市临时参议会秘书处编. ——重庆：重庆市临时参议会秘书处，1943. ——1943 年 10 月 21 日至 11 月 3 日召开。分开会经过、法规、议长参议员名单、大会议事纪录、重要文电、演词、施政报告等 16 项. ——书目来源：重庆图书馆、南京图书馆

重庆市政府工作报告：三十二年四、五、六月份/［作者不详］. ——重庆：[出版者不详]，1943. ——内分奉行中央法令事项、颁行本市单行法规事项、市政会议决议事项、工作进度 4 项。附不属本年度施政计划工作。附录：重庆单行法规 11 项、统计资料图表 24 项. ——书目来源：重庆图书馆

重庆市政府工作报告：三十二年七至九月份/［作者不详］. ——[出版地不详]：[出版者不详]，[1943]. ——书目来源：重庆市档案馆

重庆市政府民国三十二年度施政计划/［重庆市政府编］. ——重庆：[重庆市政府]，1943. ——收重庆市 1943 年度社会、警察、财政、工务、卫生、仓储救济、礼俗、文化、警察、交通、外事等方面的施政计划. ——书目来源：重庆图书馆

/ 重庆市政府编. ——重庆：重庆市政府，1943. ——书目来源：重庆图书馆

重庆市政府三十一年度政绩比较表/ 重庆市政府秘书处编. ——重庆：重庆市政府秘书处，1943. ——收录了社会、警察、财政、工务、卫生、粮政、国民兵团、图书杂志审查、防空洞工程、防空洞管理、会计、统计共 12 个方面的工作项目、计划、实施等. ——书目来源：重庆图书馆

重庆训练/ 党军社编. ——[出版地不详]：中央秘书处文化驿站总管理

处，1943. ——书目来源：吉林省图书馆、国家图书馆、辽宁省图书馆

重慶政権の内幕/恽介生著；在上海日本大使馆特别调查班译. ——［上海］：在上海日本大使馆特别调查班，1943. ——书目来源：日本国立国会图书馆

重慶政権の政情/（日）東亞研究所第三部编. ——东京：東亞研究所，1943. ——执笔担当は中村治兵卫. ——书目来源：日本国立国会图书馆

重慶政権施策年表/（日）東亞研究所. ——［东京］：東亞研究所，1943. ——シリーズ名 资料丙；第355号B. ——书目来源：日本国立国会图书馆

出使莫斯科记/（美）戴维斯（J. E. Davies）著；梁纯夫译. ——重庆：五十年代出版社，1943.5. ——梁纯夫抗战期间生活于重庆，主持五十年代出版社编辑事务. ——书目来源：重庆图书馆、北碚区图书馆

此次全会应有之检讨与努力/蒋介石讲. ——重庆：中央秘书处文化驿站总管理处，1943.6. ——书目来源：北碚区图书馆、重庆市档案馆

大同主义之研究/王之平. ——重庆：中美文化协会，1943. ——书目来源：重庆图书馆、北碚区图书馆

党的监察制度与实施/张继. ——［重庆］：中央训练团党政高级训练班，1943. ——书目来源：重庆图书馆

第三届国民参政会第一次大会决议案行政院办理情形报告表/行政院秘书处编. ——［出版地不详］：行政院秘书处，1943. ——书目来源：国家图书馆

第三届国民参政会第二次大会立法院工作报告/立法院编. ——重庆：立法院，1943. ——书目来源：国家图书馆、重庆图书馆、南京图书馆

地籍整理宣传纲要附问题解答/北碚地籍整理办事处编. ——［出版地不详］：［出版者不详］，1943 铅印. ——书目来源：北碚区图书馆

各国外交政策及外交史/杨杰等讲. ——重庆：中央训练团党政高级训练班，1943. ——书目来源：重庆图书馆、南京图书馆

各国宪法及其政府/萨孟武著. ——重庆：南方印书馆，1943.12. ——书目来源：北碚区图书馆、西南政法大学图书馆、西南大学图书馆

各训练机关送审教材总检讨：民国三十二年度/ 中国国民党中央执行委员会训练委员会编. —— [重庆]：中国国民党中央执行委员会训练委员会，1943. —— 书目来源：国家图书馆

国父思想体系述要/ 刘炳藜. —— 重庆：独立出版社，1943. —— 书前有卅二年，二月六日炳藜于陪都. —— 书目来源：重庆图书馆、北碚区图书馆

国际问题的纵横面/ 刘光炎. —— 重庆：独立出版社，1943. —— 民国三十二年元旦后二日于化龙桥复旦中学. —— 书目来源：重庆图书馆、国家图书馆、上海图书馆、南京图书馆

国际现势及战后国际问题 / 孙科讲. —— [出版地不详]：中央训练团党政高级训练班，1943. —— 书目来源：重庆图书馆

国民参政会第三届第一次大会纪录 / 国民参政会秘书处编. —— 南京：国民参政会秘书处，1943. —— 书目来源：国家图书馆、南京图书馆

国民参政会第三届第一次大会提案原文 第四册 第一四六号至第二〇五号 / 国民参政会秘书处编. —— 重庆：国民参政会秘书处，1943. —— 书目来源：国家图书馆、南京图书馆

国民参政会第三届第二次大会军事委员会军事报告之一部 / 军事委员会办公厅编. —— [出版地不详]：军事委员会办公厅，1943. —— 书目来源：国家图书馆、重庆图书馆

国民参政会第三届第二次大会考试院报告书 / 考试院秘书处编. —— [出版地不详]：考试院秘书处，1943. —— 书目来源：国家图书馆、南京图书馆

国民参政会经济动员策进会工作报告 / 国民参政会经济建设策进会秘书处编. —— [出版地不详]：国民参政会经济建设策进会秘书处，1943. —— 书目来源：国家图书馆、南京图书馆

国民参政会三届二次大会财政部口头报告 / [作者不详]. —— [出版地不详]：[出版者不详]，1943. —— 书目来源：国家图书馆

国民政府参军处职员录/ [作者不详]. —— [重庆]：[出版者不详]，1943. —— 书目来源：国家图书馆

/ [作者不详]. —— [重庆]：[出版者不详]，1944. —— 书目来源：国家

图书馆

何总长对政工人员之重要训示／何应钦讲．——重庆：军事委员会政治部，[1943]．——书目来源：国家图书馆（存目）

户政问题／陈长蘅著．——[出版地不详]：中央训练团党政高级训练班，1943．——书目来源：重庆图书馆

／陈长蘅著．——重庆：中央训练团党政高级训练班，1944．——书目来源：南京图书馆

户政问题 教廿六／陈长蘅著；中央训练团党政高级训练班编．——[出版地不详]：中央训练团党政高级训练班，1943．——书目来源：天津图书馆

机关管理一得／黄炎培．——重庆：商务印书馆，1943．——书目来源：重庆图书馆、贵州省图书馆、广西壮族自治区图书馆

／黄炎培．——上海：商务印书馆，1943．——书目来源：广西壮族自治区图书馆

／黄炎培．——重庆：商务印书馆，1944．——书目来源：重庆图书馆

／黄炎培．——重庆：商务印书馆，1946．——书目来源：南京图书馆

／黄炎培．——上海：商务印书馆，1946．——书目来源：重庆图书馆

／黄炎培．——上海：商务印书馆，1946.11．——书目来源：上海图书馆

机关组织／陈果夫．——[重庆]：中央训练团党政高级训练班，1943．——书目来源：重庆图书馆

蒋委员长告联合国民众书／蒙藏委员会编译室．——[重庆]：蒙藏委员会编译室，1943．——书目来源：重庆图书馆

蒋委员长为订立中美中英新约告全国军民书：附国民政府令／[作者不详]．——[出版地不详]：[出版者不详]，1943.1．——书目来源：重庆市档案馆

教育法规／教育部编．——重庆：教育部，1943．——书目来源：《抗战以来图书选目》

解放日报评国民党十一中全会及三届二次国民参政会／[作者不详]．——[出版地不详]：晋察冀日报社，1943．——书目来源：国家图书馆

近百年来中外关系／胡秋原著．——重庆：中国文化服务社，1943．——属

于青年文库，朱云影等主编。该书共 15 章。记述自鸦片战争至第二次世界大战太平洋战争爆发期间的中外关系。附录：《战后中外关系》《近代中外关系年表》. ——书目来源：重庆图书馆、北碚区图书馆、南京图书馆

／胡秋原著. ——重庆：中国文化服务社，1943.12. ——书目来源：上海图书馆、西南大学图书馆

／胡秋原著. ——上海：中国文化服务社，1946. ——书目来源：重庆图书馆、南京图书馆

抗战以来中国外交重要文献／祖国社编. ——重庆：祖国社，1943. ——书目来源：重庆图书馆、复旦大学图书馆

考核要旨：党政工作考核之要领与方法／陈仪著. ——重庆：中央训练团，1943.11. ——书目来源：南京图书馆、国家图书馆

粮食部对第三届国民参政会第二次大会参政员询问案之答复／［作者不详］. ——重庆：粮食部，1943. ——书目来源：国家图书馆

林主席中华民国三十二年元旦广播词：汉、蒙、藏文本／林森著；蒙藏委员会编译室编译. ——［出版地不详］：蒙藏委员会编译室，1943. ——书目来源：国家图书馆

／林森；蒙藏委员会编译室. ——［出版项不详］. ——抗战小丛刊，汉蒙藏对译本. ——书目来源：国家图书馆

林主席新生活运动九周年纪念广播词／蒙藏委员会编译室. ——［重庆］：蒙藏委员会编译室，1943. ——书目来源：重庆图书馆

刘峙演讲集：第十二、十三集／刘峙讲；重庆卫戍总司令部编. ——衡阳：大刚印书馆印，1943.1. ——书目来源：重庆图书馆

刘主席讲演集（第三辑）／刘湘讲. ——［出版地不详］：［出版者不详］，1943. ——书目来源：重庆图书馆

民法要义（1—2 册）／梅仲协. ——重庆：公诚法律会计事务所，1943.5，初版. ——作者简介：梅仲协（1900—1971），字祖芳，浙江永嘉人。曾任中央政治学校法律学系主任，其间任重庆东吴大学教授. ——书目来源：重庆图书馆、国家图书馆、西南政法大学图书馆

民主与独裁/ 李璜. ——［出版地不详］:［出版者不详］, 1943.8. ——作者简介: 李璜（1895—?）, 字幼椿, 四川成都人。1942—1945 年在重庆生活. ——书目来源: 重庆图书馆、上海图书馆

评国民党十一中全会及三届二次国民参政会/［作者不详］. ——菏泽: 冀鲁豫书店, 1943. ——书目来源: 国家图书馆

青年团工作根本要旨/ 蒋介石. ——［重庆］: 中央秘书处文化驿站总管理处, 1943. ——三十年七月二日出席三民主义青年团全团干部工作会议讲. ——书目来源: 重庆图书馆

三民主义青年团第一次全国代表大会代表手册/ 三民主义青年团中央团部编. ——［出版地不详］: 三民主义青年团中央团部, 1943. ——内分大会资料、生活便览、陪都向导 3 部分。附录中央团部重要职员录. ——书目来源: 国家图书馆

三民主义青年团第一次全国代表大会提案汇录 第三册 / 三民主义青年团第一次全国代表大会编. ——［重庆］: 三民主义青年团第一次全国代表大会, 1943. ——书目来源: 国家图书馆

设立党政高级训练班的意义 / 陈主任讲. ——［出版地不详］: 中央训练团党政高级训练班, 1943. ——书目来源: 南京图书馆、重庆图书馆、国家图书馆、上海图书馆采编中心

社会法规辑要 第三辑: 工运法规/ 四川省政府社会处编. ——成都: 四川省政府社会处, 1943. ——书目来源: 重庆图书馆

四川省各县市局临时参议会首次大会决议案之检讨/ 张群著. ——成都: 四川省政府秘书处编译室, 1943. ——内分绪言、各项决议案之内容、改进要点等. ——书目来源: 重庆图书馆

四川省临时参议会第一届实录/ 罗文谟主编. ——成都: 四川省临时参议会秘书处, 1943. ——书目来源: 重庆图书馆、南京图书馆、四川省图书馆

四川省临时参议会第二次会议纪录/ 四川省临时参议会编. ——成都: 成都西南印书局, 1943. ——书目来源: 重庆图书馆

四川省政府三十二年度施政计划/ 四川省政府编. ——成都: 四川省政府,

1943. ——共 14 部分：建设行政、合作、工业、矿业、电业、驿运、公路、农林、垦殖、水利、度政、测候、地质、物价管制。题名：四川省政府三十二年度施政计划：建设部分 . ——书目来源：国家图书馆（缩微）

苏联归来 / 邵力子著 . ——重庆：中国文化服务社，1943. ——作者简介：邵力子（1882—1967），原名凤寿，字仲辉。浙江绍兴人。1942—1946 年在重庆生活 . ——书目来源：重庆图书馆、南京图书馆、广西壮族自治区图书馆

/ 邵力子著 . ——［出版地不详］：中国文化服务社，1944. ——书目来源：重庆图书馆

/ 邵力子著 . ——上海：中国文化服务社，1946. ——书目来源：重庆图书馆

/ 邵力子著 . ——上海：中国文化服务社，1947. ——书目来源：上海图书馆、南京图书馆

苏联主要政党研究 / 杨杰讲；中央训练团党政高级训练班编 . ——重庆：中央训练团党政高级训练班，1943——作者附注：杨杰（1889—1949），字耿光。1940 年，军事委员会顾问的闲差留在重庆，后任中央训练团教官，1940—1944 年生活在重庆 . ——书目来源：重庆图书馆、南京图书馆、国家图书馆、上海图书馆

天下一家 /（美）威尔基著 . ——［福建］：福建研究院社会科学研究所，1943. ——书目来源：南京图书馆

/（美）威尔基著 . ——重庆：中外出版社，1943. ——1942 年 10 月 2 日至 8 日，威尔基访问了中国重庆，本书中"自由中国用什么抗战？"等四章是写他在重庆和中国的这段经历 . ——书目来源：重庆图书馆、贵州省图书馆

/（美）威尔基著 . ——重庆：中外出版社，1943.8. ——书目来源：广西壮族自治区图书馆

/（美）威尔基著 . ——［福建］：福建研究院社会科学研究所，1943.11. ——书目来源：上海图书馆

/（美）威尔基著 . ——重庆：外文编译社，1944. ——书目来源：重庆图书馆

/（美）威尔基著．——重庆：中外出版社，1944．——书目来源：重庆图书馆

/（美）威尔基著．——重庆：中外出版社，1945．——书目来源：四川外国语大学图书馆

/（美）威尔基著．——北平：中外出版社，1945.11．——书目来源：南京图书馆

潼南县临时参议会第三次大会纪录/四川潼南县临时参议会编．——[重庆]：四川潼南县临时参议会，1943．——一册．——书目来源：山东大学图书馆

我们为何而奋斗/李璜．——[出版地不详]：[出版者不详]，1943.4.15．——作者简介：李璜（1895—?），字幼椿，四川成都人。1942—1945 年在重庆生活．——书目来源：上海图书馆

武隆设治局临时参议会大会会议录：第一届第一至三次/[武隆设治局临时参议会] 编．——武隆[重庆]：[武隆设治局临时参议会]，[1943]．——书目来源：《抗日战争史参考资料目录》（周元正）第 161 页

/[武隆设治局临时参议会] 编．——武隆[重庆]：[武隆设治局临时参议会]，[1943]．——仅藏：第二次会议录．——书目来源：重庆图书馆

武隆设治局临时参议会第一次大会议事记录/[武隆设治局临时参议会编]．——武隆[重庆]：[武隆设治局临时参议会]，1943．——记述大会开会经过，收议长参议员名单、议事记录、提案人及决议案等。会期：1943 年 5 月．——书目来源：重庆图书馆

宪法新论/萨孟武．——重庆：文化建设印制公司印，1943.12，再版．——书目来源：北碚区图书馆

宪政实施与党的任务/朱家骅．——[重庆]：中央秘书处，1943．——（民国）三十二年十一月四日在中央组织部第二期党务讲习会讲．——书目来源：重庆图书馆

宪政要义 / 孙科著．——重庆：商务印书馆，1943．——作者简介：孙科（1891—1973），字连生，号哲生。广东香山县（今中山市）人。抗战时期生活

在重庆. ——书目来源：重庆图书馆

　　/ 孙科讲. ——重庆：中央训练团党政训练班，1943. ——书目来源：重庆图书馆、南京图书馆

　　/ 孙科著. ——重庆：中央训练团党政训练班，1943. ——丛编：中央训练团党政训练班讲演录. ——书目来源：南京图书馆

　　/ 孙科讲. ——重庆：中央训练团党政训练班，1944. ——书目来源：重庆图书馆

　　/ 孙科著. ——重庆：商务印书馆，1944. ——书目来源：重庆图书馆

　　/ 孙科著. ——重庆：中国国民党中央执行委员会训练委员会，1945. ——一般性附注：各县级干部人员训练教材。团体著者：中国国民党中央执行委员会训练委员会. ——书目来源：南京图书馆

　　/ 孙科著. ——上海：商务印书馆，1946. ——书目来源：重庆图书馆、南京图书馆、四川省图书馆

新生活运动促进总会伤兵之友总社四年来工作总报告 / 新生活运动促进总会伤兵之友总社编. ——[重庆]：新生活运动促进总会伤兵之友总社，1943. ——报告自 1937 年 12 月成立至 1943 年期间的工作概况、总社沿革、组织机构、征募人员、捐款收入、经费支出等情况. ——书目来源：重庆数字图书馆

新英国与新世界之建设计划 / C. B. Purdom 著；周谷城译. ——重庆：独立出版社，1943. ——作者简介：周谷城（1898—1996），湖南益阳人。1942—1949 年在重庆北碚生活，著名历史学家、教育家、社会活动家. ——书目来源：重庆图书馆、南京图书馆、吉林省图书馆、国家图书馆、浙江图书馆、上海图书馆

渝训片影 / 万籁声著. ——[出版地不详]：福建永安体师合作社，1943. ——收著者参加国民党中训团党政班第六期受训的毕业论文和著者自传. ——书目来源：国家图书馆（存目）

张兼理主席对于四川省各县市局临时参议会首次大会决议案之检讨 / 张群著. ——成都：[出版者不详]，1943.10. ——书目来源：南京图书馆

中国妇女慰劳总会专刊/ 中国妇女慰劳自卫抗战将士总会编辑. ——重庆：中国妇女慰劳自卫抗战将士总会，1943.8. ——中国妇女慰劳自卫抗战将士总会在重庆曾家岩求精中学. ——书目来源：Stanford University（斯坦福大学）图书馆、复旦大学图书馆、嘉兴学院图书馆

中国共产党中央委员会为抗战六周年纪念宣言/［作者不详］. ——［出版地不详］：新华书店，1943. ——除收纪念宣言外，并收毛泽东在"七一"庆祝晚会上的演讲纪要、朱德的《我们有办法坚持到胜利》、彭德怀的《我们怎样坚持了华北六年的抗战》、陈毅的《新四军在华中》、刘伯承的《敌后抗战的战术问题》、邓小平的《太行区的经济建设》等7篇. ——书目来源：Stanford University（斯坦福大学）图书馆、中共四川省委党校图书馆

新中国手册/（伪）新中国报社. ——［出版地不详］：［出版者不详］，1943.11. ——是为汪伪南京政府编制的，内容涉政治、经济、交通、教育、文化等内容手册。附录详列重庆政府、渝方经济、渝方交通、渝方文化. ——书目来源：Stanford University（斯坦福大学）图书馆、复旦大学图书馆、内蒙古大学图书馆

中国需要真正民主政治/ 张澜撰. ——［出版地不详］：［出版者不详］，1943. ——1943年9月国民参政会期间在重庆写成发表，在成渝等地印成小册发行. ——书目来源：复旦大学图书馆、成都图书馆、中国社会科学院图书馆

中国战时服务委员会工作报告/ 中国战时服务委员会编. ——［重庆］：新生活运动促进总会、中华全国基督教协进会、中国战时服务委员会，1943. ——1942年11月至1943年12月的工作报告，总结在新兵服务、难胞救济、盲残福利等方面的工作，以及组织机构、经费开支情况等。附：会议记录及委员会名录等. ——书目来源：重庆数字图书馆

中国政制概要 / 许崇灏. ——重庆：商务印书馆，1943.9，重庆初版. ——序言：民国三十二年一月许崇灏于重庆. ——书目来源：重庆数字图书馆

/ 许崇灏. ——北京：商务印书馆，1946. ——书目来源：广西师范大学图书馆

/ 许崇灏. ——上海：商务印书馆，1946.12，上海初版. ——书目来源：重

庆数字图书馆

中国政治制度史／曾资生．——重庆：南方印书馆，1943．——第 1 册。在重庆期间完善出版．——书目来源：重庆图书馆、北碚区图书馆、重庆中国三峡博物馆、西南大学图书馆

／曾资生．——重庆：南方印书馆，1943．——第 2 册．——书目来源：重庆图书馆、重庆中国三峡博物馆

／曾资生．——重庆：南方印书馆，1944．——第 3 册．——书目来源：重庆图书馆、重庆中国三峡博物馆

／曾资生．——［出版地不详］：建设出版社，1944．——第 4 册．——书目来源：重庆图书馆、北碚区图书馆、重庆中国三峡博物馆

中心训练参考资料／周修榆等编辑；重师附小编．——北碚：重师附小印，1943．1．——书目来源：北碚区图书馆

中央党史史料编纂委员会实施行政三联制报告／中央党史史料编纂委员会编．——重庆：［中央党史史料编纂委员会］，［1943.5］油印本．——书目来源：国家图书馆（存目）

中央训练团党政高级训练班第一期教职学员通讯录／［中央训练团］编．——重庆：［出版者不详］，1943．——中央训练团，于1939年初自湖南迁到桂林、重庆。党政训练班第一期于1940年3月1日在重庆南温泉开办（该日即为团庆），第二、三期迁至重庆近郊浮图关上，自第四期起又由关上迁至关下．——书目来源：国家图书馆

中央训练团党政高级训练班第一期小组讨论总结论／中央训练团党政高级训练班编．——［重庆］：中央训练团党政高级训练班，1943．——书目来源：国家图书馆（存目）

中央训练团党政高级训练班第二期教育实施计划／教务组编．——［出版地不详］：教务组，［1943.12］．——书目来源：上海图书馆采编中心

中央训练团党政训练班第二十四期教职学员通讯录／［中央训练团］编．——［重庆］：［中央训练团］，1943．——书目来源：南京图书馆、国家图书馆

中央训练团党政训练班第二十五期教职学员通讯录／［中央训练团编］．

——［重庆］：［中央训练团］，1943.——书目来源：国家图书馆

中央训练团党政训练班第二十八期教职学员通讯录／［中央训练团编］.——［重庆］：［中央训练团］，1943.——书目来源：国家图书馆

中央训练团党政训练班工作讨论资料选录：财政经济／中国国民党中央执行委员会训练委员会编.——重庆：中国国民党中央执行委员会训练委员会，1943.——书目来源：国家图书馆

中央训练团党政训练班工作讨论资料选录：教育／中国国民党中央执行委员会训练委员会编.——重庆：中国国民党中央执行委员会训练委员会，1943.——训练丛书.——书目来源：重庆图书馆、国家图书馆、江西省图书馆

中央训练团党政训练班工作讨论资料选录增编／中国国民党中央执行委员会训练委员会编.——重庆：中国国民党中央执行委员会训练委员会，1943.——书目来源：南京图书馆、国家图书馆

中央训练委员会实施行政三联制报告／中央训练委员会编.——重庆：［中央训练委员会］，［1943.5］油印本.——书目来源：国家图书馆（存目）

1944 年

一九四四年国共谈判重要文献／周恩来著.——［出版地不详］：盐阜社，1944.10.——书目来源：《八十年来周恩来著作出版情况述评》（陈答才）

／周恩来等著.——［出版地不详］：［出版者不详］，1944.——书目来源：国家图书馆、重庆图书馆

巴县临时参议会第三次大会会议记录／［巴县临时参议会秘书室编］.——巴县［重庆］：［巴县临时参议会秘书室］，1944.——分开会经过、议长参议员名单、大会议事记录、议案及议决案、重要文电、演词及宣言等9项。附录：第三次大会休会期间驻会委员名单等3件。会期：1943年12月8日至14日.——书目来源：重庆图书馆、南京图书馆

巴县临时参议会第四次大会会议记录／［巴县临时参议会秘书室编］.——巴县［重庆］：［巴县临时参议会秘书室］，1944.——分开会经过、议长参议员名单、大会议事记录、议案及议决案、重要文电、演词及宣言等10项。会期：1944年5月17日至21日.——书目来源：重庆图书馆、南京图书馆

北碚管理局澄江镇民国三十三年建设计划大纲／[作者不详].——[出版地不详]：[出版者不详]，[1944].——书目来源：重庆市档案馆

北碚管理局卅三年度施政计划／北碚管理局.——北碚：[出版者不详]，1944.——书目来源：北碚区图书馆、重庆市档案馆

编整保甲须知／周中一编；内政部编纂.——重庆：商务印书馆，1944.12，初版.——书目来源：重庆图书馆、北碚区图书馆

长寿县临时参议会第一届第四次大会记事录／长寿县临时参议会编.——长寿：长寿县临时参议会，1944.——书目来源：重庆图书馆

持久和平问题／（美）胡佛（H. C. Hoover），（美）吉卜生（H. Gibson）著；彭荣仁译.——重庆：独立出版社，1944.——书目来源：重庆图书馆、北碚区图书馆、涪陵区少年儿童图书馆、西南大学图书馆

重庆论／（日）谷水真澄.——东京：日本青年外交协会，1944.——书目来源：日本国立国会图书馆

重庆市保甲人员须知／[作者不详].——重庆：[出版者不详]，[1944].——书目来源：重庆图书馆

／[作者不详].——重庆：[出版者不详]，[出版时间不详].——内容有：国家总动员，国民公约，市组织法非常时期保甲长选用办法，乡镇民代表选举条例等.——书目来源：重庆图书馆

重庆市临时参议会第二届第三次大会纪录／[重庆市临时参议会秘书处]编.——重庆：重庆市临时参议会秘书处，1944.——1944年6月21日至7月1日召开。分开会经过、法规、议长参议员名单、大会议事纪录、重要文电、演词、施政报告等15项.——书目来源：重庆图书馆、南京图书馆、四川大学图书馆

重庆市临时参议会第二届第四次大会纪录／[重庆市临时参议会秘书处]编.——重庆：[重庆市临时参议会秘书处]，1944.——书目来源：国家图书馆

重庆市政／刘世善等.——重庆：重庆市政府秘书处编审室（发行），1944.——作者简介：刘世善（1906—1998），湖南长沙人。1940年前往重庆，1943年1月—1944年5月，任重庆市政府秘书兼编审室主任.——书目来源：

李慧宇《民国时期重庆市的保甲编查探析》

重庆市政府工作报告／重庆市政府．——重庆：重庆市政府，1944．——书目来源：南京图书馆

重庆市政府工作报告：三十二年十月至三十三年三月／[作者不详]．——重庆：[出版者不详]，1944.3．——内有社会、教育、警察（附兵役）、财政、地政、工务（附公用）、卫生、粮政、会计、统计、国民兵、日用品供销、防空洞管理、图书杂志审查15项。补编：重庆市政府四、五两月份工作概况．——书目来源：重庆图书馆

重庆市政府工作报告：三十三年一至三月／[作者不详]．——重庆：[出版者不详]，1944．——内分奉行中央法令事项、颁行本市单行法规事项、工作进度3大项。内含社会、教育、警察（附兵役）、财政、地政、工务（附公用）、卫生、粮政、会计、统计、国民兵、日用品供销、防空洞管理、图书杂志审查15项报告内容．——书目来源：重庆图书馆、重庆市档案馆

重庆市政府工作报告：三十三年四至六月／[作者不详]．——重庆：[出版者不详]，1944．——内分奉行中央法令事项、颁行本市单行法规事项、工作进度3大项。内含社会、教育、警察（附兵役）、财政、地政、工务（附公用）、卫生、粮政、会计、统计、国民兵团、日用品供销、图书杂志审查13项报告内容．——书目来源：重庆图书馆、重庆市档案馆

重庆市政府工作报告：三十三年七至九月份／[作者不详]．——[出版地不详]：[出版者不详]，[1944]．——书目来源：重庆市档案馆

重庆市政府三十二年度政绩比较表／重庆市政府秘书处编．——重庆：重庆市政府秘书处，1944．——收重庆市1943年度社会、教育、警察、财政、工务、卫生、粮政、国民兵团、图书、防空、日用品供销、会计、统计等概况表。附：重庆市议价物品价格调正比率表．——书目来源：重庆图书馆

重庆政权的分析／（日）吉田东佑著；新生命月刊社编．——上海：中国建设青年队，1944.12．——书目来源：南京图书馆、国家图书馆、复旦大学图书馆、广东省立中山图书馆、嘉兴学院图书馆

重慶政權の內情／（日）大东亚省总务局．——[东京]：大东亚省总务局

总务课, 1944. ——シリーズ名 大东亚资料；第 8 号. ——书目来源：日本国立国会图书馆

第二届国民参政会第二次大会决议案行政院办理情形报告表／行政院秘书处编. ——[出版地不详]：行政院秘书处, 1944. ——书目来源：国家图书馆、重庆图书馆、首都图书馆、吉林省图书馆

第三届国民参政会第三次大会考试院工作报告书／考试院秘书处编. ——[出版地不详]：考试院秘书处, 1944. ——书目来源：国家图书馆、南京图书馆

第三届国民参政会第三次大会行政院工作报告／行政院编. ——[出版地不详]：行政院秘书处, 1944. ——书目来源：国家图书馆、重庆图书馆

第三届国民参政会第三次大会行政院工作报告补编／行政院编. ——[出版地不详]：行政院, 1944. ——书目来源：国家图书馆、南京图书馆、吉林省图书馆

大后方舆论／[作者不详]. ——[出版地不详]：抗战日报社, 1944. ——书目来源：中共四川省委党校图书馆

党政制度及其关系 ／ 吴铁城. ——重庆：独立出版社, 1944. ——分引论、本论、结论 3 部分。概述国民党及国民政府的组织制度及二者的关系. ——书目来源：重庆图书馆、上海图书馆、南京图书馆

／吴铁城. ——上海：独立出版社, 1944. ——书目来源：四川省图书馆

法律概论／林纪东. ——重庆：大东书局, 1944. ——书目来源：重庆图书馆、北碚区图书馆、西南政法大学图书馆

法西斯主义日本的完成及其展望／（日）鹿地亘著. ——重庆：国民图书出版社, 1944. ——书目来源：《四川省志 人物志》第 350 页

／（日）鹿地亘著. ——[出版地不详]：政治部文化工作委员会,[出版时间不详]. ——书目来源：重庆图书馆、南京图书馆

涪陵县临时参议会第二届一次大会会议录／[涪陵县临时参议会编]. ——涪陵[重庆]：[涪陵县临时参议会],[1944]. ——记述开会经过、收议长参议员名单、议事记录、决议案目录、大会宣言、重要文电及讲词等。会期：1944 年 3 月 5 日至 15 日. ——书目来源：重庆图书馆

/［涪陵县临时参议会编］．——［重庆］涪陵：［涪陵县临时参议会］，［出版时间不详］．——书目来源：重庆图书馆

复兴关训练集／中央训练团复兴关训练集编纂委员会［编］．——［重庆］：中央训练团复兴关训练集编纂委员会，1944．——2册。教材选辑．——书目来源：重庆图书馆、天津图书馆、广西壮族自治区图书馆、国家图书馆、上海图书馆采编中心

／中央训练团复兴关训练集编纂委员会编．——［重庆］：中央训练团复兴关训练集编纂委员会，［1944.8］．——2册。训练纪实．——书目来源：上海图书馆采编中心

／中央训练团复兴关训练集编纂委员会［编］．——［重庆］：中央训练团复兴关训练集编纂委员会，1944．——3册．——书目来源：重庆图书馆、国家图书馆

／中央训练团复兴关训练集编纂委员会编．——重庆：中央训练团复兴关训练集编纂委员会印，1944．——5册。1. 训练纪实2册　2. 教材选辑2册　3. 团长训词1册．——书目来源：国家图书馆（存目）

／［中央训练团复兴关训练集编纂委员会编］．——［重庆］：［中央训练团复兴关训练集编纂委员会印］，［1944］．——书目来源：重庆市档案馆

复兴关训练集团长训词／中央训练团复兴关训练集编纂委员会编．——［重庆］：中央训练团复兴关训练集编纂委员会，1944．——书目来源：南京图书馆、广西壮族自治区图书馆、国家图书馆、上海图书馆采编中心

国宾：亨利·华莱士／欧阳梓川著．——重庆：大华书局，1944．——收有关美国副总统华莱士访华的报导和评论等。华莱士1944年6月20日抵重庆．——书目来源：重庆图书馆

国共谈判真相／［作者不详］．——［出版地不详］：新华书店，1944，114页．——时事丛刊之七．——书目来源：Berlin State Library（德国柏林国家图书馆）

／［作者不详］．——［出版项不详］．——书目来源：国家图书馆

国际私法新论／梅仲协．——重庆：大东书局，1944．——三十三年十月著

者写于重庆. ——书目来源：重庆图书馆、北碚区图书馆、西南政法大学图书馆

国民参政会第三届第二次大会纪录 / 国民参政会秘书处编. ——［出版地不详］：国民参政会秘书处，1944. ——书目来源：国家图书馆、南京图书馆

国民参政会第三届第三次大会教育部工作报告书 / 教育部编. ——［出版地不详］：教育部，1944. ——书目来源：国家图书馆、南京图书馆

国民参政会第三届第三次大会宪政实施协进会工作报告书 / 宪政实施协进会秘书处编. ——［出版地不详］：宪政实施协进会秘书处，1944. ——书目来源：国家图书馆、南京图书馆

国民参政会经济动员策进会工作报告 / 国民参政会经济建设策进会秘书处编. ——［出版地不详］：国民参政会经济建设策进会秘书处，1944. ——书目来源：国家图书馆、首都图书馆

国民政府参军处职员录 / ［作者不详］. ——［重庆］：［出版者不详］，1944. ——书目来源：国家图书馆

户籍行政 / 胡次威等著. ——四川：四川省训练团，1944.6. ——书目来源：南京图书馆

户政问题 编教三十一 / 陈长蘅讲. ——［出版地不详］：中央训练团党政高级训练班，1944. ——书目来源：天津图书馆

户政问题参考资料 / 陈长蘅选；中央训练团党政高级训练班编. ——［出版地不详］：中央训练团党政高级训练班，1944. ——书目来源：天津图书馆、四川省图书馆

华莱士访华 / 李明瀚编著. ——重庆：沙坪书店，1944. ——美国副总统华莱士1944年访问中国时的言论汇编及旅程情况记实. ——书目来源：重庆图书馆

华莱士在华言论集 / 唯明编注. ——重庆：世界出版社，1944. ——1944年6月美国副总统华莱士来访中国的谈话和演讲集。书末附华莱士在美对访中苏两国之广播辞等. ——书目来源：重庆图书馆

建立乡镇 / 胡次威，汪镕三编著. ——［出版地不详］：四川省训练团，

1944. ——书目来源：国家图书馆

江北县临时参议会第二次大会纪录／［江北县临时参议会编］. ——江北［重庆］：［江北县临时参议会］，［1944］. ——分开会经过、议长参议员名单、议事记录、议案原文、提案原文、政府工作报告、大会宣言、重要文电、演词等12项。会期：1944年4月10日至12日. ——书目来源：重庆图书馆

江北县临时参议会第三次大会记录／［江北县临时参议会编］. ——江北县［重庆］：［江北县临时参议会］，［1944］. ——分开会经过、议长参议员名单、议事记录、议案原文、提案原文、政府工作报告、大会宣言、重要文电、演词等13项。会期：1944年9月8日至12日. ——书目来源：重庆图书馆

交通部对国民参政会参政员询问案之答复／交通部编. ——南京：交通部，1944. ——书目来源：国家图书馆

经济部对于第三届国民参政会第二次大会决议案办理情形报告表／［作者不详］. ——重庆：经济部，1944. ——书目来源：国家图书馆

劳动管制：人力动员与劳动行政／贺衷寒. ——［出版地不详］：社会部劳动局，1944. ——书目来源：广东省立中山图书馆、吉林省图书馆／贺衷寒. ——［出版地不详］：［出版者不详］，1944.1. ——书目来源：南京图书馆

美国人眼中的重庆（附我们的盟邦中国）／（英）韩森，（美）鲍尔多等撰一译者. ——［出版地不详］：［出版者不详］，1944.10. ——书目来源：北碚区图书馆

美国人眼中之重庆／（美）鲍尔多著. ——［出版地不详］：［出版者不详］，1944. ——书目来源：吉林省图书馆

民众组训／北碚管理局. ——［重庆］：北碚管理局，1944. ——书目来源：北碚区图书馆

民众组训基本训练教材／北碚管理局. ——［重庆］：北碚管理局，1944. ——书目来源：重庆图书馆

农运与农训／朱家骅. ——［重庆］：中央组织部，1944. ——书目来源：重庆图书馆

陪都救济事业经费筹募委员会征信录及三十二年度冬令救济工作报告/陪都救济事业经费筹募委员会编.——重庆：陪都救济事业经费筹募委员会，1944.——包括举办缘起、筹备经过、组织概要、工作情形、分配捐款及处理余款。附：组织规程，收支对照表，收据式样，征信录及三十二年度冬令救济工作报告.——书目来源：重庆图书馆

评蒋介石在国民参政会之演说／新华社编.——延安：新华社，1944.10.——书目来源：国家图书馆

青年夏令营别记/包文同著.——重庆：青年出版社，1944.——著者代序《青年夏令营面面观》.——书目来源：重庆图书馆

／包文同著.——重庆：青年出版社，1946，再版.——书目来源：重庆图书馆

权能划分及均权政制／杨幼炯编著.——重庆：正中书局，1944.——论述中国政制理论的基础、政权的行使及其机构、治权分立制及其作用、均权主义的地方制度等问题.——书目来源：重庆图书馆、南京图书馆

／杨幼炯编著.——上海：正中书局，1946.——书目来源：重庆图书馆、国家图书馆、上海图书馆

如何解决／时事研究会编辑.——［出版地不详］：时事研究会，［1944］.——书目来源：天津图书馆、吉林省图书馆、中共山东省委党校图书馆

如何解决／周恩来著.——［出版地不详］：盐阜社，1944.10.——双十节演讲，32开.——书目来源：《周恩来研究史》周恩来研究资料目录索引（汪浩，王家云，陈春雷，施振宏著）

／周恩来著.——太岳：新华书店，1944.10.——书目来源：国家图书馆

三民主义青年团第一届中央干事会第二次全体会议纪录／中央干事会秘书处编.——［重庆］：中央干事会秘书处，［1944］.——书目来源：国家图书馆

三民主义青年团第一届中央干事会第二次全体会议提案汇录 第一册／第一届中央干事会第二次全体会议编.——［重庆］：第一届中央干事会第二次全体会议，1944.——书目来源：国家图书馆

三民主义青年团第一届中央干事会工作报告：三十二年四月至三十三年

二月/ 三民主义青年团第一届中央干事会编．——［重庆］：三民主义青年团第一届中央干事会，1944．——书目来源：重庆图书馆、广西壮族自治区图书馆、国家图书馆

三民主义青年团第一届中央监察会工作报告：三十二年五月至三十三年二月 /三民主义青年团第一届中央监察会编．——［重庆］：三民主义青年团第一届中央监察会，1944．——书目来源：国家图书馆

省县公职候选人考试法/ 重庆市党部辑．——重庆：重庆市党部，1944．——为省县公职候选人考试法、考试法施行细则及检核办法汇集而成。附：重庆市区中央各机关公务员申请认定省县公职候选人考试及格资办法．——书目来源：重庆图书馆

实施社会救济法的初步实验工作 社会部重庆实验救济院的使命和现状 / 卞宗孟辑述．——［发行地不详］：宗孟［发行者］，1944，石印本．——书目来源：国家图书馆

四川等六省及重庆市三十三年度政务考察报告总评/［作者不详］．——［重庆］：［出版者不详］，1944．——书目来源：国家图书馆

四川省开县临时参议会第一届第四次大会记录/［开县临时参议会编］．——［重庆］开县：［开县临时参议会］，1944．——分会议记录、参议员提案、大会宣言、演词等4项。会期：1944年4月10日至14日．——书目来源：重庆图书馆

四川省临时参议会第二届第二次大会纪录/ 四川省临时参议会编．——成都：成都西南印书局，1944．——书目来源：国家图书馆、南京图书馆

修订四川省现行户政法规汇编/ 四川省政府民政厅第四科编．——成都：成城出版社，1944．——书目来源：重庆图书馆

四川省政府三十三年度工作计划/ 四川省政府编．——四川：四川省政府，1944．——内分民政、财政、教育、建设、保安、社会、地政、粮政、卫生、禁烟、会计、统计、组训民众、管制物价、总类15项。有张群《计划撮要》，附录：田赋．——书目来源：重庆图书馆、国家图书馆（缩微）

四川省政府三十四年度工作计划/ 四川省政府编．——四川：四川省政府，

1944. ——书目来源：重庆图书馆

四川省政府施政报告：自三十三年六月起至三十三年十一月止 / 四川省政府编. ——四川：四川省政府，1944. ——书目来源：重庆图书馆

特约演讲录 / 中央训练团军法人员训练班编. ——重庆：中央训练团军法人员训练班，1944. ——书目来源：国家图书馆

外国人眼中的重庆，一名，外国记者眼中的重庆 / ［作者不详］. ——通化：新华书店，1944. ——时论选辑。包括今天与辛亥（三十三年十月十日解放日报双十节社论）、外国记者眼中的重庆、国际舆论、大后方舆论、陕甘宁边区与敌后解放区舆论5部分. ——书目来源：国家图书馆、江西省图书馆

我们唯一的路线 / 孙科著. ——［出版地不详］： ［出版者不详］，1944. ——书目来源：重庆图书馆、南京图书馆

/ 孙科著. ——［出版地不详］：［出版者不详］，1944. ——孙院长最近言论集. ——书目来源：上海图书馆、南京图书馆

武隆临时参议会第一届第三次大会会议纪录 / ［武隆临时参议会编］. ——［重庆］武隆：［武隆临时参议会］，1944. ——书目来源：重庆图书馆

宪法与教育 / 潘公展主编；程天放编. ——重庆：正中书局，1944. ——书目来源：辽宁省图书馆、重庆图书馆、天津图书馆、国家图书馆

宪政实施问题 / 孙科讲. ——重庆：中央训练团，1944. ——书目来源：重庆图书馆

县政实际问题研究 / 沈鹏主编. ——重庆：正中书局，1944. ——附：四川省第三行政区各县（局）设置示范乡镇暂行办法（据四川省第三行政督察专员公署召开行政会议各县局的意见综合而成）等7种. ——书目来源：重庆图书馆

新生活的实施 / 新生活运动促进总会编. ——重庆：国民图书出版社，1944. ——新生活运动促进总会，抗战期间迁于重庆. ——书目来源：重庆图书馆、国家图书馆、南京图书馆、四川省图书馆

新运十年 / 新生活运动促进总会编. ——重庆：新生活运动促进总会，1944. ——书目来源：重庆图书馆、国家图书馆、上海图书馆、南京图书馆、四

川省图书馆

新运总会盟军之友社重庆分社基本社友通讯录／［作者不详］．——［出版地不详］：［出版者不详］，1944．——书目来源：北碚区图书馆

渝训纪实／赵昭泰著．——［出版地不详］：少壮出版社，1944．——著者于1941年由浙江东阳县去重庆国民党中央训练团受训时的日记．——书目来源：吉林省图书馆

战时英国／王云五．——重庆：商务印书馆，1944.1．——书目来源：重庆图书馆、上海图书馆、四川大学图书馆、四川省图书馆、南京图书馆

／王云五．——重庆：商务印书馆，1944.7．——书目来源：重庆图书馆

／王云五．——上海：商务印书馆，1945．——书目来源：上海图书馆

战时重要法令汇编／沙千里主编．——重庆：双江书屋，1944．——书目来源：重庆图书馆、上海图书馆、南京图书馆、广西壮族自治区图书馆

战争的插曲／韩侍桁．——重庆：商务印书馆，1944．——书目来源：重庆图书馆、北碚区图书馆

战争与条约／王铁崖．——重庆：中国文化服务社，1944.3．——一九四三年十一月十一日于中央大学教一宿．——书目来源：重庆图书馆、北碚区图书馆

政治学原理／萨孟武．——重庆：文化建设印务局，1944．——书目来源：重庆图书馆

中国与战后世界／孙科著．——重庆：商务印书馆，1944，渝版熟料纸．——附注：第二复本在书末多出了第67—78页．——书目来源：重庆图书馆、上海图书馆、南京图书馆

／孙科．——［出版地不详］：［出版者不详］，1944.2．——论文集．——书目来源：《陪都人物纪事》第44页

／孙科著．——重庆：商务印书馆，1945．——书目来源：重庆图书馆、南京图书馆

／孙科著．——上海：商务印书馆，1946．——书目来源：重庆图书馆、四川大学图书馆

中国政府／陈之迈著．——重庆：商务印书馆，1944．——第一册。抗战期间在渝作．——作者简介：陈之迈（1908—1978），广东番禺人，曾任教于清华大学、北京大学、南开大学、西南联大及中央政治学校．——书目来源：国家图书馆、重庆图书馆

／陈之迈著．——上海：商务印书馆，1945．——第一、二册。抗战期间在渝作．——书目来源：国家图书馆

／陈之迈著．——重庆：商务印书馆，1945．——第二册。抗战期间在渝作．——书目来源：国家图书馆、浙江图书馆、江西省图书馆

／陈之迈著．——重庆：商务印书馆，1945．——第三册。抗战期间在渝作．——书目来源：国家图书馆、重庆图书馆、哈尔滨市图书馆

／陈之迈著．——重庆：商务印书馆，1946．——第二册。抗战期间在渝作．——书目来源：国家图书馆、江西省图书馆

／陈之迈著．——上海：商务印书馆，1946．——第三册。抗战期间在渝作．——书目来源：国家图书馆、重庆图书馆

／陈之迈著．——上海：商务印书馆，1947．——第一册。抗战期间在渝作．——书目来源：国家图书馆、重庆图书馆、江西省图书馆、厦门市图书馆

／陈之迈著．——上海：商务印书馆，1947．——第三册。抗战期间在渝作．——书目来源：国家图书馆、厦门市图书馆、南京图书馆、浙江图书馆、江西省图书馆、首都图书馆

中国政治之路／杨玉清著．——重庆：北斗书店，1944．——书目来源：重庆图书馆、南京图书馆、国家图书馆

中国之命运／蒋介石．——重庆：正中书局，1944．——书目来源：浙江图书馆、国家图书馆

中华复兴十讲／黄炎培．——重庆：国讯书店，1944，初版．——民国三十二年十一月黄炎培重庆．——书目来源：重庆图书馆、北碚区图书馆

中美英苏宪政运动的教训／邵力子等著．——重庆：中周出版社，1944．——书目来源：重庆图书馆、上海图书馆

中央训练团党政高级训练班第二期集体讨论总结论／中央训练团编．——

[重庆]：中央训练团，1944.——书目来源：南京图书馆

中央训练团党政训练班一至卅一期学员分析统计表 / 中央训练团办公厅人事组编.——[重庆]：[中央训练团]，1944.——书目来源：国家图书馆

中央训练团党政训练班第二十九期教职学员通讯录 / [中央训练团编].——[重庆]：[中央训练团]，1944.——书目来源：国家图书馆

中央训练团党政训练班第三十期教职学员通讯录 / [中央训练团编].——[重庆]：[中央训练团]，1944.——书目来源：国家图书馆

中央训练团党政训练班第三十一期党政军人事管理人员训练班第八期教职学员通讯录 / [中央训练团编].——[重庆]：[中央训练团]，1944.——书目来源：国家图书馆（存目）

中央训练团党政训练班第三十一期教职学员通讯录 / [中央训练团编].——[重庆]：[中央训练团]，1944.——书目来源：国家图书馆（存目）

中央训练团党政训练班毕业通讯学员组织及督导办法 / [中央训练团党政训练班毕业学员通讯处]编.——[出版地不详]：中央训练团党政训练班毕业学员通讯处，[1944].——1944年5月颁发.——书目来源：重庆图书馆

中央训练团党政训练班毕业学员之组织与督察要领 团长训词 / 蒋介石讲.——重庆：[中央训练团]，[1944].——书目来源：国家图书馆（存目）

中央训练团党政训练班课业测验讲评 / 教育委员会教务组编.——[重庆]：教育委员会训导组，1944.——第二十九期.——书目来源：国家图书馆

/教育委员会教育组编.——[重庆]：教育委员会教育组，[1944.3].——第三十期.——书目来源：国家图书馆（存目）

/教育委员会教务组编.——[出版地不详]：教育委员会教务组，1944.——第三十一期.——书目来源：重庆图书馆

中央训练团教育委员会各组工作要领 / 中央训练团教育委员会编.——[重庆]：中央训练团教育委员会，1944.——书目来源：南京图书馆

周恩来同志答复新华社记者问 / 周恩来著.——[出版地不详]：[出版者不详]，1944.8.——书目来源：国家图书馆

专题讲演辑要/ 北碚管理局地方行政干部训练所编. ——北碚：北碚管理局铅印，1944. ——书目来源：北碚区图书馆

1945 年

民国三十四年度本府各局重要工作进程图/ 重庆市政府统计处编. ——重庆：重庆市政府统计处，1945. ——书目来源：重庆图书馆

中华民国三十四年度重庆市政府工作计划/ 贺耀组，杨绰庵著. ——重庆：[出版者不详]，1945. ——作者简介：贺耀组（1889—1961），湖南宁乡县人，1938—1945 年在重庆生活. ——书目来源：重庆图书馆

北碚管理局工作概况/ [作者不详]. ——[出版地不详]：[出版者不详]，1945.6. ——书目来源：重庆市档案馆

北碚管理局三十四年度施政计划/ [作者不详]. ——[出版地不详]：[出版者不详]，1945. ——书目来源：北碚区图书馆、重庆市档案馆

本党政纲政策及六全大会宣言/ [作者不详]. ——[出版地不详]：[出版者不详]，1945.7. ——书目来源：重庆市档案馆

不得已集/ 张九如著. ——[出版地不详]：时代精神社，1945. ——内收《致汪精卫书》《致毛泽东董必武等七参政员书》等 8 篇. ——书目来源：Stanford University（斯坦福大学）图书馆、吉林省图书馆

重庆出版业对政治协商会议意见书/ 大学印书局等著. ——[出版地不详]：[出版者不详]，1945. ——书目来源：国家图书馆

重庆市党部工作报告 三十四年度 / 中国国民党中央直属重庆市执行委员会. ——重庆：[中国国民党重庆市执行委员会]，1945. ——书目来源：国家图书馆

重庆市党部工作报告/ 中国国民党重庆市执行委员会. ——重庆：中国国民党重庆市执行委员会，1945.4. ——卷端题名：中国国民党重庆市执行委员会工作总报告书。极机密。1938 年 12 月—1945 年 4 月重庆市执行委员会工作报告。内分概述、工作、检讨与建议 3 章. ——书目来源：上海图书馆

/ 中国国民党重庆市执行委员会编. ——重庆：中国国民党重庆市执行委员会，1945. ——书目来源：重庆图书馆、国家图书馆

重庆市临时参议会第二届第五次大会纪录/［重庆市临时参议会秘书处］编．——重庆：［重庆市临时参议会秘书处］，1945．——分开会经过、法规、议长议员名单、重要文电、演词、施政报告等14项。附录：本会第二届第一次大会至第五次大会提案汇编。会期：1945年9月17日至27日．——书目来源：南京图书馆、重庆图书馆、重庆市档案馆

重庆市政府工作报告/重庆市政府．——重庆：重庆市政府，1945．——书目来源：南京图书馆

重庆市政府工作报告：三十四年一至六月份/［作者不详］．——［出版地不详］：［出版者不详］，1945．——书目来源：重庆市档案馆、重庆图书馆、南京图书馆、国家图书馆

重庆市政府工作报告：三十四年七月至十二月份/［作者不详］．——重庆：［出版者不详］，1945．——全书为表格，内含社会、教育、警察（附兵役）、财政、地政、工务（附公用）、卫生、粮政、会计、统计、国民兵、日用品供销、防空洞管理、图书杂志审查15项报告内容．——书目来源：重庆图书馆

重庆市政府三十三年度政绩比较表/重庆市政府秘书处编．——重庆：重庆市政府秘书处，1945．——收录了社会、民政、教育、警察、财政、地政、工务、卫生、清洁、粮食管理、会计、统计、国民兵团、图书杂志审查、日用品供给、防空洞管理共16个方面的工作项目、计划、实施等．——书目来源：重庆图书馆

重庆市政府实施本市临时参议会第二届第五次大会决议案经过情形概要/［作者不详］．——［重庆］：［出版者不详］，1945.7．——书目来源：重庆市档案馆

重庆消息/重庆大会晚报编．——重庆：中国出版社，1945.10．——书目来源：南京图书馆

大后方舆论十题/新华书店编．——［出版地不详］：新华书店，1945．——书目来源：中国社会科学院图书馆、吉林大学图书馆

第四届第一次国民参政会交通部工作报告/交通部编．——重庆：交通部，

1945. ——书目来源：国家图书馆

第四届国民参政会第一次大会考试院工作报告书 / 考试院编. ——［出版地不详］：考试院秘书处，1945. ——书目来源：国家图书馆、南京图书馆

第四届国民参政会第一次大会立法院工作报告 / 立法院编. ——重庆：立法院，1945. ——书目来源：国家图书馆、重庆图书馆

地方自治四权行使实习手册 / 任觉五，简伯村著. ——北京：青年出版社，1945. ——介绍重庆青年夏令营（三青团举办）实习地方自治四权行使经过等. ——书目来源：西南政法大学图书馆、四川大学图书馆

法学通论 / 何任清. ——重庆：商务印书馆，1945. ——作者时任重庆复旦大学教授，讲授刑法、国际公法、法学通论等课程. ——书目来源：重庆图书馆、北碚区图书馆、西南政法大学图书馆

国际形势与中国外交政策 / 胡秋原讲. ——重庆：民主政治出版社，1945. ——发表于《中央周刊》1945 年第 7 卷第 29 期。共 5 章。包括过去中国地位与外交之回顾；当前国际形势与中国地位；中国与日本；我们的作战目标；中国与各国我们和平政策；外交与内政. ——书目来源：北碚区图书馆

国民参政会第三届第三次大会纪录 / 国民参政会秘书处编. ——［出版地不详］：国民参政会秘书处，1945. ——书目来源：国家图书馆、南京图书馆

国民参政会第三届第三次大会决议案行政院办理情形报告表 / 行政院秘书处编. ——［出版地不详］：行政院秘书处，1945. ——书目来源：国家图书馆

国民参政会第四届参政员略历 / 参政会编. ——［出版地不详］：参政会，1945. ——书目来源：国家图书馆、南京图书馆

国民参政会第四届第一次大会教育部工作报告书 / 教育部编. ——［出版地不详］：教育部，1945. ——书目来源：国家图书馆

国民参政会第四届第一次大会行政院工作报告 / 行政院编. ——［出版地不详］：行政院，1945. ——书目来源：国家图书馆、南京图书馆、吉林省图书馆

国民参政会第四届第二次大会行政院工作报告 / 行政院编. ——［出版地不详］：行政院，1945. ——书目来源：国家图书馆、南京图书馆、天津图书馆

国民参政会经济动员策进会工作报告 / 国民参政会经济建设策进会秘书处编.——［出版地不详］：国民参政会经济建设策进会秘书处，1945.——书目来源：国家图书馆、南京图书馆

和平民主的新阶段/周恩来著.——［出版地不详］：苏中军区政治部，［1945］，78页.——时事研究参考材料之三.——书目来源：《周恩来研究史》周恩来研究资料目录索引（汪浩，王家云，陈春雷，施振宏著）

机关组织论/陈果夫.——重庆：正中书局，1945.11，初版.——陈果夫三十三年八月于巴县小温泉.——书目来源：重庆图书馆、北碚区图书馆

建国问答二〇四问/冯玉祥.——［出版地不详］：［出版者不详］，［1945.12］.——书目来源：《中国通史．第12卷．中古时代、近代后编（1919—1949）下册22修订本》第1256页

江北县参议会第一届第一次大会纪录/［作者不详］.——［出版地不详］：［出版者不详］，［1945］.——民国三十四年十月二十日正式召开成立大会.——书目来源：重庆图书馆

蒋伪合作宁渝合流的内战阴谋/胶东新华书店编.——［莱阳］：胶东新华书店，1945.——书目来源：国家图书馆（存目）

/胶东新华书店编.——［黑龙江］：牡丹江书店，1946翻印.——书目来源：辽宁省图书馆、天津图书馆

/［作者不详］.——［出版地不详］：通化日报社，［1949］.——书目来源：国家图书馆

旧金山会议内幕/李华飞，朱枢编辑.——［出版地不详］：星期快报社出版部，1945.——作者简介：李华飞（1914—1998），笔名巴城，重庆巴县人.——书目来源：重庆数字图书馆

旧金山会议实录 上下卷 /［大公报馆］编.——重庆：大公报馆，1945.——介绍顿巴敦会议，克里米亚会议，旧金山会议的参加国、会议经过及内容等.——书目来源：重庆图书馆

粮食部对第四届国民参政会第一次大会参政员询问案之答复/［作者不详］.——重庆：粮食部，1945.——书目来源：国家图书馆

民主的理论与实践/ 邓初民 . ——重庆：文治出版社，[1945.7] . ——作者简介：邓初民（1889—1981），字昌权，湖北石首人。1940—1946 年在重庆生活 . ——书目来源：重庆图书馆、上海图书馆、南京图书馆

／邓初民 . ——重庆：文治出版社，1946. ——书目来源：重庆图书馆、上海图书馆

／邓初民 . ——上海：文治出版社，1946. ——书目来源：重庆图书馆、南京图书馆

／邓初民 . ——[出版地不详]：文治出版社，1946. ——书目来源：四川大学图书馆

／邓初民 . ——上海：文治出版社，1946.2. ——书目来源：南京图书馆

民主与团结／张政明编 . ——上海：独立出版社，1945. ——内分陪都各报舆论、国际观感、社团意见 3 部分，共收 35 篇有关民主与团结的评论、声明等。附：王部长世杰招待外国记者时之报告译文等 4 篇 . ——书目来源：Stanford University（斯坦福大学）图书馆、复旦大学图书馆、上海社会科学院图书馆、中国社会科学院图书馆、吉林省图书馆

陪都青年馆半年工作简报／三民主义青年团陪都青年馆编 . ——重庆：三民主义青年团陪都青年馆，1945. ——书目来源：国家图书馆

七年来之训练工作／中国国民党中央执行委员会训练委员会编 . ——[重庆]：中国国民党中央执行委员会训练委员会，1945. ——书目来源：南京图书馆、吉林省图书馆、天津图书馆、国家图书馆、浙江图书馆

三民主义青年团第一届中央干事会第三次全体会议纪录／[作者不详] . ——重庆：[三民主义青年团]，[1945] . ——书目来源：国家图书馆（存目）

三民主义青年团第一届中央干事监察会工作报告：三十三年四月至三十四年三月／中央团部编 . ——[重庆]：[中央团部]，1945. ——书目来源：南京图书馆、国家图书馆

三民主义青年团七年来团务工作总报告：民国二十七年七月至三十三年十二月／中央干事会秘书处编 . ——[重庆]：中央干事会秘书处，[1945] . ——书目来源：吉林省图书馆、天津图书馆、广西壮族自治区图书馆、国家图书馆、

上海图书馆采编中心

三民主义青年团中央团部会议手册 / 中央团部编 . —— [重庆]：中央团部，1945 [91 页] . ——书目来源：国家图书馆（存目）

三民主义思想体系之认识 / 杨幼炯编著 . ——重庆：正中书局，1945. 共 3 编。分述三民主义研究的目的、方法，三民主义的时代背景、真义、特质及其思想体系 . ——书目来源：重庆图书馆

/ 杨幼炯编著 . ——上海：正中书局，1946. ——书目来源：重庆图书馆、四川省图书馆

三民主义新中国 / 孙科著 . ——重庆：商务印书馆，1945.11，初版 . ——作者简介：孙科（1891—1973），字连生，号哲生。广东香山县（今中山市）人。抗战时期生活在重庆 . ——书目来源：重庆图书馆

/ 孙科著 . ——上海：商务印书馆，1946. ——丛书：新中学文库 . ——书目来源：重庆图书馆、上海图书馆

善后救济总署干什么？怎样干？ / 蒋廷黻 . ——[出版地不详]：[出版者不详]，1945. ——作者简介：蒋廷黻（1895—1965），湖南人，1941—1945 年在重庆生活 . ——书目来源：重庆图书馆

/ 蒋廷黻 . ——[出版地不详]：[出版者不详]，[1945.7] . ——书目来源：上海图书馆

/ 蒋廷黻 . ——上海：国际出版社，1946.2. ——书目来源：上海图书馆、南京图书馆

社会部北碚儿童福利实验区概况 / 章柳泉著 . ——[重庆]：北碚儿童实验区编印，1945.7 铅印本 . ——书目来源：北碚区图书馆

社会部重庆社会服务处服务五年 / 社会部重庆社会服务处编 . ——重庆：社会部重庆社会服务处，1945. ——书目来源：国家图书馆

社会部重庆职业介绍所业务说明书 / 重庆职业介绍所编 . ——重庆：重庆职业介绍所，1945. ——包括引言、该所组织、过去业务成果、目前业务概况。附：该所组织规程，职业介绍办法，零工介绍办法，登记须知等 . ——书目来源：重庆图书馆

四川省北碚管理局民国三十二年度统计总报告/ 北碚管理局编. —— [重庆] 北碚：北碚管理局统计室，1945. ——共18个部分，有气象、大地、人口、政治组织、农业、教育、社会等内容。封面题名：北碚管理局统计总报告. ——书目来源：重庆图书馆

苏联要求什么/（美）约斯腾（J. Joesten）著；葛一虹译. —— [出版地不详]：天下图书公司，1945. ——评论苏联作战目的，对外关系及战后苏联的地位等问题. ——书目来源：黑龙江省图书馆、广东省立中山图书馆、天津图书馆、北京大学图书馆、中国社会科学院图书馆、吉林省图书馆

为了献金救国给爱国朋友的十四封信/ 冯玉祥. ——重庆：中国国民节约献金救国总会，[1945. 2. 10]. ——书目来源：国家图书馆、上海图书馆、广西壮族自治区图书馆

五十年来的世界 / 潘公展主编. ——重庆：胜利出版社，1945. ——书目来源：重庆图书馆、南京图书馆、四川大学图书馆

/ 潘公展主编. ——重庆：胜利出版社，[出版时间不详]. ——书目来源：重庆图书馆

暹罗问题专集/ 旅渝暹罗华侨互助社编. —— [出版地不详]：侨渝暹罗华侨互助社，1945. 12. ——书目来源：广东省立中山图书馆、嘉兴学院图书馆、吉林省图书馆

现阶段的建国论 / 杨幼炯著. ——重庆：商务印书馆，1945. ——书目来源：重庆图书馆

/ 杨幼炯著. ——上海：商务印书馆，1946. 6. ——书目来源：上海图书馆

永川县政府施政报告：民国三十四年七月至十月 / 永川县政府编. ——重庆永川：永川县政府，[1945]. ——有民政、财政、教育、建设、社会、地政、会计、统计、合作9个方面的内容. ——书目来源：重庆图书馆

永川县政府施政报告：民国三十四年十月至三十五年二月 / [永川县政府编]. ——永川[重庆]：[永川县政府]，[1945]. ——有民政、财政、教育、建设、社会、地政、会计、统计、合作9个方面的内容. ——书目来源：重庆图书馆

怎样变政易俗/ 叶育之著. ——成都：西蜀文化社，1945. ——作者简介：叶育之，字英俊，四川人，曾住重庆东打铜街 61 号. ——书目来源：重庆图书馆、南京图书馆

政府与中共代表会谈纪要，英文题名，Summary of the conversations between the Chinese government and the representatives of the Chinese communist party / 国际出版社著. ——上海：国际出版社出版印刷，1945. ——书目来源：国家图书馆

/ 国际出版社著. ——上海：国际出版社出版印刷，1945.11. ——书目来源：上海图书馆

中共问题商谈之经过 / 王世杰讲 ——重庆：[出版者不详]，1945. ——1945 年 3 月 6 日在中国国民党中央宣传部的讲话 ——书目来源：国家图书馆

中国近代政治思潮论 / 杨幼炯著. ——重庆：青年出版社，1945. ——书目来源：重庆图书馆

/ 杨幼炯著. ——重庆：青年出版社，1945.8. ——书目来源：南京图书馆

中国宪政论/ 张友渔. ——重庆：生生出版社，1945. ——张友渔，1939 年春至 1946 年在重庆. ——书目来源：北碚区图书馆

中华慈幼协会会务概述/ [作者不详]. —— [出版地不详]：[出版者不详]，1945.12. ——中华慈幼会总部抗战时期在重庆. ——书目来源：重庆市档案馆

中苏关系 / 孙科著. ——重庆：中华书局，1945. ——书目来源：重庆图书馆

/ 孙科讲. ——上海：中华书局，1946. ——书目来源：重庆图书馆、四川省图书馆、国家图书馆（缩微）

中央党政军提高行政效能决议案/ 中央训练团编. ——重庆：中央训练团，[1945.5]. ——附行政三联制大纲. ——书目来源：国家图书馆（存目）

中央警官学校六、七、八周年纪念合刊 / 中央警官学校编审处编辑. ——重庆：中央警官学校编审处，1945. ——版权页书名：中央警官学校改组成立六、七、八周年纪念合刊. ——书目来源：国家图书馆（存目）

中央警官学校改组成立九周年纪念特刊：民国三十三年九月至三十四年八

月/［中央警官学校编审处］编. —— ［重庆］：［中央警官学校编审处］，1945. ——书目来源：国家图书馆（存目）

1946 年

中华民国三十五年度重庆市政府工作计划/ 重庆市政府秘书处编. ——［重庆］：重庆市政府秘书处，1946. ——书目来源：重庆市档案馆

中华民国三十六年度重庆市政府工作计划/ 重庆市政府. ——重庆：重庆市政府，1946. ——书目来源：南京图书馆

巴县参议会第一届第一次大会会议纪录 / 巴县参议会秘书室编. ——巴县［重庆］：巴县参议会秘书室，1946. ——巴县参议会于民国三十四年十一月八日召开成立大会，于同年十二月八日举行第一届第一次大会。会议中审查议案 114 件。这次大会的会议记录，有县参议会组织暂行条例及县参议会议事规则、第一次大会开会经过、正副议长暨参议员名单、第一次大会议事纪录、议案审查意见及决议案、各方文电、演词、第一届成立大会经过及参议员互选议长暨选举省参议员纪录、第一届第一次大会秘书室职员名单 10 部分内容. ——书目来源：重庆图书馆

巴县参议会第一届第二三两次大会暨临时大会纪录/［作者不详］. ——巴县［重庆］：巴县参议会秘书室，1946. ——书目来源：重庆图书馆、西南政法大学图书馆

璧山县参议会第一届第一次大会会议纪录/［璧山县参议会秘书室］编. ——［璧山］：［出版者不详］，1946. ——书目来源：国家图书馆

璧山县参议会第一届第三次大会会议纪录/［作者不详］. ——［出版地不详］：［出版者不详］，1946.10. ——书目来源：重庆市档案馆

璧山县参议会第一届第五次大会会议纪录/ 璧山县参议会秘书室编. ——重庆：璧山青年文化服务社，1946. ——书目来源：重庆图书馆

/［作者不详］. ——［出版地不详］：［出版者不详］，1946.12. ——书目来源：重庆市档案馆

财政部对国民参政会第四届第二次大会询问案答复书 /［作者不详］. ——［出版地不详］：［出版者不详］，1946. ——书目来源：国家图书馆

现行财政税务法规汇编/ 四川省政府财政厅编. ——成都：四川省印刷局成都供销处，1946. ——收《四川省各县（市局）税捐征收处组织规程》等 41 种. ——书目来源：重庆图书馆

参议会组织实务/ 胡次威著. ——上海：商务印书馆，1946. ——书目来源：重庆图书馆、广西壮族自治区图书馆

/ 胡次威著. ——上海：商务印书馆，1946.9. ——书目来源：南京图书馆

/ 胡次威著. ——上海：商务印书馆，[出版时间不详]. ——书目来源：四川省图书馆

参议员选举实务/ 胡次威著. ——上海：商务印书馆，1946. ——书目来源：重庆图书馆、南京图书馆、四川省图书馆

/ 胡次威著. ——上海：商务印书馆，1946.9. ——书目来源：上海图书馆、南京图书馆

重庆的喜剧/ 王千秋编辑. ——[出版地不详]：现代史料社，1946. ——其他题名：国民党第六次全国代表大会内情. ——书目来源：重庆图书馆、国家图书馆、南京图书馆、四川省图书馆

/ 王千秋. ——[出版地不详]：冀南书店，1946.6. ——书目来源：南京图书馆

重庆市参议会第一届第一次大会暨临时大会纪录/ 重庆市参议会秘书处编. ——重庆：重庆市参议会秘书处，1946. ——分会议成立及开会经过、演词、大会宣言、文电、议事记录、提案目录提要、提案原文及决议、市政府施政报告、大会对市政府各局处工作报告的决议案等 11 项。后附录有重要法规，正副议长参议员候补参议员名单，本会各种委员会名单参议员履历表等. ——书目来源：重庆图书馆、南京图书馆、天津图书馆、国家图书馆、重庆市档案馆

重庆市参议会第一届第二次大会暨临时大会纪录/［重庆市参议会秘书处］. ——[重庆]：[重庆市参议会秘书处]，1946.7—8. ——书目来源：重庆市档案馆

重庆市参议会第一届第二次大会纪录［民国三十五年七月至八月］/ 重庆市参议会秘书处编. ——重庆：重庆市参议会秘书处，1946. ——重庆市参议会

第一届第二次大会于三十五年七月十六日在中正路召开，会议纪录分开会经过、演词、文电、议事纪录及提案目录、原文、决议等13项。后附录重要法规，正副议长参议员候补参议员名单，本会常设委员会名单，本会秘书处职员名单．——书目来源：重庆图书馆、天津图书馆、国家图书馆、浙江图书馆

重庆市参议会第一届第二次大会纪录［民国三十五年十月］／［重庆市参议会秘书处］．——［重庆］：［重庆市参议会秘书处］，1946.10.——书目来源：重庆市档案馆

重庆市参议会第一届第三次大会纪录［民国三十五年十月］／［重庆市参议会秘书处］．——［重庆］：［重庆市参议会秘书处］，1946.10.——书目来源：重庆市档案馆

重庆市参议会第一届第三次大会纪录［民国三十五年十月至十一月］／［重庆市参议会秘书处］．——［重庆］：［重庆市参议会秘书处］，1946.10—11.——分开会经过、演词、文电、议事纪录、参议员对市政府和各局处工作报告的询问及答复、本会市预算审查委员会对本市三十六年度预算审查报告、本会常设委员会会务报告、市政府施政报告、提案原文及决议等14项。后附录有本会第一届正副议长参议员候补参议员名单，本会第一届第三次大会休会期间各常设委员会名单，本会秘书处职员名单．——书目来源：重庆图书馆、天津图书馆、国家图书馆、重庆市档案馆

重庆市参议员选举实录／王鼎鼐著．——重庆：著者刊，1946.——书目来源：南京图书馆、四川省图书馆

重庆市警察局单行法规汇编／［作者不详］．——［出版地不详］：［出版者不详］，1946.11.——书目来源：重庆市档案馆

重庆市政府工作报告／重庆市政府．——重庆：重庆市政府，1946.——书目来源：南京图书馆

重庆市政府工作报告：三十五年一至六月份／［作者不详］．——［出版地不详］：［出版者不详］，［1946］．——本报告分奉行中央法令（27条）事项、颁行本市单行法规（21条）事项、工作进度、市政统计提要四部分进行汇报。在行政部分，从社会、督察、财政、教育、公用、地政、地方自治、兵役、会

计、统计、人事管理11个方面进行说明. ——书目来源：重庆图书馆

重庆市政府三十四年度政绩比较表/ 重庆市政府秘书处编. ——重庆：重庆市政府秘书处，1946. ——内容为重庆市政府1945年行政和事业政绩概况表. ——书目来源：国家图书馆

/重庆市政府秘书处编. ——重庆：重庆市政府秘书处，1946.1. ——书目来源：重庆市档案馆

重庆戏剧电影界致政治协商会议意见书/ 重庆戏剧电影界. ——重庆：重庆戏剧电影界，1946.1.8. ——书目来源：国家图书馆

第四届国民参政会第二次大会军事询问之答复/ 军政部编. ——[出版地不详]：[出版者不详]，1946.3. ——书目来源：国家图书馆、南京图书馆

第四届国民参政会第二次大会考试院工作报告书/ 考试院编. ——[出版地不详]：考试院，1946. ——书目来源：国家图书馆、南京图书馆

第四届国民参政会第二次大会立法院工作报告/ 立法院编. ——南京：立法院，1946. ——书目来源：国家图书馆、重庆图书馆、南京图书馆

非常时期的国民参政会/ 雷震著. ——上海：国际出版社，1946. ——书目来源：国家图书馆、南京图书馆

国共谈判经过教训及其他/ 周恩来报告；中共华中五地委宣传部. ——盐阜：新华书店盐阜分店，1946.1，15页. ——书目来源：《周恩来研究史》周恩来研究资料目录索引（汪浩，王家云，陈春雷，施振宏著）

国家建设原理/ 杨幼炯著. ——重庆：商务印书馆，1946. ——书目来源：国家图书馆

/杨幼炯著. ——上海：商务印书馆，1946. ——书目来源：重庆图书馆、上海图书馆、南京图书馆、四川省图书馆

国民参政会第四届第一次大会纪录/ 国民参政会秘书处编. ——[出版地不详]：国民参政会秘书处，1946. ——书目来源：国家图书馆、南京图书馆

国民参政会第四届第一次大会提案原文/ 国民参政会秘书处编. ——[出版地不详]：国民参政会秘书处，1946. ——书目来源：重庆图书馆

国民参政会第四届第一次大会决议案行政院办理情形报告表/ 行政院秘书

处编． —— [出版地不详]：行政院秘书处，1946． ——书目来源：国家图书馆、南京图书馆

国民参政会第四届第二次大会纪录/ 国民参政会秘书处编． ——南京：国民参政会秘书处，1946． ——书目来源：国家图书馆、南京图书馆

国民参政会第四届第二次大会提案原文/ 国民参政会秘书处编． ——南京：国民参政会秘书处，1946． ——书目来源：国家图书馆、南京图书馆

和平建设新中国/ [作者不详]． ——胶东：新华书店，1946.3． ——书目来源：重庆数字图书馆、中共山东省委党校图书馆

和平民主建设的新阶段/ 孟容师编． ——山东：新华书店，1946.3． ——书目来源：重庆数字图书馆、复旦大学图书馆、湖南图书馆、成都图书馆、吉林省图书馆

/ 华中新华书店． —— [出版地不详]：华中新华书店，[出版时间不详]． ——政治协商会议的经过及其成果． ——书目来源：重庆数字图书馆、盐城师范学院图书馆

和平民主新阶段的指针/ 周恩来，朱德著． ——盐阜：新华书店盐阜分店，1946，70页． ——国共停战协议及政治协商会议重要文献之一． ——书目来源：《周恩来研究史》周恩来研究资料目录索引（汪浩，王家云，陈春雷，施振宏著）

/ [作者不详]． —— [出版项不详]． ——国共停战协议及政治协商会议重要文献之二． ——书目来源：重庆数字图书馆

/ [作者不详]． —— [出版项不详]． ——收文10篇，为中共领导人1946年对时局的演讲、谈话及报刊的论文集。同时也刊载了一些政协会议重要文献． ——书目来源：重庆数字图书馆

江北县参议会第一届第二次大会纪录/ [作者不详]． —— [出版地不详]：[出版者不详]，[1946]． ——民国三十五年三月二十日召开，此次大会共举行会议六次，收到县府交议案共四十三案，参议员提案二十五案，参议员询问案四案，临时动议一案，共七十三案，实际决议五十五案． ——书目来源：重庆图书馆

江北县参议会第一届第三次大会纪录／［作者不详］．——［出版地不详］：［出版者不详］，［1946］．——民国三十五年八月二十日召开。本纪录有大会开会经过、正副议长暨参议员名单、议事纪录、县政府交议案原文、参议员提案原文、议长交议案原文、政府工作报告、演词、附转载有关法令九方面内容．——书目来源：重庆图书馆

江北县参议会第一届第四次大会纪录／［作者不详］．——［出版地不详］：［出版者不详］，［1946］．——民国三十五年十月二十五日召开。本纪录分第四次大会开会经过、正副议长暨参议员名单、第四次大会议事纪录、江北县政府交议案原文、参议员提案原文、参议员询问案及政府主管机关之答复、政府工作报告、演词八部分．——书目来源：重庆图书馆

交通部对国民参政会第四届第二次大会各参政员交通询问之答复／交通部编．——南京：交通部，1946．——书目来源：国家图书馆、重庆图书馆

近世民主宪政之新动向／杨幼炯著．——重庆：商务印书馆，1946．——书目来源：重庆图书馆

／杨幼炯著．——上海：商务印书馆，1947．——民国籍粹．——书目来源：国家图书馆、上海图书馆、南京图书馆、四川省图书馆

李闻案调查报告／梁漱溟，周新民著．——［出版地不详］：［出版者不详］，［1946］．——1946年7月受民盟总部委托赴昆明调查．——书目来源：《北碚地方志》第565页

李闻案调查报告书／梁漱溟．——［出版地不详］：中国民主同盟总部，1946.9.30.——书目来源：重庆图书馆、上海图书馆

李闻被害真相／梁漱溟，周新民著．——［出版地不详］：［出版者不详］，［1946］．——书目来源：重庆图书馆

李闻被杀真相／梁漱溟．——［出版地不详］：［出版者不详］，［1946］．——1946年7月受民盟总部委托赴昆明调查．——书目来源：《北碚地方志》第565页

论当前民主问题／梁漱溟．——桂林：建国出版社，1946．——书目来源：《现代新儒学教育流派研究》

/梁漱溟. —— [出版地不详]：文化供应社，[1946]. —— 书目来源：《桂林文史资料》第15辑

宁渝一家/[作者不详]. —— [出版地不详]：言论出版社，[1946][翻印本]. —— 书目来源：南京图书馆、吉林省图书馆、国家图书馆

陪都文化界人士对政治协商会议之意见/茅盾等著. —— [重庆]：[出版者不详]，1946.1. —— 书目来源：国家图书馆

三民主义青年团团史资料第一辑初稿 上编/三民主义青年团中央团部编. —— [重庆]：三民主义青年团中央团部，1946. —— 书目来源：吉林省图书馆、辽宁省图书馆、广西壮族自治区图书馆、湖南图书馆、国家图书馆、上海图书馆采编中心

三人会议商谈经过概要/[作者不详]. —— [出版地不详]：[出版者不详]，1946.10. —— 书目来源：重庆数字图书馆、重庆市档案馆、广东省立中山图书馆

善后救济总署重庆难民疏送站工作总报告/善后救济总署重庆难民疏送站编. —— [重庆]：善后救济总署重庆难民疏送站，1946.2—1947.6. —— 书目来源：重庆市档案馆、中国社会科学院图书馆

社会部北碚儿童福利实验区三年来工作概况/[作者不详]. —— [出版地不详]：[出版者不详]，1946. —— 包括成立旨趣，工作目标，工作原则，行政组织，过去工作概况等6项。附三十六年度工作计划. —— 书目来源：国家图书馆（存目）

社会部重庆实验救济院现行章则汇编/社会部重庆实验救济院编. —— 重庆：社会部重庆实验救济院，1946. —— 书目来源：国家图书馆

时事文献选集/联政宣传部编. —— [出版地不详]：联政宣传部，1946. —— 收集半年来的时事问题的重要文献，有《政府与中共代表会谈纪要》《蒋介石元旦广播全文》《莫斯科三外长会议对中国问题公报》《周恩来同志报告国共会谈经过》《美总统杜鲁门对华政策声明》等29篇. —— 书目来源：重庆图书馆

世界民主政治的新趋势/邓初民著. —— 重庆：文治出版社，1946. —— 书

目来源：国家图书馆、重庆图书馆、上海图书馆、吉林省图书馆

／邓初民著.——重庆：文治出版社，1947.——书目来源：国家图书馆、首都图书馆、天津图书馆、吉林省图书馆、山西省图书馆

／邓初民著.——上海：华夏书店，1947.——书目来源：南京图书馆

四川省参议会第一届第二次大会暨第一次临时大会会议纪录／四川省临时参议会编.——成都：四川省印刷局，1946.——目录题四川省参议会第一届第二次大会暨临时大会会议纪录.——书目来源：国家图书馆、南京图书馆

四川省第十行政督察区三十五年秋季运动会会刊／[作者不详].——[出版地不详]：[出版者不详]，[1946].——书目来源：重庆市档案馆

四川省三十五年度民政部门工作计划之指示／陈开泗编.——成都：四川省政府民政厅，1946.——书目来源：重庆图书馆

四川省调整县政府机构人事法规辑要／[作者不详].——成都：西南印书局，1946.——书目来源：南京图书馆

四川省政府三十五年度工作计划，又名：中华民国三十五年度四川省政府工作计划：行政部分／四川省政府编.——四川：四川省政府，1946.——书目来源：国家图书馆（缩微）

四川司法／[作者不详].——成都：[出版者不详]，1946.——书目来源：南京图书馆

四年来之陪都妇女福利社／中华妇女福利社著.——南京：[中华妇女福利社]，1946.11.——书前有包德明的弁言，书后有附录15篇。出版时间据弁言。介绍该社组织、社员以及妇女福利、生产情况等，共9部分.——书目来源：上海图书馆、南京图书馆

四权行使法论／胡次威著.——上海：正中书局，1946.——书目来源：重庆图书馆、南京图书馆、四川省图书馆

／胡次威著.——上海：正中书局，1946.11.——书目来源：上海图书馆

停战文献／历史文献社.——[出版地不详]：历史文献社，1946.5.——收1945年国共两党"双十协定"签订期间及以后中共方面和新华日报所发表的声明、社论、文件及中共领导人的讲话、演说辞、电文等文献。同时也载有一

些军调处通告及命令. ——书目来源：重庆数字图书馆、复旦大学图书馆、上海社会科学院图书馆、中共四川省委党校图书馆、吉林省图书馆

为和平民主而战/ 时论丛刊社编. ——［出版地不详］：时论丛刊社，1946.4. ——内收《周恩来同志对目前中国政治形势发表声明》《重庆事件与东北问题》《驳蒋介石》. ——书目来源：沈阳市图书馆、广东省立中山图书馆、天津图书馆

为陪都血案争取人权联合特刊/ 上海杂志联谊会编辑. ——［出版地不详］：［出版者不详］，1946. ——该刊系揭露1946年2月10日较场口惨案的特刊。刊中有章乃器、李公朴、许杰、郑振铎、姚雪垠等知名人士撰写的文章. ——书目来源：百度学术网

伟大的二·二二青年爱国运动目录/ 颜武编者. ——［出版地不详］：光芒出版社，1946.3. ——重庆市学生爱国运动游行. ——书目来源：嘉兴学院图书馆、陕西师范大学图书馆、吉林省图书馆

五五宪草有关文献/ 中国文化服务社编. ——［出版地不详］：中国文化服务社，1946.11. ——收重庆政治协商会议所发表的文献，包括政治协商会议对五五宪草的议决案和国民党六届二中全会对政治协商会议报告的议决案，及孙科、曾琦、吴玉章、陈启天、陈长蘅、吴尚鹰、张君劢等人的论文各一篇. ——吴玉章（1878—1966），原名永珊，字树人，号玉章，四川荣县人。1938年底至1939年11月，1946年1月，随中共代表团到重庆参加政治协商会议，1947年离渝. ——书目来源：上海社会科学院图书馆、广东省立中山图书馆、天津图书馆、中国社会科学院图书馆、吉林省图书馆

县各级民意机关之建立/ 周开庆著. ——重庆江津：江津黎金茂纸号铅石印刷社，1946. ——书目来源：国家图书馆

/ 周开庆著. ——重庆江津：［出版者不详］，1946. ——内分公民、户长会议、保民大会、乡镇民代表会、县参议会等6章。附录：县各级组织纲要等27种. ——书目来源：重庆图书馆

/ 周开庆著. ——重庆江津：著者自刊，1946.9. ——书目来源：南京图书馆

新生活运动促进总会伤兵之友社六年来工作简报 自二十九年二月至三十四年十二月三十一日/伤兵之友社．——[出版地不详]：伤兵之友社，1946.1.——1940年2月19日新生活运动六周年纪念日，伤兵之友社总社在重庆成立．——书目来源：台湾大学图书馆

正义的怒吼 重庆市"二·二二"学生爱国游行/云白记述．——[出版地不详]：中国农人旬刊社，1946．——书目来源：国家图书馆

政协文献/历史文献社编选．——[出版地不详]：历史文献社，1946.7.——收录1946年1月至4月《政治协商会议经过》《五项协议》《为保卫政协决议而奋斗》三编．——书目来源：重庆数字图书馆、西南政法大学图书馆

政治协商会议/新华书店编辑部编．——[出版地不详]：华北新华书店，1946．——收有关政治协商会议的文件、评述及解放日报社论，其中包括周恩来在会议上的讲话．——书目来源：重庆图书馆

政治协商会议文献/立华编．——北平：中外出版社，1946．——内分政治协商会议召开办法、开会词、国共两党代表关于停止军事冲突之会同声明、国共会谈经过报告、决议案、闭幕词等7部分。其中有蒋介石、周恩来、张澜、张群、邵力子等人的报告。书后附贝尔纳斯致安德逊函、贝尔纳斯在参议院外委会上的声明、杜鲁门总统的声明、莫斯科三国外长会议公报关于中国部分及国共会谈纪要．——书目来源：重庆图书馆

政治协商会议之检讨/李旭编．——[出版地不详]：时代出版社，1946.8.——书目来源：Berlin State Library（德国柏林国家图书馆）、上海社会科学院图书馆

新中国的曙光/新华日报馆编．——[出版地不详]：新华日报馆，1946.2.——书目来源：复旦大学图书馆、上海社会科学院图书馆、广东省立中山图书馆、北京大学图书馆、四川大学图书馆

中国法西斯派的阴谋与我们斗争的任务/[作者不详]．——[出版地不详]：[出版者不详]，1946.2.——国共停战协议及政治协商会议重要文献之三．——书目来源：重庆数字图书馆、中国社会科学院图书馆

中国国民党重庆市第二次代表大会法规/［中国国民党重庆市执行委员会］编.——重庆：中国国民党重庆市执行委员会，1946.——封面题名：全市代表大会法规汇编.本书是民国三十五年十二月重庆市第二次代表大会的法规汇编.主要有全市代表大会组织法，全市代表大会代表选举法，全市代表大会代表选举法施行细则，全市代表大会代表资格审查委员会组织规程，主席团组织简则，秘书处组织规程，提案审查委员会组织简则等十三条.——书目来源：重庆图书馆

中国民主同盟发起成立之经过略记：1940~1941/梁漱溟记.——［出版地不详］：［出版者不详］，1946.——［新善本］，附一张沈钧儒入会证书.——作者简介：梁漱溟（1893—1988），字寿铭，原名焕鼎，曾用笔名寿名、瘦民、漱溟.原籍广西桂林，生于北京.1938—1942，1946—1948年在重庆生活.——书目来源：国家图书馆

中国童子军组织法规·第一辑/章辑五，萧忠国，袁宗泽，陈邦材，冷雪樵.——上海：二二五童子军书报用品社，1946.——书目来源：广西壮族自治区图书馆

/章辑五，萧忠国，袁宗泽，陈邦材，冷雪樵.——上海：二二五童子军书报用品社，1946.9.——书目来源：上海图书馆

中国问题文献/向群编.——［出版地不详］：大众文化合作社，1946.——抗日战争胜利后（1946年前后）文献汇编.内收《毛主席抵渝发表谈话》《毛主席答路透社记者》等文献31件.——书目来源：重庆图书馆

新中国宪法研究/毅生.——［出版地不详］：生活书店，1946.4.——书目来源：重庆数字图书馆、西南大学图书馆

1947年

中华民国三十六年度重庆市政府工作计划/重庆市政府秘书处编.——［重庆］：重庆市政府秘书处，1947.——书目来源：重庆市档案馆

办理选举事务须知/胡次威著.——南京：中央日报社，1947.——书目来源：国家图书馆

璧山县参议会第一届第六次大会会议纪录/［作者不详］.——［出版地不

详］：［出版者不详］，1947.4. ——书目来源：重庆市档案馆

重庆警备司令部警备区各县市民众自卫组训手册／［重庆警备司令部］编. ——［重庆］：［重庆警备司令部］，［1947］. ——主要有重庆警备司令部警备区各县（市）民众自卫组训实施方案，行政院颁布各县市民众自卫队组织规程，国民政府颁布戡乱时期危害国家紧急治罪条例，行政院颁布后方共产党处置办法. ——书目来源：重庆市档案馆

／［重庆警备司令部］编. ——［重庆］：［重庆警备司令部］，［出版时间不详］. ——书目来源：重庆图书馆

／重庆警备司令部编. ——重庆：重庆警备司令部，［出版时间不详］. ——书目来源：重庆图书馆

重庆市参议会第一届第四次大会纪录：［民国三十六年二月至五月］／［重庆市参议会秘书处］. ——［重庆］：重庆市参议会秘书处，1947.2—5. ——大会记录分开会经过、演词、重要文电、议事纪录、市政府施政报告、提案、决议等12项。后附本会第一届正副议长参议员候补参议员名单，本会第一届第四次大会休会期间各常设委员会名单，本会秘书处职员名单. ——书目来源：重庆图书馆、国家图书馆

重庆市参议会第一届第四次大会提案原文及决议／［作者不详］. ——［出版地不详］：［出版者不详］，1947. ——这是重庆市参议会第一届第四次大会的提案原文和决议单独编印成册。主要有关于民政保安社会卫生，关于经济建设财政地政，关于文化教育三个大类的内容. ——书目来源：重庆图书馆

重庆市参议会第一届第五次大会纪录：［民国三十六年五月至七月］／［重庆市参议会秘书处］. ——［重庆］：［重庆市参议会秘书处］，1947.5—7. ——书目来源：重庆市档案馆、国家图书馆

重庆市参议员选举实录／王鼎鼐著. ——重庆：著者刊，1947. ——这本重庆市参议员选举实录，详细纪录了1945年底重庆市第一届市参议会参议员的选举经过。本实录分为普选前奏，选举事务所成立经过，怎样办理候选人与选举人登记，选举事务所为什么成立招待服务处，文化区与工业区为选举人登记而起的争端，参议员名额问题争执的经过，重庆市第一届市参议会成立经过，对

今后普选工作的展望等十三部分．——书目来源：南京图书馆、国家图书馆

重庆市党部工作报告/［作者不详］．——［重庆］：［出版者不详］，1947.1.——书目来源：重庆市档案馆

重庆市都市计划委员会工作报告/［作者不详］．——［重庆］：［出版者不详］，1947.5—8.——书目来源：重庆市档案馆

重庆市警察局工作报告：三十六年一月至四月/［重庆市警察局］编．——重庆：［重庆市警察局］，［1947］．——本报告全部采用表格的形式，记录了类别、项别、计划、实施情形、备注五个方面．——书目来源：重庆图书馆

重庆市廖氏捐助教养事业资产保管委员会产业图说/［重庆市廖氏捐助教养事业资产保管委员会］编．——［重庆］：［重庆市廖氏捐助教养事业资产保管委员会］，1947.——廖氏产业最初由清道光年间的巴县太和乡人廖春瀛兄弟捐输田租四百九十二石五斗成立重庆市南岸海棠溪义渡。后来，改名为重庆市廖氏捐助教养事业资产保管委员会，重新拟定组织规程并呈奉重庆市市政府核准成立，以原有的田产悉数分配重庆各中小学教养单位。该会历年的收支概况皆经董监联席大会公开审查后逐一分别列册呈报重庆市政府，所有巴县、南川两县产业所在乡镇地名地亩分数地质悉数制为图说。抗战时期未及刊印，民国三十六年战事完成后，特印制成册，收录有海棠溪义渡纪念碑文，呈报市府文，组织规程，办事细则，产业新旧界址，产业界址图说，历年收支对照表等．——书目来源：重庆图书馆

重庆市政法规/重庆市政府编．——重庆：重庆市政府，1947．——在张笃伦担任重庆市市长的两年期间，有感于现行法律的纷繁杂乱，执法者和守法者都感到无所适从，于是组织人员，对各项法律法规进行整理，经过半年的努力，编写成了这本重庆市政法规。从重庆市政府民国二十七年建制起，到三十六年十月底止，共收颁行的有效法规318种。对非常时期制定的法规而现在不适用的，均更正和废止。本法规共分为九部门：本府组织及服务、民政、警察、财政、地政、工务、教育、社会、卫生。每类下面按条来记录．——书目来源：重庆图书馆、国家图书馆

重庆市政府工作报告：三十六年一至六月份 /［作者不详］.——［出版地不详］：［出版者不详］,［1947］.——报告分为两部分。行政部分（民政、训练、社会、警察、财政、教育、公用、卫生、地、会计、统计、人事管理）和事业部分（社会、工务、公用、地政）.——书目来源：重庆图书馆

重庆市政府三十五年度政绩比较表/ 重庆市政府秘书处编.——［重庆］：重庆市政府秘书处, 1947.——书目来源：重庆市档案馆、国家图书馆

重庆市政府实施本市参议会第一届第四次大会决议案经过情形概要/［作者不详］.——［重庆］：［出版者不详］, 1947.1.——书目来源：重庆市档案馆

重庆市政府执行本市参议会第一届一至四次大会决议案概要/［作者不详］.——［重庆］：［出版者不详］, 1947.5.——书目来源：重庆市档案馆

重庆行辕辖区各省市禁政座谈会纪录/［作者不详］.——［重庆］：［出版者不详］, 1947.——书目来源：重庆市档案馆

地方行政概要 / 胡次威著.——上海：昌明书店, 1947.——书目来源：南京图书馆

/ 胡次威著.——上海：昌民书店, 1947.——书目来源：重庆图书馆

地方自治概要/ 胡次威著.——上海：昌明书屋, 1947.——书目来源：重庆图书馆

/ 胡次威著.——上海：昌明书屋, 1948.——书目来源：南京图书馆

/ 胡次威著.——上海：昌明书屋,［出版时间不详］.——书目来源：广西壮族自治区图书馆

地方自治实施方案法规汇编/ 胡次威等著.——上海：大东书局, 1947.——书目来源：南京图书馆、广西壮族自治区图书馆

国民参政会第四届第二次大会决议案行政院办理情形报告表 /［作者不详］.——［出版地不详］：［出版者不详］, 1947.——书目来源：国家图书馆、辽宁省图书馆

国民参政会第四届第二次大会休会期间驻会委员会会务报告 / 国民参政会秘书处编.——南京：国民参政会秘书处, 1947.——书目来源：国家图书馆、

南京图书馆

国民参政会驻会委员会检讨第四届第二次大会建议各案实施情形之报告 / 国民参政会秘书处编 . —— 南京：国民参政会秘书处，1947. —— 书目来源：国家图书馆

国民大会代表重庆候选同志介绍专刊 / ［中国国民党重庆市党部］编 . —— 重庆：中国国民党重庆市党部，［1947］. —— 这是重庆地区响应国民大会代表选举进行的重庆候选同志介绍专刊，民国三十六年由国民党重庆市党部编写。主要登载了石孝先、杨润平、薛智友等二十七位重庆各行业的国大代表候选人的主张和选举他们的理由 . —— 书目来源：重庆图书馆

/ ［作者不详］. —— ［出版项不详］. —— 题名为：重庆候选同志介绍专刊 . —— 书目来源：重庆市档案馆

江北县参议会第一届第五次大会纪录 / ［作者不详］. —— ［出版地不详］：［出版者不详］，［1947］. —— 本纪录分有开会经过、正副议长暨参议员名单、第一届第五次大会议事纪录、江北县政府交问案原文、参议员提案原文、参议员询问案及政府主管机关之答复、政府工作报告、大会宣言、演词九部分内容 . —— 书目来源：重庆图书馆

江北县参议会第一届第六次大会纪录 / ［作者不详］. —— ［出版地不详］：［出版者不详］，［1947］. —— 十月三日召开。本纪录有第一届第六次大会开会经过、正副议长及参议员名单、第一届第六次大会议事纪录、江北县政府交议案原文、议长交议案原文、参议员询问案及政府主管机关之答复、政府工作报告、大会宣言、演词十部分内容 . —— 书目来源：重庆图书馆

江北县基本国势调查总报告 简编 / 国民政府主计处统计局编 . —— 江北县 ［重庆］：国民政府主计处统计局，1947.4. —— 本调查报告分三部：第一部办理经过；第二部统计结果分析；第三部统计表，有 89 份统计表。调查内容包括：人力调查；资力调查；生产调查；分配运销调查；政治调查 . —— 书目来源：重庆市档案馆、重庆图书馆

民意机关解释法规汇编 / 胡次威等著 . —— 上海：大东书局，1947. —— 书目来源：国家图书馆、重庆图书馆、南京图书馆

陪都见闻／邱汉平编著；曹中枢校．——重庆：重庆长江出版社，1947．——邱汉平先生抗战后客居山城时所编著。收26则社会故事，皆是民国时期发生在陪都重庆、市民们街谈巷议的一些案件．——作者简介：邱汉平（1904—1990），字知行，原籍福建海澄，生于缅甸仰光，中国法学家。抗战时期在重庆．——书目来源：重庆图书馆

社会部北碚儿童福利实验区儿童情绪研究报告／［作者不详］．——［出版地不详］：［出版者不详］，1947．——书目来源：国家图书馆

社会部北碚儿童福利实验区统计报表．第二号／［作者不详］．——［出版地不详］：[出版者不详]，1947．——书目来源：国家图书馆、南京图书馆

社会部北碚儿童福利实验区业务统计汇编／［作者不详］．——［出版地不详］：［出版者不详］，1947.1—1948.9．——书目来源：重庆市档案馆

社会部重庆实验救济院概况／重庆实验救济院编．——重庆：重庆实验救济院，1947．——社会部重庆实验救济院成立于1942年3月。本书编于1947年8月，共分十部分，介绍了重庆实验救济院的创设主旨、沿革、组织、业务及经费等．——书目来源：重庆图书馆

／重庆实验救济院编．——重庆：重庆实验救济院，1948．——分前言、创设主旨、沿革、院址及院景、组织、业务概况、业务费用、申请救济须知、受救济人数统计、主要职员简历表等十部分．——书目来源：重庆图书馆

社会救济法规辑要／重庆市社会局编．——重庆：重庆市社会局，1947．——书目来源：重庆图书馆

省组织法论／胡次威著．——上海：正中书局，1947．——书目来源：南京图书馆、四川省图书馆、广西壮族自治区图书馆

／胡次威著．——上海：正中书局，1947.2．——书目来源：上海图书馆

四川北碚管理局三十五年度统计总报告／［作者不详］．——［出版地不详］：［出版者不详］，1947.12．——书目来源：重庆市档案馆

四川省政府地政局工作报告／四川省政府地政局编．——四川：四川省政府地政局，1947．——书目来源：重庆图书馆

四川司法：自民国三十三年度至三十五年度止／苏兆祥编．——成都：四

川高等法院，1947.——书目来源：重庆图书馆、上海图书馆

县自治法论 / 胡次威著.——上海：正中书局，1947.——书目来源：南京图书馆、四川省图书馆、广西壮族自治区图书馆

/ 胡次威著.——上海：正中书局，1947.2.——书目来源：上海图书馆

乡镇自治提要 / 胡次威著.——上海：大东书局，1947.——书目来源：重庆图书馆、南京图书馆、广西壮族自治区图书馆

/ 胡次威著.——上海：大东书局，1947.6.——书目来源：上海图书馆

新生活运动促进总会伤兵之友社总社七年来工作简报 自二十九年二月至三十五年十二月三十一日 / 伤兵之友社总社编.——[重庆]：伤兵之友社总社，1947.——1940年2月19日新生活运动六周年纪念日，伤兵之友社总社在重庆成立.——书目来源：复旦大学图书馆

杨市长言论选集 / 杨森著.——贵阳：贵州省政府秘书处，1947.——第2辑。收《建设新贵州的意见》《青年与建国》《孔子与中国民族精神》等83篇.——作者简介：杨森（1884—1977），字子惠，原名淑泽，又名伯坚，四川广安县人，1947—1949年任重庆市长.——书目来源：重庆图书馆

/ 杨森著.——贵阳：贵州省政府秘书处，1948.——第3辑。收《对省行政会议的期望》《训练与建设》《黔政三年序》等65篇.——书目来源：重庆图书馆

/ 杨森著.——重庆：重庆市政府秘书处，1949.——第1辑。本辑收杨森自1948年5月至1949年5月，关于政治、经济、文教、社会及军事等方面的讲话与文章.——书目来源：重庆图书馆

怎样实施新县制 / 胡次威著.——上海：大东书局，1947.——书目来源：重庆图书馆、南京图书馆、贵州省图书馆、广西壮族自治区图书馆

/ 胡次威著.——上海：大东书局，1947.7.——书目来源：上海图书馆

中央警官学校毕业同学录 / [中央警官学校正科十七期同学录筹备委员会]编.——[重庆]：[中央警官学校正科十七期同学录筹备委员会]，[1947].——书目来源：国家图书馆

中央警官学校警犬学 / [作者不详].——[出版地不详]：[出版者不详]，

1947.12.——中央警官学校 1937—1945 年在重庆.——书目来源：重庆市档案馆

中央警校甲（乙）级警官训练班第一期同学录/［作者不详］.——［出版地不详］：［出版者不详］，1947.2.——中央警官学校 1937—1945 年在重庆.——书目来源：重庆市档案馆

／［作者不详］.——［出版项不详］.——书目来源：重庆市档案馆

1948 年

中华民国三十七年度重庆市政府工作计划/重庆市政府秘书处编.——重庆：重庆市政府秘书处，1948.　　书目来源：重庆市档案馆、国家图书馆

北碚管理局工作提要报告/［作者不详］.——［出版地不详］：［出版者不详］，1948.——书目来源：重庆市档案馆

璧山县参议会第一届第七、八、九次大会暨临时大会会议纪录/［作者不详］.——［出版地不详］：［出版者不详］，1948.9.——书目来源：重庆市档案馆

重庆警备司令部警备区各县（市）民众自卫组训实施方案/行政院颁布.——重庆：国防部，1948.——书目来源：国家图书馆

／［作者不详］.——［出版项不详］.——书目来源：重庆市档案馆

重庆市警察局工作一年概况/重庆市警察局编辑委员会编.——重庆：重庆市警察局，1948.——本书是由重庆市警察局编辑委员会于民国三十七年编写出版的重庆市警察局一年的工作概况，分为沿革、组织、人事管理、经费、督察、教育、行政、司法、外事、驻卫警察、福利、一年来的重大案件记述，一年来的设计工作。书前附有十条警察读训.——书目来源：重庆图书馆

／［作者不详］.——［出版地不详］：［出版者不详］，1948.11.——书目来源：重庆市档案馆

重庆市三十七年下半年度施政纲要/［作者不详］.——［重庆］：［出版者不详］，1948.7.——书目来源：重庆市档案馆

重庆市政府工作报告/重庆市政府.——重庆：重庆市政府，1948.——书目来源：南京图书馆

/［作者不详］. —— ［重庆］：［出版者不详］，1948.1. —— 书目来源：重庆市档案馆

重庆市政府三十六年度政绩比较表/ 重庆市政府秘书处编. —— 重庆市政府秘书处，1948. —— 书目来源：重庆市档案馆

重庆市政府三十七年下半年度施政纲要/ 重庆市政府. —— 重庆：重庆市政府，1948.7. —— 书目来源：南京图书馆

重庆市政府施政报告/ 重庆市政府秘书处编. —— 重庆：重庆市政府秘书处，1948. —— 报告有拥护经改运动稳定物价金融，配合戡乱国策充实自卫武力，整理税收公产宏裕自治财源，加强训练工作提高干部素质，发展国民教育展开建校运动，兴建嘉陵江大桥展拓本市区域，加紧工程建设完成未竣工作，继续整理户籍建立庶政基础，整理土地册籍开展地政工作，健全人事制度增进行政效率等内容。附重庆市三十七年下半年度施政纲要. —— 书目来源：重庆图书馆

各县（市）民众自卫队规程/ 行政院颁布. —— 重庆：国防部，1948. —— 内有：各县（市）民众自卫队组训规程补充办法，重庆警备司令部警备区各县（市）民众自卫队组训实施方案. —— 书目来源：国家图书馆

工人的旗帜/ 穆青等著. —— ［出版地不详］：太岳新华书店，1948. —— 收录有："刘伯承工厂"运动. —— 书目来源：中共四川省委党校图书馆、中国社会科学院图书馆

工运参考资料/ 松江省职工代表筹委会编. —— ［出版地不详］：松江省职工代表筹委会，1948.1. —— 收录有："刘伯承工厂"运动. —— 书目来源：浙江工商大学图书馆、盐城师范学院图书馆、嘉兴学院图书馆

和中共相处两年，又名，新西行漫记/（英）班威廉·克兰尔著. —— ［伦敦］：［出版者不详］，1948. —— 书中的"1944年的重庆"记述了作者在重庆的活动. —— 书目来源：《毛泽东书典》第845—846页

两条路/ 樊弘. —— 上海：观察社，1948. —— 内收《收益方式与行为方向的关系》《知识·思想·行为》《从"知难行易"学说的批判说到国民党今后的出路》《从经济的观点评今日几种错误的政治见解》《我对于中国政治问题的根

本看法》《阶级·政党与民主政治》《两条路》《学生运动的意义》《由必要到自由》等 22 篇。有著者代序《苦闷与得救》. ——书目来源：重庆图书馆、国家图书馆、南京图书馆、四川省图书馆、广西壮族自治区图书馆

／樊弘. ——［出版地不详］：观察社，1948. ——书目来源：复旦大学图书馆、广东省立中山图书馆、云南大学图书馆、四川省图书馆

／樊弘. ——上海：观察社，1949. ——书目来源：南京图书馆

／樊弘. ——上海：观察社，1949.1. ——有著者代序《苦闷与得救》. ——书目来源：上海图书馆

民国县制史／胡次威著. ——上海：大东书局，1948.11. ——书目来源：上海图书馆、南京图书馆

迁都重庆／赵授承著. ——上海：大成出版公司，1948. ——书目来源：上海社会科学院图书馆、中共四川省委党校图书馆、中国社会科学院图书馆、国家图书馆

四川省政府三十七年下半年度工作计划／四川省政府编. ——四川：四川省政府，1948. ——书目来源：南京图书馆

县自治提要／胡次威著. ——上海：大东书局，1948. ——书目来源：重庆图书馆、南京图书馆、四川省图书馆、广西壮族自治区图书馆

／胡次威著. ——上海：大东书局，1948.1. ——书目来源：南京图书馆

新劳动态度的模范／丁坚编. ——［出版地不详］：大众书店，1948.1. ——收录有："刘伯承工厂"运动. ——书目来源：中共四川省委党校图书馆、北京大学图书馆、吉林省图书馆

中央在渝各机关月半联谊会会员通讯录／［作者不详］. ——［出版地不详］：［出版者不详］，1948.8. ——书目来源：重庆市档案馆

1949 年

中华民国三十八年度重庆市政府工作计划／重庆市政府秘书处编. ——［重庆］：重庆市政府秘书处，1949. ——书目来源：重庆市档案馆

巴县参议会第二届第 1—4 次大会纪录／［作者不详］. ——［出版地不详］：［出版者不详］，1949.3. ——书目来源：重庆市档案馆

陈独秀的最后见解/ 陈独秀著.——［出版地不详］：自由中国社出版部，1949.——书目来源：广西壮族自治区图书馆

／陈独秀著.——广州：自由中国社出版部，1949.——书目来源：重庆图书馆

赤水县临委会议提纲/ 向天培.——［出版地不详］：［出版者不详］，1949.6.——作者简介：向天培（1915—1969），又名向家才，化名向云涛、陈亚平，重庆荣昌县人.——书目来源：《荣昌县志》第1051页

重庆市党政工作人员反共救国手册/ 杨森编著.——重庆：［出版者不详］，1949.8.——书目来源：重庆市档案馆、重庆图书馆

重庆市政府工作纲领草案/［作者不详］.——［出版地不详］：［出版者不详］，1949.2.——书目来源：重庆市档案馆

发挥中国的长处以吸收外国的长处／梁漱溟讲；葛向荣，一丁记录.——重庆：北碚管理局，1949.——书目来源：重庆图书馆

梁漱溟先生近年言论集/ 梁漱溟讲演；黄承勋编.——成都：龙山书局，1949.——书目来源：《北碚文史资料》第4辑 抗日战争时期的北碚第425页、重庆图书馆

／梁漱溟著；黄承勋编.——成都：龙山书局，［出版时间不详］.——书目来源：四川大学图书馆

罗运炎讲演拾零/ 罗运炎著.——［出版地不详］：卫理公会书报部，［1949.9］.——收作者抗战前发表在报刊上的讲稿及战时在大后方的讲演词，包括《教产问题》（一九四四年在陪都全国基督教协进会法律顾问委员会讲）、《胜利前夕争取胜利的最低条件》（一九四四年国庆日在陪都重庆全市基督徒联合祈祷会讲）、《同情心》（一九四三年冬陪都重庆广播词）等31篇，内容涉及宗教、政治、教育等方面.——作者简介：罗运炎（1889—？），字耀东，江西九江人。中华民国哲学家、基督教领袖、社会活动家、政治人物，中国禁烟运动领袖之一.——书目来源：上海社会科学院图书馆、中国社会科学院图书馆

如此中美特种技术合作所——蒋美特务重庆大屠杀之血录／重庆市各界追悼杨虎城将军暨被验证烈士筹备委员会编.——重庆：重庆市各界追悼杨虎城

将军暨被验证烈士筹备委员会，［1949］．——书目来源：南京图书馆、国家图书馆

中国刑法总论／胡长清著．——上海：大东书局，1949．——书目来源：重庆图书馆

出版时间不详

（爱国健儿）革命军／邹容著．——上海：尚古山房印行，［出版时间不详］．——书目来源：上海邹容纪念馆

巴县地方行政干部训练所第二期毕业学员通讯录／［作者不详］．——重庆巴县：［出版者不详］，［出版时间不详］．——书目来源：重庆图书馆

巴县县政府工作报告／［作者不详］．——［出版项不详］．——书目来源：重庆市档案馆

暴日强占东三省之认识／周开庆著．——［出版地不详］：著者刊，［出版时间不详］．——论述日本侵略我国的原因、日本满蒙政策的内容、日本侵略满蒙的三个时期、日本侵略满蒙的实况、日本强占东三省的暴行等7个问题．——书目来源：重庆图书馆

北碚管理局澄江镇三年建设计划草案／［作者不详］．——［出版项不详］．——书目来源：重庆市档案馆

车务运载章程原稿／施愚等著．——［出版项不详］．——书目来源：中国书网

撤废领事裁判权问题：太平洋会议后援同志会宣言／江庸．——［出版项不详］．——书目来源：上海图书馆、南京图书馆

重庆防毒法规计划汇编／重庆防空部．——［出版项不详］．——书目来源：重庆市档案馆

重庆获商统费税则／［作者不详］．——［出版项不详］．——书目来源：重庆市档案馆

重庆警备司令部警备区各市县局出巡经过报告书／［作者不详］．——［出版项不详］．——书目来源：重庆市档案馆

重庆警察司令部江合碚区联防指挥部工作计划实施大纲／［作者不详］．

——［出版项不详］.——书目来源：重庆市档案馆

重庆救国会／中共重庆市委党史工作委员会编.——［出版项不详］.——书目来源：重庆图书馆

重庆市党部工作概要／［重庆市党部编］.——［重庆］：［重庆市党部］，［出版时间不详］.——有秘书处工作概况、组织部工作概况、训练部工作概况、第一届至第三届委员表（民国十七年至二十三年）、四川重庆市工会团体一览表（工会名称、负责人姓名及成立年月）等内容.——书目来源：重庆图书馆

／重庆市党部编.——重庆：重庆市党部，［出版时间不详］.——书目来源：重庆图书馆

重庆市党部社会服务队简则及暂行工作纲要／［作者不详］.——［出版项不详］.——书目来源：重庆市档案馆

重庆市党团统一委员会／［作者不详］.——［出版项不详］.——书目来源：重庆市档案馆

重庆市地政局土地行政工作报告／［作者不详］.——［出版项不详］.——书目来源：重庆图书馆

重庆市动员委员会工作报告／重庆市动员委员会编.——重庆：重庆市动员委员会，［出版时间不详］.——书目来源：重庆图书馆

重庆市各区区民代表会（主席名册）／［作者不详］.——［出版项不详］.——书目来源：重庆市档案馆

重庆市警察局工作报告／重庆市警察局编.——重庆：重庆市警察局，［出版时间不详］.——内容有公安行政、福利行政、人事行政、司法行政、教育行政、勤务督察、兵役行政、地方自治、防空事项等.——书目来源：重庆图书馆

重庆市警察局工作报告／重庆市警察局编.——重庆：重庆市警察局，［出版时间不详］.——内容有警察行政、保甲行政、兵役行政、防空防毒四部分.——书目来源：重庆图书馆

重庆市警察局工作报告／重庆市警察局编.——重庆：重庆市警察局，［出

版时间不详］．——内容有警察行政、司法行政、警察教育行政、兵役行政、关于防空事项、接收新市区、警务设备纪要等．——书目来源：重庆图书馆

重庆市三十二年度政务考察报告／重庆市政府．——重庆：重庆市政府，[出版时间不详]．——书目来源：南京图书馆

重庆市消防联合会干部学校第一期同学录／[作者不详]．——[出版项不详]．——书目来源：重庆市档案馆

重庆市政府执行市临时参议会第五次大会决议案情形一览表／[重庆市政府] 编．——重庆：[重庆市政府]，[出版时间不详]．——表内有"案由"、"办理情形"．——书目来源：重庆图书馆

川东法团联合会议事录／[川东法团联合会] 编．——[出版项不详]．——这是川东法团联合会议事录，主要有联合会宣言、各县代表姓名一览表、本会成立日期启用图记附陈简章文、1924年的呈遵批修改简章恳予立案文、请息顺防战争电、呈请通令禁止非法逮捕办公人员文等内容．——书目来源：重庆图书馆

党化教育讲义／李寰．——[出版项不详]．——作者简介：李寰（1896—1989），字定宇，又名祥云，重庆万县人．——书目来源：重庆图书馆

党治与中国／周开庆著．——[出版项不详]．——书目来源：重庆图书馆

帝国主义的性质之研究／漆南薰著．——重庆：新文化社，[出版时间不详]．——书目来源：重庆图书馆

读国民政府禁烟条例敦劝民众意见书／曾吉芝．——[出版地不详]：四川省立第二女子师范学校校友会，[出版时间不详]．——作者简介：曾纪瑞（1872—1942），字吉芝，原籍江西金溪县，青年时入巴县县学廪膳生，于是著巴县籍．——书目来源：重庆图书馆

法学通论／唐萃芳．——[出版项不详]．——作者简介：唐萃芳（1898—1954），字南薰，重庆奉节县人．——书目来源：《奉节县志》第843页

法制：中央政治学校公务员训练部高等科讲义／史尚宽，刘克隽，谢冠生著．——[出版地不详]：中央政治学校，[出版时间不详]．——书目来源：西南政法大学图书馆

防空法令汇编/［作者不详］．——［出版项不详］．——书目来源：重庆市档案馆

丰都县参议会第一届第三次大会纪录/［作者不详］．——［出版项不详］．——书目来源：重庆市档案馆

涪陵县政府二十年度建设科行政事业报告书/［作者不详］．——［出版项不详］．——内容分上、中、下三编：上编报告教育科行政概况；中编报告教育科所办事业，第一篇农林试验场，第二篇苗圃林场，第三篇平民工艺厂，第四篇乡村电及公园马路；下编则是调查统计录及参政者名单。书中附涪陵县区分划行政图、县交通图、县山脉水系分布图、县市街图、县政府建设科平面图、农林试验场全图，还有平民工艺厂工作、第一平民夜课学校之生徒、磨盘沟之水利视察、前建设局全体职员等照片．——书目来源：重庆图书馆

涪陵县县政府建设科二十一年度建设报告书/［作者不详］．——［出版项不详］．——内容分为上、中、下编：上编行政概况；中编事业概况，有建筑事项、农事试验场、苗圃、林场、平民工艺厂、乡村电话所等内容；下编调查，有农村概况、农产概况、林业概况、矿产概况、工业概况、商业概况等内容．——书目来源：重庆图书馆

涪州自治制研究所讲录/［作者不详］．——［出版项不详］．——其他题名：城镇乡地方自治章程要义．——书目来源：重庆图书馆

抚吴文牍□□卷/程德全撰．——民国稿本．——内容分"奏、咨、札、批、函、电"六种，反映了辛亥革命前夕江苏工农群众的反清斗争，以及革命党人的秘密活动．——书目来源：南京图书馆

革命军　军民必备之书/邹容著．——［出版项不详］．——书目来源：重庆数字图书馆

革命军不分卷/邹容撰．——民国石印本．——一册．——书目来源：上海图书馆、复旦大学图书馆

革命先锋/邹容著．——［出版项不详］．——书目来源：人民大学图书馆

根本救国论/周子游．——［出版项不详］．——"九·一八"事变后，周忧国忧民，写成后上书蒋介石．——书目来源：《奉节县志》第845页

工人运动报告/杨闇公作.——［出版项不详］.——在国民党四川省第一次代表大会重庆城区演讲.——作者简介：杨闇公（1898—1927），重庆潼南县人，革命烈士.——书目来源：《杨闇公日记》第 296 页

共勉录/［作者不详］.——北碚：北碚实验区署印行，［出版时间不详］.——书目来源：北碚区图书馆

国共谈判文献辑要/周恩来，林祖涵著.——［出版地不详］：抗战日报社，［出版时间不详］.——内收《国共谈判双方来往文件》《周恩来同志对记者关于国共谈判毫无结果发表谈话》《林祖涵同志在参政会上关于国共谈判的报告》《再致国民政府代表王世杰张治中的信》（林祖涵）等 6 篇.——书目来源：重庆图书馆

国共谈判真相/周恩来等著.——［出版地不详］：新华书店，［出版时间不详］.——内收《林伯渠同志再答张王的信》《延安观察家评国内战局》《国共谈判双方来往文件》《关于宪政与团结问题》（周恩来）《林祖涵同志关于国共谈判在国民参政会报告》《评三届三次国民参政会》等十二篇.——书目来源：重庆图书馆

最新国际公法/杨公达.——［出版项不详］.——作者简介：杨公达（1907—1972），字文彬，重庆长寿人.——书目来源：《长寿县志》第 1165 页

国际联盟与中国 /周开庆著.——［出版项不详］.——内分中国外交上之苦闷、国际联盟之缘起及其宗旨、国际联盟组织之概况、十二年来之国际联盟与远东、国际联盟处理中日纠纷之经过、对于国际联盟应有之认识等六部分.——书目来源：重庆图书馆

国际形势/杨公达.——［出版项不详］.——书目来源：《长寿县志》第 1165 页

国民参政会第三届第一次大会提案原文.第五册/国民参政会秘书处编.——重庆：国民参政会秘书处，［出版时间不详］.——书目来源：国家图书馆

国民参政会第三届第三次大会提案原文/国民参政会秘书处编.——重庆：国民参政会秘书处，［出版时间不详］.——书目来源：国家图书馆、南京图书馆

国民参政会第四届第二次大会财政部口头报告／［作者不详］．——［出版项不详］．——书目来源：国家图书馆

国民参政会历届参政员联谊会捐款姓名清单／国民参政会历届参政员联谊会编．——［出版地不详］：国民参政会历届参政员联谊会，［出版时间不详］．——书目来源：国家图书馆

国民参政会宣言／中央组织部编．——［出版地不详］：中央组织部，1938．——书目来源：国家图书馆

江北县整编保甲清查户口各级承办人员特应注意事项／［作者不详］．——［出版项不详］．——书目来源：重庆市档案馆

江津县行政会议录／［作者不详］．——［出版项不详］．——书目来源：重庆市档案馆

蒋委员长八一三四周年告全国国民书／［作者不详］．——［出版项不详］．——书目来源：重庆市档案馆

蒋委员长九一八十周年告全国国民书／［作者不详］．——［出版项不详］．——书目来源：重庆市档案馆

蒋委员长告全国知识青年从军书／［作者不详］．——［出版项不详］．——书目来源：重庆市档案馆

蒋委员长抗建言论集（1）（英汉对照）／重庆北碚进步英华周刊社发行．——［出版项不详］．——书目来源：北碚区图书馆

蒋议长在国民参政会第四次大会关于宪政问题之演辞／蒋介石讲．——［出版项不详］．——书目来源：国家图书馆

进步党本部暨四川支部成立概略书／［作者不详］．——［出版项不详］．——收进步党本部宣言书、本部成立纪、川支部成立纪事、川支部及各分部函电、党章、本部暨川支部职员一览表．——书目来源：重庆图书馆

抗战与妇女／［作者不详］．——［出版地不详］：独立出版社，［出版时间不详］．——书目来源：西南政法大学图书馆

论二届国民参政会第一次大会／［作者不详］．——［出版项不详］．——书目来源：首都图书馆

寐爽轩一夕谈/ 李鼎禧 . ——重庆联合中学，油印 . ——发给学校师生，宣传孙中山民主革命思想 . ——作者简介：李鼎禧，生卒年不详，长寿人 . ——书目来源：《长寿县志》第 1146 页

民法妇权/ 唐萃芳 . ——［出版项不详］. ——书目来源：《奉节县志》第 843 页

民众与抗战/ 漆琪生等著 . ——［出版地不详］：战时出版社，［出版时间不详］. ——内收《民众运动与抗战》（胡绳）、《现阶段的民众运动》（李洁之）、《发动民众的基本条件》（陈振祺）、《动员农民的二大魔障》（漆琪生）、《农村工作 ABC》（邓颖超）、《乡村运动与农民政纲》（薛暮桥）、《全面抗战中工人动员问题》（汪德彰）等 19 篇 . ——作者简介：漆琪生（1904—1986），四川江津人 . ——书目来源：重庆图书馆、国家图书馆

南昌暴动始末记/ 刘伯承 . ——［出版项不详］. ——中国共产党第六次全国代表大会上报告 . ——书目来源：《开县县志》第 558 页

南京呢还是重庆/（伪）江苏省宣传处编 . ——［江苏］：（伪）江苏省宣传处，［出版时间不详］. ——书目来源：国家图书馆

农民运动报告/ 杨闇公作，在国民党四川省第一次代表大会重庆城区演讲 . ——［出版项不详］. ——书目来源：《杨闇公日记》第 301 页

欧洲问题的关键在哪里/ 柳乃夫著 . ——上海：引擎出版社，［出版时间不详］. ——书目来源：重庆图书馆

评国民党参政会 /［作者不详］. ——山东：山东新华书店，［出版时间不详］. ——书目来源：重庆图书馆

青年与抗战/ 陈铭枢等著 . ——［出版地不详］：战时出版社，［出版时间不详］. —— 内收《贡献给伟大时代的青年》（陈铭枢）、《所望于今日青年的两三点》（张申府）、《现阶段的青年运动的性质与任务》（周恩来）、《中国新青年的责任》（王芸生）、《抗战中青年的作用与任务》（潘梓年）、《青年应成为抗战的中坚》（章乃器）、《当今大学生的责任》（竺可桢）等 . ——书目来源：重庆数字图书馆、中国社会科学院图书馆

秋收起义宣言 / 江涛. ——［出版项不详］. ——1930 年 7 月初，江涛根据省委"秋收起义宣传提纲"起草. ——作者简介：江涛（1898—1932），本名汪兴武，号文奎，绰号"汪心慌"，化名江涛。重庆潼南人. ——书目来源：《潼南县志》第 875 页

三民主义青年团重庆支团工作报告书 / ［作者不详］. ——［出版项不详］. ——书目来源：重庆数字图书馆

三民主义青年团第一届中央干事会第一次全体会议决议案汇录 / 三民主义青年团第一届中央干事会编. ——［重庆］：三民主义青年团第一届中央干事会，［出版时间不详］. ——书目来源：重庆图书馆、国家图书馆

社会部重庆第一育幼院院况 / 重庆第一育幼院编. ——重庆：重庆第一育幼院，［出版时间不详］. ——书目来源：国家图书馆

什么叫帝国主义 / 漆南薰著. ——［出版项不详］. ——书目来源：重庆图书馆

什么是不平等条约 / 漆南薰著. ——重庆：新文化社，［出版时间不详］. ——书目来源：重庆图书馆

蜀军军政府设置地方司令官施行细则 / 曾吉芝起草手书. ——书目来源：重庆中国三峡博物馆

四川巴县地方法院一年来工作摘要报告书 / 巴县地方法院编. ——巴县［重庆］：巴县地方法院，［出版时间不详］. ——书目来源：重庆图书馆

四川国民党史 / 但懋辛、熊克武、朱之洪等编撰. ——［出版项不详］. ——在抗战期间编成. ——作者简介：但懋辛（1879—?）字怒刚，四川荥阳人。熊克武（1885—1970），四川井研人。朱之洪（1871—1950），字叔痴，重庆巴县人. ——书目来源：《四川省志 人物志》第 247 页

四川人的大梦其醒 / ［作者不详］. ——［出版项不详］. ——共 12 章。从中原战局谈到四川局势，呼吁四川应避免军阀内战而要进行建设. ——书目来源：重庆图书馆、国家图书馆

四川省第三区壮丁干部训练班官佐通讯录 / ［作者不详］. ——［出版项不详］. ——书目来源：重庆市档案馆

四川省第三行政督察区建教联席会议提案/［四川省第三行政督察区建教联席会议］编.——［出版项不详］.——这是建设类的提案，主要记录了永荣铜壁大共同开发东西两山案等.——书目来源：重庆图书馆

四川省第三行政督察区建教联席会议提案/［四川省第三行政督察区建教联席会议］编.——［出版项不详］.——这是教育类的提案汇编。主要有召集本区各县小学教员集中训练案等.——书目来源：重庆图书馆

四川省集训第二总队通讯录/四川省集训第二总队通讯录编.——四川：四川省集训第二总队通讯录，［出版时间不详］.——内容分为馆长通讯录、同学通讯录两部分.——书目来源：重庆图书馆

四川省建设厅二十年七八九三个月行政计划纲要/［作者不详］.——［出版项不详］.——内收有关总务、农林蚕、工商、矿务、水利交通等诸方面的计划纲要.——书目来源：重庆图书馆

四川省临时参议会第二届第一次大会纪录/四川省临时参议会编.——成都：成都西南印书局，［出版时间不详］.——书目来源：国家图书馆、南京图书馆

四川省临时参议会第二届第三次大会纪录/四川省临时参议会编.——成都：成都新新新闻报馆印刷部，［出版时间不详］.——书目来源：国家图书馆

四川省水上警察局长警服务须知/［作者不详］.——［出版项不详］.——内收《党员守则》《警察读训》《四川省水上警察训练所所歌》《水警法令摘要》《水上警察实务摘要》《四川省水上警察训练所毕业员警通讯社组织规程及办事细则》等十篇.——书目来源：重庆图书馆

四川省铜梁县参议会第一届第二、三次大会会议纪录/［作者不详］.——［出版项不详］.——铜梁县第一届第二次大会于民国三十五年三月召开，同年八月召开第三次大会。这是两次大会的会议记录，主要记述了大会的开会经过、出席参议院名单、大会议事记录、县府交议案、参议员提议案.——书目来源：重庆图书馆

四川省铜梁县参议会第一届第六、七次大会会议纪录/［作者不详］.——［出版项不详］.——四川省铜梁县参议会第一届第六次大会于民国三十六年七

月召开。这是大会的会议记录,主要有开会经过,正副议长和参议员名单,行政机关人员列席名单,审查委员会名单,决议案件等。同年十月召开第七次大会,对民政、治安、财粮经济、会计、教育、建设交通、军事兵役共六十五件议案进行决议和审核. ——书目来源:重庆图书馆

四川省铜梁县临时参议会成立暨第一次大会会议记录/［作者不详］. ——［重庆］:［出版者不详］,［出版时间不详］. ——书目来源:重庆市档案馆

四川省行政督察专员会议录/［四川省行政督察专员会议］编. ——成都:［四川省行政督察专员会议］,［出版时间不详］. ——书目来源:重庆图书馆、南京图书馆

四川省政府财政施政报告概要/甘绩镛报告. ——［出版地不详］:［出版者不详］,［193—?］. ——书目来源:浙江图书馆

四川省政府委员会会议纪录/［四川省政府秘书处秘书室纪录股编纂］. ——成都:［四川省政府编译室］,［出版时间不详］. ——书目来源:重庆图书馆

四川通省团练干部传习所同学录/［作者不详］. ——四川:［出版者不详］,［出版时间不详］. ——内收该所第二期教职员籍贯表及第一区队至第五区队学生籍贯表. ——书目来源:重庆图书馆

弹劾酉阳县知事马图而上省行政公署民政长书/陈燕士. ——［出版项不详］. ——作者简介:陈燕士,字骏序,辛亥革命酉阳中路司令. ——书目来源:《酉阳民国著述知多少(1911—1949年以来酉阳籍著述)》(阿红)

铁券/思汉子辑;邹容著. ——日本东京:小川印刷所印,［出版时间不详］. ——书目来源:上海图书馆

童子军必携/范晓六主编;冷雪樵主编. ——上海:二二五童子军书报用品社,［出版时间不详］. ——书目来源:广西壮族自治区图书馆

万县临时参议会第一届第三次大会纪录/［作者不详］. ——［出版项不详］. ——书目来源:重庆市档案馆

万县临时参议会第二次大会议事纪录/［作者不详］. ——［出版项不详］. ——书目来源:重庆市档案馆

万县临时参议会第三次大会议事纪录／［作者不详］．——［出版项不详］．——书目来源：重庆市档案馆

万县临时参议会第四次大会议事纪录／［作者不详］．——［出版项不详］．——书目来源：重庆市档案馆

汪案纪要／吴敬恒等著．——［出版项不详］．——收有关汪精卫投敌的电文、评论等．——书目来源：重庆图书馆

我的重庆政权观／（日）吉田东佑著．——汉口：申报馆，［出版时间不详］——书目来源：国家图书馆（存目）

巫溪县县政府及各机关职员录／［作者不详］．——巫溪［重庆］：巫溪县县政府，［出版时间不详］．——书目来源：国家图书馆

西洋外交史／杨公达．——［出版项不详］．——书目来源：《长寿县志》第1165页

新社会民治主义／孙倬章著．——［出版项不详］．——书目来源：上海图书馆

刑法总论／赵念非．——［出版项不详］．——作者简介：赵念非（1898—1985），字卿廉，号彦徽，重庆大足人．——书目来源：《大足县志》第201页

选举诉讼释义／江庸．——［出版项不详］．——书目来源：上海图书馆

渝国共摩擦资料／社会部征集组．——［重庆］：社会部征集组，［194—？］．——书目来源：国家图书馆

战时外交问题／［作者不详］．——［出版项不详］．——本书收有1940年间"中国共产党关于解决两党纠纷之六月提案"、"中国国民党关于解决两党纠纷之第一复案"、"中国国民党七月提示案"、"中国共产党八月复案"等七个文件．——书目来源：重庆图书馆

章炳麟　邹蓉　流血革命／邹容著．——［出版项不详］．——书目来源：复旦大学图书馆

政治报告／杨闇公作．——［出版项不详］．——在国民党四川省第一次代表大会重庆城区演讲．——书目来源：《杨闇公日记》第285页

政治学概论／潘大逵著．——［出版地不详］：江西省地方政治讲习院，

[出版时间不详]．——书目来源：重庆图书馆

治藏刍言／谭定图著．——［出版项不详］．——作者简介：谭定图（1878—1953），别名肖岩，重庆石柱县人．——书目来源：《石柱县志》第618页

中国边区报告／福尔曼若．——［出版项不详］．——书目来源：《重庆抗战纪事续编》第203页

中国国民党重庆市第一次全市代表大会法规／［作者不详］．——［出版项不详］．——国民党重庆市第一次全市代表大会法规主要有全市代表大会决议案整理委员会组织简则，全市代表大会主席团组织简则，全市代表大会宣言起草委员会组织简则，全市代表大会秘书处组织简则，全市代表大会执监委员候选人资格审查委员会组织简则，全市代表大会资格审查委员会组织规则，全市代表大会议事规则，中国国民党总章等共十九项．——书目来源：重庆图书馆

中国国民党重庆市第二次代表大会法规／［作者不详］．——［出版项不详］．——国民党重庆市第二次代表大会法规目录主要有全市代表大会组织法，全市代表大会代表选举法，全市代表大会代表选举法施行细则，全市代表大会代表资格审查委员会组织规程，全市代表大会主席团组织简则，全市代表大会秘书处组织规程，全市代表大会提案审查委员会组织规则，市执行委员及监察委员选举法，市执行委员及监察委员选举法施行细则，全市代表大会执监委员候选人资格审查委员会组织规程，全市代表大会议事规则，全市代表大会决议案整理委员会组织规则，全市代表大会起草委员会组织简则十三项．——书目来源：重庆图书馆

中国国民党六全大会军队党员初选代表名单／［作者不详］．——［出版项不详］．——书目来源：重庆市档案馆

中国民法论／胡次威．——［出版项不详］．——曾列为"大学丛书"，至今仍在台湾再版发行．——书目来源：《万县志》第744页

中国民法总编／胡次威．——［出版项不详］．——曾列为"大学丛书"，至今仍在台湾地区再版发行．——书目来源：《万县志》第744页

中国全国工业协会重庆市分会章程草案／［作者不详］．——［出版项不

详］. ——书目来源：重庆图书馆

中国人口移植史/ 南开大学经济研究所编. ——［出版项不详］. ——南开大学经济研究所机构 1939—1947 年在沙坪坝，此书是在此的研究成果. ——书目来源：《沙坪坝文史资料》第 6 辑第 31 页

中华慈幼协会二十八、九年度工作年报合刊/［作者不详］. ——［出版项不详］. ——中华慈幼会总部抗战时期在重庆. ——书目来源：北碚区图书馆

中华民国宪法草案教育专章的商榷/ 邓胥功著. ——［出版项不详］. ——书目来源：重庆图书馆

中论/［潘大道］著. ——［出版项不详］. ——书目来源：重庆图书馆

中央警官学校概况/［作者不详］. ——［出版项不详］. ——中央警官学校 1937—1945 年在重庆. ——书目来源：重庆市档案馆

中央警官学校讲义捕绳术/ 叶传骧. ——［出版项不详］. ——中央警官学校 1937—1945 年在重庆. ——书目来源：重庆市档案馆

中央警官学校警犬学/ 董翰良. ——［出版项不详］. ——中央警官学校 1937—1945 年在重庆. ——书目来源：重庆市档案馆

中央训练团党政高级班第一、二、三期毕业同学名册/ 中央训练团编. ——［出版地不详］：中央训练团，［194—？］. ——中央训练团于 1939 年初自湖南迁到桂林、重庆。党政训练班第一期于 1940 年 3 月 1 日在重庆南温泉开办（该日即为团庆），第二、三期迁至重庆近郊浮图关上，自第四期起又由关上迁至关下. ——书目来源：国家图书馆（存目）

中央训练团党政高级训练班第三期同学录/ 中央训练团编. ——重庆：中央训练团，［194—？］. ——书目来源：国家图书馆

中央在渝各机关月半联谊会参加各单位通讯录/［作者不详］. ——重庆：中央印刷材料厂渝厂［印刷］，［出版时间不详］. ——书目来源：重庆图书馆

资本帝国主义与中国/ 漆南薰著. ——［出版项不详］. ——毕业论文. ——书目来源：《四川省志 人物志》第 452 页

资源委员会答覆参政员询问案/［作者不详］. ——［出版项不详］. ——书目来源：国家图书馆

自治箴言/ 韦圣祥. —— ［出版项不详］. —— 讲授教材. —— 作者简介：韦圣祥（1875—1932），一名麟书，晚年别号四一子，重庆南川县人. —— 书目来源：《南川县志》第 707 页

◎E 军事

1920 年

江防述略：一卷/（清）张鹏翮辑. —— 上海：涵芬楼，1920. —— 影印学海类编丛书本. —— 书目来源：北京大学图书馆、武汉大学图书馆、四川大学图书馆、辽宁大学图书馆

1928 年

刘甫澄军长讲演集 第 1 集/刘湘讲. —— ［重庆］：国民革命军第廿一军政训处宣传科，1928. —— 1926 年 12 月 8 日，刘湘在重庆就任国民革命军第 21 军军长职务. —— 书目来源：重庆市档案馆、首都图书馆

1932 年

西南国防论/ 宋人杰著. —— 上海：中华书局，1932. —— 有杨杰、黄慕松、刘湘、杨森、李家钰等题词，四川铜梁郭汝栋序于黄冈第二十军司令部. —— 作者简介：宋人杰，1945 年 2 月 20 日任少将. —— 书目来源：重庆图书馆、国家图书馆（缩微）、南京图书馆

/ 宋人杰著. —— ［出版项不详］. —— 书目来源：南京图书馆

1933 年

黄石公素书解/ 程昌祺撰. —— ［出版地不详］：［出版者不详］，1933. —— 作者简介：程昌祺（1866—1941），字芝轩，重庆黔江人. —— 书目来源：《四川省志 人物志》第 802 页、南京图书馆

四川内战详纪/ 废止内战大同盟会总会编. —— 上海：废止内战大同盟会总会，1933. —— 书目来源：重庆图书馆、上海图书馆

1936 年

八月份支部工作总结报告／聂荣臻. ——［出版地不详］：［出版者不详］，1936.9. ——作者简介：聂荣臻（1899—1992），字福骈，重庆江津人. ——书目来源：嘉兴学院图书馆

保长军训纲要／巴县保长训练班编. ——巴县：巴县保长训练班，1936. ——书目来源：重庆图书馆

现代之战略战术／（日）佐藤清胜著；王旭夫译. ——南京：军用图书社，1936. ——作者简介：王旭夫（1903—1951），曾名精忠，重庆梁平县人. ——书目来源：重庆图书馆、四川省图书馆

战术教育法 第1编／王旭夫编译. ——南京：军用图书社，1936.8. ——书目来源：四川省图书馆

战术教育之指导研究法图表解／王旭夫编译. ——南京：军用图书社，1936.8. ——译自日文. ——书目来源：重庆图书馆、四川省图书馆

1937 年

从日本的"废藩"说到我国的"整军"／何应钦讲. ——重庆：委员长重庆行营政训处，1937. ——书目来源：重庆图书馆

空军与防空／白景丰编. ——重庆：中华基督教青年会国难工作委员会，1937. ——作者简介：白景丰，改名白起，辽宁省盖平县人. ——书目来源：重庆图书馆、南京图书馆

陪都辅助抗战军人家属委员会章则汇辑／［陪都辅助抗战军人家属委员会］编. ——［出版地不详］：[出版者不详]，1937—1945. ——书目来源：南京图书馆

／［陪都辅助抗战军人家属委员会］编. ——重庆：陪都辅助抗战军人家属委员会，1944. ——书目来源：重庆图书馆

四川省抗战时期中心工作／刘湘著. ——［出版地不详］：[出版者不详]，1937. ——书目来源：国家图书馆

委员长行营职员军训班同学录／［作者不详］. ——［出版地不详］：［出

版者不详]，1937.7.——书目来源：重庆市档案馆

1938 年

八路军的战争经验/ 朱德，刘伯承，任弼时等著.——[出版地不详]：全民出版社，1938.——书目来源：中共四川省委党校图书馆

兵役法汇刊/ [作者不详].——重庆：[重庆市警察局]，1938.12.——书目来源：重庆市档案馆、南京图书馆、国家图书馆

参谋总长何出席历次重要军事会议训词/ 何应钦讲.——[出版地不详]：[出版者不详]，1938.——书目来源：江西省图书馆

/ 何应钦讲.——[出版地不详]：[出版者不详]，1938.——书目来源：广东省立中山图书馆

/ 何应钦讲.——[出版项不详].——书目来源：重庆市档案馆

重庆防空演习纪事/ 重庆防空司令部编.——重庆：重庆防空司令部，1938.——分记述、章则、演习计划、演习实施、演习时之视察报告、讲评等8部分.——书目来源：国家图书馆

防空广播 / 重庆市防空司令部宣传委员会.——重庆：重庆市防空司令部宣传委员会，1938.4.——第1辑.——书目来源：北碚区图书馆

/ 重庆市防空司令部宣传委员会.——重庆：重庆市防空司令部宣传委员会，1938.——第2辑.——书目来源：重庆图书馆

阜平战我中毒部队所行经验汇集/ 聂荣臻著.——[出版地不详]：[出版者不详]，1938.——书目来源：重庆数字图书馆

国防地理 / 胡焕庸著.——重庆：国防文化出版社，1938.——抗战八年在重庆的著作.——书目来源：南京图书馆

/ 胡焕庸著.——重庆：青年出版社，1944.——书目来源：重庆图书馆、南京图书馆

几个月来支持华北抗战的总结与我们今后的任务 / 聂荣臻著.——[出版地不详]：[出版者不详]，1938.——书目来源：重庆数字图书馆

军事委员会军训部西南游击干部训练班第五期同学通讯录/ [作者不详].——[出版地不详]：[出版者不详]，[1938?—1945?].——书目来源：国家

图书馆（存目）

抗战的经验谈/ 项英，刘伯承等著．——［出版地不详］：自强出版社，1938.3.——收录有刘伯承谈我们怎样打退正太路南进的敌人．——书目来源：嘉兴学院图书馆、陕西师范大学图书馆、湖南大学图书馆、淮阴师范学院图书馆

练兵要义/ 罗广文．——［出版地不详］：［出版者不详］，1938.——作者简介：罗广文（1905—1956），重庆忠县人．——书目来源：《忠县志》第686页

万县社会军事训练总队第一队学科讲义/ 顾培枘，刘亮忱讲．——万县［重庆］：万县瑞华，1938.——有《战术概论》（顾培枘讲）、《国际现势讲话》（刘亮忱讲）等内容．——书目来源：重庆图书馆

我们怎样打退敌人/ 朱德等著．——［出版地不详］：新华日报馆，1938.3.——收录有刘伯承谈我们怎样打退正太路南进的敌人．——书目来源：中共四川省委党校图书馆、江西省图书馆、广东省立中山图书馆

战时国民军事组训整备纲领/ 国民政府军事委员会政治部编．——［四川］：［四川省军管区司令部］，1938.12.——书目来源：重庆市档案馆、重庆图书馆

1939年

白部长最近抗战言论选/ 白崇禧著．——［出版地不详］：［出版者不详］，［1939］．——《青年将校应有的修养与应具备的性能》（1939年3月1日对陆军工兵学校（重庆）讲）、《军训与政训》（1939年8月11日在重庆对中央训练团讲）等．——作者简介：白崇禧（1893—1966），字健生，广西桂林人。1944至1946年在重庆生活．——书目来源：重庆图书馆、国家图书馆

兵役与工役/ 何应钦讲．——［出版地不详］：［出版者不详］，1939.——中央训练团党政训练班讲演录．——书目来源：天津图书馆、重庆图书馆、国家图书馆、天津图书馆

/何应钦讲．——［出版地不详］：［出版者不详］，1940.——中央训练团党政训练班讲演录．——书目来源：重庆图书馆、广西壮族自治区图书馆、国家

图书馆、江西省图书馆

/何应钦讲. ——[出版地不详]：中央训练团，1942. ——中央训练团党政训练班讲演录. ——书目来源：南京图书馆、重庆图书馆、广东省立中山图书馆、国家图书馆、上海图书馆采编中心

参检阅四分区工作总结后之指示/ 聂荣臻著. ——[出版地不详]：[出版者不详]，1939. ——书目来源：重庆数字图书馆

重庆训练集选辑/中央陆军军官学校编. ——[出版地不详]：中央陆军军官学校印，1939.3. ——书目来源：重庆图书馆、重庆市档案馆

重庆训练集选辑（之二）/[作者不详]. ——[出版地不详]：[出版者不详]，1939.8. ——书目来源：重庆市档案馆

第二期抗战兵役宣传纲要/ 国民政府军事委员会政治部编. ——[重庆]：国民政府军事委员会政治部，1939. ——书目来源：重庆市档案馆

第二期抗战补充兵政治工作实施纲领/ 军委会政治部一厅编. ——[出版地不详]：[出版者不详]，1939.10. ——书目来源：重庆市档案馆

二十年式八二迫击炮说明书 / 军政部兵工署第二十一兵工厂. ——[重庆]：军政部兵工署第二十一兵工厂，1939. ——书目来源：重庆图书馆

防空与疏散/ 胡去非. ——重庆：中山文化教育馆，1939. ——书目来源：重庆图书馆、北碚区图书馆

告民众书/ 重庆防空司令部设备委员会编. ——重庆：重庆防空司令部设备委员会，1939. ——附本市一年来防空设备概况及本会收支报告. ——书目来源：重庆图书馆、国家图书馆

华北抗战新形势与坚持边区抗战/ 聂荣臻编. ——[出版地不详]：[出版者不详]，1939. ——书目来源：重庆数字图书馆

军队政治工作之进展 / 贺衷寒. ——[出版地不详]：中央训练团，1939. ——书目来源：重庆图书馆

军事化的教育 / 蒋介石. ——重庆：政治部，1939. ——书目来源：见《抗战以来图书选目》

/ 蒋介石. ——[出版地不详]：中央训练团，1939. ——书目来源：重庆图

书馆、国家图书馆、南京图书馆

军事委员会军训部战时教育训令／军事委员会军训部编．——［出版地不详］：［出版者不详］：第三战区司令长官司令部翻印，1939．——书目来源：国家图书馆（存目）

军事委员会政治部政工会议总述／国民政府军事委员会政治部编．——［出版地不详］：［出版者不详］，1939.2．——书目来源：重庆市档案馆

军训部西南游击干部训练班第二期人事研讨与演习报告／西南游击干训班编．——［出版地不详］：西南游击干训班，1939．——书目来源：广东省立中山图书馆

全国空袭状况之检讨／航空委员会防空总监部编．——［出版地不详］：航空委员会防空总监部，［1939］．——民国二十八年度。目录页版权页书名：二十八年度全国空袭状况之检讨．——书目来源：首都图书馆

／航空委员会防空总监部编．——［出版地不详］：航空委员会防空总监部，［1940］．——民国二十九年度。目录页版权页书名：二十九年度全国空袭状况之检讨．——书目来源：重庆市档案馆、首都图书馆

／航空委员会防空总监部编．——［出版地不详］：航空委员会防空总监部，［1941］．——民国三十年度。目录页版权页书名：三十年度全国空袭状况之检讨．——书目来源：重庆市档案馆、首都图书馆、国家图书馆

／航空委员会防空总监部编．——［出版地不详］：航空委员会防空总监部，［1942］．——民国三十一年度。目录页版权页书名：三十一年度全国空袭状况之检讨．——书目来源：重庆市档案馆、首都图书馆、国家图书馆

／航空委员会防空总监部编．——［出版地不详］：航空委员会防空总监部，［1945］．——民国三十二年度至三十四年度．——书目来源：国家图书馆

全面战争与全面战术／白崇禧．——［出版地不详］：中央陆军军官学校，1939.2．——革命将校应有之修养．——书目来源：重庆市档案馆、重庆图书馆

如何建设新军／刘峙等著．——重庆：独立出版社，1939．——书目来源：重庆图书馆、北碚区图书馆

孙子浅说补解／温晋城．——［重庆］：中央政治学校，1939．——温晋城

二十八年十月于中央政校. ——书目来源：重庆图书馆、西南大学图书馆

游击战术纲要/ 陶剑青编. ——［出版地不详］：生活出版社，1939.3. ——收有《我们在敌人后方的战术的应用》（刘伯承撰）. ——书目来源：复旦大学图书馆、浙江省图书馆

中央陆军军官学校第十六期学生第二总队野营演习计划/［作者不详］. ——［出版地不详］：［出版者不详］，1939.6. ——书目来源：重庆市档案馆

1940 年

重庆陪都第一届防空节纪念特刊/ 重庆陪都第一届防空纪念大会筹备委员会编. ——重庆：重庆陪都第一届防空纪念大会筹备委员会，1940. ——分题词、图表、训词、特载、专著、论述、社论、文艺、漫画9部分. ——书目来源：重庆图书馆

/ 重庆陪都第一届防空纪念大会筹备委员会编. ——重庆：重庆巴渝印刷所，1940.12. ——书目来源：重庆大学图书馆

重庆训练集选辑/ 中央陆军军官学校编. ——［出版地不详］：中央陆军军官学校印，1940. ——书目来源：北碚区图书馆

/［作者不详］. ——［出版项不详］. ——书目来源：重庆市档案馆

第二次参谋长会议要录：上下/ 国民政府军事委员会军令部编. ——［出版地不详］：［出版者不详］，1940.3. ——书目来源：重庆市档案馆

冬季战役经过及经验教训/ 聂荣臻著. ——［出版地不详］：［出版者不详］，1940. ——书目来源：重庆数字图书馆

都市防毒概要/ 重庆防空司令部第四处编. ——重庆：防空司令部第四处，1940. ——书目来源：北碚区图书馆

对空军陆战队即降落伞部队之对策/ 黄镇球著. ——［出版地不详］：防空总监部民防处，1940.2. ——书目来源：重庆市档案馆

/黄镇球著. ——［出版地不详］：防空总监部民防处，1940. ——书目来源：重庆图书馆

/黄镇球著. ——［出版地不详］：［出版者不详］，1940. ——防空学校. ——书目来源：重庆图书馆、国家图书馆、上海图书馆采编中心

/黄镇球著. ——[出版地不详]: 防空总监部民防处, 1942, 3 版. ——书目来源: 南京图书馆、国家图书馆

防空疏散之理论与实施/ 陈独真编述. ——[出版地不详]: [航空委员会防空监消极防空处], 1940.6. ——书目来源: 重庆市档案馆、重庆图书馆、南京图书馆、广东省立中山图书馆、江西省图书馆

各国兵役行政概论/ 陈炳元. ——重庆: 中国文化服务社, 1940.3, 初版. ——炳元二十九年三月书于重庆亦园. ——书目来源: 重庆图书馆、北碚区图书馆、西南政法大学图书馆、西南大学图书馆

何应钦出席历次兵役会议训词/ 兵役会编. ——[出版地不详]: 兵役会, 1940. ——书目来源: 广东省立中山图书馆

何总长白副总长复十八集团军总司令朱德副总司令彭德怀新四军军长叶挺副军长项英齐代电/ [作者不详]. ——[重庆]: 军事委员会办公厅, 1940. ——书目来源: 南京图书馆、国家图书馆

基于血肉经验对消极防空今后应切实改进及注意诸事项/ 黄镇球著. ——成都: 铁风出版社, 1940. ——书目来源: 重庆市档案馆、重庆图书馆

近三年来抗战之检讨及今后敌伪之阴谋与我之对策/ 陈诚讲. ——[重庆]: 中央训练团, 1940. ——对陆军大学学员演讲词。附录:《柳州会议总裁训词之研究》. ——书目来源: 重庆数字图书馆

掘取未爆炸弹须知/ 杨梦竹编述. ——[出版地不详]: 防空委员会消极防空处, [1940.1]. ——书目来源: 江西省图书馆

军队政训中心工作实施纲要/ 国民政府军事委员会政治部编. ——重庆: [出版者不详], 1940.3. ——书目来源: 重庆市档案馆

军事委员会军训部业务报告/ 军事委员会军训部编. ——[出版地不详]: 军事委员会军训部, 1940. ——书目来源: 南京图书馆、广东省立中山图书馆

抗战中地上防空部队之战迹 第1辑/ 防空学校编. ——[出版地不详]: 防空学校, 1940.8. ——书目来源: 重庆市档案馆、重庆图书馆、南京图书馆、贵州省图书馆、国家图书馆

陆军大学校正期暨特别班教育计划草案/ [陆军大学] 编. ——[重庆]:

陆军大学,1940.——书目来源:重庆数字图书馆

三年来之抗战经过/ 何应钦著.——[重庆]:中央陆军军官学校,[1940].——书目来源:上海图书馆采编中心

世界空军军备/ 周至柔著.——重庆:青年出版社,1940.——书目来源:重庆图书馆、国家图书馆

1941 年

二十四年式马克沁机关枪说明书/ 军政部兵工署第二十一兵工厂.——[重庆]:军政部兵工署第二十一兵工厂,1941.——书目来源:重庆图书馆

/ 军政部兵工署第二十一兵工厂.——[重庆]:军政部兵工署第二十一兵工厂,1944.——书目来源:重庆图书馆

打胜仗的方法/ 冯玉祥.——桂林:三户图书社,1941.——书目来源:北碚区图书馆

/ 冯玉祥.——桂林:三户图书社,[1941.4].——书目来源:重庆图书馆、上海图书馆

/ 冯玉祥.——桂林:三户图书社,1942.——书目来源:重庆图书馆、南京图书馆

/ 冯玉祥.——桂林:三户图书社,[1942.4].——书目来源:上海图书馆

第四年抗战经过/ 何应钦.——[金华]:国民出版社,1941.——书目来源:重庆图书馆

地理与国防 / 胡焕庸讲.——金华:正中书局,1941.——抗战八年在重庆的著作.——书目来源:重庆图书馆

/ 胡焕庸讲.——重庆:正中书局,1942.——书目来源:重庆图书馆

/ 胡焕庸讲.——重庆:正中书局,1943.——书目来源:南京图书馆

防护团员服务守则/[作者不详].——[出版地不详]:[出版者不详],1941.4.——书目来源:重庆市档案馆

防空讲话/ 贺国光讲.——重庆:中央训练团党政训练班,1941.10.——书目来源:北碚区图书馆

国防科学运动(第八辑)/[作者不详].——[出版地不详]:[出版者

不详]，1941.6.——书目来源：重庆市档案馆

国民军训／王觉源，屠义方著.——重庆：独立出版社，1941.——书目来源：南京图书馆、吉林省图书馆、重庆图书馆、广东省立中山图书馆、国家图书馆

何总长白副总长致十八集团军总司令朱德副总司令彭德怀新四军军长叶挺皓代电暨复十八集团军总司令朱德副总司令彭德怀新四军军长叶挺副军长项英齐代电／［作者不详］.——［出版地不详］：中央陆军军官学校第二分校，1941.——书目来源：国家图书馆（存目）

军党号飞机命名典礼专号／朱家骅.——［出版地不详］：［出版者不详］，1941.——在珊瑚坝隆重举行.——书目来源：重庆图书馆

军特十二区党部成立二周年纪念特刊／何应钦等著.——［出版地不详］：［出版者不详］，［1941］.——书目来源：重庆图书馆

军训部二十九年度军事教育会议议决案实施检讨表／军训部步兵监编拟.——［出版地不详］：军训部，1941，68页.——书目来源：国家图书馆（存目）

军训部法规／［军训部］编.——［出版地不详］：军训部总务厅，1941.——书目来源：广东省立中山图书馆、国家图书馆

军训部服务要览／［军训部总务厅］编.——［出版地不详］：军训部总务厅，1941.——书目来源：国家图书馆

陆大与陆大学员的使命／何应钦讲.——［出版地不详］：［出版者不详］，［1941］.——书目来源：重庆图书馆

献机专刊／合川各界筹献合川号飞机征募委员会编.——［重庆合川］：［合川各界筹献合川号飞机征募委员会］，1941.——本书有《发刊词》（袁雪崖）、《合川县被敌机轰炸情形及"合川号"飞机筹献发起经过》（施则凡）、《合川被炸的史实与献机的前声——七二二纪念堂记》（施剑翘）、游艺募捐等内容.——书目来源：重庆图书馆

总长何检阅重庆第一期国防工事纪要／军令部第一厅第一处编.——［重庆］：军令部第一厅第一处，1941.——书目来源：重庆图书馆

1942 年

白副参谋总长训词 抗战中敌我战法的演变/ 白崇禧讲. —— [重庆]：中央训练团，1942. ——1940 年 4 月 3 日在陆军大学的讲词。分析日军及中国军队战略战术的变化，并重点介绍昆仑关战役经过。附淞沪、徐州、太原等地会战经过略图. ——书目来源：重庆数字图书馆

兵役浅说/ 王星棋. ——重庆：国民图书出版社，1942.5，初版. ——民国三十一年元旦王星棋序于重庆. ——书目来源：重庆图书馆、北碚区图书馆、西南大学图书馆

兵役实务/ 郑涛. ——重庆：著者自刊，1942. ——民国三十年元旦郑涛于四川江津五福场. ——书目来源：重庆图书馆、北碚区图书馆

重庆防空司令部防毒训练班各科讲义/ 闵君雄等著. ——重庆：[出版者不详]，1942. ——收讲义十篇：《化学战剂》（闵君雄）、《气象战》（徐尔灏）、《化学兵器大观》（张季侯）、《各个防御》（朱启明）、《集团防御》（吴宗道）、《消毒技术》（张其耀）、《防空工程学》（刘开坤）等。附录本班第一、二期联合防毒演习实施计划草案，本班小组讨论总结论. ——书目来源：重庆图书馆

从 1942 年展开的历史场面/ 聂荣臻著. —— [出版地不详]：[出版者不详]，1942. ——书目来源：重庆数字图书馆

当年的粮政和役政/ [作者不详]. —— [出版地不详]：[出版者不详]，1942.11. ——书目来源：重庆市档案馆

敌我战略战术之研究/ 刘为章. ——重庆：胜利出版社总社，1942. ——作者简介：刘斐（1898—1983），字为章。湖南醴陵县人。抗战期间由南岳到达重庆. ——书目来源：重庆图书馆、国家图书馆、南京图书馆

第二次世界大战之经验/ 杨杰讲. ——重庆：空军参谋学校，1942. ——中央训练团党政训练班讲演录. ——书目来源：重庆图书馆

对空军陆战队之防御/ 中央陆军军官学校教育处编. —— [出版地不详]：中央陆军军官学校教育处图书馆，1942，再版. ——书目来源：重庆图书馆

防空/（日）难波. —— [出版地不详]：钻石社，1942. ——其中有"重庆空袭概况"一章. ——书目来源：重庆数字图书馆

防空洞管理人员防毒必携／重庆市防空洞管理处．——重庆：重庆市防空洞管理处，1942．——书目来源：重庆图书馆

关于实地考察地形地理增修地图与编撰兵要地／刘伯承等签发．——［出版地不详］：解放军档案馆，1942．——书目来源：重庆数字图书馆

国防科学运动／顾毓琇讲．——［出版地不详］：中央训练团党政训练班，1942．——中央训练团，于1939年初自湖南迁到桂林、重庆。党政训练班第一期于1940年3月1日在重庆南温泉开办（该日即为团庆），第二、三期迁至重庆近郊浮图关上，自第四期起又由关上迁至关下．——作者简介：顾毓琇（1902—2002），字一樵，江苏无锡人，曾在重庆生活．——书目来源：重庆图书馆、南京图书馆

国防新论／杨杰．——［重庆］：军事委员会政治部，1942，556页，19cm．——书目来源：重庆图书馆、国家图书馆

／杨杰．——［重庆］：军事委员会政治部，1943，再版，556页，19cm．——书目来源：重庆图书馆、国家图书馆

／杨杰．——重庆：中华书局，1943，556页，17cm．——书目来源：重庆图书馆、国家图书馆

／杨杰．——重庆：中华书局，1943.10，3版，556页，32开．——书目来源：江西省图书馆

／杨杰．——重庆：中华书局，1944.3，再版，556页，32开．——书目来源：重庆图书馆

／杨杰．——［出版地不详］：真实出版社，1944.12，350页，21cm．——书目来源：江西省图书馆

／杨杰．——上海：中华书局，1946，4版，556页，18cm．——书目来源：国家图书馆

／杨杰．——南京：国防部新闻局，1947，342页，18cm．——书目来源：吉林省图书馆、天津图书馆、贵州省图书馆、重庆图书馆、国家图书馆

军队党政工作之实际与技术／曹敏编著；贺衷寒校．——江北［重庆］：拔提书店，1942．——书目来源：重庆图书馆

军队政治工作讲授大纲/ 国民政府军事委员会政治部编. —重庆：[出版者不详]，1942.5. ——书目来源：重庆市档案馆

军事委员会军训部军官外国语文补习班教育概况/ 萧仁源编. ——[出版地不详]：[出版者不详]，[1942] 油印本. ——书目来源：重庆图书馆

/ 萧仁源编. ——[出版地不详]：[出版者不详]，1943. ——书目来源：国家图书馆

军事与政治/ 向理润. ——重庆：中国文化服务社，1942.12. ——书目来源：重庆大学图书馆

军需独立之要义/ 何应钦著. ——[出版地不详]：[出版者不详]，1942. ——书目来源：南京图书馆、广东省立中山图书馆、国家图书馆

军训部自三十年一月起至三十一年四月止重要业务报告书/ 军训部编. ——[出版地不详]：军训部，[1942]. ——书目来源：国家图书馆（存目）

军政部第六次军事计政会议录/ [作者不详]. ——[出版地不详]：[出版者不详]，1942.3. ——书目来源：重庆市档案馆、广东省立中山图书馆、国家图书馆

陆军大学校十八期、特六期小组讨论总结论 / [陆军大学校编]. ——[重庆]：陆军大学校，1942. ——书目来源：重庆图书馆

陆军大学校学员小组讨论会参考资料 / [陆军大学校编]. ——[重庆]：陆军大学校，1942—1943. ——第五次至第六次（1942年），第七次、第十次（1943年）. ——书目来源：重庆图书馆

陆军大学校学员小组讨论总结论 / [陆军大学校编]. ——[重庆]：陆军大学校，1942—1943. ——第四、五次（1942年），第十一、十二次（1943年）. ——书目来源：重庆图书馆

未爆炸弹处理/ 黄镇球著；防空总监部民防处编. ——[出版地不详]：防空总监部民防处，1942，3版. ——书目来源：重庆图书馆、南京图书馆

战时征补兵员实施办法/ 国民政府军事委员会颁. ——重庆：军政部，[1942.12]. ——军委会渝爱役募字第55850号1942年12月训令公布. ——书目来源：重庆市档案馆、重庆图书馆、南京图书馆、贵州省图书馆、国家图

书馆

1943 年

德国重整军备及大战中之概况 / 吴光杰著.——重庆：国防研究院，1943.——作者简介：吴光杰（1886—1970），字霖泉，肥东县湖滨乡六家畈人。1941 年调至重庆任军事委员会高级参谋，陆军少将衔1946 年于南京退役.——书目来源：南京图书馆、国家图书馆

敌后六年之一得/ 聂荣臻著.——［出版地不详］：［出版者不详］，1943.——书目来源：重庆数字图书馆

第一次全川防空会议纪录/［作者不详］.——［出版地不详］：［出版者不详］，1943.——书目来源：重庆图书馆、重庆市档案馆

复员问题 / 杨杰.——［出版地不详］：［出版者不详］，1943.——中央训练团党政训练班讲演录.——作者简介：杨杰（1889—1949），字耿光。1940 年，其以军事委员会顾问的闲差留在重庆，后任中央训练团教官.——书目来源：天津图书馆、国家图书馆

海军大事记 上下卷 / 海军总司令部编.——重庆：海军总司令部，1943.——逐年记载中国海军大事。上卷前清同治六年（1867 年）至宣统三年（1911 年），下卷民国元年（1912 年）至三十年（1941 年）.——书目来源：军事科学院军事图书馆

何总长应钦讲抗战第六年之军事/ 何应钦讲.——［出版地不详］：蒙藏委员会编译室，1943.——汉、蒙、藏 3 种文字刊印.——书目来源：重庆图书馆、国家图书馆

增订军队训练手册/ 何应钦编.——［出版地不详］：［出版者不详］，［1943］.——书目来源：国家图书馆

／何应钦编.——［出版地不详］：［出版者不详］，1946，重版.——书目来源：国家图书馆

军队训练手册表解/ 何应钦辑.——［出版地不详］：陆军战车防御炮教导总队部，1943.——书目来源：国家图书馆

抗战六年来之军事／中国国民党中央执行委员会宣传部编．——［重庆］：中国国民党中央执行委员会宣传部南京图书馆，1943.7．——书目来源：重庆市档案馆、重庆图书馆、吉林省图书馆、国家图书馆

科学与军事／朱家骅．——［出版地不详］：［出版者不详］，1943．——（民国）三十二年八月廿六日在重庆北碚三民主义青年团夏令营讲．——书目来源：重庆图书馆

陪都童子军纪念旬特辑／中国童子军重庆市理事会编．——重庆：中国童子军重庆市理事会，1943．——本书有蒋会长在中国童子军创始三十一周年纪念大会之训词、培植新国民的基础、童子军教育的真谛、陪都童子军纪念旬筹备工作报告等内容．——书目来源：重庆图书馆、国家图书馆

四川全省防空司令部工作报告［1943］／四川省防空司令部编．——［出版地不详］：四川省防空司令部，1943．——书目来源：重庆图书馆

苏职工农红军的步兵战斗条令 第1部：战士、班、排的动作／左权，刘伯承合译．——［出版地不详］：山东军区司令部，1943．——书前有国民革命军第十八集团军命令，刘伯承的译版序言．——书目来源：中共山东省委党校图书馆

／左权，刘伯承合译．——［出版地不详］：辽北书店，1948.11．——书目来源：浙江工商大学图书馆、嘉兴学院图书馆

西南兵要地志／郝家骏编．——［出版地不详］：陆军大学校，［1943］．——陆军大学主持编制，该校1939年夏至1947年秋在重庆山洞。分概说、滇西、滇南、缅甸、越南、泰国、印度、结论等八章。其他题名：陆军大学西南兵要地志讲义．——书目来源：重庆图书馆

／［郝家骏编］．——［出版项不详］．——书目来源：南京图书馆

张部长训词集／张治中．——［重庆］：军事委员会政治部，1943．——书目来源：重庆图书馆

1944 年

步兵教练手册／齐麦曼（Zimmermann）著；吴光杰译．——重庆：中华书局，1944．——书目来源：重庆图书馆、国家图书馆

第二次欧洲大战史略（第 1 集）／吴光杰．——重庆：中华书局，1944．——书目来源：重庆图书馆、国家图书馆

／吴光杰．——重庆：中华书局，1946．——书目来源：重庆图书馆、国家图书馆、南京图书馆

／吴光杰．——重庆：中华书局，1948．——书目来源：重庆图书馆、国家图书馆

最新国防地理／胡焕庸著．——[出版地不详]：国防文化出版社，1944．——书目来源：重庆图书馆

航空工程与国防／张创[讲]．——[重庆]：三民主义青年团中央团部国防科学技术运动委员会，[1944]．——民国三十三年一月十五日下午七时三十分至四十五分在中央广播电台播讲．——书目来源：国家图书馆

何总长应钦于第一届青年节讲青年从军运动／蒙藏委员会编译室编译．——[出版地不详]：蒙藏委员会编译室，1944．——汉、蒙、藏、回 4 种文字刊印．——书目来源：国家图书馆

蒋委员长对从军学生训话／[作者不详]．——[出版地不详]：[出版者不详]，1944．1．——书目来源：重庆市档案馆

军事与国防／杨杰．——重庆：商务印书馆，1944．——书目来源：辽宁省图书馆

军委会战干团留渝同学通讯录／军委会战干团编．——[出版地不详]：军委会战干团，1944．——书目来源：国家图书馆

英汉陆海空军军语字典／吴光杰编著．——重庆：大东书局，1944．3，初版．——书目来源：北碚区图书馆

陆军大学将官班甲级入学须知／[陆军大学]编．——[重庆]：陆军大学，1944．——陆军大学 1939 年夏至 1947 年秋在重庆山洞．——书目来源：《民国时期总书目 1911—1949 军事》（北京图书馆编）

陆军各部队机关学校工厂卫生勤务应用表册汇编／[作者不详]．——[出版地不详]：[出版者不详]，1944．1．——书目来源：重庆市档案馆

论苏德战争／屈武著．——重庆：中苏文化协会编译委员会发行，1944．2，

初版. ——一九四四年二月一日重庆上清寺特园二十七号. ——书目来源：北碚区图书馆

目前四川兵役述要 / 徐思平编著. ——四川：四川省训练团，1944. ——四川省县训练所用书. ——书目来源：重庆图书馆

四川全省防空司令部工作报告 [1944] / 四川省防空司令部编. ——四川：四川省防空司令部，1944. ——书目来源：重庆图书馆

未爆炸弹处理 / 消极防空处编. ——[出版地不详]：[出版者不详]，1944.11. ——书目来源：重庆市档案馆

宪兵司令部暨驻渝团队宪兵学校各级主官及重要职员录 / 宪兵司令部人事科调制. ——[出版地不详]：宪兵司令部人事科，1944. ——书目来源：国家图书馆

渝江师管区三十三年度临时兵役会议工作报告书 / [作者不详]. ——[出版地不详]：[出版者不详]，1944. ——书目来源：重庆市档案馆

1945 年

兵役部施政概况 / 兵役部编. ——[重庆]：兵役部，1945. ——书目来源：国家图书馆

重庆市知识青年志愿从军征集委员会工作总报告 / 重庆市知识青年志愿从军征集委员会编. ——重庆：重庆市知识青年志愿从军征集委员会，1945. ——书目来源：国家图书馆

/ [作者不详]. ——[出版项不详]. ——书目来源：嘉兴学院图书馆

从军手册 / 中央文化运动委员会. ——重庆：中央文化运动委员会，1945. ——书目来源：重庆图书馆、北碚区图书馆

干部训练概况 / [军事委员会全国知识青年志愿从军编练总监部] 编. ——[出版地不详]：[军事委员会全国知识青年志愿从军编练总监部]，1945. ——书目来源：南京图书馆、吉林省图书馆、重庆图书馆、广西壮族自治区图书馆、湖南图书馆、国家图书馆、江西省图书馆、上海图书馆采编中心

军事委员会军训部中华民国三十三年统计年鉴 / 总务厅编. ——[出版地不详]：总务厅，1945. ——书目来源：国家图书馆

军事委员会战地服务团招待须知／军事委员会战地服务团编．——重庆：军事委员会战地服务团，1945．——书目来源：国家图书馆（存目）

空中战斗史／梁鸿著．——上海：自强出版社，1945．——收《江南战场的上空》《淞沪上空回忆录》《西北战场的空中》等报道，记述抗日战争中的空战实况．——书目来源：重庆图书馆

陆军大学简史／［陆军大学］编．——［重庆］：陆军大学，1945．——内容分建校至北伐完成前、北伐完成至"七七"抗战、抗战西迁至现在三个阶段介绍该校历史。陆军大学1939年夏至1947年秋在重庆山洞．——书目来源：重庆数字图书馆

青年军的诞生／军事委员会政治部第三厅编．——重庆：军事委员会政治部，1945．——书目来源：南京图书馆、国家图书馆、上海图书馆采编中心

青年远征军的诞生／曾翼璋等编．——重庆：军中导报社，1945．——书目来源：重庆图书馆、国家图书馆

全国知识青年志愿从军指导委员会征集概况／青年军人丛书编辑委员会编．——［出版地不详］：军事委员会全国知识青年志愿从军编练总监部，1945．——书目来源：重庆图书馆、广东省立中山图书馆

征集概况／军事委员会全国知识青年志愿从军编练总监部编．——［出版地不详］：军事委员会全国知识青年志愿从军编练总监部，1945．——书目来源：南京图书馆、重庆图书馆、广西壮族自治区图书馆、国家图书馆、江西省图书馆、上海图书馆采编中心

中国兵役行政概论／徐思平．——重庆：文治出版社，1945．——民国三十四年三月二十三日荣州孝匡徐思平识于陪都夫子池兵役部之常务次长室．——书目来源：重庆图书馆、北碚区图书馆、重庆市档案馆

1946年

八年抗战之经过／何应钦编著．——［出版地不详］：［出版者不详］，1946．——书目来源：南京图书馆、天津图书馆、重庆图书馆、广西壮族自治区图书馆、国家图书馆、江西省图书馆、浙江图书馆、上海图书馆采编中心、首都图书馆

陆军大学校正班第 22 期学员召集办法/ [陆军大学] 编 . —— [重庆]：[陆军大学]，1946. —— 共 23 条。附：陆军大学校正班第二十二期应试人员保证书等 4 种 . —— 书目来源：重庆数字图书馆

中央训练团重庆分团第二军官总队部官长通讯录/ [作者不详] . —— [出版地不详]：[出版者不详]，1946. 8. —— 中央训练团 1939—1946 年 3 月在重庆 . —— 书目来源：重庆市档案馆

1947 年

爱国自卫战场快览/ 王林，岳巍编著 . —— [出版地不详]：冀中新华书店，1947. 7. —— 收有常胜将军刘伯承活捉赵锡田等内容 . —— 书目来源：中共四川省委党校图书馆、嘉兴学院图书馆、中国社会科学院图书馆、天津图书馆、苏州图书馆

军事委员会干部训练团步兵训练笔记/ 前军事委员会全国知识青年志愿从军编练总监部编著 . —— 重庆：大中国图书出版社，1947. —— 4 册 . —— 书目来源：国家图书馆

龙凤之战/ 团结报社 . —— [出版地不详]：冀南书店，1947. 1. —— 收有刘伯承将军谈蒋介石等内容 . —— 书目来源：西南政法大学图书馆

全力准备大反攻/ 冀鲁豫日报时事编辑室 . —— [出版地不详]：冀鲁豫书店，1947. 6. —— 收有《刘伯承将军纵谈战局》（朱穆之撰）. —— 书目来源：浙江工商大学图书馆、中共江苏省委党校图书馆、嘉兴学院图书馆

通信兵训练笔记 / 前军事委员会，全国知识青年志愿从军编练总监部编著 . —— 重庆：大中国图书出版社，1947. —— 版权页书名：军事委员会干部训练团通信训练笔记 . —— 书目来源：国家图书馆

中央训练团重庆分团交通管理人员训练班第一期同学录/ [作者不详] . —— [出版地不详]：[出版者不详]，1947. 3. —— 中央训练团 1939—1946 年 3 月在重庆 . —— 书目来源：重庆市档案馆

1948 年

重庆灵甫接舰专刊 / 长风社主编 . —— 香港：星岛日报，1948. —— 书目来

源：国家图书馆（存目）

国防部监察局钟监察官视察本厂经过/ 联勤总部重庆被服总厂编.——[重庆]：[联勤总部重庆被服总厂]，1948.8.——书目来源：重庆市档案馆

何上将抗战期间军事报告/ 何应钦著.——[出版地不详]：[出版者不详]，[1948].——书目来源：国家图书馆、上海图书馆采编中心

苏联工农红军的步兵战斗条令/ 左权，刘伯承合译.——[出版地不详]：辽北书店，1948.11.——书目来源：广东省立中山图书馆、天津图书馆、复旦大学图书馆、上海社会科学院图书馆

1949 年

军事学术　6/ 华北军政大学教育部.——[出版地不详]：[出版者不详]，1949.5.——收录有《机动战（运动战）的战术原则》（蒲·考尔科吉诺夫著；常彦卿译；刘伯承，王子野校）.——书目来源：浙江工商大学图书馆

出版时间不详

兵览/ 梅际郁著.——[出版项不详].——作者简介：梅际郁（1873—1934），字黍雨，别号念石，四川巴县人.——书目来源：《四川省志 人物志》第784页

兵役运动宣传办法大纲/ 四川省立教育学院编.——四川：新生活运动促进会，[出版时间不详].——分宣传的对象、宣传的态度、宣传要点、附带要做的工作四章.——书目来源：重庆图书馆

长江上游江防总司令部部队历史/ [作者不详].——[出版项不详].——从1939年开始，国民党就有大量军队驻守奉节。这些军队均隶属长江上游江防总司令部.——书目来源：重庆市档案馆

重庆市新兵服务社缘起章程/ [作者不详].——[出版项不详].——书目来源：重庆市档案馆

重庆卫戍总司令部辖区各县市局民众组训工作队派遣办法/ [作者不详].——[出版项不详].——书目来源：重庆市档案馆

重庆训练（十一）/ [作者不详].——[出版项不详].——书目来源：

重庆市档案馆

对军事问题补充报告／刘伯承．——［出版项不详］．——中国共产党第六次全国代表大会上报告．——书目来源：《开县县志》第 558 页

防毒歌／刘言明编．——［出版项不详］．——在重庆任职时期编．——作者简介：刘言明（1910—1978），湖北广济县人，曾在重庆任职．——书目来源：《四川省志 人物志》第 920 页

防毒口罩／重庆防空司令部第四处编．——重庆：防空司令部第四处，［出版时间不详］．——书目来源：北碚区图书馆

防毒面具的使用与保管／重庆防空司令部第四处编．——重庆：防空司令部第四处，［出版时间不详］．——书目来源：北碚区图书馆

防空洞防毒设备／重庆防空司令部第四处编．——重庆：防空司令部第四处，［出版时间不详］．——书目来源：北碚区图书馆

古代用兵杂记／戴礼堂．——底稿，未能成书．——作者简介：戴礼堂（1869—1948），名馨，字腾兰，号礼堂，重庆荣昌人．——书目来源：《荣昌县志》第 1025 页

化学战／刘言明编．——［出版项不详］．——在重庆任职时期编写本书．——书目来源：《四川省志 人物志》第 920 页

军队工作的几个实际问题／赵宗麟．——［出版项不详］．——抗战期间著作．——书目来源：《荣昌县志》第 1022 页

军事管理研究／王东原．——［出版项不详］．——书目来源：重庆市档案馆

军事委员会军训部游击干部训练班第一期同学通讯录／军训部干部训练班编．——［出版地不详］：军训部干部训练班，［出版时间不详］．——书目来源：国家图书馆（存目）

军训部概况／［作者不详］．——［出版项不详］．——书目来源：重庆市档案馆

军政部第六战区江北各战区军需业务督导团报告书／［作者不详］．——［出版项不详］．——书目来源：重庆市档案馆

刘校长对第三期同学第一次讲话全文/［刘伯承］著.——［出版地不详］：中国人民解放军第二野战军军政大学政治部，1949.6 油印本.——书目来源：国家图书馆

没有防毒器材的防毒方法/重庆防空司令第四处编.——重庆：防空司令第四处，［出版时间不详］.——书目来源：重庆图书馆

民兵训练问答/［作者不详］.——璧山［重庆］：璧山县职业学校，［出版时间不详］石印本.——本书为翻印本.——书目来源：重庆图书馆

青年军第九军第二〇一师同学通讯录/［作者不详］.——［出版项不详］.——书目来源：重庆市档案馆

青年远征军陆军二〇二师通讯录/［作者不详］.——［出版项不详］.——书目来源：重庆市档案馆

四川后方国防基本建设大纲/刘湘著.——成都：［出版者不详］，［出版时间不详］.——书目来源：重庆图书馆

/［刘湘］著.——［出版项不详］.——书目来源：重庆图书馆

四川军事史/车耀先著.——［出版项不详］.——作者简介：车耀先（1894—1946），四川大邑县人，被关押在重庆歌乐山白公馆看守所时写成手稿.——书目来源：《四川省志 人物志》第 177 页

四川省巴县社训总队在营模范队训练须知/四川省国民军事训练委员会编.——［重庆］巴县：巴县社训总队部，［出版时间不详］.——本讲义是四川省国民军事训练委员会编印的，巴县社训总队部为了进行在营模范队训练，翻印了此书。主要讲了兵役、四川省战时社会军事训练实施办法、陆军礼节摘要、陆军军队内务规则摘要、军人惩刑法令及连坐法、步兵操典摘要、步兵野外勤务摘要、步兵射击教范摘要、步兵夜间教育、步兵工作教范摘要（图解）、防空常识.——书目来源：重庆图书馆

四川省江北县保训合一干部训练总队训练须知/［作者不详］.——［出版项不详］.——书目来源：重庆市档案馆

四川省江北县在营模范队讲义/［作者不详］.——［出版项不详］.——主要讲了兵役、四川省战时社会军事训练实施办法、陆军礼节摘要、陆军军队

内务规则摘要、军人惩刑法令及连坐法、步兵操典摘要、步兵野外勤务摘要、步兵射击教范摘要、步兵夜间教育、步兵工作教范摘要（图解）、防空常识．——书目来源：重庆图书馆

四川省军管区司令部卅二年度业务概况/［作者不详］．——四川：［出版者不详］，［出版时间不详］．——分征募部门、编练部门、优待部门、三十三年度四川役政推行大纲四部分．——书目来源：重庆图书馆

苏德战争研究/育才学院学生编写．——［出版项不详］．——在北碚写成．——作者简介：育才学院，1940年由平民教育促进会创设于重庆北碚．——书目来源：《北碚文史资料》第4辑"抗日战争时期的北碚"第360页

万县国民兵团第六期模范队同学录/［作者不详］．——［出版项不详］．——书前有总理遗嘱、国民兵团团歌、万县国民兵团副团长兼大队长钟霜麓的模范队同学录序、各级领导人题词．——书目来源：重庆图书馆

野战部队毒气情报搜索要领/刘言明编．——［出版项不详］．——在重庆任职时期编．——书目来源：《四川省志 人物志》第920页

渝江师管区司令部工作报告/［作者不详］．——［出版项不详］．——渝江师管区司令部在重庆南岸．——书目来源：重庆市档案馆

与川军作战要点/曾中生．——［出版项不详］．——书目来源：《四川省志 人物志》第790页

中训团第五军官总队官佐通讯录/［作者不详］．——［出版项不详］．——中央训练团1939年至1946年3月在重庆．——书目来源：重庆市档案馆

中训团业务演习选录/［作者不详］．——［出版项不详］．——书目来源：重庆市档案馆

中央陆军军官学校念九年度第八次教育会议记录/［作者不详］．——［出版项不详］．——书目来源：重庆市档案馆

中央陆军军官学校战时教育计划/［作者不详］．——［出版项不详］．——书目来源：重庆市档案馆

中央训练团第三军官总队通讯录/［作者不详］．——［出版项不详］．——书目来源：重庆市档案馆

中央训练团第二十八军官总队部官佐通讯手册/［作者不详］.——［出版项不详］.——书目来源：重庆市档案馆

左氏兵谋兵法/ 戴礼堂.——底稿，未能成书.——书目来源：《荣昌县志》第 1025 页

◎F 经济

1915 年

中部支那经济调查/（日）东则正.——上海：上海日本人实业协会发行，1915.——书目来源：孔夫子旧书网、《情报日本》第 36 页

1917 年

四川省贸易经济事情/ 日本总领事馆（在重庆）.——［东京］：外务省通商局，1917.——书目来源：日本国立国会图书馆

1922 年

民国六年间之重庆金融市场 / 杨培芳编.——重庆：聚兴诚银行，1922.——记录了过渡时期重要六年的重庆金融状况，主要是银行业的情况，包括银行业的沿革、金融业的变迁、货币的变迁（重庆金融进出表，民国六年间银铜比价表）、交通的发展、税关制度、贸易的趋势、内外战争的影响等.——书目来源：重庆图书馆

／ 杨培芳编.——重庆：聚兴诚银行，1921.——书目来源：吉林省图书馆

1925 年

经济侵略下之中国 / 漆南薰著.——［出版地不详］：［出版者不详］，1925.1.——作者简介：漆南薰（1892—1927），名树棻，江津李市镇人.——书目来源：《四川省志 人物志》第 452 页

／ 漆南薰著.——上海：孤军杂志社，1925.——书目来源：《四川省志 人物志》、重庆图书馆、上海图书馆

／ 漆南薰著.——上海：光华书店，1926.——书目来源：重庆图书馆、贵

州省图书馆

／漆南薰著 . —— 上海：光华书店，1928. —— 书目来源：国家图书馆

／漆南薰著 . —— 上海：光华书店，1929. —— 书目来源：重庆图书馆

／漆南薰著 . —— 上海：光华书店，1930. —— 书目来源：重庆图书馆

／漆南薰著 . —— 上海：光华书店，1932. —— 书目来源：重庆图书馆

／漆南薰著 . —— 上海：光华书店，1933. —— 书目来源：重庆图书馆、上海图书馆

四川财政录／黄墨涵等编 . ——［出版地不详］：［出版者不详］，1925. —— 1925 年任四川省财政厅厅长时，与诸同事搜集资料编成 . —— 作者简介：黄墨涵（1883—1955），原名黄云鹏，重庆永川人 . —— 书目来源：《四川省志 人物志》第 405 页、《永川县志》第 904 页

／［黄云鹏］等编 . ——［出版地不详］：［出版者不详］，1926. —— 书目来源：上海图书馆

／［黄云鹏］等编 . ——［出版项不详］. —— 书目来源：重庆图书馆、四川大学图书馆

以扬子江为中心／（日）上冢司著 . ——［出版地不详］：［出版者不详］，1925. —— 书目来源：《青年作家》（冉云飞）2007 年第 6 期

1928 年

重庆划条与现水问题论集／重庆商馀互助社汇编 . —— 重庆：重庆商馀互助社，1928. —— 内容主要涉及重庆划条式样五种、重庆钱业公会紧要启事，论著二十二篇、研究十篇、通讯六篇 . —— 书目来源：重庆图书馆

美国现代的经济改革／陈长蘅著 . —— 上海：上海译文出版社，1928. —— 书目来源：四川省图书馆

美国现今的经济革命／（美）嘉惠尔（T. N. Carver）著；陈长蘅译 . —— 上海：商务印书馆，1928. —— 书目来源：重庆图书馆、广西壮族自治区图书馆

／（美）嘉惠尔（T. N. Carver）著；陈长蘅译 . —— 上海：商务印书馆，1928. 11. —— 书目来源：上海图书馆

／（美）嘉惠尔（T. N. Carver）等 . —— 上海：商务印书馆，1933. —— 书目

来源：国家图书馆、南京图书馆、四川省图书馆

／（美）嘉惠尔著；陈长蘅译．——上海：商务印书馆，1933.3.——书目来源：上海图书馆

1929 年

交通部扬子江水道整理委员会第六、七期年报合编：中英文本 ／交通部扬子江水道整理委员会编．——南京：交通部扬子江水道整理委员会，[1929]．——第六期分组织、流量测量成绩、地形测量、防灾等七章；第七期分组织、流量测量成绩、地形、金水整理计划等五章。附录：地名汇编。此书第一至五期系前"扬子江记述委员会年终报告"．——书目来源：重庆图书馆

／交通部扬子江水道整理委员会编．——南京：交通部扬子江水道整理委员会，[出版时间不详]．——书目来源：重庆图书馆

聚兴诚银行七届股东常会记录／[作者不详]．——[出版地不详]：[出版者不详]，1929.5.——书目来源：重庆市档案馆

食料与人口 ／董时进著．——上海：商务印书馆，1929.——书目来源：重庆图书馆、南京图书馆、四川省图书馆、广西壮族自治区图书馆

／董时进著．——上海：商务印书馆，1929.11.——书目来源：上海图书馆

／董时进著．——上海：商务印书馆，1933.——书目来源：重庆图书馆

／董时进著．——北京：商务印书馆，1933.——书目来源：中共湖北省委党校图书馆、陕西师范大学图书馆

1930 年

交通部扬子江水道整理委员会第八期年终报告：中英文本 ／交通部扬子江水道整理委员会编．——南京：交通部扬子江水道整理委员会，[1930]．——有组织、流量测量成绩、整理扬子江下游资料及金水整理计划等内容。附图表．——书目来源：重庆图书馆、南京图书馆

进步与贫困 ／（美）佐治（H. George）著；樊弘译；陶孟和校．——上海：商务印书馆，1930.——书目来源：国家图书馆、南京图书馆、广西壮族自治区图书馆

／（美）佐治（H. George）著；樊弘译；陶孟和校．——上海：商务印书

馆，1930.10.——书目来源：上海图书馆、四川省图书馆

／（美）佐治（H. George）著；樊弘译；陶孟和校.——北京：商务印书馆，［出版时间不详］.——书目来源：四川省图书馆

新经济学讲话／钟复光，施复亮合译.——［出版地不详］：大江书铺，1930.——书目来源：《江津文史资料选辑》第 2 辑第 88 页

四川土地陈报概要／祝平著.——四川：四川省训练团，1930.4.——书目来源：南京图书馆

／祝平著.——四川：［出版者不详］，1940.——讲述土地陈报办理程序及川省工作进行概况.——书目来源：重庆图书馆

苏联经济政策及社会政策／施复亮，钟复光译.——上海：春秋书店，1930.——分两篇，分别译自日本改造社出版的《经济学全集》第 16 卷及第 18 卷。上篇"苏联经济政策"（日本社会经济研究所编），论述苏联经济的构成、政策的演变、各部门经济的现状，以及第一个五年计划的概观等；下篇"苏联社会政策"，述及苏联国内阶级状况、工会、工资制度、劳动、失业问题、社会保险等方面的状况和政策.——书目来源：重庆图书馆、上海图书馆、四川省图书馆

／施复亮，钟复光译.——上海：新生命书局，1931.——书目来源：重庆图书馆、上海图书馆、四川大学图书馆、广西壮族自治区图书馆

／施复亮，钟复光译.——上海：新生命书局，1932.——书目来源：重庆图书馆、上海图书馆、南京图书馆

1931 年

经济概论／胡宇光编著.——上海：商务印书馆，1931—1938.——书目来源：《合川县志》第 752 页

经济学史／英格拉门著；胡宇光译.——上海：商务印书馆，1931—1936.——书目来源：《合川县志》第 752 页

聚兴诚银行第八届股东常会记录／［作者不详］.——［出版地不详］：［出版者不详］，1931.——书目来源：重庆市档案馆

考察四川农业及乡村经济情形报告／董时进著.——［北平］：［国立北平

大学农学院]，1931. ——书目来源：重庆图书馆、上海图书馆

农村合作／董时进著. ——北平：国立北平大学农学院经济系，1931. ——书目来源：重庆图书馆、国家图书馆、南京图书馆、贵州省图书馆

／董时进著. ——北平：国立北平大学农学院经济系，1931.4. ——书目来源：南京图书馆、四川省图书馆

／董时进著. ——北平：京华印书局，1931. ——书目来源：南京图书馆

四川省农业金融　四川省农村经济调查报　第4号／欧阳蘋编. ——重庆：中国农民银行四川农村经济调查委员会，1931. ——书目来源：中国社会科学院图书馆

中国经济的分析／孙倬章著. ——[出版地不详]：社会科学研究社，1931.9. ——书目来源：浙江图书馆

中国农业金融机关论／伍玉璋著. ——重庆：北碚农村银行，1931. ——作者简介：伍玉璋，四川泸县人，1931年起任北碚农村银行经理. ——书目来源：重庆图书馆

／伍玉璋著. ——重庆：北碚农村银行，1936，再版. ——书目来源：国家图书馆

中国农业金融制度及其实施论／伍玉璋著. ——重庆：北碚农村银行，1931，石印本. ——书目来源：重庆图书馆

／伍玉璋著. ——重庆：北碚农村银行，1936，再版. ——书目来源：国家图书馆、南京图书馆

中国之经济地位统计图／社会调查所编制；陶孟和，杨西孟审定. ——北平：社会调查所，1931. ——作者简介：杨西孟（1900—1996），重庆江津人. ——书目来源：国家图书馆、浙江图书馆、首都图书馆

／吴半农等编制；陶孟和，杨西孟审定. ——[出版地不详]：社会调查所，1931，158页. ——书目来源：四川师范大学图书馆、成都图书馆、北京大学图书馆

／社会调查所编制；陶孟和，杨西孟审定. ——北平：社会调查所，1933. ——书目来源：南京图书馆、湖南图书馆、国家图书馆、江西省图书馆

1932 年

北碚农村银行二十年度营业报告书/ 北碚农村银行编. —— 北碚［重庆］：北碚农村银行，1932. —— 内容有绪言、行政志略、营业纪要及预计工作等。封面题名：北碚农村银行营业报告书. —— 书目来源：重庆图书馆

重庆市银行业同业公会会员银行营业规程/重庆市银行业同业公会编. ——［出版地不详］：［出版者不详］，1932. —— 书目来源：古籍图书网

农业/ 董时进讲述. ——［出版地不详］：江西省县政人员训练所，1932. —— 书目来源：四川省图书馆

／董时进讲述. ——［江西］：江西省县政人员训练所，1936. —— 书目来源：江西省图书馆

四川盐政史 12 卷／ 吴受彤编著. ——［出版地不详］：［出版者不详］，1932. —— 吴受彤（？—1938），浙江杭州人，历任川盐银行董事长、重庆市银行公会主席. —— 书目来源：四川省图书馆

乡村建设概要／卢作孚编. —— 四川：川康团务委员会训练科，1932. —— 内分：建设的意义、乡村地位的重要、村乡的教育建设、乡村的经济建设、乡村的治安建设等八章. —— 书目来源：重庆图书馆

1933 年

北碚农村银行报告书 二／［北碚农村银行编］. ——［北碚］：［北碚农村银行］，1933. ——1932 年度. —— 书目来源：国家图书馆

采纳美国福利方法用于华西／ 张凌高. ——［出版地不详］：［出版者不详］，1933. —— 在美学习的博士论文. —— 作者简介：张凌高（1890—1955），重庆璧山人. —— 书目来源：《四川省志 人物志》第 514 页

江津县地方财政汇编／［作者不详］. ——［江津］：［出版者不详］，1933. —— 逐页题名：整理地方财政汇编. —— 书目来源：重庆图书馆

交通部扬子江水道整理委员会第九期年报：中英文本／ 交通部扬子江水道整理委员会编. ——［出版地不详］：交通部扬子江水道整理委员会，［1933］. —— 有流量测量成绩、整理扬子江下游资料、水准及坡度等。附图表. —— 书

目来源：重庆图书馆

／交通部扬子江水道整理委员会编．——［出版地不详］：交通部扬子江水道整理委员会，［出版时间不详］．——书目来源：重庆图书馆

聚兴诚银行第九届股东常会记录／［作者不详］．——［出版地不详］：［出版者不详］，1933. 4. 2.——书目来源：重庆市档案馆

农业经济学／董时进著．——北平：北平文化学社，1933．——书目来源：重庆图书馆、南京图书馆

四川金融风潮史略／重庆中国银行编．——重庆：重庆中国银行，1933．——记述 1911 年至 1932 年四川省的金融通货变动和历次金融风潮．——书目来源：国家图书馆

／重庆中国银行编．——重庆：重庆中国银行，1933. 9.——书目来源：上海图书馆

乡村建设／卢作孚编辑．——［出版地不详］：［出版者不详］，1933．——内分建设的意义、乡村地位的重要、村乡的教育建设、乡村的经济建设、乡村的治安建设等八章．——书目来源：重庆图书馆

／卢作孚编辑．——［出版地不详］：［出版者不详］，1935．——书目来源：《四川省志 人物志》第 402 页、国家图书馆、南京图书馆

转形期底经济理论／（日）山川均著；施复亮，钟复光译．——上海：新生命书局，1933．——书目来源：南京图书馆、天津图书馆、国家图书馆、江西省图书馆、浙江图书馆

1934 年

重庆经济概况　民国十一年至二十年／重庆中国银行编．——重庆：重庆中国银行发行，1934. 1.——书目来源：重庆图书馆、国家图书馆、吉林省图书馆、天津图书馆

工资理论之发展／樊弘著．——上海：社会调查所，1934．——共 8 章。分别对重商学派和重农学派的工资理论、斯密士的工资理论、马尔萨斯和里嘉图的工资理论、弥尔的工资理论、马克思和佐治的工资理论、克拉克的工资理论加以介绍和评价．——书目来源：重庆图书馆、四川省图书馆

／樊弘．——上海：商务印书馆，［1934］．——书目来源：国家图书馆

／樊弘．——［出版地不详］：商务印书馆，1934.2．——书目来源：四川省图书馆

／樊弘著．——上海：社会调查所，1934.2．——书目来源：上海图书馆

／樊弘著．——上海：社会调查所，1934.12．——书目来源：上海图书馆

／樊弘著．——上海：社会调查所，1935．——书目来源：重庆图书馆、贵州省图书馆

／樊弘．——上海：商务印书馆，［1935］．——书目来源：南京图书馆

／樊弘著．——上海：商务印书馆，［出版时间不详］．——书目来源：南京图书馆

交通部扬子江水道整理委员会第十、十一期年报合编：中英文本／交通部扬子江水道整理委员会编．——［出版地不详］：交通部扬子江水道整理委员会，［1934］．——书目来源：重庆图书馆

聚兴诚银行第十次营业报告书／［聚兴诚银行］编．——［重庆］：［聚兴诚银行］，［1934］．——这是聚兴诚银行在民国二十三年发表的本行第十次营业报告书，分为民国二十二、三两年的业务概况，损益情形，呆账准备金，储蓄部，业务工作，民国二十三年的重庆金融恐慌，德善公司事件等部分。后附民国二十三年本行及储蓄部决算报告书．——书目来源：重庆图书馆

民生实业股份有限公司民国二十二年决算报告书／民生实业股份有限公司编．——重庆：民生实业股份有限公司，1934．——介绍该公司二十二年度营业概况，附总资产负债表、总损益表等．——书目来源：重庆图书馆

四川地方银行重庆总行开幕纪念册／［四川地方银行重庆总行］编．——［重庆］：［四川地方银行重庆总行］，1934．——民国二十三年一月十二日，四川地方银行正式开幕于重庆．——书目来源：重庆图书馆

四川第十三次劝业会报告书／四川第十三次劝业会编．——荣昌：四川第十三次劝业会，1934．——内容大部分为赴会陈列品的各种统计表，并编入会场插图、文牍、章则等资料．——书目来源：重庆图书馆

四川省之公债／重庆中国银行编．——重庆：重庆中国银行，1934．——书

目来源：重庆图书馆、南京图书馆

／重庆中国银行编．——重庆：重庆中国银行，1934.1．——书目来源：上海图书馆、南京图书馆

四川省之山货／重庆中国银行编辑．——重庆：中国银行总管理处经济研究室，1934．——上卷。概述该省山货沿革、产地及销售情况，并分别对各类动、植物的产地、产量、鉴别、制法、用途作了具体介绍．——书目来源：重庆图书馆

／重庆中国银行编辑．——四川：中国银行总管理处经济研究室，1934.12—1935.10．——下卷。卷首有编者序。第二复本开本为 19cm × 14cm．——书目来源：上海图书馆

／重庆中国银行编辑．——重庆：中国银行总管理处经济研究室，1935．——下卷。介绍该省山货药材业的组织、贸易以及各类工人情况．——书目来源：重庆图书馆、四川大学图书馆

四川省之糖／重庆中国银行编．——［出版地不详］：中国银行总管理处经济研究室，1934．——分4章。叙述四川甘蔗之种植、制糖、交易、质量和经营方法等．——书目来源：重庆图书馆、国家图书馆

／重庆中国银行编．——四川：中国银行总管理处经济研究室，1934.12．——书目来源：上海图书馆

四川省之药材／中国银行重庆分行编．——重庆：中国银行总管理处经济研究室，1934．——内分上、下两编。概述药材的分类和产销状况，药业的组织、贸易等。附各种统计图表．——书目来源：重庆图书馆、南京图书馆

／重庆中国银行著．——重庆：中国银行总管理处经济研究室，1934．——书目来源：南京图书馆

／重庆中国银行编．——四川：中国银行总管理处经济研究室，1934.9．——书目来源：上海图书馆

四川之金融恐怖与刘湘东下／［作者不详］．——［出版地不详］：［出版者不详］，［1934］．——概述1934年四川财政金融危机的原因和状况，并提出可借刘湘东下之机与中央政府"商榷"，解决川局经济问题．——书目来源：重庆

图书馆、国家图书馆

中国合会之研究/ 杨西孟. —— [出版地不详]：商务印书馆，1934. —— 对我国民间的小规模金融合作组织"合会"的研究。内分3卷：上卷论"合会"之原理及各种计算会金公式之推演；中卷列各种会金表，并说明应用方法；下卷载旧会规50余种. —— 书目来源：南京图书馆

/ 杨西孟. —— 上海：商务印书馆，1935. —— 书目来源：重庆图书馆、国家图书馆、上海图书馆、南京图书馆

/ 杨西孟著. —— 上海：商务印书馆，[出版时间不详]. —— 书目来源：四川省图书馆

1935 年

北碚农村银行二十三年度营业报告书 / 北碚农村银行编. —— 北碚 [重庆]：北碚农村银行，[1935]. —— 介绍该行二十三年度之营业情况。附《资产负债表》《损益表》《盈余分配表》。封面题名：北碚农村银行营业报告书. —— 书目来源：重庆图书馆

重庆电力股份有限公司营业章程/ [作者不详]. —— 重庆：[出版者不详]，1935. —— 营业章程内分总则，供电方式等。后有十三种各种表格的样本. —— 书目来源：重庆图书馆

重庆市之棉织工业/ 重庆中国银行编辑. —— 重庆：中国银行总管理处经济研究室，1935. —— 共11章。内分沿革、现状、机械、分配与变迁、工人、原料、生产、销路、交易、团体组织、结论等。附录重庆市重要棉织厂一览表，重庆市布业同业公会简章，裕华、三峡二厂与经销店所订公约二则. —— 书目来源：重庆图书馆、国家图书馆、南京图书馆、上海图书馆

东川邮区办理代办所汇票之邮政代办所一览表/ [作者不详]. —— [出版地不详]：[出版者不详]，1935.6. —— 1923年4月1日，改重庆一等邮局为东川邮务管理局，1931年改称东川邮政管理局. —— 书目来源：重庆市档案馆

聚兴诚银行对外单据之印制分配及保管登记办法/ [作者不详]. —— [出版地不详]：[出版者不详]，1935.10. —— 书目来源：重庆市档案馆

聚兴诚银行活页账之印制分配及保管办法/ [作者不详]. —— [出版地不

详］：［出版者不详］，1935.9.——书目来源：重庆市档案馆

聚兴诚银行契据所有品、寄存品、代管品之保管办法／［作者不详］.——［出版地不详］：［出版者不详］，1935.8.——书目来源：重庆市档案馆

农业讲义／董时进讲述.——［出版地不详］：江西省县政人员训练所，1935.——书目来源：四川省图书馆

数理经济学大纲／麦塔著；胡宇光译.——上海：商务印书馆，1935.——作者简介：胡宇光（1896—1957）又名胡泽，合川县盐井乡人.——书目来源：《合川县志》第752页、重庆图书馆、国家图书馆、上海图书馆、南京图书馆

四川考察报告书／全国经济委员会编.——［出版地不详］：全国经济委员会，1935.——书目来源：重庆图书馆

四川省二十四年度契正税暨附加收入概算表／四川省政府编.——四川：四川省政府，1935.——列表介绍四川省各县契正税收入及税率.——书目来源：重庆图书馆

四川中心工业试验所年刊／四川中心工业试验所编辑.——重庆：四川中心工业试验所，1935.——书目来源：重庆图书馆、国家图书馆

盐与新盐法／陈长蘅讲.——［出版地不详］：盐务缉私督察人员训练班，1935.——书目来源：四川省图书馆

整理四川财政方案／刘航琛.——［出版地不详］：［出版者不详］，1935.——作者简介：刘航琛（1897—1975），四川泸县人。1922—1938年，1940—1949年在重庆.——书目来源：《四川省志 人物志》第311页

1936年

巴县二十五年度县地方总预算书／［作者不详］.——［出版地不详］：［出版者不详］，1936.7—1937.6.——书目来源：重庆市档案馆

璧山县二十五年度县地方总预算书／［作者不详］.——［出版地不详］：［出版者不详］，［1936］.——书目来源：重庆市档案馆

长渝铁路经济调查总报告书／长渝铁路经济调查队制.——［出版地不详］：［出版者不详］，1936.——书目来源：重庆数字图书馆

重庆市自来水厂会计规程／谢霖编.——上海：上海北成都路美术印书馆，

1936. ——书目来源：国家图书馆

嘉陵江三峡乡村建设实验区署工作报告 / 唐瑞五报告. ——[出版地不详]：[出版者不详], 1936.6. ——嘉陵江三峡乡村建设实验区署工作报告，对本署的概况、民政类、财政类、教育类、建设类、司法类、防务类及其他的如新生活运动等进行了详细的讲解. ——书目来源：重庆市档案馆、重庆图书馆

/ [作者不详]. —— [出版项不详]. ——书目来源：重庆市档案馆

江北县二十五年度县地方总预算书 / [作者不详]. —— [出版地不详]：[出版者不详], 1936.7—1937.6. ——书目来源：重庆市档案馆

九年来之重庆市政特刊 / 重庆市政府秘书处编. ——重庆市政府秘书处, 1936. ——封面题名：九年来之重庆市政。收 1926 年 7 月—1935 年 7 月间有关重庆市工程、公用、社会、教育、土地、公安、卫生、团务等 9 个方面的工作概况. ——书目来源：重庆市档案馆、河南省图书馆、嘉兴学院图书馆、江西省图书馆、广东省立中山图书馆、金陵图书馆、国家图书馆、上海图书馆、广西壮族自治区图书馆

聚兴诚银行储蓄部特种活期 / [作者不详]. —— [出版地不详]：[出版者不详], 1936.5. ——书目来源：重庆市档案馆

聚兴诚银行存放款利息月计办法 / [作者不详]. —— [出版地不详]：[出版者不详], 1936.4. ——书目来源：重庆市档案馆

聚兴诚银行代办部暂行会计规则及办事手续 / [作者不详]. —— [出版地不详]：[出版者不详], 1936.8. ——书目来源：重庆市档案馆

聚兴诚银行各行存储款代理收付办法 / [作者不详]. —— [出版地不详]：[出版者不详], 1936.11. ——书目来源：重庆市档案馆

聚兴诚银行各种放款记账办法 / [作者不详]. —— [出版地不详]：[出版者不详], 1936.6. ——书目来源：重庆市档案馆

聚兴诚银行股份两合公司第十一次股东常会决议录 / [作者不详]. ——[出版地不详]：[出版者不详], 1936.3.8. ——书目来源：重庆市档案馆

民生实业股份有限公司决算报告书合订本 / 民生公司编. ——重庆：民生公司印, 1936—1947. ——书目来源：北碚区图书馆

四川公路局各行车时刻里程及客货运价目表/ 四川公路局车务处编. ——成都：公路局车务处，1936. ——书目来源：重庆图书馆

四川农村经济/ 吕平登编著. ——上海：商务印书馆，1936. ——社会经济调查所丛书. ——共16章。介绍四川农村的财政金融、交通、教育、土地、人口、农村阶级、佃租制度、水利经济、农民负担、灾害等情况. ——书目来源：国家图书馆、南京图书馆

四川省财政概况/ 财政部四川财政特派员公署编. ——[四川]：财政部四川财政特派员公署，1936. ——分岁出入概况、国税、省税公债与地钞等四编. ——书目来源：重庆图书馆

四川省第三区开发东西山物产初步调查报告/ 四川省第三区开发东西山筹备委员会编. ——四川：四川省第三区开发东西山筹备委员会，1936.5. ——书目来源：重庆图书馆、重庆市档案馆

/ 四川省第三区开发东西山筹备委员会编. ——四川：四川省第三区开发东西山筹备委员会，1936.6. ——书目来源：重庆市档案馆

四川省农村合作委员会工作计划及其进行概况[1936] / 四川省农村合作委员会编. ——四川：四川省农村合作委员会，1936. ——书末附图. ——书目来源：重庆图书馆

四川省营业税局通告/ 四川省营业税局编. ——四川：四川省营业税局，1936. ——主要介绍征收机关办理营业税的步骤，营业人申报纳税的手续，以及一切应行解释的事情。附四川省营业税征收章程，营业税法，四川省营业税税率表等. ——书目来源：重庆图书馆

四川省营业税征收章程/ 四川省营业税局编. ——四川：四川省营业税局，1936. ——收四川省营业税征收章程，四川省营业税评议委员会章程，四川省营业税总调查须知等。附各种表单证据式. ——书目来源：重庆图书馆

四川省之桐油/ 江昌绪编著. ——重庆：重庆民生实业公司经济研究室，1936. ——书目来源：重庆图书馆、南京图书馆

/ 江昌绪编著. ——重庆：重庆民生实业公司经济研究室，1936.3. ——书目来源：上海图书馆

四川省之夏布／重庆中国银行编著．——重庆：中国银行总管理处经济研究室，1936．——内分5节。介绍四川著名夏布产地、种类、制造方法、贸易、产量等。附：隆昌、荣昌、内江、江津、中江各区的各种夏布细名表，民国十一至二十二年夏产量概况表等．——书目来源：重庆图书馆、南京图书馆

／重庆中国银行编著．——四川：中国银行总管理处经济研究室，1936.6．——书目来源：上海图书馆

四川省之主要物产／江昌绪编著．——重庆：民生实业公司经济研究室，1936．——书目来源：重庆图书馆、南京图书馆

／江昌绪编著．——重庆：民生实业公司经济研究室，1936.7．——书目来源：上海图书馆

最近四十五年来四川省进出口贸易统计／甘祠森编．——重庆：民生实业公司经济研究室，1936．——作者简介：甘祠森（1914—1982），原名甘永柏，万县人．——书目来源：重庆图书馆、南京图书馆

／甘祠森编．——［出版地不详］：民生实业公司经济研究室，1936．——书目来源：上海图书馆

／甘祠森编．——重庆：民生实业公司经济研究室，1936.10．——书目来源：南京图书馆

／甘祠森编．——重庆：民生实业股份有限公司，1936.10．——书目来源：国家图书馆、重庆图书馆、南京图书馆

乡村建设大意／梁漱溟讲演；李志纯笔录．——［重庆］：乡村书店，1936．——书前冠：编者序言 在邹平县小学教师讲习会上的演讲词。讲述乡村建设、乡村组织、村学乡学等．——书目来源：重庆图书馆

新世界／张从吾编．——［出版地不详］：民生实业股份有限公司，1936．——民生实业公司刊物之第102期"民本轮专号"。介绍该公司新建造的内河轮船"民本"轮及其下水首航情况．——书目来源：广东省立中山图书馆

一桩惨淡经营的事业：民生实业公司／卢作孚．——重庆：民生实业公司十一周年纪念会，1936．——书目来源：《合川县志》第747页、重庆图书馆

／［作者不详］．——［出版项不详］．——附民联开航欢迎指导．——书目

来源：南京图书馆

/卢作孚．——［出版项不详］．——节录本．——书目来源：南京图书馆

一桩事业的几个要求/卢作孚著．——重庆：民生实业公司十一周年纪念会，1936.——谈赶超世界先进水平，把握现代的两个武器：技术与管理．——书目来源：《四川省志 人物志》第403页、重庆图书馆

永川县义务征工整理成渝公路工作汇编/沈鹏著．——永川：四川省第三区行政督察专员公署，1936.——书目来源：重庆图书馆

/［沈鹏］著．——［出版地不详］：四川省第三区行政督察专员公署，［1936］．——书目来源：重庆图书馆

1937年

中华民国二十五年四川省进出口货物量值及其税款统计/四川省地方税局编．——［出版地不详］：四川省地方税局读书会，1937.6，初版．——书目来源：西南政法大学图书馆

巴县财务委员会财政报告书/巴县财务委员会编．——巴县［重庆］：巴县财务委员会，［1937］．——有国府公布之财政方案、巴县财务委员会组织简章及办事细则、职员姓名一览表、巴县廿四年岁入岁出概算书等内容．——书目来源：重庆图书馆、南京图书馆

巴县二十六年度县地方总预算书/［作者不详］．——［出版地不详］：［出版者不详］，1937.7—1938.6.——书目来源：重庆市档案馆

北碚农村银行营业报告书/北碚农村银行．——［出版地不详］：［出版者不详］，1937.6.——书目来源：北碚区图书馆

璧山县二十六年度县地方总预算书/［作者不详］．——［出版地不详］：［出版者不详］，［1937］．——书目来源：重庆市档案馆

长渝铁路计划线重庆经济调查/平汉铁路管理局经济调查组编辑．——［出版地不详］：［出版者不详］，1937.——书目来源：首都图书馆、中共湖北省委党校图书馆、成都图书馆、吉林省图书馆

重庆电力股份有限公司二十五年度报告书/重庆电力股份有限公司编．——重庆：重庆电力股份有限公司，1937.——书目来源：国家图书馆

重庆经济调查，长渝计划线经济调查特辑之一/平汉铁路管理局经济调查组编.——汉口：平汉铁路管理局经济调查组，1937.1——为筹建长渝铁路，曾将调查材料编成《长渝铁路沿线经济调查分析报告》，分期载于该路月刊，后合订成此书.——书目来源：重庆图书馆、成都图书馆、首都图书馆

重庆经济调查/平汉铁路管理局经济调查组编.——汉口：平汉铁路管理局经济调查组，1937.——书目来源：重庆图书馆、国家图书馆、吉林省图书馆

/平汉铁路管理局经济调查组编.——［出版地不详］：［出版者不详］，1937.——书目来源：重庆数字图书馆

/平汉铁路管理局经济调查班编生活社［訳编］.——东京生活社，1940.——书目来源：重庆数字图书馆

丰都县租石清理委员会报告书/丰都县租石清理委员会编.——丰都［重庆］：丰都县租石清理委员会，1937.——书目来源：重庆图书馆

涪陵经济调查，其他题名，长渝计划线经济调查特辑之二　长渝计划线经济调查特辑/平汉铁路管理局经济调查组编.——汉口：平汉铁路管理局经济调查组，1937.——全书分甲乙两编，介绍涪陵之经济范围、涪陵之工商业概况、涪陵之金融概况等。附长渝铁路路线图.——书目来源：重庆图书馆

江北县二十六年度县地方总预算书/［作者不详］.——［出版地不详］：［出版者不详］，1937.7—1938.6.——书目来源：重庆市档案馆

现代金融论/甘祠森著.——上海：江汉印书局，1937.——书目来源：重庆图书馆

/甘祠森著.——上海：江汉印书局，1937.7.——书目来源：上海图书馆、南京图书馆

/甘祠森著.——［出版项不详］.——书目来源：《四川省志 人物志》第701页

聚兴诚银行存单存折股票质押转让注册办法/［作者不详］.——［出版地不详］：［出版者不详］，1937.3.——书目来源：重庆市档案馆

聚兴诚银行股份有限公司第一次营业报告书附民国二十六年下期决算各表/［作者不详］.——［出版地不详］：［出版者不详］，1937.12.——书目来

源：北碚区图书馆

聚兴诚银行股份有限公司章程/［作者不详］. ——［出版地不详］：［出版者不详］，1937.3. ——书目来源：重庆市档案馆

／［作者不详］. ——［出版项不详］. ——书目来源：重庆市档案馆

会计学/ 潘序伦著. ——重庆：立信会计图书用品社，［1937—1945］. ——1/2 册. ——书目来源：重庆图书馆

／潘序伦著. ——长沙：商务印书馆，1938. ——书目来源：重庆图书馆、上海图书馆

／潘序伦著. ——长沙：商务印书馆，1939. ——书目来源：重庆图书馆

／潘序伦著. ——长沙：商务印书馆，1940. ——书目来源：重庆图书馆

／潘序伦著. ——重庆：立信会计图书用品社，1942. ——3/4 册. ——书目来源：重庆图书馆

／潘序伦著. ——重庆：商务印书馆，1944. ——书目来源：重庆图书馆

／潘序伦著. ——重庆：立信会计图书用品社，1944. ——书目来源：重庆图书馆

／潘序伦著. ——重庆：立信会计图书用品社，1947. ——书目来源：重庆图书馆

／潘序伦著. ——重庆：立信会计图书用品社，1948. ——书目来源：重庆图书馆

／潘序伦著. ——上海：立信会计图书用品社，1949. ——书目来源：重庆图书馆

民生实业公司十一周年纪念刊/ 卢作孚等. ——上海：民生公司，1937. ——书目来源：重庆图书馆

民生实业公司十一周年纪念刊 / 民生实业公司十一周年纪念刊编辑委员会编. ——重庆：民生实业股份有限公司，1937. ——介绍该公司二十二年度营业概况，附总资产负债表、总损益表等. ——书目来源：重庆图书馆、国家图书馆、南京图书馆

民生实业股份有限公司二十六年度各部营业概况/ 重庆民生公司. ——重

庆：民生实业公司，1937．——书目来源：北碚区图书馆

民生实业股份有限公司会计规程／重庆民生公司．——重庆：民生公司，1937．——书目来源：北碚区图书馆

南川县金佛山垦殖计划书／重庆北碚实验区署编．——重庆：北碚实验区署，1937．——书目来源：北碚区图书馆

四川省地方税局两年来职工训练概况／四川省地方税局职工训练委员会编．——重庆：四川省地方税局职工训练委员会，1937．——书目来源：重庆图书馆

四川省合作金融年鉴 1937／四川省合作金库编．——[出版地不详]：四川省合作金库，1937．——收录有江北、合川、忠县、万县、垫江等 14 个县的社会及合作金融概况．——书目来源：武汉大学图书馆、吉林省图书馆

四川省货币流通情形调查统计／四川省政府财政厅金融统计组编．——四川：四川省政府财政厅金融统计组，1937．——收有四川省银币、铜币、制钱、纸币、省外币发行及流通情况调查资料。内容大部分为各县通用硬币一览表资料．——书目来源：重庆图书馆、国家图书馆（缩微）

四川省进出口货物量值及其税款统计／四川省地方税局第三科统计股编辑．——重庆：四川省地方税局读书会出版组，1937．——收录四川省地方税局重庆总局、万县分局等多项统计图表．——书目来源：重庆图书馆

四川省征收营业税例案辑览／四川省营业税局编．——重庆：四川省营业税局，1937．——有木业（四件）、染织业（二件）、机械业（一件）、银楼业（一件）等征收营业税例案．——书目来源：重庆图书馆

四川省之桐油／张肖梅，赵循伯编著．——长沙：商务印书馆，1937，再版．——作者简介：赵循伯（1908—1980），曾用名赵承志，曾用笔名徐习，重庆巴县（今巴南区）人，川剧作家．——书目来源：重庆图书馆、上海图书馆、四川大学图书馆

／张肖梅，赵循伯编著．——长沙：商务印书馆，1938．——内分 5 章。概述该省桐油生产、贸易以及重庆、万县的桐油市场情况，并对该省桐油生产前景作了分析。附折页地图．——书目来源：重庆图书馆、南京图书馆

四川桐油贸易概述/ 方兵孙编著 . ——成都：四川省银行经济调查室，1937. ——书目来源：南京图书馆

／方兵孙编著 . ——重庆：四川省银行经济调查室，1937. ——书目来源：重庆图书馆

／方兵孙编著 . ——四川：四川省银行经济调查室，1937. ——书目来源：南京图书馆

／方兵孙编著 . ——四川：四川省银行经济调查室，1937. 10. ——书目来源：上海图书馆

田赋讲义/胡次威著 . ——［庐山］：庐山暑期训练团，1937. ——书目来源：国家图书馆、南京图书馆

／胡次威等著 . ——［出版地不详］：庐山暑期训练团，1937. 7. ——书目来源：南京图书馆

万县经济调查，其他题名，**长渝计划线经济调查特辑之三** / 长渝计划线经济调查特辑平汉铁路管理局经济调查组编 . ——汉口：平汉铁路管理局经济调查组，1937. ——分甲、乙两编，介绍万县之经济范围、万县之工商业概况、万县之金融概况等。附长渝铁路路线图 . ——书目来源：重庆图书馆、上海图书馆

乡村建设理论，又名，**中国民族之前途** / 梁漱溟著 . ——重庆：乡村书店，1937. ——书目来源：重庆图书馆

／梁漱溟著 . ——重庆：乡村书店，1937. 11. ——书目来源：南京图书馆

／梁漱溟著 . ——重庆：乡村书店，1937. 12. ——书目来源：南京图书馆

／梁漱溟著 . ——重庆：乡村书店，1939. ——书目来源：重庆图书馆、南京图书馆

／梁漱溟著 . ——东京：东京大亚细亚建设社，1940. ——日文版，附録 人類社会建設の原則・われわれの二大難点 . ——书目来源：孔夫子旧书网

乡村建设理论提纲 初编 / 梁漱溟著 . ——［出版地不详］：乡村书店，1937. 10. ——书目来源：Stanford University（斯坦福大学）图书馆、吉林省图书馆

/梁漱溟著．——武昌：乡村书店，1937.11．——书目来源：重庆图书馆

/梁漱溟著．——武昌：乡村书店，1937.12．——书目来源：南京图书馆

1938 年

重庆电力公司营业章程［1938］/［作者不详］．——［出版地不详］：［出版者不详］，1938.6．——书目来源：重庆市档案馆

重庆趸售物价：二十七年九月至十二月/［作者不详］．——重庆：［出版者不详］，1938.——本书收集民生用品物价编制指数．——书目来源：重庆图书馆

重庆趸售物价指数及趸售物价汇编 / 四川省政府建设厅驻渝办事处编．——［重庆］：四川省政府建设厅驻渝办事处，［1938］．——书目来源：重庆图书馆

重庆模范市场民生公司总公司火灾后摄影/［作者不详］．——［出版地不详］：［出版者不详］，1938.10．——书目来源：北碚区图书馆

重庆市川产丝织品业 / 刘绍武调查；国民经济研究所具拟．——［出版地不详］：［国民经济研究所］，1938．——工业门丝织品类第一号（总第七十九号）．——书目来源：国家图书馆

重庆市电工矿业［1938］/［作者不详］．——［出版地不详］：［出版者不详］，1938.8．——书目来源：重庆市档案馆

重庆市农林水利/［作者不详］．——［出版地不详］：［出版者不详］，1938.8．——书目来源：重庆市档案馆

重庆市袜业调查 / 刘绍武调查；国民经济研究所具拟．——［出版地不详］：［国民经济研究所］，1938.——工业门针织类第二号（总第八十四号）．——书目来源：国家图书馆

重庆市之药材业 / 赵永馀调查；国民经济研究所具拟．——［出版地不详］：［国民经济研究所］，1938，油印本．——商业门药材类第一号（总第八十三号）．——书目来源：国家图书馆

重庆市之油业 / 赵永馀调查；国民经济研究所具拟．——［出版地不详］：［国民经济研究所］，1938，油印本．——商业门植物油类第一号（总第七十四

号）．——书目来源：国家图书馆

重庆桐油贸易近况研究／［李华飞］著．——［出版地不详］：［出版者不详］，［1938］．——分5章。分析抗战前后重庆桐油贸易状况及其变化，介绍贸易委员会调整重庆桐油贸易、出口的方案及经过，提出改进战时重庆桐油贸易的办法等。所辑资料截至1938年．——书目来源：重庆图书馆、南京图书馆、国家图书馆

重庆银行通讯录　第二十六期／李斯琪等著．——重庆：重庆银行，1938.——有仁岸川盐营业和帐务概要、廿七年上半期上海金融市场之动态、渝储部二十七年上期决算报告、总储部廿七年上期决算报告告等内容．——书目来源：重庆图书馆

重庆银行通讯录　第二十七期／涂绍宇等著．——重庆：重庆银行，1938.——有赴滇调查报告、泸县之市场报告、渝储部二十七年八月份报告书、重庆银行盐业部营业报告等内容．——书目来源：重庆图书馆

重庆政府战时经济政策史／（日）增田米治著．——东京：ダイヤモンド社，1938.——书目来源：韩国国立国会图书馆

／（日）增田米治著．——东京：ダイヤモンド社，1943.——书目来源：重庆数字图书馆

合作与经济建设／章元善著．——长沙：艺文研究会，1938.——分10章。论述我国合作事业的历史、概况、任务、方针、法规、分类与系统，以及合作社的经营范围等，强调合作的推行要与经济政策相适应、洋为中用等．——作者简介：章元善（1892—1987），江苏苏州人，抗战期间在重庆生活．——书目来源：重庆图书馆、上海图书馆、南京图书馆

／章元善著．——长沙：艺文研究会，1938.7.——书目来源：南京图书馆

嘉陵江三峡乡村建设实验区概况／嘉陵江三峡乡村建设实验区北碚月刊社编．——［重庆］：嘉陵江三峡乡村建设实验区北碚月刊社，1938.——介绍该实验区之沿革、全区概况、农村状况、经济状况等．——书目来源：重庆图书馆

／嘉陵江三峡乡村建设实验区北碚月刊社编．——北碚：嘉陵江三峡乡村建

设实验区北碚月刊社，1938.4.1. ——书目来源：上海图书馆、南京图书馆

嘉陵江三峡乡村建设实验区署概况 / 北碚月刊社编印. ——［出版地不详］：［出版者不详］，1938.4. ——书目来源：北碚区图书馆

嘉陵江三峡乡村建设实验区署抗战时期中心工作报告 / ［作者不详］. ——［出版地不详］：［出版者不详］，1938.7. ——书目来源：重庆市档案馆

［嘉陵江三峡乡村建设实验区署］抗战时期中心工作报告：民国二十六年至二十七年八月 / 嘉陵江三峡乡村建设实验区署. ——［北碚］：［嘉陵江三峡乡村建设实验区署］，1938.9. ——书目来源：北碚区图书馆

经济部工矿调整处第一次全年工作报告：民国二十六年十一月一日至民国二十七年十一月三十日 / 经济部工矿调整处编. ——［重庆］：经济部工矿调整处，［1938］. ——书目来源：国家图书馆

经济恐慌下的日本 / 陈豹隐等著. ——广州：战时出版社，［1938］. 作者简介：陈豹隐（1886—1960），又名陈启修，四川中江人，1938—1952年在重庆工作. ——书目来源：南京图书馆

／陈豹隐等著. ——［出版地不详］：战时出版社，［出版时间不详］. ——书目来源：重庆图书馆、上海图书馆

聚兴诚银行股份有限公司民国廿七年全年决算表 / 聚兴诚银行股份有限公司. ——［重庆］：聚兴诚银行股份有限公司，1938. ——书目来源：重庆图书馆

聚兴诚银行会计通告存要 / ［作者不详］. ——［出版地不详］：［出版者不详］，1938.8. ——上、中、下册. ——书目来源：重庆市档案馆

开发四川资源方案 / 四川省动员委员会资源组编. ——四川：四川省动员委员会资源组，1938. ——内容涉开发重庆煤矿、石油、水力、铁矿、化工、服装资源等开发方案。由张阆芝、邓华民、唐尧衢、魏文元4人分别执笔. ——书目来源：重庆图书馆

抗战与经济 / 陈长蘅等编. ——汉口：独立出版社，1938.5. ——书目来源：上海图书馆

抗战与消费统制 / 董时进著. ——［出版地不详］：独立出版社，

1938.12.——书目来源：上海图书馆

／董时进著.——上海：独立出版社，[出版时间不详].——书目来源：四川省图书馆

会计名辞汇译／潘序伦等编.——长沙：商务印书馆，1938.——在原译本上第一次修订.——书目来源：重庆图书馆、南京图书馆

／潘序伦等编.——上海：商务印书馆，1939.——书目来源：南京图书馆

／潘序伦等编.——重庆：立信会计图书用品社，1941.——第三次修订.——书目来源：四川省图书馆

／潘序伦等编.——重庆：立信会计图书用品社，1942.——书目来源：重庆图书馆

／潘序伦等编.——重庆：立信会计图书用品社，1947.——书目来源：四川大学图书馆

会计学教科书／潘序伦，王澹如编.——长沙：商务印书馆，1938.——书目来源：重庆图书馆

／潘序伦，王澹如编.——长沙：商务印书馆，1939.——书目来源：重庆图书馆、南京图书馆

／潘序伦，王澹如编.——重庆：立信会计图书用品社，1940.——书目来源：重庆图书馆

／潘序伦，王澹如编.——长沙：商务印书馆，1941.——书目来源：重庆图书馆

／潘序伦，王澹如编.——重庆：立信会计图书用品社，1942.——书目来源：重庆图书馆

／潘序伦，王澹如编.——重庆：立信会计图书用品社，1943.——书目来源：重庆图书馆

／潘序伦，王澹如编.——重庆：立信会计图书用品社，1944.——书目来源：重庆图书馆

／潘序伦，王澹如编.——重庆：立信会计图书用品社，1947.——书目来源：重庆图书馆

／潘序伦，王澹如编. ——哈尔滨：立信会计图书用品社，1948. ——书目来源：重庆图书馆

／潘序伦，王澹如编. ——重庆：立信会计图书用品社，1949. ——书目来源：重庆图书馆

／潘序伦，王澹如编. ——长沙：商务印书馆，［出版时间不详］. ——书目来源：四川省图书馆

民生实业股份有限公司民国二十六年第十二届决算报告书 ／民生公司编. ——重庆：重庆新民印书馆，1938. ——书目来源：北碚区图书馆

民生实业股份有限公司概况 ／［作者不详］. ——［重庆］：［出版者不详］，1938.4. ——书目来源：北碚区图书馆

南川金佛山垦殖计划书 ／南川金佛山垦殖委员会筹备会编. ——南川：南川县政府，1938. ——介绍了金佛山垦殖的重要性、金佛山的各种调查以及金佛山垦殖计划. ——书目来源：重庆图书馆

南川县金佛山垦殖计划书 ／南川金佛山垦殖委员会筹备会. ——［重庆］：南川县政府，1938.4. ——书目来源：北碚区图书馆

审计学教科书 ／潘序伦著. ——长沙：商务印书馆，1938. ——书目来源：上海图书馆

／潘序伦著. ——长沙：商务印书馆，1939. ——书目来源：上海图书馆

最近四川财政论 ／许饯侬著. ——［出版地不详］：中央政治学校研究部，1938. ——书目来源：重庆图书馆、国家图书馆、四川大学图书馆、四川省图书馆

／许饯侬著. ——［出版地不详］：中央政治学校研究部，1940. ——书目来源：重庆图书馆、南京图书馆

四川成都金堂合川南充蓬溪柑橘视察记 ／胡昌炽. ——［出版地不详］：［出版者不详］，1938.10. ——作者简介：胡昌炽，江苏苏州人. ——书目来源：重庆数字图书馆

四川东南边区酉秀黔彭石五县垦殖调查报告书 ／程绍行编. ——成都：四川省政府建设厅，1938. ——书目来源：重庆图书馆

四川经济简易统计／四川省银行经济调查室编．——重庆：四川省银行经济调查室，1938．——书目来源：重庆图书馆

四川省二十六市县二十七市场粮食市况调查　第九号／四川省粮食管理委员会编．——成都：四川省粮食管理委员会，1938．——书目来源：重庆图书馆

四川省二十七市县粮食市况调查报告　第九号／四川省粮食管理委员会编．——成都：四川省粮食管理委员会，1938．——有二十六年十二月份粮食市况统计图表、二十七市县各主要粮食每市石平均批发价格之实数表及指数表、二十七市县粮食市场之分述等内容。附民国二十三年本行及储蓄部决算报告书．——书目来源：重庆图书馆

四川省合作金融年鉴 1938／四川省合作金库编．——成都：四川省合作金库，1938．——收录有永川、涪陵、丰都等十二个县的社会及合作金融概况．——书目来源：南京图书馆、四川大学图书馆

／四川省合作金库编．——［出版地不详］：［出版者不详］，1938．——书目来源：复旦大学图书馆、成都图书馆、中国社会科学院图书馆、吉林省图书馆

四川省合作金融年鉴：民国二十六年度／四川省合作金库编．——成都：四川省合作金库，1938.1.15．——书目来源：重庆图书馆、上海图书馆、南京图书馆

四川省合作金融年鉴：民国二十七年度／四川省合作金库编．——成都：四川省合作金库，1938.12．——书目来源：重庆图书馆、南京图书馆

万县合作事业视察报告／郭敏学著．——成都：四川印刷局，1938．——书目来源：重庆图书馆

乡村建设实验／章元善，许仕廉著．——上海：中华书局，1938．——书目来源：南京图书馆

永川县仓储概况／沈鹏编．——［出版地不详］：四川省永川县，1938.9．——书目来源：重庆市档案馆、中国社会科学院图书馆

永川县建设概况／沈鹏编述．——永川：永川县政府，1938．——书目来源：重庆图书馆

战时经济问题研究／李华飞编著．——［出版地不详］：战路文化社，1938．——书目来源：复旦大学图书馆、上海社会科学院图书馆、中国社会科学院图书馆、吉林省图书馆

中国航空建设协会总会工作报告／中国航空建设协会总会编．——［重庆］：中国航空建设协会总会，1938．——书目来源：重庆图书馆

中国农村问题文献索引，又名，**乡村建设参考资料索引**／言心哲编辑．——重庆北碚：复旦大学社会学系，1938．——书目来源：重庆图书馆

中国战时资源问题／胡庶华著．——［南京］：国民政府军事委员会政治部，1938．——作者简介：胡庶华（1886—1968），湖南攸县人。曾在重庆工作生活．——书目来源：重庆图书馆、南京图书馆

／胡庶华著．——［南京］：国民政府军事委员会政治部，1938.8.15．——书目来源：上海图书馆

／胡庶华著．——重庆：青年书店，1939．——在重庆时期写成．——书目来源：重庆图书馆

／胡庶华著．——重庆：青年书店，1939.12．——书目来源：上海图书馆

／胡庶华著．——重庆：青年书店，［出版时间不详］．——书目来源：南京图书馆、广西壮族自治区图书馆

1939 年

中华民国二十七年度四川省地方普通总概算书／［四川省政府］编．——［出版地不详］：［出版者不详］，［1939］．——1938 年 7 月 1 日至 1938 年 12 月 31 日的统计资料．——书目来源：重庆图书馆

／［四川省政府］编．——四川：［出版者不详］，［出版时间不详］．——书目来源：南京图书馆

玻璃工厂计划／经济部中央实验所．——重庆：经济部中央实验所，1939.3．——书目来源：重庆中国三峡博物馆

财政部贸易委员会工作概况／［财政部贸易委员会］编．——［重庆］：［财政部贸易委员会］，1939．——书目来源：南京图书馆、国家图书馆

城市陷落对于民族经济的影响／公论社编．——［出版地不详］：译报图书

部，1939. ——文集。收《纪念"七七"抗战二周年》（白石）、《城市陷落对于民族经济的影响》（竟日）、《论现阶段的思想文化》（胡曲园）、《中日战争之政略与战略问题》（周恩来）、《第二期抗战与学校教育》（黄达三）、《国际反侵略反法西斯斗争》（曼弩伊尔斯基）、《帝国主义的出路》（马宝星译）、《"东亚协同体"批政》（冯乃超）、《克劳塞维兹的战争论的笔记》（列宁）、《哲学笔记》、《资本论读法》等16篇文章. ——书目来源：上海社会科学院图书馆、北京大学图书馆

重庆趸售物价指数及趸售物价 / 四川省政府建设厅驻渝办事处编. ——[出版地不详]：[出版者不详]，1939.10. ——1937.1—1939.10. ——书目来源：北碚区图书馆

/ 四川省政府建设厅驻渝办事处编. ——[出版地不详]：[出版者不详]，1939.12. ——1937.1—1939.12. ——书目来源：北碚区图书馆

/ 四川省政府建设厅驻渝办事处编. ——重庆：四川省政府建设厅驻渝办事处，1939. ——本书收集民国二十六年六月至二十八年二月民生用品物价编制物价指数. ——书目来源：重庆图书馆

/ 四川省政府建设厅驻渝办事处编. ——[出版项不详]. ——1937.1—1939.5. ——书目来源：北碚区图书馆

/ 四川省政府建设厅驻渝办事处编. ——[出版地不详]：[出版者不详]，1940.1. ——1937.1—1940.1. ——书目来源：北碚区图书馆

/ 四川省政府建设厅驻渝办事处编. ——[出版地不详]：[出版者不详]，1940.2. ——1937.1—1940.2. ——书目来源：北碚区图书馆

/ 四川省政府建设厅驻渝办事处编. ——[出版地不详]：[出版者不详]，1940.3. ——1937.1—1940.3. ——书目来源：北碚区图书馆

重庆市银行业近况 / 李华飞著. ——[出版地不详]：四川省政府建设厅，1939. ——书目来源：国家图书馆

重慶政府ノ「非常時輸入禁止物品辦法」及ビ「輸出商品ノ外國爲替賣却差額受取辦法」/（日）興亞院政務部. ——[东京]：興亞院政務部，1939.8. ——シリーズ名 興亞資料；經濟編 第58号. ——书目来源：日本

国立国会图书馆

重庆砖瓦业概况 陶瓷工业调查报告之一 / 徐廷荃著 . ——［出版地不详］：经济部中央工业试验所，1939. ——书目来源：国家图书馆

川康经济建设计划草案 / 西南经济建设研究所编 . ——成都：西南经济建设研究所，1939. ——书目来源：重庆图书馆、南京图书馆

川省财政概况与改进计划 / 甘绩镛讲 . ——［四川］：［出版者不详］，1939. ——卷端题：四川省政府财政厅厅长甘绩镛民国二十八年二月十一日向四川省党训练班之讲述。内容有民国二十七年五月以前的川省财政概况和民国二十七年六月至现在的川省财政概况与改进计划 . ——书目来源：重庆图书馆、南京图书馆

 / 甘绩镛讲 . ——［出版项不详］. ——书目来源：重庆数字图书馆

川盐实况及增产问题/ 张肖梅，朱觉方著 . ——重庆：中国国民经济研究所，1939. ——论述川盐之产制、运销、盐税、管理，以及川盐在盐业中的地位与产量等 . ——作者简介：张肖梅（1907—？），浙江镇海人，曾历任中国银行经济研究室副主任、主任等职 . ——书目来源：重庆图书馆、南京图书馆

飞跃中的西南建设 / 国民出版社编 . ——［出版地不详］：国民出版社，1939. —— 抗战期间四川等五省的经济建设及发展情况 . ——书目来源：重庆图书馆

高级会计学/ 潘序伦著 . ——长沙：商务印书馆，1939. ——作者简介：潘序伦（1893—1985），宜兴丁蜀镇人。抗战时期在重庆 . ——书目来源：上海图书馆

合作事业 / 章元善著 . ——重庆：中央训练团，1939. ——本书讲述了合作事业的重要性、合作社的组织及经营。中央训练团 1939 年至 1946 年 3 月在重庆 . ——书目来源：重庆图书馆

 / 章元善著 . ——［出版地不详］：中央训练团党政训练班，1940.5. ——书目来源：南京图书馆

交通部重庆电话用户变动增刊/ 交通部重庆电话局编印 . ——［出版地不详］：［出版者不详］，1939. ——书目来源：北碚区图书馆

交通部职员录 /交通部人事司典职科编. ——［重庆］：交通部人事司典职科，1939. ——书目来源：国家图书馆

经济部工矿调整处二十八年度上半年事业推进状况报告书 /经济部工矿调整处编. ——［重庆］：经济部工矿调整处，1939. ——书目来源：重庆图书馆、国家图书馆

经济部工矿调整处二十八、九两年度工作计划实施方案表 /经济部工矿调查处编. ——［出版地不详］：经济部工矿调查处，1939. ——书目来源：重庆图书馆

经济部重庆工业试验所概况 /［作者不详］. ——［重庆］：经济部，［1939］. ——书目来源：国家图书馆

经济建设运动之实施方法 / 翁文灏讲. ——重庆：中央训练团党政训练班，1939. ——作者简介：翁文灏（1889—1971），字咏霓，浙江鄞县（今属宁波）人，抗战期间在重庆生活，曾任国民政府行政院院长. ——书目来源：重庆图书馆

聚兴诚银行储蓄部会计通告存要 /［作者不详］. ——［出版地不详］：［出版者不详］，1939.8. ——书目来源：重庆市档案馆

开发西南与抗战建国 /陈正祥编著. ——重庆：独立出版社，1939. ——抗战期间在重庆著。简述开发西南各省的资源，发展西南的交通、教育等对长期抗战的重要意义. ——作者简介：陈正祥（1922—2004），浙江人. ——书目来源：国家图书馆、重庆图书馆、南京图书馆

/陈正祥编著. ——重庆：独立出版社，1940. ——书目来源：重庆图书馆

开发资源与西南新经济建设 / 张国瑞著. ——桂林：西南导报社，1939.11. ——内收《如何建设西南》《今日开发西南之先决条件》《我们需要一个西南最高的经济计划机关》《西南工业建设的动力问题》《调整战时西南贸易政策的商榷》《一年来西南经济建设之检讨》《今后西南新经济建设之途径》7篇论文。其中大多曾在《西南导报》第1、2卷上发表过. ——书目来源：南京图书馆

抗战以来之经济建设 / 翁文灏讲. ——重庆：中央训练团党政训练班，

1939. ——书目来源：重庆图书馆、南京图书馆、四川省图书馆

／翁文灏讲．——重庆：中央训练团党政训练班，1940．——书目来源：重庆图书馆、南京图书馆

／翁文灏讲．——［出版地不详］：［出版者不详］，1941．——书目来源：重庆数字图书馆

抗战以来中央工业试验所工作报告／顾毓琼著．——［重庆］：经济部中央工业试验所，［1939.5］．——书目来源：南京图书馆、广东省立中山图书馆、国家图书馆

抗战中的民生公司附与死挣扎急待救济的民主公司等三种／重庆民生公司．——重庆：重庆民生公司，1939.7．——书目来源：北碚区图书馆

民生公司编辑股工作附改进方案等三种／张徒吾撰．——1939.1稿本1941.4抄．——书目来源：北碚区图书馆

民生公司消息（1939.5至1940.4）／重庆民生公司．——重庆：重庆民生公司，［1939—1940］，油印本．——书目来源：北碚区图书馆

民生公司主干会议纪录及通函　民生公司杂集／［作者不详］．——［出版地、出版时间不详］，1939—1940．——书目来源：北碚区图书馆

民生实业公司文书规程草案／重庆民生公司．——重庆：民生实业公司，1939．——书目来源：北碚区图书馆

民生实业股份有限公司二十八年概况／民生实业公司编．——重庆：民生实业公司，［1939］．——书目来源：南京图书馆

农本局业务报告：二十八年三月份／农本局统计室编．——［重庆］：农本局统计室，［1939］，油印本．——书目来源：重庆图书馆

农产促进委员会特约设立手纺织训练所简章／农产促进委员会编．——重庆：农产促进委员会，［1939］，修正版．——书目来源：重庆图书馆、国家图书馆

实业计划铁路篇／夏开儒编；胡焕庸校．——重庆：青年书店，1939．——书目来源：重庆图书馆、南京图书馆、国家图书馆、江西省图书馆

世界经济地理／胡焕庸著．——重庆：青年书店，1939．——书目来源：南

京图书馆

　　／胡焕庸著．——重庆：青年书店，1939.12．——书目来源：上海图书馆

　　／胡焕庸著．——重庆：青年书店，1940.9．——书目来源：上海图书馆

　　四川经济参考资料／张肖梅编著．——上海：中国国民经济研究所，1939.11．——分25章。辑入有关该省的土地人口、财政金融、交通运输、农业经济、森林、矿业、工业、商业、贸易等方面的资料，并载录该省颁行的经济法规多种．——书目来源：重庆图书馆、国家图书馆、上海图书馆、南京图书馆

　　四川经济考察团考察报告　第1篇／西南经济调查合作委员会编．——重庆：西南经济调查合作委员会，1939．——书目来源：重庆图书馆

　　四川经济考察团考察报告　第4编　金融／西南经济调查合作委员会编．——上海：独立出版社，1939.12．——目次页及版权页题：四川经济考察团报告：对四川银行业、钱庄业、典当业、货币流通状况及合作金融的考察。附录：西南经济资料索引．——书目来源：南京图书馆、四川省图书馆

　　／西南经济调查合作委员会编．——重庆：独立出版社，1939．——书目来源：国家图书馆

　　四川省合作金融年鉴：民国二十八年度／四川省合作金库编．——成都：四川省合作金库，1939．——仅编入合作金库资料。附民国二十八年度省县库放款还款、存款付款、收入支付数量等统计资料。辑入有关的专题论著、社会调查、合作事业、金融概况、农仓、特产等资料．——书目来源：重庆图书馆

　　四川省轮船运价章程／交通部汉口航政局运输股编．——［重庆］：交通部汉口航政局运输股，1939．——有客货运价标准章程、旅客票价表、货物运价表、轻浮货物名称表、特种货物计费重量表、轮船航线海里表等内容．——书目来源：重庆图书馆

　　四川省民国二十八年度各县地方预算汇编／［四川省政府会计处编］．——成都：四川省政府会计处，1939．——书目来源：重庆图书馆

　　四川省民国二十八年度省地方总概算书／四川省政府财政厅编．——成都：四川省政府财政厅，1939．——书目来源：重庆图书馆

/［作者不详］.——［出版项不详］.——附成都市二十八年度概算书.——书目来源：南京图书馆

四川省政府财政厅施政报告：二十七年六月至二十八年六月／甘绩镛报告.——四川：［出版者不详］，1939.——封面注：民国二十八年七月在省参议会报告后校订。报告内容有整饬财务行政，改善各项制度，整理税务，整理债务，调济金融，严格执行预算，整理县地方财政等七个部分.——书目来源：重庆图书馆、南京图书馆

四川省政府财政厅施政报告概要：民国二十七年六月至二十八年七月／［作者不详］.——四川：四川省财政厅，1939.——书目来源：南京图书馆

四川盐业考察报告／魏少申著.——［出版地不详］：中央政治学校研究部，1939.——内容包括四川各盐场之名称、区域及最近三年（1935—1937年）之产销与税收，战时川盐增产加运之概略等七部分.——书目来源：重庆图书馆、南京图书馆、四川省图书馆

西南工业建设方案／施建生.——重庆：中山文化教育馆，1939.7.——书目来源：国家图书馆、重庆图书馆、南京图书馆

西南经济建设计划大纲草案／刘宗涛著.——成都：西南经济建设委员会，1939.——书目来源：重庆图书馆

西南经济建设论／独立出版社编.——［重庆］：独立出版社，1939.——简论战时西南经济建设，涉及工业化、动力、垦殖、交通、合作等问题。此书由方显廷、陈抱隐、张国瑞、韦以黻执笔.——书目来源：重庆图书馆、南京图书馆

／独立出版社编.——上海：独立出版社，［出版时间不详］.——书目来源：广东省立中山图书馆、河南大学图书馆、贵州省图书馆

西南经济建设论／方显廷等著.——［重庆］：独立出版社，1939.——书目来源：贵州省图书馆

西南经济建设研究所缘起及组织章程／西南经济建设研究所编.——重庆：西南经济建设研究所，1939.——书目来源：重庆图书馆、南京图书馆、四川省图书馆

预算法令 / 四川省政府会计处编 .——四川：四川省政府会计处，1939.——辑入国民政府 1931—1938 年历年公布及修正的预算法规、条例、施行细则等 18 种.——书目来源：重庆图书馆

战时财政金融 / 孔祥熙.——重庆：中央训练团，1939.——书目来源：重庆图书馆

战时重庆市之糖业 / 国民经济研究所具拟.——［重庆］：国民经济研究所［1939］.——工业门糖类第二号（总第一二二号）.——书目来源：国家图书馆

战时节约 / 重庆市政府，重庆市动员委员会编.——重庆：重庆市政府，1939.——书目来源：重庆图书馆

中国工业合作协会川康区办事处工作报告　自民国二十八年一月二十三日至同年六月底止 / ［作者不详］.——［出版地不详］：［出版者不详］，1939.——书目来源：国家图书馆

中国工业合作协会工作概况 / 中国工业合作协会编.——［重庆］：中国工业合作协会，[1939].——书目来源：南京图书馆、重庆图书馆、国家图书馆

中国今日之西南建设问题 / 西南导报社编.——［出版地不详］：生活书店，1939.12.——书目来源：四川省图书馆

／西南导报社编.——桂林：西南导报社，1939，再版.——书目来源：重庆图书馆、国家图书馆

中国土地政策 / 中国地政学会编.——重庆：独立出版社，1939.6.——第五届年会论文集 中国土地政策.——书目来源：Berlin State Library（德国柏林国家图书馆）、南京农业大学图书馆

／［作者不详］.——［出版地不详］：国民出版社，1939.——内收论文 8 篇：《中国国民党之土地政策》（陈立夫）、《复兴运动中的土地政策发凡》（萧铮）、《抗战时期的土地政策》（薛暮桥）、《平均地权之中心问题》（万国鼎）、《都市土地应当从速征收的两种税》（陈正谟）、《现代中国之垦殖问题》（唐启宇）、《我国土地法规中关于耕者有其田之规定》（马寅初）、《中国共产党过去土地革命的经过与批评》（刘雨生）。附录：中国地政学会第五届年会决议文.

——书目来源：安徽大学图书馆

中国之国际贸易／马寅初讲． ——［重庆］：中央训练团，1939.6. ——1939年6月28日于党政训练班。中央训练团党政训练班讲演录，附中日货币战． ——作者简介：马寅初（1882—1982），字元善，浙江嵊州人。1938年初任重庆大学商学院院长兼教授，1940年12月6日被蒋介石逮捕，1946年9月到上海． ——书目来源：重庆数字图书馆、广东省立中山图书馆

中国之新金融政策／马寅初著． ——［出版地不详］：商务印书馆，1939. ——书目来源：上海社会科学院图书馆、苏州图书馆

中日货币战／独立出版社编． ——重庆：独立出版社，1939.10. ——节选马寅初、朱契等8人著作及辑译日人的文章，编为9章：论中日货币战、敌人之金融进攻、如何抵抗敌人的金融侵略、敌人统制华北外汇与中英借款、法币与日元在中国、敌人对我货币侵略的失败等。末附讨论大纲． ——书目来源：复旦大学图书馆、广东省立中山图书馆、贵州省图书馆、吉林省图书馆

1940年

民国二十八年度四川丝业股份有限公司营业／四川丝业股份有限公司编． ——［出版地不详］：四川丝业股份有限公司，1940. ——1937年5月，四川省官商合办的生丝贸易公司在重庆成立新公司，即四川丝业股份有限公司． ——书目来源：重庆图书馆

／四川丝业股份有限公司编． ——［出版地不详］：四川丝业股份有限公司，1941. ——书目来源：重庆图书馆

财政部四川烟叶示范场概况／财政部四川烟叶示范场编． ——［出版地不详］：财政部四川烟叶示范场，1940. ——书目来源：重庆图书馆

／财政部四川烟叶示范场编． ——［出版项不详］． ——书目来源：南京图书馆

重慶經濟調查／平汉铁路管理局经济调查班编；生活社编译． ——东京：生活社，1940. ——书目来源：日本国立国会图书馆

重庆市财政局工作报告[廿八年九月至廿九年二月]／[作者不详]． ——重庆：重庆市财政局，[1940]． ——书目来源：国家图书馆

重庆市工务局统计图表/［作者不详］.——［出版地不详］：［出版者不详］，1940.——书目来源：重庆市档案馆

重庆市会计师公会章程/［作者不详］.——［出版地不详］：［出版者不详］，1940.3.——书目来源：重庆市档案馆

重慶政府の西南経済建設状況/（日）興亞院政務部.——［东京］：興亞院政務部，1940.——シリーズ名 調查資料；第14号.——书目来源：日本国立国会图书馆

川康工合事业/中国工业合作协会川康区办事处编.——［重庆］：中国工业合作协会川康区办事处，1940.——中国工业合作协会川康区办事处1939年在重庆设立.——书目来源：国家图书馆、重庆图书馆、南京图书馆

川康经济建设计划审查意见书/西南经济建设研究所编.——成都：西南经济建设研究所，1940.——书目来源：南京图书馆

川康经济建设计划总摘要/西南经济建设研究所编.——成都：西南经济建设研究所，1940.——书目来源：重庆图书馆、南京图书馆

工合特写/中国工业合作协会万县事务所编辑.——［重庆］：中国工业合作协会万县事务所，1940.6.——书目来源：西南大学图书馆

公司会计/潘序伦编著.——长沙：商务印书馆，1940.——又名：股份有限公司会计.——书目来源：重庆图书馆

/潘序伦编著.——重庆：立信会计图书用品社，1942.——上下册，新名：股份有限公司会计.——书目来源：重庆图书馆

/潘序伦编著.——重庆：立信会计图书用品社，1943.——又名：股份有限公司会计.——书目来源：重庆图书馆

/潘序伦编著.——重庆：立信会计图书用品社，1947.——新名：股份有限公司会计.——书目来源：重庆图书馆

/潘序伦编著.——重庆：立信会计图书用品社，［出版时间不详］.——又名：股份有限公司会计.——书目来源：重庆图书馆

国民经济建设运动/翁文灏讲.——重庆：中央训练团，1940.——书目来源：重庆图书馆、四川省图书馆

／翁文灏讲．——重庆：中央训练团，1941.——书目来源：重庆图书馆

／翁文灏讲．——重庆：中央训练团，1942.3.——书目来源：重庆图书馆

／翁文灏讲．——重庆：中央训练团，1942.5.——书目来源：重庆图书馆

合作金库之辅导与监督／叶谦吉，张延凤著．——[出版地不详]：农本局，1941.——有关合作金库的本质、对其辅导与监督及应属主管机构与实施办法等问题的研究．附农本局筹设合作金库注意事项．——作者简介：叶谦吉(1909—?)，江苏无锡人，现为西南大学终身教授．——书目来源：重庆图书馆、南京图书馆

合作文存　上、下册／章元善著．——江西：中国合作图书社，1940.——上册辑入《于树德著合作讲义序》《合作社法草案意见》《我的合作经验及感想》《政府办合作应怎样下手》等28篇文章；下册辑入《组织与力量》《代拟全国合作事业实施方案纲要》《如何运动合作组织以适应目前需要案》《史梯芬"对中国合作运动之意见"》等47篇文章．——书目来源：重庆图书馆、四川省图书馆

／章元善著．——江西：中国合作图书社，1940.10.——书目来源：南京图书馆

／章元善著．——重庆：中国合作图书社，1940.——书目来源：南京图书馆

江津县二十九年九至十二月份粮食管理工作报告书／[江津县政府编]．——江津[重庆]：江津县政府，[1940]．——有江津县二十九年下期征购军粮摊派标准及办法、江津县各乡镇新旧量器折合比率一览表、江津县各乡镇加工工具调查约计表等内容．——书目来源：重庆图书馆

聚兴诚银行股份有限公司民国二十九年全年决算表／聚兴诚银行股份有限公司．——[重庆]：聚兴诚银行股份有限公司，1940.——书目来源：重庆图书馆

抗战以来敌寇对我经济侵略概观／陈介生．——[出版地不详]：[出版者不详]，1940.——书目来源：重庆图书馆、北碚区图书馆

抗战以来全国交通概况／交通部编．——[重庆]：中央训练团，

1940. ——本册专供中央训练团党政训练班学员阅读. ——书目来源：国家图书馆

米谷生产成本调查及川粮管理问题/ 陈正谟著. ——[出版地不详]：中山文化教育馆，1940.12. ——序于1940年10月30日，陈正谟草于北碚中山文化教育馆。介绍1939—1940年间北碚米谷的生产成本、粮价高涨的原因、平抑粮价的方法、增加粮食生产与节约用粮等. ——作者简介：陈正谟，湖北人，工作于中山文化教育馆. ——书目来源：复旦大学图书馆、黑龙江省图书馆、上海社会科学院图书馆、广东省立中山图书馆、成都图书馆、吉林省图书馆、西南政法大学图书馆

民生实业股份有限公司常年股东大会决议录 第十五届常年股东大会决议录/ [作者不详]. ——[重庆]：[出版者不详]，1940.4—1945.6. ——书目来源：北碚区图书馆

农本局业务报告：二十八年 / 农本局研究室编. ——[重庆]：农本局研究室，[1940]. ——书目来源：重庆图书馆、南京图书馆、吉林省图书馆、国家图书馆

农本局业务报告：二十九年 / 农本局研究室编. ——[重庆]：农本局研究室，[1940]. ——书目来源：重庆图书馆

綦江铁矿矿产品成本计算说明/ 綦江铁矿会计课编. ——綦江：綦江铁矿会计课，1940. ——书目来源：重庆图书馆

荣昌工合旗下的手工业/ 聂叔香著；中国工业合作协会荣昌事务所编. ——重庆：荣昌玉屏街印刷工业合作社，1940. ——有蔴织、纺纱、蔴质药棉制造法、瓷器制造法等内容。附陶器制造说明。包括发刊词、会务、商情、论著、乡邦掌故、乡讯、文艺、职员名单（三十年度）及会刊目录. ——书目来源：重庆图书馆

世界经济统计 / 胡焕庸，黎立容编. ——重庆：青年书店，[1940]. ——书目来源：国家图书馆、南京图书馆、浙江图书馆、上海图书馆、首都图书馆

四川建设之路 / [作者不详]. ——成都：新新新闻报馆文化服务社，1940. ——内收《代序——黄主任委员在省参会二次大会开幕讲演》《蒋总裁理

川政告全川同胞书》《蒋总裁手订四川省施政纲要》《蒋总裁讲治川救国之根本要义》及川康建设方案等10篇. ——书目来源：重庆图书馆

四川金融/ 冯谷如编. ——成都：[四川省训练团]，1940. ——书目来源：重庆图书馆

/ 冯谷如编. ——成都：[四川省训练团]，1940.3. ——书目来源：南京图书馆

四川金融/ [作者不详]. ——四川：[出版者不详]，1940. ——书目来源：广西壮族自治区图书馆

四川经济考察团考察报告　第2编　农林 / 西南经济调查合作委员会编. ——重庆：独立出版社，1940. ——书目来源：重庆图书馆、南京图书馆、国家图书馆

/ 西南经济调查合作委员会编. ——上海：独立出版社，[出版时间不详]. ——内收《四川食米调查报告》（食粮调查报告之一，中国农民银行国民经济研究所）、《四川米麦杂粮考察报告》（食粮考察报告之二，郭仁德）、《四川棉产考察报告》（金善宝，蒋耀）、《四川蔗糖调查报告》（方滨生）、《四川森林考察报告》（裴季衡、段续川）等6篇考察报告. ——书目来源：四川省图书馆

四川农村物价指数［1940］/ 四川省农业改进所统计室编. ——四川：四川省农业改进所统计室，1940. ——书目来源：重庆图书馆

四川省财政近年概况/ 四川省训练团编. ——四川：[出版者不详]，1940. ——区训练班教材　分甲、乙两篇，甲篇为1938年6月—1939年6月的财政概况汇总，乙篇为1939年7—12月的财政概况汇总。各篇包括财政行政之整饬、各项制度之改善、税务之整理、债务之整理、金融之调剂、预算之执行和县地方财政之整理等内容. ——书目来源：重庆图书馆、国家图书馆（缩微）

四川省成渝两市自贡井乐山与内江经济状况概要/ [作者不详]. ——[出版者不详]：金陵大学文学院政治经济系，1940，油印本. ——金陵大学文学院政治经济系经济资料研究室报告第一号. ——书目来源：国家图书馆

四川省经济建设纲要/ 川康经济建设委员会秘书处编. ——[西康]：川康经济建设委员会秘书处，1940. ——书目来源：重庆图书馆

四川省经济建设三年计划草案：大纲/ 四川省生产计划委员会编．——四川：四川省生产计划委员会，1940．——卷首有编者序言。机密。内容包括四川省水电、农林、工矿、交通四个方面．——书目来源：重庆图书馆、上海图书馆、南京图书馆

／四川省生产计划委员会编．——四川：四川省生产计划委员会，[出版时间不详]．——书目来源：南京图书馆

四川省普通公务会计制度/ 四川省政府颁行．——四川：四川省政府，1940．——介绍单位机关、分会计机关和会计报告编送程序的设计要点．——书目来源：重庆图书馆

／四川省政府颁行．——四川：四川省政府，[出版时间不详]．——书目来源：重庆图书馆

四川省普通公务会计制度：四川省训练团讲义 ／ 四川省训练团．——四川：四川省训练团，1940.9．——书目来源：南京图书馆

四川省土地行政概况/ 胡次威编．——四川：四川省地政局，1940．——书目来源：重庆图书馆

四川省政府财政厅施政报告：二十八年七月至十二月 / 甘绩镛报告．——四川：[出版者不详]，1940．——封面注：民国二十九年二月在省参议会议报告后校订。报告内容有整饬财务行政，改善各项制度，整理税务，整理债务，调济金融，严格执行预算，整理县地方财政等七个部分．——书目来源：重庆图书馆、南京图书馆

苏联经济地理 / 胡焕庸，袁著编著．——重庆：青年书店，1940．——书目来源：重庆图书馆、广西壮族自治区图书馆

／胡焕庸，袁著编著．——重庆：青年书店，1940.10．——书目来源：上海图书馆、南京图书馆

外汇统制与贸易管理/ 国民经济研究所辑．——[出版地不详]：正中书局，1940．——为适应抗战的需要，宣传解释1938年国民政府实施统制外汇及贸易政策的论文资料集。辑入伍启元、马寅初、许涤新、刘大钧、朱通九等人的论文36篇及有关资料27件．——书目来源：上海社会科学院图书馆、广东省

立中山图书馆、贵州省图书馆、中国社会科学院图书馆

外汇问题与贸易问题 / 国民经济研究所辑. ——重庆：独立出版社，1940.6. ——续编论文集。分外汇问题及贸易问题两编，收入1938年10月以后报刊发表的有关法定汇价及国营对外贸易等问题的论文20篇. ——书目来源：重庆数字图书馆、西南大学图书馆、西南政法大学图书馆

西南经济建设研究 / 徐德瑞著. ——重庆：京华印书馆，1940. ——书目来源：国家图书馆、南京图书馆

西南麻织厂股份有限公司章程 / 西南麻织厂股份有限公司撰写. ——重庆：西南麻织厂股份有限公司，1940. ——书目来源：重庆图书馆

战时交通 / 张嘉璈. ——[重庆]：中央训练团党政训练班，1940. ——民国二十九年十二月对中央训练团党政训练班第十二期演讲稿. ——书目来源：重庆图书馆

战时经济问题 / 中国经济学社编. ——[出版地不详]：商务印书馆，1940.2. ——书目来源：重庆数字图书馆、复旦大学图书馆、广东省立中山图书馆、中共四川省委党校图书馆

中国工业合作协会荣昌事务所一年来工作报告及今后工作计划 / 中国工业合作协会荣昌事务所编. ——荣昌[重庆]：荣昌玉屏街印刷工业合作社，1940. ——书目来源：重庆图书馆

中国工业合作协会万县事务所工作报告 / 中国工业合作协会万县事务所编. ——重庆万县：中国工业合作协会万县事务所，1940. ——着重介绍中国工业合作协会万县事务所工作实施之经过. ——书目来源：重庆图书馆

中国航空建设协会四川省分会工作报告 / 中国航空建设协会四川省分会编. ——四川：中国航空建设协会四川省分会，1940. ——简介本会会务概况，最近五个月来会务之整理，最近五个月来工作之展望. ——书目来源：重庆图书馆

中国棉业问题 / 谢家声讲. ——[重庆]：中央训练团党政训练班，1940. ——书目来源：国家图书馆

中国民生建设实验院创立旨趣 / 中国民生建设实验院筹备处. ——[重

庆]：中国民生建设实验院，1940.——书目来源：国家图书馆

中国农业政策/董时进著.——长沙：文史丛书编辑部，1940.——书目来源：广西壮族自治区图书馆

/董时进著.——重庆：商务，1940.6.——书目来源：南京图书馆

/董时进著.——重庆：文史丛书编辑部，1943.——书目来源：重庆图书馆、南京图书馆

/董时进著.——[南昌]：文史丛书编辑部，1944.——书目来源：国家图书馆、浙江图书馆

1941 年

1941年四川田赋征实物经过/甘绩镛.——[出版地不详]：[出版者不详]，[1941].——书目来源：《荣昌县志》第1033页

三十年下半期国内经济概况/中央银行经济研究处编.——[出版地不详]：[出版者不详]，[1941].——收重庆金融、太平洋大战爆发对重庆金融市场之影响等章节内容，以及重庆市商品价格、物价指数、生活费之分类指数、工资率指数、民国三十年下半年重庆市物价价格、金融行市、产业职业工人名义实际工资率指数等表格.——书目来源：中央财经大学图书馆、嘉兴学院图书馆、成都图书馆

重庆市财政局土地行政工作报告书[三十年十一月底止]/[作者不详].——重庆：重庆市财政局，[1941].——书目来源：国家图书馆

重庆市工商名录/唐幼峰编.——重庆：重庆旅行指南社，1941.——作者简介：唐幼峰，四川乐山人，曾任重庆精益中学教员，著有多种川剧论著.——书目来源：中国社会科学院图书馆、南京图书馆

/唐幼峰编著.——[重庆]：重庆市社会局印行，1941.——书目来源：北碚区图书馆

/唐幼峰编著.——重庆：重庆旅行指南社，1942.——书目来源：重庆图书馆

重庆市粮食管理委员会工作报告：廿九年九月至卅年二月/重庆市粮食管理委员会编.——重庆：重庆市粮食管理委员会，[1941].——有管理米粮、

管理面粉、办理合作社协助粮食管制、奉令办理供给平价米等四部分。附录重庆市粮食管理委员会组织规程、重庆市粮商罚金提奖办法、重庆市米市场议价扯计办法等. ——书目来源：重庆图书馆

重庆市七种日用品调查初步报告／国民政府主计处统计局编. ——重庆：国民政府主计处统计局，1941. ——包括米、面粉、植物油、盐、布、煤、纸七种日用品及运输的统计资料. ——书目来源：重庆图书馆、南京图书馆

重庆市物价指数及其变动：中国统计学社年会论文／高德超撰. ——［重庆］：［出版者不详］，［1941］. ——有重庆市物价指数的编制、编制物价指数时所感觉的困难、重庆市物价指数变动概况等内容. ——书目来源：重庆图书馆

重庆市政府会计处工作报告：二十九年九月至卅年二月／重庆市政府会计处编. ——重庆：重庆市政府会计处，1941. ——有编拟二十九年度总预算情形、三十年度预算未成立之前救济办法、三十年度概算改编情形、重庆市各机关呈请预算处之支出限制办法等内容. ——书目来源：重庆图书馆

重庆之米价／中央银行经济研究处编. ——重庆：中央银行经济研究处，1941. ——书目来源：南京图书馆、国家图书馆

／中央银行经济研究处编. ——［出版地不详］：中央银行经济研究处，1941. ——书目来源：中国社会科学院图书馆

川康建设问题／崔昌政著. ——重庆：国民图书出版社，1941. ——书目来源：国家图书馆、重庆图书馆、南京图书馆

川康经济建设五年计划大纲草案：工业矿业／川康经济建设委员会秘书处编拟. ——［成都］：［川康经济建设委员会秘书处］，1941. ——本书为工业部门的经济建设计划摘要，共有"动力"、"钢铁"、"机械"、"纺织"等十一项。书前有"起草人名表"、"经费预算表". ——书目来源：重庆图书馆、南京图书馆

答乡村建设批判／梁漱溟. ——［出版地不详］：中国文化服务社，1941. ——1940年8月写于江津白沙黑山石. ——作者简介：梁漱溟（1893—1988），字寿铭，原名焕鼎，曾用笔名寿名、瘦民、漱溟。原籍广西桂林，生于

北京。1938—1942 年，1946—1948 年在重庆生活．——书目来源：重庆图书馆

／梁漱溟著．——重庆：中国文化服务社，1941．——书目来源：重庆图书馆

／梁漱溟．——重庆：中国文化服务社，［出版时间不详］．——书目来源：南京图书馆

邓主任论川康建设／邓晋康著；关文栋辑录．——成都：新新新闻报馆文化服务部，1941．——书目来源：国家图书馆、重庆图书馆

第三次全国财政讲汇编／陈豹隐等著．——［出版地不详］：［出版者不详］，1941.6．——收录《全国财政会议的收获》（陈豹隐）．——书目来源：浙江工商大学图书馆、嘉兴学院图书馆

复兴面粉股份有限公司章程／复兴面粉股份有限公司．——［重庆］：复兴面粉股份有限公司，1941．——书目来源：重庆图书馆

复兴面粉股份有限公司组织规程／复兴面粉股份有限公司．——［重庆］：复兴面粉股份有限公司，1941．——书目来源：重庆图书馆

合作金库制度之意义与建立／叶谦吉著．——［出版地不详］：农本局，1941．——附录：合作金库规程、合作金库章程准则．——书目来源：重庆图书馆、南京图书馆

嘉陵江三峡乡村建设实验区署三十年度工作计划专号／嘉陵江三峡乡村建设实验区署月刊室编．——重庆：嘉陵江三峡乡村建设实验区署，1941．——有内务股三十年度工作计划、北碚商业区街道整理计划、卫生所三十年度工作计划、北碚文星澄江庙二岩六乡镇等．——书目来源：重庆图书馆

交通部部辖公路营业里程表／公路运输总局业务组编．——［重庆］：公路运输总局业务组，1941．——全书为表格．——书目来源：南京图书馆、重庆图书馆

经济部中央工业试验所一览／经济部中央工业试验所．——［重庆］：经济部中央工业试验所，1941.2．——书目来源：重庆图书馆、重庆市档案馆

聚兴诚银行股份有限公司民国三十年全年决算表／聚兴诚银行股份有限公司．——［重庆］：聚兴诚银行股份有限公司，1941．——书目来源：重庆图

书馆

粮政须知/ 四川省政府粮政局编．——成都：四川省政府粮政局，1941．——粮政小丛书之二。有重庆各县在内的"各县每粮一两应缴纳购征粮食多少"等24问．——书目来源：重庆图书馆、南京图书馆

论对发国难财者征收财产税及其它/ 马寅初著．——［出版地不详］：新华日报华北分馆，1941．——辑入《提议对发国难财者开办临时财产税以充战后之复兴经费》《对发国难财者征收临时财产税为我国财政与金融唯一的出路》《在重庆大学经济研究社的讲演》3篇文章。作者因此三文，被拘捕入狱．——书目来源：中国社会科学院图书馆

美国经济地理/ 胡焕庸编著．——［出版地不详］：正中书局，1941.12．——书目来源：西南大学图书馆

/ 胡焕庸编著．——金华：正中书局，1943．——书目来源：重庆图书馆、南京图书馆

/ 胡焕庸编著．——［出版地不详］：正中书局，1943.7．——书目来源：上海图书馆

荣昌县猪鬃概况调查/ 袁友仁编著；技术处调查科编．——［出版地不详］：技术处调查科，1941．——书目来源：国家图书馆

社会部合作事业管理局工作概况：［1941年］/ 社会部合作事业管理局编．——［重庆］：社会部合作事业管理局，1941．——书目来源：南京图书馆、国家图书馆、浙江图书馆

四川白蜡之生产与运销/ 汤汉清编辑．——成都：四川省农业改进所，1941．——内容涉四川白蜡在重庆的运销．——书目来源：重庆图书馆

四川合作事业概览/ 四川省合作事业管理处编．——成都：四川省合作事业管理处，1941．——书目来源：重庆图书馆

四川粮食问题/ 张梁任撰．——重庆：重庆振华印书馆，1941．——内分4章。概述四川粮食供给情况、粮食价格上涨的原因、粮食管理的理论基础和现行粮食管理办法。末附：各县供应重庆市及疏建区粮食办法实施纲要．——书目来源：重庆图书馆

／张梁任撰．——重庆：重庆振华印书馆，1941.1.——书目来源：南京图书馆

／张梁任撰．——重庆：重庆振华印书馆，1941.11.——书目来源：南京图书馆

四川农场经营／戈福鼎编．——重庆：中央印刷所（印），1941.——书目来源：重庆图书馆

／戈福鼎编．——［出版地不详］：中央印刷所（印），1941.12.——书目来源：吉林省图书馆、中国社会科学院图书馆

四川三区乡村建设之实验／曹钟瑜，何吏衡编撰．——四川：乡建通讯社，1941.——书目来源：重庆图书馆

四川省仓储概况／何南陔编述．——［四川］：四川省政府，［1941］．——内容为该省募集粮食建立粮仓的情况及1941年的改进计划．——书目来源：Stanford University（斯坦福大学）图书馆

／何南陔编述．——［四川］：四川省政府，［出版时间不详］．——书目来源：重庆图书馆

四川省各县县政府经收处征课会计制度／四川省政府会计处编．——成都：四川省政府会计处，1941.——全部为表格，有总说明、簿记组织系统图、会计报告、会计科目说明表等内容．——书目来源：重庆图书馆

四川省民国三十年度省地方总概算书（汇编）／四川省政府会计处编．——成都：四川省政府会计处，1941.——又名：四川省民国三十年度省地方总预算书汇编。大部分为表，末附有关预算编审的文件8件。有岁入岁出对照表、岁入经常门常时部分、岁入经常门临时部分、岁入特殊门等内容．——书目来源：重庆图书馆、南京图书馆

四川省农村经济调查总报告／潘鸿声编．——重庆：中国农民银行，1941.——书目来源：重庆图书馆、国家图书馆、南京图书馆

四川省农村物价／胡国华编辑．——重庆：中国农民银行四川省农村经济调查委员会，1941.——书目来源：重庆图书馆

／胡国华编辑．——［出版地不详］：［出版者不详］，1941.12.——书目来

源：上海图书馆

四川省农业金融/ 欧阳蘋编.——重庆：中国农民银行四川农村经济调查委员会，1941.——书目来源：重庆图书馆、上海图书馆

四川省三十一年度田赋征购实物实施方案草案/ 四川省政府，财政部四川省田赋管理处拟订.——成都：[出版者不详]，1941.——书目来源：重庆图书馆

四川省土地整理业务概况/ 祝平著.——成都：明明印刷局，1941.——书目来源：重庆图书馆

四川省县市会计制度：总会计、简易单位会计/ 四川省政府颁行.——四川：四川省政府会计处，1941.——以表格的形式说明了总会计、简易单位会计方面的一些主要内容.——书目来源：重庆图书馆

修正四川省整理县市财政方案：第一辑/ 四川省政府县市财政整理处编.——成都：四川省政府县市财政整理处，1941.6.——辑入四川省为整理县市财政而新订或修正的方案17件。内容包括各县市公产、学产、财务出纳、审核、银行、公有债权债务、特许费、房捐等方面的整理办法、大纲、规划等.——书目来源：重庆图书馆、南京图书馆

四川省主要粮食之运销/ 潘鸿声编.——重庆：中农印刷所，1941.——书目来源：重庆图书馆、国家图书馆、上海图书馆、南京图书馆

四川省租佃制度/ 应廉耕编.——重庆：中农印刷所，1941.——分"地权之消长与分布"、"租佃制度之内容"、"田租高度之测验"、"地主投资农场之报酬"等十章。书前附四川省农村经济调查委员会成员名录.——书目来源：重庆图书馆、国家图书馆、上海图书馆

四川丝业公司成立经过/ [作者不详].——[出版地不详]：[出版者不详]，1941.4.——1937年5月，四川省官商合办的生丝贸易公司在重庆成立新公司，即四川丝业股份有限公司.——书目来源：北碚区图书馆

四川田赋概况 / 任敏华编.——[四川]：四川省银行经济研究室，1941.——书目来源：复旦大学图书馆、中国科学院地理科学与资源研究所图书馆、中国社会科学院图书馆、吉林省图书馆

四川桐树与桐油之研究／焦启源，四川省政府建设厅建设丛书编辑委员会著．——成都：四川省政府建设厅，1941．——书目来源：重庆图书馆

四川驿运／四川省驿运管理处编．——成都：四川省驿运管理处，1941．——介绍四川驿运的设线情形、设备概况、训练与宣传、亟待解决之各项困难问题等．——书目来源：重庆图书馆

四川蔗糖产销调查／钟崇敏著．——重庆：中国农民银行经济研究处，1941．——介绍该省蔗田面积、蔗糖的生产、市场组织、交易方法、运销路线、糖业金融等情况。附录万县糖之运销、涪陵糖之运销、半年来之糖类统税、糖类统税征收暂行条例、战时食糖专卖暂行条例．——书目来源：重庆图书馆、南京图书馆、四川大学图书馆

四川征购粮食办法概论／四川省银行经济研究室主编．——重庆：四川省银行经济研究室，1941．——四川经济研究小丛书 三。书末附征粮布告及滞纳处分办法．——书目来源：重庆图书馆、上海图书馆、南京图书馆

四川主要食粮作物生产成本／戈福鼎著．——重庆：中国农民银行四川省经济调查委员会，1941.12．——书目来源：重庆图书馆、上海图书馆、南京图书馆

／戈福鼎著．——重庆：中国文化服务社，1941.12．——书目来源：南京图书馆

物资管理课目纲要／宠松舟讲．——［重庆］：［出版者不详］中央训练团印刷所印，1941．——中央训练团党政训练班讲演录．——书目来源：重庆图书馆、南京图书馆、国家图书馆

西南经济建设研究所工作讨论会纪录 第一集／西南经济建设研究所编．——重庆：西南经济建设研究所，1941．——书目来源：重庆图书馆

战时财政／孔祥熙．——［重庆］：中央训练团，1941．——书目来源：重庆图书馆

战时财政新论／陈豹隐等著．——上饶：战地图书出版社，1941．——书目来源：上海社会科学院图书馆、广东省立中山图书馆、中国社会科学院图书馆、吉林省图书馆

战时经济建设 / 翁文灏讲 . —— 重庆：中央训练团党政训练班，1941. —— 书目来源：南京图书馆

/ 翁文灏讲 . —— 重庆：中央训练团党政训练班，1942. 3. —— 书目来源：重庆图书馆、南京图书馆、四川省图书馆

战时经济问题续集 / 中国经济学社编辑 . —— ［出版地不详］：商务印书馆，1941. 1. —— 书目来源：重庆数字图书馆、中共上海市委党校（上海行政学院）图书馆

征购粮食手册 / 江津县政府编 . —— 江津：江津县政府，1941. —— 书目来源：重庆图书馆

中国工业合作协会工作概况 / ［作者不详］. —— ［重庆］：中国工业合作协会，［1941］，油印本 . —— 本书包括：缘起、组织、工作区域、组导、生产、供销、贷款、教育福利及其他工作等九项内容 . —— 书目来源：国家图书馆

中国经济地理 / 胡焕庸编著 . —— 重庆：青年出版社，1941. —— 书目来源：重庆图书馆

/ 胡焕庸 . —— 重庆：青年出版社，1941. 2. —— 书目来源：南京图书馆

中国政府会计制度 / 潘序伦，顾准编著 . —— 重庆：立信会计图书用品社，1941. —— 书目来源：重庆图书馆

/ 潘序伦，顾准编著 . —— 重庆：商务印书馆，1941. —— 书目来源：国家图书馆、南京图书馆、四川省图书馆

/ 潘序伦，顾准编著 . —— 重庆：立信会计图书用品社，1942. —— 书目来源：重庆图书馆、国家图书馆

/ 潘序伦，顾准编著 . —— 重庆：立信会计图书用品社，1944. —— 书目来源：贵州省图书馆

/ 潘序伦，顾准编著 . —— 重庆：立信会计图书用品社，1947. —— 立信会计丛书 . —— 书目来源：南京图书馆、四川省图书馆

/ 潘序伦，顾准编著 . —— 上海：立信会计图书用品社，1948. —— 书目来源：重庆图书馆

/潘序伦，顾准编著. ——［出版项不详］. ——书目来源：南京图书馆

1942 年

三十年下期重庆市各行庄存放款及口岸汇款业务分析/四联总务秘书处编. ——重庆：四联总务秘书处，1942. ——书目来源：国家图书馆

财政部四川烟叶示范场三十一年度工作总报告/财政部四川烟叶示范场编. ——四川：财政部四川烟叶示范场，1942. ——书目来源：重庆图书馆

重庆工人所得及生活费/郑孝齐，张发锐著. ——北京：中国农民银行经济研究处，1942. ——书目来源：山西省图书馆

/郑孝齐，张发锐著. ——重庆：中国农民银行经济研究处，1942. ——由中国农民银行重庆市社会局联合调查. ——书目来源：重庆图书馆

重庆轮渡股份有限公司扩充计划/重庆轮渡股份有限公司编. ——重庆：重庆轮渡股份有限公司，1942. ——书目来源：重庆图书馆

重庆市趸售物价指数月报/重庆市政府编. ——重庆：重庆市政府，1942. ——收有民国二十六年一月至三十一年十一月的重庆市趸售物价指数图、重庆市趸售物价指数、重庆趸售物价等内容. ——书目来源：重庆图书馆

重庆市票据交换制度/中央银行经济研究处编. ——重庆：中央银行经济研究处，1942. ——讲述重庆票据交换所的成立与沿革、票据交换制度的酝酿与筹办经过、中中交农四行票据清算和转账制度等。附民国二十五年中国银行办理重庆市票据交换转账事宜合约、民国二十五年重庆市银钱两业同业公会票据交换所章程、中央银行办理票据交换办法（三十年十二月三十一日）. ——书目来源：重庆图书馆、南京图书馆

/中央银行经济研究处编. ——［出版地不详］：中央银行经济研究处，1942. ——书目来源：重庆图书馆、南京图书馆、国家图书馆

重庆市商会三十年度工作报告/重庆市商会编. ——重庆：重庆市商会，1942. ——报告工作情况，并附本会改组当选委员表、本市薪俸阶级生活费指数表、本市为提存特别准备办法呈经济部文等. ——书目来源：重庆图书馆

重庆市市场概况调查举例/国民政府主计处统计局编. ——重庆：国民政府主计处统计局，［1942］. ——书目来源：南京图书馆

重庆市物价指数［1942］/ 经济部编. ——［重庆］：经济部，1942. ——书目来源：南京图书馆

重庆市消费合作社联合社业务报告书 民国三十一年度/ 重庆市消费合作社联合社编. ——重庆：重庆市消费合作社联合社，1942. ——本书介绍了本社的社务概况、业务概况等。附本社社员社一览表、社员社股历月进度表. ——书目来源：国家图书馆

重庆物价特刊/ 王仲武主编. ——重庆：西南经济建设研究所，邮政储金汇业局，1942. ——书目来源：国家图书馆、四川省图书馆

重庆物价专刊/ 王仲武主编；西南经济建设研究所，邮政储金汇业局编. ——重庆：西南经济建设研究所、邮政储金汇业局，1942. ——书目来源：重庆图书馆、南京图书馆、四川省图书馆

重慶政府の金融・為替政策/（日）外務省調査部. ——［东京］：外務省調査部，1942. ——书目来源：日本国立国会图书馆

重慶政府ノ産業支配力ニ関スル若干ノ資料/ 満鉄上海事務所調査室，南満州鉄道株式会社［編］. ——［上海］：満鉄上海事務所調査室，1942.8. ——執筆：浅川典生. ——书目来源：日本国立国会图书馆

川康专号/ 经济部采金局编. ——重庆：经济部采金局，1942. ——书目来源：国家图书馆、重庆图书馆、南京图书馆

各业会计制度/ 潘序伦编. ——长沙：立信会计图书用品社，1942. ——书目来源：重庆图书馆

国民经济建设运动/ 吴景超. ——［重庆］：中央训练团党政训练班，1942. ——书目来源：重庆图书馆、重庆市档案馆

国民政府主计处职员录 民国三十年十一月/［作者不详］. ——［重庆］：［出版者不详］，［1942］. ——书目来源：国家图书馆

交通部长江区航政局中华民国三十一年度统计年报/ 交通部长江区航政局统计室编. ——［出版地不详］：交通部长江区航政局统计室，1942. ——内容为该局所辖船舶、船员、航业、航线及运量、港务、运价、滩务、海事、处理敌伪船舶、组织及人事、会计及财物、总务及员工福利等项实务情况的介绍及

统计资料. ——书目来源：重庆图书馆

/ 交通部长江区航政局统计室编. ——[出版地不详]：交通部长江区航政局统计室，1943. ——书目来源：重庆图书馆

交通部长江区航政局绞滩管理委员会成立四周年纪念特刊/ 交通部长江区航政局绞滩管理委员会. ——[出版地不详]：交通部长江区航政局绞滩管理委员会，1942. ——书目来源：重庆图书馆

交通部重庆电话局电话号码簿/ 交通部重庆电话局编. ——重庆：交通部重庆电话局，1942. ——书目来源：北碚区图书馆、国家图书馆

交通部工作竞赛办事处工作报告：民国三十一年六月至十二月/ 交通部工作竞赛办事处编. ——[重庆]：交通部工作竞赛办事处，1942. ——书目来源：国家图书馆

交通部职员录 / 交通部人事司编. ——[重庆]：交通部人事司，1942. ——书目来源：国家图书馆

经济部农本局概况/ 毕云程著. ——重庆：农本局研究室，[1942.12]. ——书目来源：南京图书馆、重庆图书馆、国家图书馆、浙江图书馆

经济部中央工业试验所工作概况 / 顾毓瑔著. ——[重庆]：经济部中央工业试验所，1942. ——附实验工厂出品一览. ——书目来源：国家图书馆、首都图书馆

最近之经济建设 / 翁文灏讲. ——重庆：中央训练团党政训练班，1942.11. ——中央训练团党政训练班讲演录. ——书目来源：重庆图书馆、南京图书馆、四川省图书馆

/ 翁文灏讲. ——重庆：中央训练团党政训练班，1943. ——书目来源：重庆图书馆

就业引论/ 罗苹荪，杨桂和，樊弘著. ——重庆：中国农民银行经济研究处，1942.9. ——书目来源：上海图书馆、南京图书馆

聚兴诚银行股份有限公司民国三十一年全年决算表/ 聚兴诚银行股份有限公司. ——[重庆]：聚兴诚银行股份有限公司，1942. ——书目来源：重庆图书馆

抗战以来的财政 / 孔祥熙著；潘公展主编 . ——重庆：胜利出版社，1942. ——作者简介：孔祥熙（1880—1967），字庸之，号子渊，山西省太谷县人，抗战期间在重庆生活 . ——书目来源：重庆图书馆、四川省图书馆

/ 孔祥熙著；潘公展主编 . ——[江西]：胜利出版社江西分社，1942. ——书目来源：南京图书馆

/ 孔祥熙著；潘公展主编 . ——重庆：胜利出版社，1943. ——书目来源：南京图书馆

/ 孔祥熙著；潘公展主编 . ——[江西]：胜利出版社江西分社，1943.3. ——书目来源：上海图书馆

抗战以来的经济 / 翁文灏著 . ——重庆：胜利出版社，1942. ——书目来源：重庆图书馆、南京图书馆、四川省图书馆

抗戦支那の食糧問題 /（日）東亜研究所第三部編訳 . ——東京：東亜研究所，1942. ——シリーズ名 資料丙；第258号D. 支那奥地資料彙報；第7輯。部分タイトル 戦時糧食問題（黄霖生等）浙江省に於ける食糧管理政策と計口授糧法施行の経過（沈松林）四川省糧食問題（財政評論社資料室）重慶市の食糧管理（貝幼強）. ——書目来源：日本国立国会図書館

两年来四川驿运工作简报 / 四川省驿运管理处编 . ——成都：四川省驿运管理处，1942. ——主要介绍了四川（包括重庆）驿运（民国二十九年至三十一年）的营运、管理及今后工作的展望等 . ——书目来源：重庆图书馆

民生机器厂概述附抗战第六年之民生机器厂 / 周茂柏等撰 . ——[重庆江北]：民生机器厂，1942.8，油印本 . ——书目来源：北碚区图书馆

民生机器厂建造七号至十六号新船经过概述 / 周茂柏等撰 . ——[重庆江北]：民生机器厂，1942.8. ——书目来源：北碚区图书馆

民生炼油厂 / 中国西部科学院 . ——[重庆]：中国西部科学院，1942. ——书目来源：重庆中国三峡博物馆

民生实业公司第十七周年纪念日所盼望于各界指导的（附各航线轮船停泊码头及售票地点表，各航线客票价目表） / 民生实业公司编 . ——重庆：民生实业公司，1942. ——书目来源：上海图书馆

民生实业股份有限公司三十年度概况／[作者不详]．——[重庆]：[出版者不详]，1942．——书目来源：北碚区图书馆

民营厂矿内迁纪略：我国工业总动员之序幕／林继庸．——[重庆]：中国工业经济研究所，1942．——林继庸谨启民国三十四年五月十日重庆．——书目来源：重庆图书馆、重庆市档案馆

农林建设：中央训练团党政训练班讲演录／沈鸿烈讲．——[出版地不详]：[出版者不详]，1942．——作者简介：沈鸿烈（1882—1969），字成章，湖北天门县人。1941—1944 年在重庆生活．——书目来源：重庆图书馆、南京图书馆

最近之农林建设／沈鸿烈讲．——重庆：中央训练团党政训练班，1942．——书目来源：重庆图书馆、南京图书馆

陪都暨迁建区各机关公务员工眷属生产合作推广须知／社会部合作事业管理局，全国合作社物品供销处各机关工务员工眷属生产合作推广部编．——[出版地不详]：社会部合作事业管理局 全国合作社物品供销处各机关公务员工眷属生产合作推广部，1942．——书目来源：国家图书馆、南京图书馆、四川省图书馆

迁川工厂联合出品展览会纪念册／迁川工厂联合出品展览会．——迁川工厂联合出品展览会，1942．——迁川工厂联合会是内迁民族工商业自发抗日的联合体，1938 年成立，是战时重庆最大的工业组织．——书目来源：重庆图书馆、北碚区图书馆

三十年来之中国造纸工业／张永惠，张祈年著．——[重庆]：经济部中央工业试验所，1942．——并列正题名 Paper making industry in China in a period of last thirty years．——书目来源：重庆图书馆

四川工厂调查录／中国西南实业协会编．——重庆：中国西南实业协会，1942．——介绍四川竹木藤、纺织、五金、化学等各业工厂情况，包括地址、开办年月、负责人、产品等．——书目来源：重庆图书馆、南京图书馆

／中国西南实业协会．——重庆：中国西南实业协会，1942.4．——卷首有弁言、例言．——书目来源：上海图书馆

四川粮食储运局运输处工作报告：三十年十月一日至十二月三十一日 / 四川粮食储运局运输处编 . —— 成都：四川粮食储运局运输处，1942. —— 有运输机构之设置、再度集中粮食应支口粮预算之编制、运费预算之编制、各项运输章则办法之拟订、重庆大小河及唐家沱三运输站之裁撤等内容 . —— 书目来源：重庆图书馆

四川农村物价指数［1942］/ 四川省农业改进所统计室编 . —— 成都：四川省农业改进所统计室，1942. —— 书目来源：重庆图书馆

四川省地政概况 / 祝平编 . —— 四川：四川省地政局，1942. —— 内容有地政组织、经费、土地测量与登记、规定地价、土地分类调查、清理荒地、房屋救济、调整租佃制度、扶植自耕农、征收土地、人员训练、健全机构等 . —— 书目来源：重庆图书馆、南京图书馆

四川省地政局业务报告 / 四川省地政局编 . —— 成都：四川省地政局，1942. —— 有四川省土地整理概况图、四川省地政局组织系统表、土地测量及登记、土地分类调查、调整租佃制度等内容 . —— 书目来源：重庆图书馆

四川省民国三十一年度省地方总预算书 / 四川省政府会计处编 . —— 四川：四川省政府会计处，1942. —— 大部分为表，末附有关预算概算编审的文件12件 . —— 书目来源：南京图书馆

/ 四川省政府会计处编 . —— ［出版项不详］. —— 书目来源：南京图书馆

四川省主要农村物品价格表 / 四川省农业改进所编 . —— 四川：四川省农业改进所，1942. —— 书目来源：重庆图书馆

四川糖业之改进方策 / 李尔康，张力田著 . —— 重庆：经济部中央工业试验所，1942. —— 经济部中央工业试验所研究专报第116号 . —— 书目来源：重庆图书馆、南京图书馆

/ 李尔康，张力田著 . —— ［出版地不详］：经济部中央工业试验所，1942. —— 主要论述了四川糖业概况、四川糖业改进略史、四川糖业衰落致因、改时方法等。英文题名：A Proposed Plan for Improving Sugar Manufacturing in Szechuan. —— 书目来源：重庆图书馆

四川桐油之生产与运销 / 孙文郁，朱寿麟著 . —— ［出版地不详］：金陵大

学农学院，1942.——书名原文：Production and marketing of wood oil in Szechuan Province, China.——书目来源：重庆图书馆、国家图书馆（缩微）、上海图书馆

四川土地陈报纪要／财政部四川省土地陈报办事处编.——［四川］：财政部四川省土地陈报办事处，1942.——书目来源：重庆图书馆、南京图书馆

／财政部四川省土地陈报办事处编.——［出版项不详］.——书目来源：南京图书馆

四联总处四川省农贷视察团报告书／［孔雪雄］等著.——重庆：中中交农四行联合办事总处秘书处，1942.——书目来源：重庆图书馆、南京图书馆

／［孔雪雄］等著.——［重庆］：中中交农四行联合办事总处秘书处，1942.8.——书目来源：上海图书馆

战时物价特辑／孟天祯，陈彩章编辑.——重庆：中央银行经济研究处，1942.2.——书目来源：吉林省图书馆、浙江图书馆、重庆图书馆、国家图书馆、南京图书馆、西南政法大学图书馆

战时中国大后方纺织染整工厂一览表／蒋乃镛编制.——重庆：新新印刷股份有限公司，1942.——1套（6张）.——书目来源：东华大学图书馆、中国社会科学院图书馆

中央信托局同人录 民国三十一年／中央信托局人事处编.——重庆：中央信托局人事处，1942.——书目来源：国家图书馆（存目）

1943年

三十一年度之重庆工合事业／中国工业合作协会重庆事务所，重庆市工业生产合作社联合社编.——重庆：重庆市工业生产合作社联合社，1943.——书目来源：重庆图书馆、国家图书馆、南京图书馆

／中国工业合作协会重庆事务所，重庆市工业生产合作社联合社编.——重庆：重庆市工业生产合作社联合社，1943.4.——书目来源：南京图书馆

财政部及所属普通公务经费类单位会计制度／财政部.——重庆：财政部，1943.——书目来源：国家图书馆（缩微）、南京图书馆

财政学概论／王延超.——重庆：立信会计图书用品社，1943.——三十一

年九月王延超序于重庆南温泉中央政治学校. ——书目来源：重庆图书馆、西南大学图书馆

参观重庆附近各工厂报告/ 中央银行经济研究处编. —— [出版地不详]：中央银行经济研究处，1943. ——1942年8月，西南实业协会、重庆轮渡公司、四川旅行社共同组织星期参观团考察战时经济动态，参观重庆附近17所厂矿，此为书面报告. ——书目来源：重庆图书馆

/ 中央银行经济研究处编. —— [出版地不详]：中央银行经济研究处，1943.5. ——书目来源：南京图书馆

场产概况/ 郑福楠编著. ——财政部全国财务人员训练所川康区盐务人员训练班，1943. ——介绍川康、川东、川北、云南各区产盐情况. ——书目来源：重庆数字图书馆

重慶の戦時国債と華僑送金/ 日本大使館（在中華民國）. —— [上海]：在中華民國日本大使館特別調査班，1943. ——シリーズ名 特調資料通報；第2号. ——书目来源：日本国立国会图书馆

重庆インフレーションの研究/（日）饭田藤次著. ——东京：日本评论社，1943. ——书目来源：孔夫子旧书网、日本国立国会图书馆

重庆市百货商业同会公会货品分类表/ 蒋恕诚编. ——本会印行，1943.1. ——书目来源：北碚区图书馆

重庆市地方税捐章则/ 重庆市财政局编. ——重庆：重庆市财政局，1943. ——辑入有关章则11种. ——书目来源：重庆图书馆、南京图书馆

重庆市各劝储队劝储工作手册/ 全国节约建国储蓄劝储委员会重庆市分会辑. ——重庆：全国节约建国储蓄劝储委员会重庆市分会，1943. ——有重庆市各劝储队劝储工作须知、重庆市实施加强推行储蓄办法、团体储蓄办法、节约建国储蓄券条例等内容. ——书目来源：重庆图书馆

重庆市各业概况调查 1 煤炭商业/ 中央银行经济研究处编. —— [出版地不详]：中央银行经济研究处，1943. ——主要为统计表。内容包括该市煤炭商号名录、资本、雇用人数、工薪、销售量等。卷首有《重庆市煤炭商业最近概况》一文. ——书目来源：中国社会科学院图书馆、国家图书馆、南京图

书馆

重庆市各业概况调查　2　国药商业／中央银行经济研究处编．——［出版地不详］：中央银行经济研究处，1943．——主要为统计表。内容包括该市国药商号名录、资本、雇用人数、工薪等。卷首有《重庆市国药商业概括说明》一文．——书目来源：国家图书馆、南京图书馆

重庆市合作金库章则汇编／重庆市合作金库编．——重庆：重庆市合作金库，1943.3．——书目来源：南京图书馆、国家图书馆、浙江图书馆

重庆市物价旬报／中国工业经济研究所编．——重庆：中国工业经济研究所，［1943］．——民国三十二年十二月上旬。有物价变动概述、重庆市趸售物品价格表等内容。另附重庆市黄金价格逐日变动表．——书目来源：重庆图书馆

重庆市物价指数［1943］／经济部编．——［重庆］：经济部，1943．——书目来源：南京图书馆

重庆市消费合作社联合社业务报告书　民国三十二年度／重庆市消费合作社联合社编．——重庆：重庆市消费合作社联合社，1943．——有社务概况、业务概况、辅导概况三部分。附本社社员名册、本社职员名录．——书目来源：国家图书馆

重庆市政府核定物价运价工资汇编／重庆市政府编．——重庆：重庆市政府，1943．——全部为表。内容为重庆市当时各种商品的市价、运价和各业工人工资数．——书目来源：重庆图书馆、国家图书馆

　／重庆市政府编．——［重庆］：德光印书局，1943，修订本．——书目来源：南京图书馆、国家图书馆

　／重庆市政府编．——重庆：重庆市政府，1943.1．——书目来源：上海图书馆

　／重庆市政府编．——重庆：重庆市政府，1943.3．——书目来源：南京图书馆

重庆市主要物品限价更动表：三十二年一月至三十四年五月／［作者不详］．——［出版地不详］：［出版者不详］，1943.1—1945.5．——书目来源：

重庆数字图书馆

重庆市资金分配情形/ 经济部统计处编．——［重庆］：经济部统计处，1943．——书后附表 5 份．——书目来源：重庆图书馆、南京图书馆、国家图书馆

／经济部统计处编．——［出版地不详］：经济部统计处，［出版时间不详］．——收入 1942 年重庆市各业资本、工商行号借入资金，以及银钱业的各类放款与投资等方面的金额及比例等资料．——书目来源：上海图书馆

川康运销概况　上、下册／ 汪天行编著．——四川：财政部全国财务人员训练所川康区盐务人员训练班，1943．——详述川康地区盐业运销的各个细节、管理方法、法规等．——书目来源：重庆图书馆、国家图书馆、南京图书馆

东川邮区推动储政须知／［作者不详］．——［出版地不详］：［出版者不详］，1943.7．——书目来源：重庆市档案馆

钢铁厂迁建委员会成立五周年纪念刊／［作者不详］．——［出版地不详］：［出版者不详］，1943.3．——书目来源：重庆市档案馆

各国现代经济学说及组织／ 中央训练团党政高级训练班编．——［出版地不详］：中央训练团党政高级训练班，1943．——教本：由赵兰坪、邵力子、许德珩、朱契、陈豹隐等分别讲述英、苏、法、德及我国的经济学说及经济组织问题．——书目来源：苏州大学图书馆、中国社会科学院图书馆

各机关公务员工眷属生产合作推广部一年来工业概况／［生产合作推广部］编．——［出版地不详］：生产合作推广部，1943．——重庆合作社资料．——书目来源：吉林省图书馆、重庆图书馆、国家图书馆

新工商／ 漆琪生主编．——桂林：新工商社，1943—1944．——书目来源：民建中央网站

工商管理一瞥／ 王云五著．——重庆：商务印书馆，1943．——书目来源：重庆图书馆

工业管理／ 林和成．——重庆：商务印书馆，1943.3．——中华民国三十二年一月林和成谨志于重庆监察院．——书目来源：重庆图书馆

后方工业概况统计（1942 年）／［作者不详］．——［出版地不详］：［出

版者不详]，1943.5.——书目来源：重庆市档案馆

后方工业概况统计：民国三十一年／经济部统计处.——[出版地不详]：经济部统计处，1943，9页.——书目来源：重庆图书馆

后方工业概况统计：民国三十一年／经济部统计处.——[出版地不详]：经济部统计处，1943，177页.——书目来源：重庆图书馆

后方重要工矿产品统计（1941年及1942年）／[作者不详].——[出版地不详]：[出版者不详]，1943.1.——书目来源：重庆市档案馆

嘉陵江区煤矿业同业公会会志／嘉陵江区煤矿业同业公会编.——重庆：嘉陵江区煤矿业同业公会，1943.——书目来源：重庆图书馆、重庆市档案馆

／嘉陵江区煤矿业同业公会编.——[出版地不详]：[出版者不详]，1943.1.——书目来源：南京图书馆

建立国家财政经济的基础及推行粮食与土地政策的决心／蒋介石讲.——重庆：中央秘书处文化驿站总管理处，1943.——书目来源：北碚区图书馆、重庆市档案馆

江合矿业股份有限公司决算报告书：中华民国卅一、卅二年度／江合矿业股份有限公司编.——江北县：江合矿业股份有限公司，[1943].——有董事长、副董事长、监察、总经理、协理、会计长名录，资产负债表，损益计算书等内容.——书目来源：重庆图书馆

近代金融学说／梁庆椿编.——[出版地不详]：[出版者不详]，1943.12.——收录有《歇克斯（J. R. Hicks）之利息学说》（罗志如撰）.——书目来源：复旦大学图书馆、上海社会科学院图书馆、天津图书馆、西南大学图书馆

经济部工矿调整处管制工业器材报告：三十二年一月起至七月止／经济部工矿调整处编.——[重庆]：经济部工矿调整处，[1943].——书目来源：国家图书馆

经济部中央工业试验所工作概要／经济部中央工业试验所编.——[重庆]：经济部中央工业试验所，1943.——书目来源：南京图书馆、国家图书馆

经济部中央工业试验所协助甘宁青三省建设／顾毓琭等著.——[出版地不详]：经济部中央工业试验所，1943.——书目来源：重庆图书馆

经济统计学/ 吴藻溪. ——重庆：南方印书馆，1943. ——中华民国三十一年九月十八日吴藻溪于重庆南岸皇经庙. ——书目来源：重庆图书馆、北碚区图书馆

经济学概论/ 马寅初著. ——重庆：商务印书馆，1943.1，初版. ——全一册. 1942年10月1日自序于重庆歌乐山. ——书目来源：重庆数字图书馆、复旦大学图书馆、苏州大学图书馆、黑龙江省图书馆

马先尔的新古典经济学/ 郑学稼著. ——［出版地不详］：南方印书馆，1943. ——作者简介：郑学稼（1906—?），福建长乐县人。1935年至1943年任复旦大学经济学教授。1944年任国防部外事专员。1945年任暨南大学教授. ——书目来源：西南大学图书馆、中国社会科学院图书馆、复旦大学图书馆、中共四川省委党校图书馆

/ 郑学稼著. ——重庆：南方印书馆，1944. ——书目来源：北碚区图书馆

民生实业股份有限公司三十一年度概况/ ［作者不详］. ——［重庆］：［出版者不详］，1943. ——书目来源：北碚区图书馆

陪都限价手册/ 重庆市商会组训科编. ——重庆：商务日报社，1943. ——出版年、月系书内所载"重庆市商会拥护限价通电"所注日期. ——书目来源：南京图书馆

/ 重庆市商会组训科编. ——重庆：商务日报社，［出版时间不详］. ——内容包括物价、运价、工资三方面。卷首有《重庆市政府公告》. ——书目来源：重庆图书馆

彭水田赋财政概况/ ［作者不详］. ——1943年，冉匡九生茔建成，刻于墓室两侧。冉匡九（1894—1951），名崇谛，号潜溪子，彭水太原乡无私溪人. ——书目来源：《彭水县志》第937页

全国各重要市县工资指数 民国三十二年七月/ 社会部统计处编. ——重庆：社会部统计处，1943. ——与《重庆市物价指数》合订一册. ——书目来源：重庆图书馆

沙坪坝消费合作社三周年纪念特刊/ 重庆市沙坪坝消费合作社编辑. ——重庆：重庆市沙坪坝消费合作社，1943. ——书目来源：国家图书馆

社会部合作事业管理局工作概况：[1943年] / 社会部合作事业管理局编. ——[重庆]：社会部合作事业管理局，1943.3. ——书目来源：重庆图书馆、国家图书馆

实业计划综合研究各论 / 顾毓琇等讲. ——重庆：中央训练团党政高级训练班，1943. ——书目来源：重庆图书馆、南京图书馆

实业计划综合研究总论 / 陈豹隐，黄元彬讲. ——重庆：中央训练团党政高级训练班，1943. ——书目来源：重庆图书馆、南京图书馆

/ 陈豹隐，黄元彬讲. ——重庆：中央训练团党政高级训练班，1943.6. ——书目来源：南京图书馆

四川的驿运 / 四川省政府建设厅秘书室编审股主编. ——四川：四川省政府建设厅秘书室编审股，1943. ——论述战时驿运的意义、机构、管理及川省驿运情况. ——书目来源：重庆图书馆、国家图书馆（缩微）

四川经济概况通讯调查手册 / 四川银行经济研究处编. ——成都：四川银行经济研究处，1943. ——有征求经济通讯暨通讯调查员缘起、四川省银行经济研究处调查研究计划、四川经济概况通讯调查纲目等内容. ——书目来源：重庆图书馆

四川省农村物价统计表 / [上海日本大使馆特别调查班]编. ——[上海]：上海日本大使馆特别调查班，日本昭和十八年[1943年]. ——书目来源：南京图书馆、国家图书馆

四川省三十二年度普通岁出单位预算书 / 四川省政府会计处. ——成都：四川省政府会计处，1943. ——书目来源：重庆图书馆

四川省物价与生活费指数简报 / 四川省政府统计处编. ——成都：四川省政府统计处编，1943. ——含第一卷七、八、九、十、十一、十二期；第二卷一、二期（民国三十二年一月至八月）。有成渝物价与生活费指数、成都市趸售物价指数、重庆市趸售物价指数、四川省农村物价指数等内容. ——书目来源：重庆图书馆

四川省物价与生活费指数简报：一九四二年七月—十二月 / 四川省政府统计处编. ——成都：四川省政府统计处，[1943]. ——含第一卷第三期—第三

卷第六期）. ——书目来源：国家图书馆（缩微）

四川驿运/ 四川省政府建设厅秘书室编审股主编. ——四川：四川省政府建设厅秘书室编审股，1943. ——介绍四川驿运的设线情形、设备概况、训练与宣传、亟待解决之各项困难问题等. ——书目来源：重庆图书馆

四川榨油厂卅二年度工作简报/ 四川榨油厂编. ——四川：四川榨油厂，1943. ——书目来源：重庆图书馆

陶瓷职业概况/ 章继南编著. ——［重庆］：［出版者不详］，［1943］. ——书目来源：南京图书馆、重庆图书馆

西南经济地理纲要/ 蒋君章编著. ——重庆：正中书局，1943. ——书目来源：重庆图书馆

战时西南经济问题/ 蒋君章编著. ——重庆：正中书局，1943.7. ——书目来源：国家图书馆、重庆图书馆、南京图书馆

中国经济的现状与对策/ 沈志远编著. ——重庆：峨嵋出版社，1943. ——书目来源：北碚区图书馆

/沈志远. ——重庆：峨嵋出版社，1944. ——书目来源：重庆图书馆、北碚区图书馆

中国经济建设概论 / 翁文灏讲. ——重庆：中央训练团党政训练班，1943. ——中央训练团党政训练班讲演录. ——书目来源：重庆图书馆

/ 翁文灏讲. ——重庆：中央训练团党政训练班，1944. ——书目来源：重庆图书馆、南京图书馆、四川省图书馆

中国经济建设论丛 / 翁文灏著. ——重庆：资源委员会秘书处，1943.1. ——书目来源：重庆图书馆、国家图书馆、上海图书馆、南京图书馆、四川省图书馆

中国经济建设之路/ 吴景超. ——重庆：商务印书馆，1943. ——书目来源：重庆图书馆、北碚区图书馆

中国民生建设实验院概览/ 中国民生建设实验院. ——［重庆］：中国民生建设实验院，1943. ——书目来源：重庆图书馆、北碚区图书馆

中国十年来之油脂工业/ 顾毓珍著. ——［重庆］：经济部中央工业试验

所，1943.——经济部中央工业试验所研究专报 经济部中央工业试验所研究报告.——书目来源：中国社会科学院图书馆、国家图书馆

中央信托局同人录 民国三十二年／中央信托局人事处编.——重庆：中央信托局人事处，1943.——书目来源：国家图书馆（存目）

1944年

北碚地籍整理业务报告／北碚地籍整理办事处编.——[重庆]：北碚地籍整理办事处，1944.——有北碚市区图、土地测量、土地登记、规定地价等内容.——书目来源：重庆图书馆

重庆棉货市场及市价之研究／杨蔚，陈敬先编著.——重庆：中央银行经济研究处，1944.——书目来源：重庆图书馆、南京图书馆

／杨蔚，陈敬先编辑.——重庆：中央银行经济研究处，1944.2.——书目来源：北碚区图书馆、西南政法大学图书馆

重庆市保险商业同业公会运输险费率规章／重庆保险商业同业公会编.——[重庆]：重庆保险商业同业公会，[1944].——书目来源：国家图书馆（存目）

／重庆保险商业同业公会编.——[重庆]：重庆保险商业同业公会，[1944]，增订本.——书目来源：国家图书馆（存目）

重庆市工人服务队总队部奉令协办征雇第二批赴印运输工人报告书 中华民国三十三年一月／重庆市工人服务队总队部编.——[重庆]：重庆市工人服务队总队部，[1944].——书目来源：国家图书馆

重庆市工商业普查报告——纺织业／重庆市市政府编.——重庆：重庆市市政府，1944.——书目来源：《抗日战争史参考资料目录》（周元正）第161页

重庆市合作金库概况／重庆市合作金库编.——重庆：重庆市合作金库，1944.——讲述1941年1月5日该库成立至1944年11月29日业务概况。附有关统计资料.——书目来源：重庆图书馆、南京图书馆

重庆市零售物价指数月报 三十三年八月至十二月／重庆市社会局编.——重庆：重庆市社会局，[1944].——收集民生用品零售价格编制成物价指数.——书目来源：重庆图书馆

重庆市票据交换制度/ 杨承厚编著．——重庆：中央银行经济研究处，1944.1．——讲述渝市票据交换制度的沿革、内容、特点及其推行情况等。附中央银行办理票据交换办法、中央银行成都分行开办票据之始末、最近上海票据交换制度变动之重要资料等 5 种．——书目来源：重庆图书馆、国家图书馆、南京图书馆、北碚区图书馆

重庆市商会卅三年度春季会员大会报告材料/ 重庆市商会编．——［出版地不详］：［出版者不详］，1944.4，油印本．——书目来源：北碚区图书馆

/ 重庆市商会编．——重庆：重庆市商会，［出版时间不详］．——有本会会员大会议事简则、本会三十三年度第一次定期会员大会提案执行结果总检查表、重庆各业公会会员名额及资本总额统计表等内容．——书目来源：重庆图书馆

重庆市食盐问答/ 财政部盐务总局编．——财政部盐务总局，1944．——书目来源：南京图书馆、国家图书馆

重庆市物品批发价格比较［民国三十三年下半年］/ 全国合作社物品供销处［编］．——重庆：全国合作社物品供销处，1944．——书目来源：国家图书馆

重庆市政府会计处工作报告：三十二年三月至九月［1943］/ 重庆市政府会计处编．——重庆：重庆市政府会计处，［1944］，油印本．——书目来源：重庆图书馆

重庆市政府会计处工作报告［1944］/ 重庆市政府会计处编．——重庆：重庆市政府会计处，［1944］，油印本．——有三十三年度预算之执行情形、本年度会计报告之转审、发放员工生活补助费及米代金情形、简易会计制度实施之概况、重庆市地方三十一年度市库收支终结决算表等内容．——书目来源：重庆图书馆

重慶戰時經濟論/（日）刘屋久太郎著．——上海：每日新聞社上海支局，1944．——书目来源：中国台湾中央研究院

重慶政權財政政策論/（日）東亞研究所編译．——東京：東亞研究所，1944．——シリーズ名 支那奥地資料彙報；第 10 輯．——书目来源：日本国

立国会图书馆

重慶政権農業増産政策調査/東亜研究所. ——東京：東亜研究所第三部，1944，謄写版. ——シリーズ名 資料；丙 第 377 号 C. ——书目来源：日本国立国会图书馆

钢铁厂迁建委员会职员录/［作者不详］. ——［出版地不详］：［出版者不详］，1944.6. ——书目来源：重庆市档案馆

工矿建设参考资料/翁文灏讲；中央训练团党政高级训练班编. ——［重庆］：中央训练团党政高级训练班，1944. ——书目来源：黑龙江省图书馆、天津图书馆、国家图书馆

工商管理/卢作孚讲. ——重庆：中央训练团，1944. ——书目来源：重庆图书馆

/卢作孚讲. ——［重庆］：中央训练团，1944. ——书目来源：《四川省志人物志》第 402 页

/卢作孚讲. ——［出版地不详］：［出版者不详］，1944. ——中央训练团党政训练班讲演录. ——书目来源：南京图书馆

国债概况/曾熔浦讲；中央训练团党政高级训练班编. ——［重庆］：中央训练团党政高级训练班，1944. ——书目来源：国家图书馆（存目）

后方重要工矿产品第二次统计：民国二十九年至三十二年/经济部统计处. ——［出版地不详］：经济部统计处，1944. ——书目来源：重庆图书馆

华源织造厂股份有限公司概况/丁趾祥著. ——重庆：华源织造厂股份有限公司，1944，油印本. ——书目来源：重庆图书馆

最新货币学/施仁夫. ——重庆：艺新图书社，1944. ——书目来源：重庆图书馆、北碚区图书馆

交通部职员录/交通部编. ——［重庆］：交通部，1944. ——书目来源：重庆图书馆、国家图书馆

经济部工矿调整处管制工业器材报告：三十三年六月止/经济部工矿调整处编. ——［重庆］：经济部工矿调整处，［1944］. ——书目来源：南京图书馆、国家图书馆

经济部资源委员会工矿产品展览会提要 / 经济部资源委员会编 . ——重庆：经济部资源委员会，1944. ——书目来源：南京图书馆、吉林省图书馆、重庆图书馆、国家图书馆、上海图书馆采编中心

经济地理 / 胡焕庸著 . ——重庆：京华印书馆，1944. ——书目来源：重庆图书馆、南京图书馆

经济漫谈 / 施复亮 . ——［出版地不详］：文聿出版社，1944. ——书目来源：重庆图书馆

经济政策参考资料 / 翁文灏 . ——［出版地不详］：中央训练团党政高级训练班，1944. ——书目来源：南京图书馆

聚兴诚银行会计规程 / ［作者不详］. ——［出版地不详］：［出版者不详］，1944.6. ——书目来源：重庆市档案馆

聚兴诚银行总渝同人进修会会刊：创刊号 / 田嘉穀 . ——［重庆］：聚兴诚银行，1944. ——书目来源：重庆图书馆

军政部兵工署第二十一工厂办事须知草案 / ［作者不详］. ——江北［重庆］：军政部兵工团第十一技工学校印刷所，1944. ——1940年底，兵工企业内迁完成。兵工署第二十一工厂，即原金陵兵工厂，由江苏南京迁重庆簸箕石 . ——书目来源：重庆图书馆

最近之农林建设：中央训练团党政训练班讲演录 / 沈鸿烈讲 . ——重庆：中央训练团党政训练班，1944. ——作者简介：沈鸿烈（1882—1969），字成章，湖北天门县（今天门市）人。1941—1944年在重庆生活 . ——书目来源：重庆图书馆、南京图书馆

迁川工厂联合会第七届年会特刊 / ［迁川工厂联合会编］. ——［出版地不详］：［迁川工厂联合会］，1944.4. ——书目来源：重庆市档案馆

迁川工厂联合会章程 / ［作者不详］. ——［出版地不详］：［出版者不详］，1944.8. ——书目来源：重庆市档案馆

全国驿运概况 / 交通部驿运总管理处编 . ——［出版地不详］：交通部驿运总管理处，1944. ——书目来源：西南大学图书馆

四川蚕丝产销调查报告 / 钟崇敏，朱寿仁调查编著 . ——重庆：中国农民

银行经济研究处，1944.——内分5章。介绍乐山、三台、南充、合川主要蚕丝产区的蚕丝金融、农民的栽桑、育茧、制种、缫丝、织绸情况，以及农工商的关系.——书目来源：重庆图书馆、南京图书馆、四川大学图书馆

四川东南山地区之经济地理与经济建设/ 王成敬著.——重庆：四川省银行经济研究处，1944.——书目来源：重庆图书馆、国家图书馆、南京图书馆、四川省图书馆

/ 王成敬著.——重庆：四川省银行经济研究处，1944.7.——书目来源：南京图书馆

四川工矿业调查/ 中国工业经济研究所编.——[出版地不详]：中国工业经济研究所，1944.——此书为贵州企业公司四川区工矿参观团总报告之一部分，介绍各厂矿经营特点及存在的困难.——书目来源：重庆图书馆

/ 中国工业经济研究所编.——[出版地不详]：中国工业经济研究所，1944.5.——书目来源：上海图书馆

四川经济建设/ 中国国民党四川省执行委员会宣传处.——成都：中国国民党四川省执行委员会宣传处，1944.——内收张群、王季陆等人的演词，省临时参议会的经济建设提案，当时报载有关建设成渝铁路、川省粮食库券本息问题及其他经济建设问题等舆论资料.——书目来源：重庆图书馆

/ 中国国民党四川省执行委员会宣传处.——四川：中国国民党四川省执行委员会宣传处，1944.8.——书目来源：重庆图书馆、南京图书馆

四川农村物价指数［1944］/ 四川省农业改进所统计室编.——四川：四川省农业改进所统计室，1944.——书目来源：南京图书馆

四川省民国三十三年度各县市地方总预算书汇编：上、下册 / 四川省政府会计处编.——成都：四川省政府会计处，1944.——书目来源：重庆图书馆、南京图书馆

四川省物价与生活费指数简报/ 四川省政府统计处编.——成都：四川省政府统计处，1944.——含第二卷六、七、九、十、十一、十二期；第三卷一、三、四、五、六期（民国三十二年十二月至三十三年十二月）。有成渝物价与生活费指数、重庆市趸售物价指数、四川省农村物价指数、成渝战时家庭生活

费指数及生活费等内容. ——书目来源：重庆图书馆

四川租佃问题/ 郭汉鸣，孟光宇著. ——重庆：商务印书馆，1944. ——书目来源：重庆图书馆、上海图书馆、南京图书馆、贵州省图书馆、广西壮族自治区图书馆

通货新论/ 马寅初著. ——[出版地不详]：商务印书馆，1944.6. ——1944年2月序于重庆歌乐山. ——书目来源：重庆数字图书馆、西南大学图书馆、西南政法大学图书馆、重庆文理学院图书馆

有限责任重庆市各级学校师生员工消费合作社章程/ [有限责任重庆市各级学校师生员工消费合作社编]. ——重庆：[有限责任重庆市各级学校师生员工消费合作社]，[1944]. ——有"总则"、"社员"、"社股"、"职员"、"会议"、"业务"等八章三十八条. ——书目来源：重庆图书馆

战后国际币制论/ 曾纪桐. ——重庆：中华书局，1944. ——曾纪桐序于重庆三十三年七月. ——书目来源：重庆图书馆、北碚区图书馆

中国经济建设与农村工业化问题 / 翁文灏，顾翊群. ——重庆：商务印书馆，1944.6. ——书目来源：重庆图书馆、上海图书馆

/ 翁文灏，顾翊群. ——重庆：商务印书馆，1945. ——书目来源：重庆图书馆

中央信托局重庆印刷厂成立三周年纪念手册/ [作者不详]. ——[出版地不详]：[出版者不详]，1944.2. ——书目来源：重庆市档案馆

中央信托局同人录 民国三十三年/ 中央信托局人事处编. ——重庆：中央信托局人事处，1944. ——书目来源：国家图书馆（存目）

中央银行同人录/ [作者不详]. ——[出版地不详]：[出版者不详]，1944.8. ——中央银行于1928年11月1日成立，抗战时期随政府迁于重庆。收重庆新市区、北碚、云阳、江津等各地分行名录. ——书目来源：复旦大学图书馆

1945年

成渝路区之经济地理与经济建设/ 王成敬著. ——重庆：四川省银行经济研究处，1945. ——书目来源：重庆图书馆、国家图书馆、南京图书馆、四川大

学图书馆、四川省图书馆

成渝路区之经济地理与经济建设（第二号）／[王成敬] .——[出版地不详]：[出版者不详]，1945.5.——书目来源：西南大学图书馆、重庆市档案馆

重庆电力公司营业章程[1945]／重庆电力公司撰.——重庆：重庆电力公司，1945.——书目来源：重庆图书馆

重庆电力股份有限公司月报表：民国三十四年十月／重庆电力股份有限公司会计科制.——重庆：重庆电力股份有限公司，1945.——书目来源：重庆图书馆

重庆电信便览／交通部重庆电信局.——重庆：交通部重庆电信局，1945.——书目来源：国家图书馆

／[作者不详].——[出版项不详].——书目来源：重庆市档案馆

重庆煤矿业及煤焦管制问题：重庆煤业经济研究初步报告／中国工业经济研究所编.——重庆：中国工业经济研究所，1945.——介绍重庆煤业的产运销、供需等情况.——书目来源：重庆图书馆

重庆市保险商业同业公会四川省火险费率规章／重庆市保险商业同业公会编订.——重庆：重庆市保险商业同业公会，1945.——书目来源：重庆数字图书馆

重庆市国货厂商联合会会员名录／[作者不详].——[出版地不详]：[出版者不详]，1945.4.——书目来源：重庆市档案馆

重庆市合作金库三十四年度业务概况目录／[作者不详].——[出版地不详]：[出版者不详]，1945.——书目来源：国家图书馆

重庆市物品零售价格比较统计[民国三十四年]／全国合作社物品供销处[编].——重庆：全国合作社物品供销处，1945.——书目来源：国家图书馆

重庆物价专刊　第二编／王仲武主编；邮政储金汇业局编.——重庆：邮政储金汇业局，1945.——书目来源：重庆图书馆、四川省图书馆

大后方纱厂一览表／吴味经编制.——重庆：中国纺织企业公司，1945.——书目来源：《重庆城市研究》（隗瀛涛主编）

东川邮区/ [作者不详]．——[出版地不详]：[出版者不详]，1945．——书目来源：重庆市档案馆

公司理财/ 朱国璋．——重庆：中华书局，1945．——三十四年五月于陪都．——书目来源：重庆图书馆、北碚区图书馆

关于河南农工银行李汉珍、李凌阁等舞弊案　重庆实验地方法院起诉书，河南农工银行总行稽核王晓凡之报告/ [作者不详]．——[出版地不详]：[出版者不详]，[1945]．——书目来源：重庆数字图书馆

节制资本原论/ 朱剑农．——重庆：国民图书出版社，1945．——1939年底，朱剑农辗转到重庆，利用在大后方掌握的资料，系统地研究中国抗战时期的经济问题．——书目来源：重庆图书馆、北碚区图书馆

经济部中央工业试验所八年来概况/ 经济部中央工业试验所编．——[重庆]：经济部中央工业试验所，1945．——书目来源：重庆图书馆

聚兴诚银行股份有限公司民国三十四年全年决算表/ 聚兴诚银行股份有限公司．——[重庆]：聚兴诚银行股份有限公司，1945．——书目来源：重庆图书馆

马寅初战时经济论文集/ 马寅初．——重庆：作家书屋，1945．——三十四年三月一日马寅初序于重庆歌乐山．——书目来源：重庆图书馆

民生实业股份有限公司会计规程/民生实业股份有限公司编．——重庆：民生实业股份有限公司，1945．——书目来源：重庆图书馆

陪都工商年鉴/ 傅润华，汤约生主编．——重庆：文信书局，1945．——作者简介：傅润华（1910—1972），字天正，长寿人．——书目来源：重庆图书馆、南京图书馆

/ 傅润华，汤约生主编．——重庆：文信书局，1945.12．——书目来源：上海图书馆

迁川工厂联合会第八届年会特刊/ 迁川工厂联合会编．——[出版地不详]：迁川工厂联合会，1945．——辑入《迁川工厂当前之重要问题》（薛明剑）、《略述钢铁业之困难》（余石钰）、《战后工厂建设改进之管见》（陶桂林）、《农村机电化与中国工业化》（陆绍云）、《后方产业与善后救济工作》

（章乃器）等9篇文章，另有工作纪要、电文、捐款捐物清册等。卷首有《陪都工业团体为统一团结实施宪政事向全国同胞献言》.——书目来源：西南大学图书馆

全国金融机构分布一览/ 中央银行金融机构业务检查处编.——［出版地不详］：[出版者不详]，[1945].——收录有重庆金融机构。资料截至三十四年八月底.——书目来源：武汉大学图书馆、中央财经大学图书馆、河南大学图书馆、嘉兴学院图书馆、北京大学图书馆

实施本党农工政策之我见/ 贺耀组.——［出版地不详］：[出版者不详]，1945.——书目来源：重庆图书馆

四川经济建设之当前问题/ 王成敬著.——［出版地不详］：[出版者不详]，1945.——书目来源：四川省图书馆

四川省经济建设计划/ 四川经济建设委员会编.——成都：四川经济建设委员会，1945.——书目来源：重庆图书馆

四川省之猪鬃 / 史道源编.——［重庆］：四川省银行经济研究处，1945.——书目来源：重庆图书馆、南京图书馆

四川丝业公司扩充计划 / 范崇实著.——［出版地不详］：[出版者不详]，1945.——1937年5月，四川省官商合办的生丝贸易公司在重庆成立新公司，即四川丝业股份有限公司.——书目来源：北碚区图书馆

四川丝业股份有限公司会计规程/ ［作者不详］.——［出版地不详］：[出版者不详]，1945.12.——1937年5月，四川省官商合办的生丝贸易公司在重庆成立新公司，即四川丝业股份有限公司.——书目来源：重庆市档案馆

苏联工农业管理 /（美）比安士铎（Gregory Bienstock）等著；王云五译.——上海：商务印书馆，1945.——1945年5月20日识于重庆丁家坡云亭.——书目来源：南京图书馆、四川省图书馆

/（美）比安士铎（Gregory Bienstock）等著；王云五译.——重庆：商务印书馆，1945.——书目来源：重庆图书馆、上海图书馆

五年来工作概况及成效：二十九年至三十三年 / 经济部中央工业试验所编.——［出版地不详］：经济部中央工业试验所，1945.——目次页书名题：经济

部中央工业试验所木材试验馆五年来工作概况及成效（二十九年至三十三年）．——书目来源：重庆图书馆、国家图书馆

西南经济地理／蒋君章．——重庆：商务印书馆，1945．——书目来源：重庆图书馆、贵州省图书馆

／蒋君章．——重庆：商务印书馆，1945，再版．——书目来源：重庆图书馆

／蒋君章．——上海：商务印书馆，1945.1.——书目来源：广西壮族自治区图书馆

／蒋君章．——重庆：商务印书馆，1945.1.——书目来源：上海图书馆

／蒋君章．——上海：商务印书馆，1946．——书目来源：重庆图书馆

／蒋君章．——重庆：商务印书馆，1946.5.——书目来源：上海图书馆

／蒋君章．——上海：商务印书馆，1947，再版．——书目来源：重庆图书馆、南京图书馆

／蒋君章．——上海：商务印书馆，1947.2.——书目来源：上海图书馆

战时经济论文集／马寅初著．——重庆：作家书屋，1945.11.—— 1945年3月1日自序于重庆歌乐山．——书目来源：重庆数字图书馆、西南大学图书馆

战时首都合作事业从业员名单／刘昆水．——[重庆]：中国合作事业协会，1945．——书目来源：重庆图书馆

战时我国火柴工业及火柴专卖概况 中国制磷工业史概要／季士浩著；中国经济研究所编．——[重庆]：中国工业经济研究所，1945，油印本．——书目来源：重庆图书馆、国家图书馆

中国铁道建设／张嘉璈．——[出版地不详]：商务印书馆，1945．——书目来源：重庆图书馆、西南政法大学图书馆、重庆市档案馆

1946年

兵工署第二十工厂会计制度 设计3／国防部联合勤务总司令部兵工署第二十工厂编．——[重庆]：国防部联合勤务总司令部兵工署第二十工厂，1946．——内容为会计凭证及会计凭证之说明。其他题名：会计制度．——书目来源：重庆图书馆

兵工署第二十工厂会计制度 设计4／国防部联合勤务总司令部兵工署第

二十工厂编．——［重庆］：国防部联合勤务总司令部兵工署第二十工厂，1946．——内容为成本会计各项费用科目及说明。其他题名：会计制度．——书目来源：重庆图书馆

兵工署第二十工厂会计制度 设计5／国防部联合勤务总司令部兵工署第二十工厂编．——［重庆］：国防部联合勤务总司令部兵工署第二十工厂，1946．——内容为成本会计在制品科目及说明。其他题名：会计制度．——书目来源：重庆图书馆

兵工署第二十工厂会计制度 设计6／国防部联合勤务总司令部兵工署第二十工厂编．——［重庆］：国防部联合勤务总司令部兵工署第二十工厂，1946．——内容为成本会计各项费用分配之说明。其他题名：会计制度．——书目来源：重庆图书馆

兵工署第二十工厂会计制度 设计7／国防部联合勤务总司令部兵工署第二十工厂编．——［重庆］：国防部联合勤务总司令部兵工署第二十工厂，1946．——内容为本厂制造程序及成本计算说明。其他题名：会计制度．——书目来源：重庆图书馆

兵工署第二十工厂会计制度 设计11／国防部联合勤务总司令部兵工署第二十工厂编．——［重庆］：国防部联合勤务总司令部兵工署第二十工厂，1946．——内容为公积金管理规程。其他题名：会计制度．——书目来源：重庆图书馆

重庆被服总厂厂报创刊号／［作者不详］．——［出版地不详］：［出版者不详］，1946．——书目来源：重庆市档案馆

重庆电信国内交际夜信电报规章／［作者不详］．——［出版地不详］：［出版者不详］，1946.12．——书目来源：重庆市档案馆

重庆零售物价指数 卅四年一月至十二月／中国农民银行经济研究处编．——［出版地不详］：［出版者不详］，［1946］，油印本．——书目来源：重庆图书馆

重庆市合作金库三十五年度业务计划／［作者不详］．——［出版地不详］：［出版者不详］，［1946］．——书目来源：重庆图书馆

重庆市消费合作社联合社向市合作金库借入中农行转贷紧急贷款国币捌

仟万元运用结果报告及偿还计划／［作者不详］．——［出版地不详］：［出版者不详］，1946．——这份报告和计划，讲明了借款原因，三十四年度决算情形，紧急贷款之实际运用金额和上海进货结果，本社三十五年一至六月业务概况，还款计划．——书目来源：重庆图书馆

交通部重庆电信局电话图书汇编／交通部重庆电信局工务处编．——重庆：交通部重庆电信局工务处，1946．——书目来源：重庆图书馆

经济学名词：中华民国三十年十一月教育部公布／陈长蘅等编．——上海：正中书局，1946.9．——书目来源：上海图书馆

聚兴诚银行国外部创始一年来之工作报告／［作者不详］．——［出版地不详］：［出版者不详］，1946.3—1947.3．——书目来源：重庆市档案馆

抗战金融论集／陈晓钟著．——［重庆］：[出版者不详]，[1946]．——三十五年孟夏，志于重庆银行公会．——书目来源：重庆图书馆、重庆市档案馆

四川蚕丝业／姜庆湘，李守尧编著．——重庆：四川省银行经济研究处，1946．——书目来源：重庆图书馆

四川经济地图集／周立三等编．——重庆北碚：中国地理研究所，1946．——共收地图72幅，简略显示四川省经济活动实况。各图按行政区域、地形区域、气候区域、植物分布、人口分布、电力分布、工厂分布等系统编绘．——书目来源：重庆图书馆、南京图书馆

／周立三等编．——重庆北碚：中国地理研究所，1946.4．——书目来源：上海图书馆

四川经济地图集说明／周立三等编．——重庆北碚：中国地理研究所，1946．——为《四川经济地图集》一书的文字说明．——书目来源：重庆图书馆、国家图书馆、南京图书馆

／周立三等编．——重庆北碚：中国地理研究所，1946.10．——书目来源：上海图书馆

／周立三等编．——重庆北碚：中国地理研究所，[出版时间不详]．——书目来源：四川大学图书馆

四川省第六次行政会议财政中心工作提示／四川省政府财政厅编．——四

川：四川省政府财政厅，1946.——有财政中心工作提示、四川省各县（市局）税捐征收处组织规程、四川省各县市税捐征收处等级划分表、四川省各县（市局）税捐征收处各级职员任用办法等内容.——书目来源：重庆图书馆

四川省经济建设基金临时保管委员会工作总报告／四川省经济建设基金临时保管委员会编.——四川：四川省经济建设基金临时保管委员会，1946.——内容为三十四年七月一日至该会成立之日起，截至三十五年八月三十一日该会结束之日止，分概述、谷款之摊算与分配、领存、结存、代管款等七章.附四川省经济建设基金临时保管委员会委员姓名表.——书目来源：重庆图书馆

四川省农村合作委员会工作计划及其进行概况［1946］／四川省农村合作委员会编.——［出版地不详］：四川省农村合作委员会，1946.9.——书末附图.——书目来源：南京图书馆

四川丝业股份有限公司第十一次董监联席会议纪录／四川丝业股份有限公司编.——重庆：四川丝业股份有限公司，1946.——1937年5月，四川省官商合办的生丝贸易公司在重庆成立新公司，即四川丝业股份有限公司。此次会议于1946年4月23日下午3时在重庆召开，内有出席会议人员名单、增加资本情形、李襄理报告等内容.——书目来源：重庆图书馆

天府煤矿总经理业务报告（三十五年度）／［作者不详］.——［出版地不详］：［出版者不详］，1946.——书目来源：重庆市档案馆

万县经济概况／萧鸿雁编著.——万县：财政部川康区直接税局万县分局，1946.——书目来源：重庆图书馆

战后中国究应如何建设／卢作孚著.——［出版地不详］：［出版者不详］，1946.——书目来源：国家图书馆、南京图书馆

／卢作孚著.——［出版项不详］.——书目来源：重庆图书馆

中国银行重庆分行职员录／［作者不详］.——［出版地不详］：［出版者不详］，1946.——包括该行内江、成都、自流井、万县、贵阳、昆明等六处支行及支行所属各办事处的职员录.——书目来源：国家图书馆（存目）

中央造纸厂：重庆工厂纪念册／［作者不详］.——［出版地不详］：［出版者不详］，1946.8.——书目来源：重庆市档案馆

资源委员会资渝钢铁厂职员通信录/［作者不详］.——［出版地不详］：［出版者不详］，1946.1.——书目来源：重庆市档案馆

1947 年

兵工署第二十工厂会计制度 设计 12/ 国防部联合勤务总司令部兵工署第二十工厂编.——［重庆］：国防部联合勤务总司令部兵工署第二十工厂，1947.——内容为署厂往来账款之处理规程。其他题名：会计制度.——书目来源：重庆图书馆

兵工署第二十工厂会计制度 设计 13 / 国防部联合勤务总司令部兵工署第二十工厂编.——［重庆］：国防部联合勤务总司令部兵工署第二十工厂，1947.——内容为办理交接须知。其他题名：会计制度.——书目来源：重庆图书馆

兵工署第二十工厂会计制度 设计 14 / 国防部联合勤务总司令部兵工署第二十工厂编.——［重庆］：国防部联合勤务总司令部兵工署第二十工厂，1947.——内容为专案经费处理规程。其他题名：会计制度.——书目来源：重庆图书馆

兵工署第二十工厂会计制度 设计 15 / 国防部联合勤务总司令部兵工署第二十工厂编.——［重庆］：国防部联合勤务总司令部兵工署第二十工厂，1947.——内容为合作社会计处理规程。其他题名：会计制度.——书目来源：重庆图书馆

兵工署第二十工厂会计制度 设计 18/ 国防部联合勤务总司令部兵工署第二十工厂编.——［重庆］：国防部联合勤务总司令部兵工署第二十工厂，1947.——内容为合作社会计处理规程。其他题名：会计制度.——书目来源：重庆图书馆

兵工署第二十工厂会计制度 设计 20/ 国防部联合勤务总司令部兵工署第二十工厂编.——［重庆］：国防部联合勤务总司令部兵工署第二十工厂，1947.——内容为决算以后会计目录之编制。其他题名：会计制度.——书目来源：重庆图书馆

重庆市银钱大同行便查簿［1947］/［作者不详］.——［出版地不详］：

[出版者不详]，1947.1.——书目来源：重庆市档案馆

重庆市政府会计处工作报告［1947］/ 重庆市政府会计处编.——重庆：重庆市政府会计处，[1947].——报告对重庆市政府会计处民国三十六年五月一日至八月十五日实施的主要工作作了简明扼要的叙述，书末附有重庆市三十六年度财务收支概况表（民国三十六年一月一日起至七月三十一日止）.——书目来源：重庆图书馆

扶植自耕农保障佃农/ 行政院新闻局编.——［重庆］：行政院新闻局，1947.——附北碚管理局扶植自耕农示范区实施办法、北碚扶植自耕农示范区办理程序大纲.——书目来源：Stanford University（斯坦福大学）图书馆、武汉大学图书馆、广东省立中山图书馆、中共四川省委党校图书馆、中国社会科学院图书馆、吉林省图书馆、天津图书馆

现代货币论/ 樊弘著.——上海：商务印书馆，1947.——书目来源：南京图书馆

现代货币学/ 樊弘著.——北京：商务印书馆，1947.——书目来源：天津图书馆、陕西师范大学图书馆

／樊弘著.——上海：商务印书馆，1947.——书目来源：国家图书馆、贵州省图书馆

／樊弘著.——上海：商务印书馆，1947.7.——书目来源：重庆图书馆

／樊弘著.——上海：商务印书馆，1947.12.——书目来源：重庆图书馆

／樊弘著.——上海：商务印书馆，1949.——书目来源：重庆图书馆

／樊弘著.——上海：商务印书馆，[出版时间不详].——书目来源：南京图书馆、四川省图书馆

检查重庆市各行庄三十五年度总报告书/ 中央银行重庆分行编.——重庆：中央银行重庆分行，1947.——其他题名：三十五年度检查重庆各行庄总报告书。包括经济概况、金融机构概况、行庄资金来源之分析、行庄资金运用之分析、行庄业务之特质、金融管制法令实施概况、改进意见等八部分内容.——书目来源：重庆图书馆

聚兴诚商业银行股份有限公司组织规程/［聚兴诚商业银行股份有限公司

编．——［重庆］：［聚兴诚商业银行股份有限公司］，1947.12.——这是民国三十六年十二月编写的聚兴诚商业银行股份有限公司组织规程，分为总则、总管理处、管辖行、分行、支行、办事处、附则几个部分。规定了聚兴诚银行总分行各处的人员分配与组织规则．——书目来源：重庆图书馆、重庆市档案馆

四川蚕业改进史／尹良莹著．——上海：商务印书馆，1947.——详述四川的自然条件与养蚕业的关系，包括自上古以来的养蚕沿革，蚕业与桑树的分布区域，产量与运销情况统计，高、中等专科教育，南充、西充、三台、盐亭、成都、乐山、合川等各主要养蚕县份的蚕业史、产量及贸易概况，桑苗的繁殖、原种的培育、蚕桑茧丝的试验研究及改进蚕业管理等内容．——书目来源：重庆图书馆、国家图书馆、南京图书馆、四川省图书馆

四川隆圣企业股份有限公司创立周年纪念特刊／四川隆圣企业股份有限公司秘书室编．——四川：四川隆圣企业股份有限公司秘书室，1947.——书目来源：重庆图书馆

四川水泥股份有限公司成立十周年纪念册／四川水泥股份有限公司编．——四川：四川水泥股份有限公司，1947.——书目来源：重庆图书馆

四联总处农贷小组委员会第二十四次会议议程：三十六年二月六日／［作者不详］．——［重庆］：四联总处农贷小组委员会，1947，油印本．——书目来源：国家图书馆

营业税法施行细则／四川省营业税局编．——四川：四川省营业税局，1947.——收《四川省政府训令（卅六年财三营字第　号）》和《营业税法施行细则》，附各种表格．——书目来源：重庆图书馆

中国土地问题概述／林超编；吴英荃校．——［出版地不详］：国防新闻局，1947.——共6章。介绍我国历代土地制度及农村情况，并评述共产党和国民党的土地政策。附土地法、土地法施行法、绥靖区土地处理办法．——书目来源：重庆图书馆

中央信托局同人录　民国三十六年十二月／中央信托局人事处编．——［重庆］：中央信托局人事处，［1947］．——书目来源：国家图书馆

中央银行重庆分行三十六年度检查总报告书／［中央银行重庆分行检查

课］编. ——重庆：中央银行重庆分行检查课，［1947］. ——总报告书主要记录了当年的工商业和农村经济状况、银行的存贷款情况. ——书目来源：重庆图书馆

／中央银行重庆分行检查课编. ——重庆：中央银行重庆分行检查课，［出版时间不详］. ——书目来源：重庆图书馆

天府煤矿股份有限公司三十六年度总经理业务报告／天府煤矿股份有限公司编. ——四川：天府煤矿股份有限公司，［1947］. ——书目来源：重庆图书馆

巫溪经济地理／王业. ——［出版地不详］：［出版者不详］，［1947］. ——三十六年六月十四日于四川省银行巫溪办事处摘录民国三十七年《四川经济汇报》. ——书目来源：《巫溪县志》第734—740页

1948 年

兵工署第二十工厂管理制度（下册）／［作者不详］. ——［出版地不详］：［出版者不详］，1948.12. ——书目来源：重庆市档案馆

兵工署第二十工厂会计制度 设计9下／国防部联合勤务总司令部兵工署第二十工厂编. ——［重庆］：国防部联合勤务总司令部兵工署第二十工厂，1948. ——本册内容为"成本会计规程"。其他题名：会计制度. ——书目来源：重庆图书馆

兵工署第二十工厂会计制度 总说明3／国防部联合勤务总司令部兵工署第二十工厂编. ——［重庆］：国防部联合勤务总司令部兵工署第二十工厂，1948. ——内容为总说明，包括本厂组织系统表等。其他题名：会计制度. ——书目来源：重庆图书馆

重庆电力股份有限公司组织规程／［作者不详］. ——重庆：［出版者不详］，1948. ——本章程是中华民国三十七年六月十八日第一零六次董事会议通过的。分总则、总公司、各厂、各办事处、其他关于处务事项、附则五部分共30条论述了重庆电力股份有限公司的组织规程。后有组织系统表，简明扼要地说明了公司的组织模式和具体负责事项. ——书目来源：重庆图书馆

重庆市三十七年下半年度地方岁入岁出总预算书／［作者不详］. ——

[出版地不详]：[出版者不详]，[1948]．——书目来源：重庆市档案馆

重庆市三十七年下半年度地方岁入总概算来源别总计表／[作者不详]．——[出版地不详]：[出版者不详]，[1948]．——书目来源：重庆市档案馆

重庆市银钱业一览／联合征信所重庆分所编．——重庆：联合征信所重庆分所，1948．——按国省市营及商业行庄分类并依第一字笔画多少排序，记录了中央银行在重庆的各分行、重庆本地银行、各省银行在重庆的办事处、商业银行的基本情况。每个银行按地址、电话、负责人、总管理处、分行、支行、办事处、经理处几个方面叙述。后附录有重庆市保险业一览表．——书目来源：重庆图书馆

江北县税捐稽征处清理重庆市区县有公学产办事处报告书／黄远清等编．——重庆：[江北县税捐稽征处]，1948．——书目来源：重庆图书馆

交通部长江区航政局辖区内现有轮船船名录 第8期／交通部长江区航政局统计室编．——[出版地不详]：交通部长江区航政局统计室，1948．——收录1948年9月底止之长江（包括重庆、宜昌、长沙、汉口、九江、芜湖、南京、镇江及上海）各港行驶长江区船舶．——书目来源：重庆图书馆

聚兴诚商业银行人事规程汇编／[作者不详]．——[出版地不详]：[出版者不详]，1948.9.1．——书目来源：重庆市档案馆

论通货流通速率／杨西孟编．——[出版地不详]：北京大学出版部，1948．——书目来源：国家图书馆（存目）

社会所得变迁函数的分析 马克思的再生产学说的一推进／樊弘著．——北京：北京大学出版部，1948．——书目来源：四川省图书馆

／樊弘著．——北京：北京大学出版部，1948.12．——书目来源：上海图书馆

省县公营事业／胡次威等著．——上海：大东书局，1948．——书目来源：重庆图书馆、南京图书馆

／胡次威等著．——上海：大东书局，1948.9．——书目来源：上海图书馆

四川省生产统计：民国二十六年至三十七年九月 · 第四期／四川省政府统计处编．——四川：四川省政府统计处，1948．——书目来源：重庆图书馆

天府煤矿股份有限公司职员录/天府煤矿股份有限公司编.——四川：天府煤矿股份有限公司，1948.——书目来源：重庆图书馆

天府煤矿总经理业务报告（三十七年度）/［作者不详］.——［出版地不详］：［出版者不详］，1948.——书目来源：重庆市档案馆

中国工商要览/傅润华，汤约生主编.——南京：中国工商年鉴编纂社，1948.——书目来源：重庆图书馆

/傅润华，汤约生主编.——南京：中国工商年鉴编纂社，1948.6.——书目来源：上海图书馆

中央银行重庆分行三十七年度检查总报告书/［中央银行重庆分行检查课］编.——重庆：［中央银行重庆分行检查课］，［1948］.——主要记录了该行的经济概况、金融机构概况、行庄资金来源的分析、行庄资金运用的分析、行庄汇兑业务的分析、利率汇率概况、行庄业务的特贸、金融法令实施概况、改进意见。后附录有重庆各行庄存放款状况表十二份、各行庄汇款状况表十二份、各行庄资本损益及公积状况表一份、重庆市汇出款数额表十二份等.——书目来源：重庆图书馆

/中央银行重庆分行检查课编.——重庆：中央银行重庆分行检查课，［出版时间不详］.——书目来源：重庆图书馆

1949 年

重庆市财政概况/［作者不详］.——［出版地不详］：［出版者不详］，1949.8.——书目来源：重庆市档案馆

重庆市电工矿业［1949］/［作者不详］.——［出版地不详］：［出版者不详］，1949.8.——书目来源：重庆市档案馆

重庆市金融贸易/［作者不详］.——［出版地不详］：［出版者不详］，1949.8.——书目来源：重庆市档案馆

重庆市农林水利（之五）/［作者不详］.——［出版地不详］：［出版者不详］，1949.8.——书目来源：重庆市档案馆

重庆市三十八年下半年度地方岁入岁出总概算书/［作者不详］.——［出版地不详］：［出版者不详］，1949.10.——书目来源：重庆市档案馆

重庆市银钱大同行便查簿 [1949] / [作者不详]. ——重庆：[出版者不详]，1949. ——重庆市银钱大同行便查簿即重庆市银钱行庄负责人姓名录，民国三十八年元月编写. ——书目来源：重庆图书馆

民生实业股份有限公司民国三十七年第廿三届决算报告书 / 民生实业股份有限公司编. ——重庆：民生实业股份有限公司，1949. ——收有：总公司资产负债表、总公司损益计算书、民生机器厂资产负债表、物产部资产负债表、合川电水厂资产负债表、合川电水厂损益计算书、民生木工厂资产负债表、历年资产股本收支损益比较表等. ——书目来源：重庆图书馆

四川省财政概况 / 中国人民解放军西南服务团研究室编. ——[出版地不详]：中国人民解放军西南服务团研究室，1949.8. ——分税政和田赋上、下两编. ——书目来源：重庆图书馆

四川省电工矿业 / 中国人民解放军西南服务团编. ——四川：中国人民解放军西南服务团，1949.8. ——将四川分为川东、川中、川西三个区，分别介绍其电业、工业、矿业情况. ——书目来源：重庆图书馆

四川省金融贸易 / 中国人民解放军西南服务团研究室编. ——四川：中国人民解放军西南服务团研究室，1949.8. ——着重对四川全省金融机构，特别是17家主要银行、钱庄的调查，对全省贸易概况及自贡等11个主要县市的金融贸易概况亦有专章介绍. ——书目来源：重庆图书馆、国家图书馆

四川省三十八年度田赋征借实物实施办法：细则 / [四川田赋粮食管理处]编. ——四川：四川田赋粮食管理处，1949. ——书目来源：重庆图书馆

西南盐务概况 / 中国人民解放军西南服务团研究室编. ——[出版地不详]：中国人民解放军西南服务团研究室，1949.8. ——共三章。叙述川康、川北及云南地区的盐务情形. ——书目来源：重庆图书馆

西南之电信 / 中国人民解放军西南服务团研究室编. ——[出版地不详]：中国人民解放军西南服务团研究室，1949.8. ——介绍伪交通部电信总局第四区第五区概况，分业务状况和电信设备两部分. ——书目来源：重庆图书馆

西南之邮政 / 中国人民解放军西南服务团研究室编. ——[出版地不详]：中国人民解放军西南服务团研究室，1949.8. ——概述西南地区的邮政、邮务、

邮路。再分区介绍东川邮区、西川邮区、云南邮区、贵州邮区的组织、人事、设备等情况．——书目来源：重庆图书馆

出版时间不详

巴县大石鼓协力煤矿调查简报（第一号）/［作者不详］．——［出版项不详］．——书目来源：重庆市档案馆

巴县合川南充蓬溪柑桔调查报告/杨定纶著．——［出版地不详］：［出版者不详］，［193—？］．——书目来源：南京图书馆、国家图书馆

北碚管理局农业改进五年计划大纲/［作者不详］．——［出版项不详］．——书目来源：重庆市档案馆

北碚农村银行章程/［作者不详］．——重庆北碚：［出版者不详］，［出版时间不详］．——书目来源：重庆图书馆

兵工署资源委员会钢铁厂迁建委员会职员须知/［作者不详］．——［出版项不详］．——书目来源：重庆市档案馆

财政部全国财务人员训练所学员手册/［作者不详］．——重庆：财政部全国财务人员训练所，［出版时间不详］．——书目来源：国家图书馆（存目）

财政部四川省田赋管理处工作报告/陈志学著．——四川：［出版者不详］，［出版时间不详］．——书目来源：重庆图书馆

长寿县西山一带煤矿调查报告/［作者不详］．——［出版项不详］．——书目来源：重庆市档案馆

常德旅渝同乡会捐款清册/［作者不详］．——［出版项不详］．——书目来源：重庆市档案馆

重庆八省积谷办事处产业图说/［作者不详］．——［出版项不详］．——书目来源：重庆市档案馆

重庆电车公司计划草案/［作者不详］．——［出版项不详］．——修建电车路线的计划草案，后附有电车路线计划图．——书目来源：重庆图书馆

重庆工商企业名录/［作者不详］．——重庆：［出版者不详］，［194—？］．——手写本．——书目来源：国家图书馆

重庆江合公司损失巅末报告书/［作者不详］．——［出版项不详］．——

书目来源：重庆图书馆

重庆经济状况／赵循伯著．——［出版项不详］．——书目来源：重庆数字图书馆

重庆瑞华企业股份有限公司玻璃制造厂仪器目录／瑞华企业公司玻璃制造厂编辑．——［出版项不详］．——书目来源：北碚区图书馆

重庆市保险商业同业公会四川省火险费率规章／［作者不详］．——［出版项不详］．——书目来源：重庆市档案馆

重庆市电力公司自来水厂整理处新生活劳动服务团同学录／［作者不详］．——［出版项不详］．——书目来源：重庆市档案馆

重庆市国货厂商联合会章程暨会员名单／［作者不详］．——［出版项不详］．——书目来源：重庆市档案馆

重庆市合作事业一览／［重庆市社会局编］．——重庆：重庆市社会局，［194—？］．——内容有重庆市合作事业概况、合作社分布图、消费合作社业务报告，以及重庆市社会局有关合作的法令20余种。末附重庆市社会局三十年度合作行政计划实施进度表．——书目来源：重庆图书馆、南京图书馆、国家图书馆

重庆市棉花商业同业公会九二火灾本业损失之前因后果／［作者不详］．——［出版项不详］．——其他题名：九二火灾棉业损失之前因后果．——书目来源：重庆图书馆

重庆市钱业同业公会章程／重庆市钱业同业公会编．——［出版项不详］．——书目来源：古籍图书网

重庆市商会章程／［作者不详］．——［出版项不详］．——书目来源：重庆市档案馆

重庆市商会章程草案／［作者不详］．——［出版项不详］．——重庆市商会章程是依据非常时期人民团体组织法修正商会法施行细则制订的。本章程是草案，主要规定了商会的任务、会员、组织及职权、会议、经费及会计、附则．——书目来源：重庆图书馆

重庆市商馀互助社社章／［作者不详］．——［出版项不详］．——讲明了

互助社的总则、社员、会议、社务、经济、附则。后附录有第五届全体大会宣言、组织系统表等．——书目来源：重庆图书馆

重庆市新生有限责任贩卖消费合作社章程／［作者不详］．——［出版项不详］．——书目来源：重庆市档案馆

重庆市银行公会联谊部游艺组平剧股组织及推进事项章则／［作者不详］．——［出版项不详］．——重庆市银行公会联谊部游艺组平剧股是依据公会联谊部的规定在游艺组之下设立的。记录了干事会的选举与任职、组织与执掌事项、股里的学习与研究情况、会期与公演、指导与教师、经常费、附则等．——书目来源：重庆图书馆

重庆市银行钱庄一览／［作者不详］．——［出版地不详］：说文社，［出版时间不详］．——内分政府银行11家，商业银行66家，分别记录了各银行的行名、地址、电话、负责人、备考等方面的情况．——书目来源：重庆图书馆

重庆市银钱两业同业公会票据交换所章程／［作者不详］．——［出版项不详］．——分为工会交换银行及交换钱庄、组织、职员、保证及折款、交换票据的种类及交换时间、交换差额之收付、退票、经费、会计、附则等11部分．——书目来源：重庆图书馆

重庆市邮件投递分区地名一览表／［作者不详］．——［出版项不详］．——书目来源：重庆市档案馆

重庆税捐总局税务汇刊／［作者不详］．——［出版项不详］．——书目来源：重庆图书馆

重庆铜元局局务纪实／重庆铜元局编．——重庆：重庆铜元局，［出版时间不详］．——分筹备开工及整顿大纲、制订局章、审核处、总务科、工务科、稽查处、驻城事务所、杂件、恢复学校案等九大部分。书前附有杨所作序言、铜元局地基平面图、本局职员及工徒摄影以及本局厂房机械各种影片．——书目来源：重庆图书馆

重庆指南暨工商行名录／砀童才．——重庆：专彦印行．——书目来源：北碚区图书馆

储蓄整储整付整储支息特种整储整付及过期储蓄五种之记账办法／［作者

不详]．——[出版项不详]．——书目来源：重庆市档案馆

川北米麦的生产成本／南开大学经济研究所编．——[出版项不详]．——南开大学经济研究所机构1939年—1947年在沙坪坝，此书是在此的研究成果．——书目来源：《沙坪坝文史资料》第6辑第31页

川康兴业股份有限公司章程／川康兴业股份有限公司撰写．——重庆：川康兴业股份有限公司，[出版时间不详]．——川康经济建设委员会1941年8月9日正式开始筹备川康兴业股份有限公司，1942年2月1日，该公司在重庆市神仙洞街郭园正式成立．——书目来源：重庆图书馆

当前金融之病态与战后金融之复员／漆琪生著；广东省银行经济研究室编．——广东：广东省银行经济研究室，[出版时间不详]．——书目来源：广东省立中山图书馆

调查四川垫江南充两县征购实物用量衡器发生争执情形报告书／[作者不详]．——[出版地不详]：中国度量衡学会，[出版时间不详]．——书目来源：国家图书馆

东川邮政管理局本口组分拣手册／[作者不详]．——[出版项不详]．——书目来源：重庆市档案馆

国际贸易的理论与实践／甘祠森著．——[出版项不详]．——书目来源：《四川省志 人物志》第701页

国难期中几个重大经济问题及财政问题之检讨／陈长蘅著．——[出版项不详]．——书目来源：四川省图书馆

合川税捐局征收税则／[作者不详]．——[重庆]：[出版者不详]，[出版时间不详]．——书目来源：重庆市档案馆

黑龙江省物产志／张朝墉著．——[出版项不详]．——民国初年，宋小濂任黑龙江省都督，延张朝墉任省府总务处科长；朱庆澜主持黑龙江省政时，被聘为该省通志局纂修．——作者简介：张朝墉（1860—1942），字北墙，一字伯翔，号半园老人，重庆奉节县人。清末廪生．——书目来源：《奉节县志》第831页

恢复铜梁板桥瓷业建议书／铜梁板桥实验乡村建设委员会编．——重庆铜

梁：铜梁板桥实验乡村建设委员会，［出版时间不详］.——书目来源：重庆图书馆

嘉陵江三峡实验区总动员训练教材/［嘉陵江三峡实验区］编.——［出版项不详］.——总动员训练教材分为生产教材（农村课题、家畜课题、养蚕课题、合作课题）、保甲教材（保甲课题）、民教教材（史地课题、公民课题、普通课题）三部分.——书目来源：北碚区图书馆

/［作者不详］.——［出版项不详］.——书目来源：重庆市档案馆、重庆图书馆、国家图书馆

嘉陵江三峡乡村建设实验区计划书/［作者不详］.——［出版项不详］.——分为教的方面，如学校教育、社会教育的原则，事业；养的方面，如农业、工业、矿业、水利及水力、合作事业；卫的方面，如公安、交通、卫生。封面题名：嘉陵江三峡乡村建设实验区署计划书.——书目来源：重庆图书馆

嘉陵江三峡乡村建设实验区署组织规程/［作者不详］.——［出版项不详］.——书目来源：重庆市档案馆

江合矿业股份有限公司决算报告书/江合矿业股份有限公司编.——江北县：江合矿业股份有限公司，［出版时间不详］.——书目来源：重庆图书馆

经济思想史/甘祠森著.——［出版项不详］.——书目来源：《四川省志人物志》第701页

经济学讲义/漆琪生编.——［出版项不详］.——书目来源：民建中央网站

聚兴诚银行董事会告全体同人书/［作者不详］.——［出版项不详］.——书目来源：重庆市档案馆

聚兴诚银行股份两合公司章程/［作者不详］.——［出版项不详］.——书目来源：重庆市档案馆

聚兴诚银行股份有限公司组织规程/［聚兴诚银行］编.——［重庆］：［聚兴诚银行］，［出版时间不详］.——内分总则、总管理处、管辖行、分行、支行、办事处六章，叙述了聚兴诚银行总分行的组织规程和各处人员设置情况以及各人员的主要职责.——书目来源：重庆图书馆

聚兴诚银行人事规程/［作者不详］． ——［出版项不详］． ——书目来源：重庆市档案馆

军政部兵工署经济部资源委员会钢铁厂迁建委员会会计制度/［作者不详］． ——［出版项不详］． ——书目来源：重庆市档案馆

开发华西计划书/ 胡仲实，胡叔潜著． ——［出版项不详］． ——以重庆为重点，包括川康滇黔等的实业开发． ——作者简介：胡仲实（1928—?），四川广安人，后在重庆生活． ——书目来源：《商界集萃》（杨耀健）第 129 页

立信会计月报/ 潘序伦著． ——重庆：立信会计师重庆事务所，［出版时间不详］． ——书目来源：国家图书馆

粮食部四川粮食储运局粮船押运员服务须知/粮食部四川粮食储运局编． ——［出版地不详］：粮食部四川粮食储运局，［出版时间不详］． ——书目来源：重庆图书馆

论中国战后建设/ 卢作孚著． ——［出版项不详］． ——书目来源：《四川省志 人物志》第 402 页

民生实业公司概况/［作者不详］． ——［重庆］：[出版者不详]，[出版时间不详]． ——书目来源：北碚区图书馆

民生实业股份有限公司给假规程/ 民生实业股份有限公司编． ——重庆：民生实业股份有限公司，[出版时间不详]． ——书目来源：国家图书馆

綦江县的物力/［作者不详］． ——［出版项不详］． ——书目来源：重庆市档案馆

迁川工厂联合会第九届会员大会出席代表名册/［作者不详］． ——［出版项不详］． ——书目来源：重庆市档案馆

清末至民国军阀割据时期四川金融紊乱情况/ 甘绩镛． ——［出版项不详］． ——书目来源：《荣昌县志》第 1033 页

试办宣统三年四川岁出入预算比较表/［作者不详］． ——［出版项不详］． ——书目来源：重庆图书馆

四川财政大事记/ 甘绩镛． ——［出版项不详］． ——书目来源：《荣昌县志》第 1033 页

四川财政汇编／甘绩镛．——［出版项不详］．——书目来源：《荣昌县志》第 1033 页

四川筹办纺织厂计划书／曾祥熙撰．——［出版项不详］．——书目来源：重庆图书馆

四川防区时代的财政税收／甘绩镛．——［出版项不详］．——书目来源：《荣昌县志》第 1033 页

四川急待改良及兴办之生产事业／邓少琴编．——［出版地不详］：国民革命军第二十一军编译委员会，［1911？—1949？］．——作者简介：邓少琴（1897—1990），原名作楷，字绍勤，中年后作少琴，重庆江津人．——书目来源：浙江图书馆

四川建设协进会会章／四川建设协进会编．——四川：四川建设协进会，［出版时间不详］．——书目来源：重庆图书馆

四川金融风潮略史／赵循伯著．——［出版项不详］．——书目来源：重庆数字图书馆

四川经济建设提要／胡子昂著．——［出版项不详］．——抗战时期作者在四川各区行政会议上的演讲．——作者简介：胡子昂（1897—1991），曾用名胡鹤如，巴县人．——书目来源：重庆图书馆

四川省财政改制后省县财政收支预计说明书／［作者不详］．——四川：［出版者不详］，［出版时间不详］．——书目来源：重庆图书馆

四川省第二次劝业会报告书／［四川省第二次劝业会］编．——四川：四川省第二次劝业会，［出版时间不详］．——书目来源：重庆图书馆

四川省各县应领粮票数目统计表／［作者不详］．——四川：［出版者不详］，［出版时间不详］．——书目来源：重庆图书馆

四川省廿四年度田赋正税暨附加收入概算表／［作者不详］．——［出版项不详］．——书目来源：重庆图书馆

四川省廿五年度县地方预算汇编／［作者不详］．——四川：［出版者不详］，［出版时间不详］．——收有民国二十五年各县地方岁入岁预算表、四川省各县二十五年度县地方预算编制办法、附二十五年度各县田赋附加契税附加

及屠宰税附加税率分配图等. ——书目来源：重庆图书馆

四川省农地减租实施办法/ [四川省政府] 编. ——四川：[四川省政府]，[出版时间不详] . ——书目来源：重庆图书馆

四川省普通公务会计制度实例 / 四川省政府会计处编. ——四川：四川省政府会计处，[出版时间不详] . ——全部为表。书中所举实例多为 1941 年. ——书目来源：重庆图书馆

四川省输出贸易统计/ 甘祠森著. —— [出版项不详] . ——书目来源：《四川省志 人物志》第 701 页

四川省田赋管理处工作报告/ 石体元著. ——四川：[出版者不详]，[出版时间不详] . ——书目来源：重庆图书馆

四川省银行工作报告/ 杨晓波著. ——成都：四川省银行，[出版时间不详] . ——有一年来之四川经济、业务概况、信托业务专述、经济研究工作、三十二年度之业务计划等内容. ——书目来源：重庆图书馆

四川省银行经济研究处工作计划/ 施复亮著. ——四川：四川省银行印刷所，[出版时间不详] . ——书目来源：重庆图书馆

四川省征购实物收储业务讲习大纲 / 财政部四川省田赋管理处编. ——[四川]：财政部四川省田赋管理处，[出版时间不详] . ——书目来源：重庆图书馆

四川省政府各机关收支程序/ [作者不详] . —— [出版项不详] . ——本程序自二十六年度开始公布施行，共十五条. ——书目来源：重庆图书馆

四川省政府建设厅普通公务会计制度/ 四川省政府建设厅编. ——成都：四川省政府建设厅，[出版时间不详] . ——内分单位机关、分会计机关、会计报告编送程序等三部分。封面题名：普通公务会计制度. ——书目来源：重庆图书馆

四川盐政史图册 四卷/ [作者不详] . —— [出版项不详] . ——第 1 卷四川各盐场区域图；第 2 卷四川引盐分厂分岸区域图；第 3 卷四川盐务各种摄影；第 4 卷四川盐务各种绘画. ——书目来源：重庆图书馆

/ [作者不详] . —— [出版项不详] . ——书目来源：南京图书馆

四川月报/ 赵循伯著.——［出版项不详］.——书目来源：重庆数字图书馆

委员长交管四川善后建设专款收支总报告/［作者不详］.——成都：［出版者不详］,［出版时间不详］.——书目来源：重庆图书馆

物价志/ 朱君毅著.——［出版项不详］.——在北碚时写成志稿.——作者简介：朱君毅（1892—1963），字斌魁，浙江江山人，曾任教重庆正阳学院.——书目来源：《北碚文史资料》第4辑"抗日战争时期的北碚"第408页

西南工厂概况表/［作者不详］.——［出版地不详］：［出版者不详］,［1911？—1949？］,抄本.——书目来源：重庆图书馆

乡村建设纲领/ 梁漱溟著.——［重庆］：乡村书店,［出版时间不详］.——书目来源：重庆图书馆、南京图书馆

有限责任重庆市各级学校师生员工消费合作/ 有限责任重庆市各级学校师生员工消费合作社编.——［出版地不详］：有限责任重庆市各级学校师生员工消费合作社,［出版时间不详］.——有总则、社员、社股、职员、会议、业务等八章38条.——书目来源：重庆图书馆

渝行内部办事细则/［作者不详］.——［出版项不详］.——内收营业股存款组、汇款组、外汇组、放款组、仓库组的办事细则.——书目来源：重庆图书馆

渝行内部办事细则/［作者不详］.——［出版项不详］.——本书是重庆银行办事细则的内部参考资料，分为办事总则，文书股（函件组、档案组、译电组），会计股（稽核组、清分组、账务组、联行组、库账组），营业股（存款组、汇款组、外汇组、放款组、仓库组），储蓄部，出纳股（保管组、收付组），发行股，农贷股。每股的办事细则按经管事项和办理程序来编写.——书目来源：重庆图书馆

渝柳线川黔段经济调查总报告书/ 铁道部财务司调查科查编.——［出版地不详］：铁道部财务司调查科,［出版时间不详］.——书目来源：重庆图书馆、南京图书馆

战时工业问题/ 马寅初等执笔.——重庆：独立出版社,［出版时间不详］.

——辑入《从抗战建国说到工业化》（刘大钧）、《抗战时期工业建设概述》（沈嗣芳）、《农工矿林各业之连锁》（马寅初）、《敬告企业家》（穆藕初）、《西南新工业的建设》（刘阶平）、《长期抗战中的几个工业问题》《建立国防工业》（许涤新）、《战时手工业问题》（吴半农、黄豪）8篇论文，各成一章。附录工业奖励法特种工业保息及补助条例等2种．——书目来源：上海社会科学院图书馆、广东省立中山图书馆、中共四川省委党校图书馆、中国社会科学院图书馆

战时粮食政策与粮食管制 ／南开大学经济研究所编．——［出版项不详］．——南开大学经济研究所机构1939—1947年在沙坪坝，此书是在此的研究成果．——书目来源：《沙坪坝文史资料》第6辑第31页

中国纺织厂区位变迁史／南开大学经济研究所编．——［出版项不详］．——南开大学经济研究所机构1939—1947年在沙坪坝，此书是在此的研究成果．——书目来源：《沙坪坝文史资料》第6辑第31页

中国航空建设协会总会收款报告／中国航空建设协会总会编．——［重庆］：中国航空建设协会总会，［出版时间不详］．——书目来源：重庆图书馆

中国航业 川江航运专号／中国航业学会编辑．——［出版地不详］：中国航业学会，［出版时间不详］．——国航业学会论文集。内收《抗战期间之川江航政》（王洸）、《民生实业公司在川江》（魏文翰）、《川江中之招商局》（沈仲毅）、《战时川江之三北公司》（郑鲁斋）、《煤气机船对于我国内河航运之价值》（吴昌遇）等共11篇．——书目来源：重庆图书馆、天津图书馆

中国经济史讲义／漆琪生编．——［出版项不详］．——书目来源：重庆数字图书馆

中国农村金融／南开大学经济研究所编．——［出版项不详］．——南开大学经济研究所机构1939—1947年在沙坪坝，此书是在此的研究成果．——书目来源：《沙坪坝文史资料》第6辑第31页

中国农业金融论／伍玉璋著．——［出版地不详］：中央合作指导人员训练所，［出版时间不详］．——书目来源：重庆图书馆

中国战时物价与生产／南开大学经济研究所编．——［出版项不详］．——

南开大学经济研究所机构 1939—1947 年在沙坪坝，此书是在此的研究成果．——书目来源：《沙坪坝文史资料》第 6 辑第 31 页

中国战时应采的财政政策／张天泽．——［出版项不详］．——作者简介：张天泽，福建晋江人，抗战时期在重庆，1947 年任经济部国际贸易司司长．——书目来源：上海社会科学院图书馆

中央银行重庆分行财政部训令、代电等函件／［作者不详］．——［出版项不详］．——书目来源：重庆市档案馆

资源委员会川滇黔事业概况／资源委员会编．——［出版项不详］．——书目来源：重庆图书馆

◎G 文化、 科学、 教育、 体育

1914 年

章太炎教育今语／章炳麟著，周文钦编．——［出版地不详］：启渝印刷公司，1914.——收《论中国教文学历史哲理的方法》等 8 篇．——作者简介：周文钦（1882—1929），字家桢，笔名贞，别号莲居士，重庆人，被誉为"重庆报坛之先驱"．——书目来源：重庆图书馆、国家图书馆

1915 年

四川教育杂志／邓胥功主编．——［出版地不详］： ［出版者不详］，1915.——书目来源：《四川省志 人物志》第 636 页

1917 年

仿杜威分类法／沈祖荣，胡庆生合著．——［出版地不详］：［出版者不详］，1917.——民国六年，我国第一部现代图书分类学专著．——作者简介：沈祖荣（1884—1977），字绍期，英文名 Samuel Tsu—Yung Seng，简名 Samuel T. Y. Seng，一说武昌人，一说忠县人．——书目来源：《忠县志》第 699 页

仿杜威十进分类法／沈祖荣，胡庆生合著．——［出版地不详］：［出版者不详］，1917.——书目来源：《四川省志 人物志》第 915 页

／沈祖荣，胡庆生合著．——武昌：文华公书林，1922．——书目来源：重庆图书馆、国家图书馆、南京图书馆、四川省图书馆

1918 年

重庆中校旅外同学总会会报／北京重庆中校旅外同学总会．——［出版地不详］：［出版者不详］，1918．——书目来源：四川省图书馆

1920 年

重庆总商会职业学校五年概况报告书／重庆总商会职业学校编．——［重庆］：重庆总商会职业学校，1920．——书目来源：国家图书馆（存目）

兴办女子职业教育，提高妇女地位，以促进文明／周文郁．——［出版项不详］．——大约写于 1920—1926 年间．——作者简介：周文郁（1892—1943），又名彬儒，重庆长寿人．——书目来源：《长寿县志》第 1145 页

中国科学社民国八年西湖年会记事录／任鸿隽等报告．——［出版地不详］：［出版者不详］，1920．——书目来源：广东省立中山图书馆

1921 年

重慶側の文化機關竝に文化人の動靜／［興亞院華中聯絡部］．——［出版地不详］：興亞院華中聯絡部，1921．——书目来源：孔夫子旧书网

／興亞院華中連絡部．——［上海］：興亞院華中連絡部，1942.4．——书目来源：日本国立国会图书馆

在支外人設立学校概観・重慶宣昌間の交通・上海に於ける醤油製造法／東亜同文書院．——上海：東亜同文書院研究部，1921．——书目来源：日本国立国会图书馆

1923 年

现代初中教科书矿物学／杜若城编；翁文灏，任鸿隽校订．——［出版地不详］：商务印书馆，1923.7．——书目来源：河南大学图书馆

教育论／（英）斯宾塞（Spencer）著；任鸿隽译．——上海：商务印书馆，1923．——内收《论何者为最有价值之知识》《论智育》两篇文章．——书目来源：重庆图书馆、国家图书馆、四川省图书馆

/（英）斯宾塞（Spencer）著；任鸿隽译.——上海：商务印书馆，1929.——书目来源：重庆图书馆、上海图书馆

　　/（英）斯宾塞（Spencer）著；任鸿隽译.——上海：商务印书馆，1933.——书目来源：上海图书馆、南京图书馆

　　/（英）斯宾塞（Spencer）著；任鸿隽译.——上海：商务印书馆，1939.——书目来源：上海图书馆

新学制常识教科书　第1—8册/范祥善编；任鸿隽，王云五校订.——[出版地不详]：商务印书馆，1923.7—1924.1.——书目来源：重庆数字图书馆

1925 年

清查巴县教育局账目报告书/杨学优编制.——[重庆]：[出版者不详]，1925.——书目来源：重庆图书馆

1926 年

重庆商务日报十二周年纪念特刊/周文钦.——重庆：商务日报，[1926].——内收前总编辑周文钦《本报一纪小史》一文，阐述了重庆商务日报创办的经过、办报宗旨、目前现状及今后发展规划。该特刊还辑录了当时一些有代表性的文章，如刘翌叔的《建设四川工业着手的办法》、吕继廉的《评川剧》等。封面题名：商报小史.——书目来源：重庆图书馆

1928 年

教育学大纲　上下/邓胥功著.——[出版地不详]：商务印书馆，1928.——上下.——书目来源：南京图书馆、四川大学图书馆

　　/邓胥功著.——上海：华通书局，1931.——书目来源：重庆图书馆、国家图书馆、南京图书馆、四川省图书馆、广西壮族自治区图书馆

　　/邓胥功著.——上海：华通书局，1933.——书目来源：重庆图书馆、国家图书馆、南京图书馆、四川省图书馆、广西壮族自治区图书馆

农民夜校教材/徐灵渊.——[出版地不详]：[出版者不详]，1928.——作者简介：徐灵渊（1907—1930），原名良骥，重庆黔江县人.——书目来源：《黔江县志》第660页

平民千字课/ 李光华. —— ［出版地不详］：［出版者不详］，1928. ——作者简介：李光华（1896—1930），重庆梁平县太平乡人. ——书目来源：《梁平县志》第 693 页

平民千字课夜校教材/ 李次华. —— ［出版地不详］：［出版者不详］，1928. ——教材中有《茅草屋》一课. ——作者简介：李次华（1901—1930），又名光浪、光亮，梁平县太平乡人. ——书目来源：《梁平县志》第 694 页

1929 年

璧山县职业学校成立特刊/ ［作者不详］. ——重庆璧山：璧山县实业局，1929. ——璧山县职业学校是友仁在担任实业局长时期创办成立的，学校于民国十八年三月举行开学典礼。这本特刊纪录有学校开学典礼、向团长训词、陈知事训词、县党务指导委员胡公训词、教育会长陈雪樵训词、教育局唐局长训词、团务局局长胡信城训词、璧山县职业学校教职员姓名一览表、赘言. ——书目来源：重庆图书馆

重庆广益中学校同学录/ 重庆广益中学校编. ——重庆：重庆广益中学校，1929. ——内收该校沿革概述、校友会简章、现任教职员一览表、校友会职员一览、历届旧制毕业同学一览表等。前附录有杨静轩作的重庆广益中学校校友会简章序、嵇宗簏所作的重庆广益中学校同学录序. ——书目来源：重庆图书馆

简明图书馆编目法/ 沈祖荣著. ——武昌：文华公书林，1929. ——书目来源：南京图书馆

/ 沈祖荣译. ——武昌：文华公书林，1929.12. ——书目来源：复旦大学图书馆、苏州大学图书馆、浙江工商大学图书馆、嘉兴学院图书馆、天津图书馆

万县公立图书馆概要/ ［万县公立图书馆］编. ——上海：中华书局，1929. ——本书经上驻万军政长官的大力倡扶和经下馆内员工的辛勤劳作，才得以出版，收藏自初基迄于成立典籍所、掌册府所藏撮要删繁辑为一帙并付诸雕刻称概要。分总理遗像遗嘱、各种插图、序、图表、演说、记（4 篇图书馆记）、规章、公牍、书目、附录 10 部分。书前有九幅照片，包括馆长李寰及其他馆领导、本馆的全景及其内容陈设、唐词申王李锐墓志铭、唐报善寺觉公纪德碑（际释文）等，书中有万县公立图书馆平面图 1 幅. ——书目来源：重庆

图书馆

／万县公立图书馆编．——上海：中华书局，1929．——书目来源：重庆图书馆、南京图书馆

／万县公立图书馆编．——上海：中华书局，1929.10．——书目来源：南京图书馆

／万县公立图书馆编．——四川：中华书局，1930．——书目来源：国家图书馆、四川省图书馆

1930 年

璧山县教育局收支月报册／张厚基，曾照庭，张静怀编．——重庆：璧山县教育局，1930．——这是民国十九年十月印行的璧山县教育局自八月七日起到九月三十日止收支月报册的第一期合刊．——书目来源：重庆图书馆

朝大四川同学录／朝阳大学四川同学会编．——北平：朝阳大学四川同学会，1930．——书目来源：重庆图书馆

重庆艺专校国画参考部古画展览会特刊／李凡丞，罗希成编．——重庆：重庆艺专校，1930．——版权页题名：重庆艺术专门学校国画参考部古画展览会特刊．——分宣言、对于吾蜀国画发展之希望、合画联诗记、略述西蜀古代画家几人之地位、附招生简章等13部分。书中附有几幅画，如清高其佩指画、仕女、山水、人物、梧桐、花卉、明仇十洲十八学士图卷之一部等．——书目来源：重庆图书馆

江津县立中学校廿五六两班同级录／江津县立中学校编．——江津［重庆］：江津县立中学校，［1930］．——书目来源：重庆数字图书馆

1931 年

二十年度整顿合川教育计划书／吴大猷．——［重庆］：合川教育局，1931．——书目来源：重庆图书馆

巴县县政府颁发县督学须知／巴县县政府编．——巴县［重庆］：巴县县政府，1931．——概述县督学的任务、督学应具的态度、督学应备的学识和督学时间的分配。附录小学暂行条例、私立学校条例、县督学暂行条例等．——书目来源：重庆图书馆

重庆法政专门学校两周年纪念册/ 吴宾鸿主编．——重庆：肇明印刷公司，1931．——逐页题名：重庆法政专校两周年纪念册。其他题名：重庆法政专校两周年纪念册．——书目来源：重庆图书馆

涪陵县立乡村师范学校一览/ 涪陵县立乡村师范学校编．——涪陵：[出版者不详]，[1931]．——内有组织大纲附组织系统图、学则课程、细则规程、计划大纲、工作概况等等内容．——书目来源：重庆图书馆

中国西部科学院廿年度报告书/ [中国西部科学院编]．——[北碚]：[中国西部科学院]，[1931]，石印本．——书目来源：首都图书馆

1932 年

涪陵实验小学校、农民教育馆实施报告/ 涪陵实验小学校，农民教育馆编．——涪陵：涪陵实验小学校，农民教育馆，1932．——分涪陵实验小学校和农民教育馆的实施报告两部分。包括该小学的组织大纲、学则、课程、教学训育概况，该教育馆设立旨趣、规程、事业概况等．——书目来源：国家图书馆

／[作者不详]．——[出版项不详]．——其他题名：涪陵县县立乡村师范学校一览。分设立旨趣、信条、标语、组织大纲、学则及课程、校歌、本学期教学概况、教育概况、家庭联络，图表五则．——书目来源：重庆图书馆

教育通论/ 邓胥功著．——上海：世界书局，1932．——书目来源：首都图书馆

／邓胥功著．——上海：世界书局，1932，再版．——书目来源：重庆图书馆、四川省图书馆、广西壮族自治区图书馆

／邓胥功著．——上海：世界书局，1933．——书目来源：国家图书馆、山西省图书馆

／邓胥功．——上海：世界书局，1933，3 版．——书目来源：国家图书馆、重庆图书馆、南京图书馆、吉林省图书馆

四川省会公私立已未立案各级学校调查概况表/ 黄德毅调查．——四川：[出版者不详]，1932．——作者简介：黄德毅，重庆璧山人。曾任四川省剑阁乡村师范学校校长、四川省督学．——书目来源：重庆图书馆

中等学校音乐教科书 6 册 / 刘雪庵编．——[出版地不详]：[出版者不

详］，1932．——作者简介：刘雪庵（1905—1985），笔名有晏如、吴青、苏崖，铜梁人．——书目来源：《四川省志 人物志》第 724 页

1933 年

重庆大学一览／［作者不详］．——重庆：重庆大学，1933．——书目来源：国家图书馆、南京图书馆

川东共立师范学校一览／川东共立师范学校编．——重庆：川东共立师范学校，［1933］．——有校史、各类概况、规程、附属学校及试验场情况．——书目来源：重庆图书馆

涪陵县立乡村师范学校实施报告／［作者不详］．——［出版地不详］：［出版者不详］，1933．——书目来源：重庆图书馆

四川省教育经费川东南收支处收支概况［1933］／［四川省教育经费川东南收支处］编．——重庆：重庆绣璧街复济商店承印，1933．——逐页题名：四川省教育经费川东南收支处二十二年三月份收支概况．——主要有插图（总理遗像，刘湘肖像，甘绩镛等肖像），训词（本处成立刘湘训词，本处成立处长甘绩镛训词），本处最近几年的收支状况表及各项规程，各种单据、政令、公牍会议录。后特载有重庆市市政府函，川东税捐总局函，世界佛学院函，中国西部科学院函．——书目来源：重庆图书馆

四川省立第四师范学校一览／四川省立第四师范学校校长办公室编．——万县：四川省立第四师范学校事务处，1933．——书目来源：重庆图书馆

体育革命／刘慎旂著．——［出版地不详］：拔提书店，1933．——附《读"体育革命后"》《体育革命与体育原理》等 4 篇文章．——作者简介：刘慎旂（1903—1966），四川省武隆县人．——书目来源：重庆图书馆

／刘慎旂著．——［出版地不详］：拔提书店，1934．——书目来源：重庆图书馆

／刘慎旂著．——南京：［出版者不详］，［出版时间不详］．——书目来源：《武隆县志》第 780 页

小学教育考察记／程道南著．——重庆：重庆市立第二小学校，1933．——书目来源：重庆图书馆

中国科学社社员分股名录/（中国科学社）编.——[出版地不详]：中国科学社，1933.1.——收有何鲁（四川重庆大学理学院）、吕子方（重庆大学）、伍应垣（重庆曾家岩工业中学校）、任鸿隽等社员.——书目来源：复旦大学图书馆、浙江工商大学图书馆、嘉兴学院图书馆、吉林省图书馆

中国西部科学院概况/ 中国西部科学院编.——重庆：中国西部科学院，1933，16页.——介绍了该院的缘起，另收有该院组织大要、经费、历年设备等内容.——书目来源：重庆图书馆、南京图书馆

/ 中国西部科学院.——北碚：中国西部科学院，[出版时间不详].——从内容看，此书于1934年后出版.——书目来源：上海图书馆

/ 中国西部科学院.——重庆：中国西部科学院，[出版时间不详]，22页.——介绍了中国西部科学院的缘起、组织（设董事会、总务处、生物研究所、理化研究所、地质研究所、博物馆、图书馆、兼善学校）、经费、历年设备、各部实况等各方面的情况.——书目来源：重庆图书馆

1934年

重庆艺专/ [作者不详].——重庆：[出版者不详]，1934.——重庆艺专创立于民国十六年春。这本艺专校刊书前有何鲁序，识于民国二十三年。介绍了校史，校董提名录，行政组织表，组织大纲，各系科学程表，艺专的过去现在及将来，论著（《谈谈新野兽派》《艺术教育一问题》《从"体育救国"说到体育有"洋""土"之分》）、杂说（小说、诗、小品）、教职员一览表、各系科学生一览。附录有校徽图样、教学员照片、学生的小传和作品成绩.——书目来源：重庆图书馆

四川省教育经费川东南收支处二十二年度七、十一、十二月份收支概况/ [四川省教育经费川东南收支处] 编.——重庆：[出版者不详]，1934.——3册.——书目来源：国家图书馆（存目）

四川省教育经费川东南收支处收支概况 [1934] / 四川省教育经费川东南收支处编.——重庆：四川省教育经费川东南收支处，1934.——记录了四川省教育经费川东南收支处在民国二十三年六月份的收支概况.——书目来源：重庆图书馆

四川乡村建设学院实验简易乡村师范学校概况/［四川乡村建设学院实验简易乡村师范学校］编. ——重庆：［出版者不详］，1934. ——书目来源：重庆图书馆

1935 年

巴县地方建教工作报告书/涂贤辅报告. ——重庆：［出版者不详］，1935. ——包括农林（包括农事试验场、森林和蚕丝三方面）、工商业、在地方建设、教育（拟订巴县教育经费改革工作报告书、巴县地方教育经费管理办法及巴县教育经费保管委员会组织章程、巴县教育经费保管委员会办事细则、巴县教育物产整理委员会组织章程、巴县教育物产整理委员会办事细则）四个报告书。书后附巴县东里、西里、南里各乡镇县立男女初级学校表及巴县政府第三科职员表四张表. ——书目来源：重庆图书馆

重庆大学图书馆中文书籍目录不分卷/重庆大学图书馆编. ——重庆：重庆大学图书馆，1935，石印本. ——书目来源：北京大学图书馆、中国国家图书馆（胶卷）

重庆法政专门学校第四届毕业同学录/［作者不详］. ——［出版地不详］：［出版者不详］，1935. ——书目来源：重庆市档案馆

江津、璧山、合川县地方建教工作报告书/徐良仲，何戢黎，罗宗文报告. ——重庆：［出版者不详］，1935. ——主要记录了合川、璧山、江津三县的农业、森林、道路、工业、商业、矿业、电话等方面过去和现在的情况。合川县的报告后附有矿商姓名、矿区所在地、矿物、亩数、委员呈报日期，合川县地方教育现况报告书。璧山县的报告附有璧山县地方教育工作报告书。江津县的报告附有江津县义务教育实验区规程. ——书目来源：重庆图书馆

/徐良仲，何戢黎，罗宗文报告. ——重庆：［出版者不详］，1936. ——书目来源：重庆图书馆

四川省教育经费川东南收支处收支概况［1935］/［四川省教育经费川东南收支处］编制：——重庆：重庆商业场西大街鸿中铅石印纸庄代印，1935. ——逐页题名：四川省教育经费川东南收支处二十四年一月份收支概况. ——书目来源：重庆图书馆

四川省立重庆大学一览/ 重庆大学秘书处. ——重庆：重庆大学出版股，1935.5. ——本书是重庆大学秘书处于民国二十四年五月编写出版的重庆大学二十三年度一览，主要介绍了学校的校徽、校历、摄影（校地略图、校景、教职员）、校史、章则、各院学程内容（文学院、理学院、农学院）、图书馆概况、体育概况、各项统计、经费、名录（职员一览、教员一览、学生一览）。附录各种委员会会员提名. ——书目来源：重庆图书馆、上海图书馆

/ 重庆大学秘书处编. ——重庆：重庆大学出版股，1935. ——书目来源：重庆图书馆

四川省立第二女子师范学校一览/ 四川省立第二女子师范学校编. ——重庆：四川省立第二女子师范学校，1935. ——书目来源：重庆图书馆

四川乡村建设学院一览 / 四川乡村建设学院编. ——重庆：四川乡村建设学院，1935. ——有该院沿革、环境、组织大纲、教务概况、研究实验事业概况、经费概况、现任教职员一览表、毕业生一览表等. ——书目来源：重庆图书馆

万县教育一览/ 万县政府教育科编. ——重庆：万县政府教育科，1933. ——通过大量的图表讲述了当前万县教育的行政机构以及其的工作计划、公私立学校组织、教育情况及其学生状况、各种条例等共三十七部分。书前有二序，书后特载胡适文章《请大家来照照镜子》. ——书目来源：重庆图书馆

一年来的北碚民众教育 /舒杰，葛向荣著. ——北碚[重庆]：[出版者不详]，1935. ——书目来源：重庆图书馆

永川县地方建教工作报告书/ 唐耕禄报告. ——重庆：[出版者不详]，1935. ——在县地方建设工作报告书中，有关于农业、森林、水利、道路、矿业、工业、电话、其他等五方面建设工作报告，书中附永川县修塘堰实施办法、永川县人民服工役施行细则、全县乡村电话整理计划大纲草案、整理县城市街马路计划大纲、永川县教育办公处管理学田暂行办法，永川县各小学儿童活动团体组织纲要、永川县义务教育委员会暂行章程、永川县义务教育委员会办事细则. ——书目来源：重庆图书馆

1936 年

临江小学一览/ 重庆私立临江小学编. ——重庆：重庆私立临江小学，

1936. ——书目来源：重庆图书馆

四川省立重庆高级工业职业学校一览 / 四川省立重庆高级工业职业学校编. ——重庆：四川省立重庆高级工业职业学校，1936. ——介绍了学校历史、组织系统、各项规章制度（《组织大纲》《学则》《校务会议简章》等）、校设各处（教务处、训育处、事务处）概况及所开办专业机械、土木、应化三科概况，并刊载本校二十四年度整理计划、本校二十五年度进行计划及名录（历任校长一览表、历任教职员一览表、现任教职员一览表、历年毕业学生一览表和二十五年六月在校学生一览表），书中还有校徽、本校平面图、本校拟建学生宿舍图、校景、校长和教职员相片等图片. ——书目来源：重庆图书馆

学生运动之改造/ 周开庆著. ——南京：中心评论社，1936. ——书目来源：重庆图书馆、国家图书馆

中国博物馆一览 / 中国博物馆协会编辑. ——[出版地不详]：中国博物馆协会，1936. ——介绍中国西部科学院附设的公共博物馆、重庆民众博物馆、合川县科学馆博物部等. ——书目来源：西安交通大学图书馆、台湾大学图书馆、嘉兴学院图书馆、陕西师范大学图书馆、天津图书馆

1937 年

重庆市市立第一小学半年来之经过/ 重庆市市立第一小学编. ——重庆：重庆市市立第一小学，1937. ——介绍半年的教育目标、训练原则、训练方法等. ——书目来源：重庆图书馆

/ 重庆市市立第一小学编. ——[出版地不详]：[出版者不详]，1937.7. ——书目来源：北碚区图书馆

川东联立师范学校典夔图书馆概况 / 川东联立师范学校典夔图书馆总务股编. ——重庆：川东联立师范学校典夔图书馆总务股，1937. ——书目来源：北碚区图书馆、南京图书馆、山西省图书馆

四川巴县县立初级中学卅周年纪念册/ 四川巴县县立初级中学编. ——巴县：四川巴县县立初级中学，1937. ——书目来源：重庆图书馆、四川大学图书馆

四川省立重庆大学一览/ 四川省立重庆大学编. ——重庆：四川省立重庆

大学，1937.——有校徽、校图、校歌、校历、校史、组织及章则学则、课程、教职员和毕业生及在校生履历等.——书目来源：重庆图书馆

四川省立重庆高级商业学概况纪要/［作者不详］.——［出版地不详］：［出版者不详］，1937.12.——书目来源：重庆市档案馆

四川省立教育学院农事试验场售品目录/［作者不详］.——重庆：四川省立教育学院农事试验场，1937.——四川省立教育学院，院址现重庆市沙坪坝区第二十八中校内.——书目来源：国家图书馆

四川省立万县师范学校同学录/万县师范学校编.——万县：万县师范学校，1937.——本书有：本校教职录、本校附属小学职教员录、学生名录.——书目来源：重庆图书馆

太极操、板凳操、八段锦全编/刘慎旂.——［出版地不详］：［出版者不详］，1937.——书目来源：《武隆县志》第780页

1938 年

巴县西永乡小学校高五班毕业纪念册/［作者不详］.——［出版地不详］：［出版者不详］，1938.——书目来源：北碚区图书馆

巴县县立中学三十周年纪念册/巴县县立中学编.——巴县［重庆］：巴县县立中学，［1938］.——有卅周年纪念册序幕、巴县县立初级中学校史、巴县县立初级中学组织大纲、本校历任校长一览表、巴县县立初级中学校中华民国二十五年度第二学期教职员一览表、本校历期学生一览表等内容.——书目来源：重庆图书馆

重庆市文化教育/［作者不详］.——［出版地不详］：［出版者不详］，1938.8.——书目来源：重庆市档案馆

重庆市学生健康比赛报告/陈柏清编.——重庆：中央社会部铅印，1938.12.——书目来源：北碚区图书馆、国家图书馆、南京图书馆

大学毕业论文的作法/言心哲著.——长沙：商务印书馆，1938.——书前冠：著者序；书末附：论文之注脚样式，等.——书目来源：国家图书馆、南京图书馆、四川省图书馆

／言心哲著.——重庆：商务印书馆，1944.——书目来源：重庆图书馆、

四川省图书馆

／言心哲著．——［出版地不详］：商务印书馆，1947．——书目来源：重庆数字图书馆

／言心哲著．——长沙：商务印书馆，1947，3版．——书目来源：重庆图书馆、四川省图书馆

丰都万县视察记／高显鉴著．——［成都］：四川禁烟总局编纂组，1938．——作者简介：高显鉴，曾任四川省立教育学院院长．——书目来源：重庆图书馆

复旦大学校友节北碚立校纪念特刊／谢六逸主编．——上海：复旦大学出版社，1938．——封面题：新闻系主编。内收《校友节告教职员及同学》（李登辉）、《本校内迁简述》（钱永铭）、《移川后本校之展望》（吴南轩）、《今年的校友节》（沈子善）、《北碚立校以后》（伍蠡甫）等11篇文章。并有该校学术动态介绍．——书目来源：国家图书馆

国立中央工业职业学校教育纲要：中华民国二十七年六月／［作者不详］．——［重庆］：［出版者不详］，1938．——书目来源：重庆图书馆、国家图书馆

国立中央工业职业学校组织大纲、办事总细则、各项规则、各项简则／国立中央工业职业学校编．——万县（重庆）：华盛印务公司，1938．——书目来源：重庆图书馆

国立中央工业职业学校组织大纲、办事总细则、各项规则、各项简则、附机械工厂各项规则：中华民国二十七年六月／［作者不详］．——［出版地不详］：［出版者不详］，[1938]．——书目来源：国家图书馆

学生暑期农村服务手册／新生活运动促进总会编．——［出版地不详］：新生活运动促进总会，1938．——书目来源：重庆图书馆、国家图书馆、南京图书馆

永川县教育概况／［作者不详］．——重庆永川：［出版者不详］，1938．——有各学校抗战课业之实施、教职员之训练、童军训练及军训之实施、民众义教之推进等内容．——书目来源：重庆图书馆

／［作者不详］．——［出版地不详］：［出版者不详］，1938．9．——书目来

源：南京图书馆

永川县教育概况/ 沈鹏编述．——重庆永川：永川县政府，1938．——书目来源：国家图书馆

永川县塾师训练班讲义/ 永川县政府编．——重庆永川：永川县政府，1938．——永川县政府在民国二十七年九月编写，有教育法规、抗战建国教育的研究、战时公民训练大纲、短小学级编制与教学法、民校学级编制与教学法、招生留生问题研究、兵役法令课程纲要等内容．——书目来源：重庆图书馆

云阳县立中学校同学录/ 云阳县立中学校编．——云阳：云阳县立中学校，[1938]．——有云阳县立中学校略历、同学录筹备会职员表、本校教职员一览表、二十八班至三十三班同学一览表等内容．——书目来源：重庆图书馆

战时中小学科学教育之改进/ 朱智贤著．——重庆：中山文化教育馆，1938．——分七部分论述中国科学教育的回顾和展望，中小学科学教育的缺陷和今后目标的厘定等．——书目来源：重庆图书馆

中央政治学校廿七年度新生入学训练集/ [作者不详]．——[出版地不详]：[出版者不详]，1938．——书目来源：国家图书馆

1939 年

璧山县立民众教育馆二十六年度工作报告书/ 何戡黎纂述．——璧山县：璧山县立民众教育馆，1939．——主要介绍了民众教育馆的沿革及组织，以及教导组、生计组、阅览组开展工作的情况．——书目来源：重庆图书馆

长寿旅渝学会暑期宣传队工作报告/ 李咸熙等编．——[出版地不详]：[出版者不详]，1939．——书目来源：北碚区图书馆

重庆市战时民众补习教育推行委员会民众学校专任教员手册/ 重庆市战时民众补习教育推行委员会．——重庆：重庆市战时民众补习教育推行委员会，1939.2．——书目来源：重庆图书馆、南京图书馆、国家图书馆

/ 重庆市战时民众补习教育推行委员会．——重庆：重庆市战时民众补习教育推行委员会，1939.7，再版修订版．——书目来源：重庆图书馆

第三次全国教育会议报告 / 教育部编．——重庆：教育部，1939．——书目来源：《抗战以来图书选目》

国际通讯的机构及其作用／任白涛著．——长沙：商务印书馆，1939．——作者简介：任白涛（1890—1952），幼名洪涛，笔名冷公、一碧。河南南阳人。1939—1941 年在重庆生活．——书目来源：重庆图书馆、国家图书馆、上海图书馆、南京图书馆、四川省图书馆

国立戏剧学校一览／国立戏剧学校编．——［重庆］：国立戏剧学校，1939．——该校迁至重庆后编。内容有校史、章则、人名录、剧目表等．——国立戏剧学校 1938 年春至 1939 年 3 月，1945 年暑假至 1946 年秋在重庆北碚．——书目来源：重庆数字图书馆、吉林省图书馆

抗战与文化／罗家伦著．——重庆：独立出版社，1939．——书目来源：重庆图书馆、国家图书馆、四川省图书馆、贵州省图书馆

昆明通讯／教育部第三巡回戏剧教育队编著．——［出版地不详］：［教育部第三巡回戏剧教育队］，［1939］．——1938 年 11 月 28 日，教育部第三巡回戏剧教育队在重庆成立．——书目来源：重庆图书馆

民主政治与教育／陶行知．——［出版地不详］：［出版者不详］，1939.7.31．——在北泉为育才师生作报告．——作者简介：陶行知（1891—1946），原名文浚，后改知行，又改行知，安徽省歙县西乡黄谭源村人。1938—1946 年生活在重庆．——书目来源：《北碚地方志》第 562 页

三民主义教育／陶行知．——［出版地不详］：［出版者不详］，1939.7.31．——在北泉为育才师生作报告．——书目来源：《北碚地方志》第 562 页

四川社教概况：廿五年至廿七年／四川省政府教育厅编．——四川：四川省政府教育厅，1939．——分行政组织、社教经费、民众教育、电化教育、戏剧教育、义教社教合一之实施、各级学校兼办社会教育等八部分．——书目来源：重庆图书馆、国家图书馆（缩微）

学制改革论／江恒源．——重庆：正中书局，1939．——作者简介：江恒源（1885—1961），字问渔，号蕴愚，别号补斋，江苏省灌云县板浦镇人。抗日战争时，当选为国民参政会参政员。江恒源在重庆期间，同黄炎培等一起结识了周恩来、董必武等。1941 年参加中国民主同盟，1944 年 9 月任民盟中央执行委员．——书目来源：《抗战以来图书选目》、广东省立中山图书馆、吉林省图

书馆

一年来教育部重要工作概况 / 教育部编 . —— [出版地不详]：教育部，1939. ——书目来源：南京图书馆、吉林省图书馆、重庆图书馆、国家图书馆

战时教育方针 / 陈立夫 . —— [重庆]：中央训练团党政训练班，1939. ——书目来源：重庆图书馆

战时教育救济 / 顾毓琇讲 . —— [出版地不详]：中央训练团训练班，1939. ——书目来源：《抗战以来图书选目》

/ 顾毓琇讲 . —— [出版地不详]：中央训练团训练班，1940. ——书目来源：辽宁省图书馆、重庆图书馆

战时文化论 / 叶溯中，江鸿执笔 . ——重庆：独立出版社，1939. ——书前冠：战时综合丛书第三辑例言 . ——书目来源：国家图书馆

/ 叶溯中，江鸿执笔 . ——重庆：独立出版社，1939.1. ——汇辑抗战以来各报刊上所载有关战时文化的社论、文章等。内分民族生存与民族文化、战时文化动向、抗战中之文化建设等11章 . ——书目来源：重庆图书馆、上海图书馆

/ 叶溯中，江鸿执笔 . ——重庆：独立出版社，1939.9，5版 . ——书目来源：重庆图书馆、南京图书馆

中国国民党中央政治学校教职员一览 / 中国国民党中央政治学校编 . —— [重庆]：中国国民党中央政治学校，1939. ——书目来源：重庆图书馆、国家图书馆

/ 中国国民党中央政治学校编 . —— [重庆]：中国国民党中央政治学校，1941. ——书目来源：重庆图书馆、国家图书馆

中国教育全书纂例初稿 / 杨家骆著 . —— [出版地不详]：世界书局，1939. ——书目来源：国家图书馆

中国文化复兴论：中国文化之过去，现在与将来 / 胡秋原著 . ——重庆：建国印书馆，1939. ——写于1938年底 . ——书目来源：南京图书馆、贵州省图书馆

/ 胡秋原著 . ——重庆：建国印书馆，[1911？—1949？] . ——书目来源：

重庆图书馆、贵州省图书馆

／胡秋原著. ——正中书局，［1911？—1949？］. ——书目来源：北碚区图书馆

中央政治学校大学部第八期同学毕业纪念刊／中央政治学校大学部编. ——［重庆］：中央政治学校大学部，［1939］. ——书目来源：国家图书馆

1940 年

大学科目表／教育部编. ——重庆：正中书局，1940. ——书目来源：《抗战以来图书选目》

导师制问题／教育通讯社编. ——重庆：教育通讯社，1940. ——书目来源：《抗战以来图书选目》

国立编译馆工作概况／国立编译馆编. ——［出版地不详］：国立编译馆，1940. ——书目来源：南京图书馆、国家图书馆、上海图书馆采编中心

国立江苏医学院概览／北碚国立江苏医学院编. ——重庆：［出版者不详］，1940. ——国立江苏医学院，1939—1946年在重庆北碚. ——书目来源：北碚区图书馆

／国立江苏医学院出版组编. ——［出版地不详］：国立江苏医学院出版组，1940. ——书目来源：吉林省图书馆

精神训练参考资料选辑／章柳泉等编选. ——成都：四川省政府，1940. ——有三民主义之体系与其实行程序、训育之目标与方法、四川省国民教育实施计划及实际问题、四川省地方教育的改进等内容. ——作者简介：章柳泉（1900—1986），安徽泾县人，抗战期间曾任社会部北碚儿童福利实验区主任. ——书目来源：重庆图书馆

军事新闻概论／程仲清编撰. ——重庆：中央政治学校，1940. ——作者简介：1939年，陈果夫任军事委员会委员长侍从室第三处处长，程任处长秘书。1942年11月投降汪伪. ——书目来源：《报史摘录：中国新闻事业编年纪事（1938年至1949年）》（敬言. 集报网）

／程仲清编撰. ——［出版地不详］：文化供应社，1943. ——书目来源：《桂林文史资料　第44辑》

南开大学经济研究所一览/南开大学经济研究所编.——重庆：南开大学经济研究所，1940.——南开大学经济研究所机构1939—1947年在沙坪坝，此书是在此的研究成果.——书目来源：重庆图书馆

/南开大学经济研究所编.——重庆：南开大学经济研究所，1941.——书目来源：西南大学图书馆、重庆图书馆

上海、天津両租界に於ける重慶政府及び列国の文化活動/（日）兴亚院政务部.——［东京］：兴亚院政务部，1940.1.——シリーズ名 兴亚资料.政治编；第6号.——书目来源：日本国立国会图书馆

社会教育之改进/陈礼江讲.——［出版地不详］：中央训练团党政干部训练班，1940.——作者简介：陈礼江（1896—1984），号逸民，江西九江人，1940—1945年在重庆生活.——书目来源：重庆图书馆

四川省教育厅廿九年度施政计划/四川省政府教育厅编.——四川：四川省政府教育厅，1940.——分施政纲要、计划总纲、实施要项三部分.——书目来源：重庆图书馆

四川省立重庆大学二十八年度下学期理工商暨体统专科课程及授课时间一览/［作者不详］.——重庆：四川省立重庆大学，1940.——书目来源：国家图书馆

四川省立重庆大学各院系科课程一览/注册组编制.——重庆：四川省立重庆大学，1940.——书目来源：国家图书馆

四川省实施国民教育办法要览/四川省政府教育厅编.——成都：四川省政府教育厅，1940.——收该省实施国民教育的计划、实施办法、纲要等6种.——书目来源：重庆图书馆、南京图书馆

/四川省政府教育厅编.——［出版地不详］：四川省政府教育厅，1940.5.——复旦大学图书馆、成都师范学院图书馆、嘉兴学院图书馆、西南大学图书馆

/四川省政府教育厅编.——成都：四川省政府教育厅，1940.9.——书目来源：上海图书馆

/四川省政府教育厅编.——成都：四川省政府教育厅，1943.——书目来

源：南京图书馆

四川省实施国民教育办法要览：第二辑／四川省政府教育厅编．——成都：四川省政府教育厅，1940．——收该省实施国民教育的计划、实施办法、纲要等18种．——书目来源：重庆图书馆、国家图书馆（缩微）、南京图书馆

四川省体育设施／四川省政府教育厅编．——成都：四川省政府教育厅，1940．——四川省教育厅教育丛刊 第11辑 体字第1号。介绍四川省体育实施纲领、行政概况、学校体育社会体育情况。附重要体育法令8种．——书目来源：重庆图书馆、南京图书馆

团长最近对于教育之指示／中央训练团．——重庆：中央训练团，1940．——书目来源：湖南图书馆、重庆图书馆、国家图书馆

小学实际问题／教育通讯社编．——重庆：教育通讯社，1940．——书目来源：《抗战以来图书选目》

新县制下的国民教育／姜书阁撰．——重庆：中国政治建设学会，1940．——作者简介：姜书阁（1907—?），字文渊，笔名文渊。辽宁省凤城县人，满族。"七七"事变日军占领北平后，乃携妻女辗转南下至重庆。抗战时期在重庆政府任职．——书目来源：《抗战以来图书选目》

学习的理论与实践／寒松编．——[出版地不详]：生活书店，1940.7．——书目来源：重庆数字图书馆、复旦大学图书馆、苏州图书馆

战时教育／陈立夫．——[重庆]：中央训练团党政训练班，1940．——书目来源：重庆图书馆

战时（抗事）新闻记者的基本训练／刘光炎．——重庆：独立出版社，1940．——1940年4月19日于化龙桥（重庆）自序．——书目来源：《抗战以来图书选目》、重庆图书馆、国家图书馆、上海图书馆、南京图书馆

中大之门／中央大学三民主义青年团中央直属第四分团编．——重庆：中央大学三民主义青年团中央直属第四分团，1940．——收《北温泉露营琐记》等文章10篇．——书目来源：重庆图书馆

中国电影事业的新路线／陈立夫．——[出版地不详]：中国教育电影协会，1940．——书目来源：重庆图书馆

中国国民党中央政治学校大事记/［中国国民党中央政治学校编］.——［重庆］：［中国国民党中央政治学校］，1940.——书目来源：重庆图书馆

/中国国民党中央政治学校编.——［重庆］：中国国民党中央政治学校，1941.——书目来源：南京图书馆、国家图书馆

/中国国民党中央政治学校编.——［重庆］：中国国民党中央政治学校，1942.——书目来源：重庆图书馆、国家图书馆

中国战时教育/顾岳中.——重庆：正中书局，1940.——作者简介：顾岳中（1906—1989），江苏盐城人.——书目来源：吉林省图书馆、江西省图书馆、湖南图书馆、重庆图书馆、国家图书馆、南京图书馆

中心学校、国民学校精神训练参考资料选辑/章柳泉等编选.——成都：四川省政府，1940.——为总裁、教育部长、教育厅长、民政部长训示之选辑.——书目来源：重庆图书馆、南京图书馆

中央工校/［作者不详］.——［重庆］：［出版者不详］，［1940］.——书目来源：国家图书馆

1941 年

重慶政權下教育施設の概況：未定稿/日本総領事館（在上海）.——［上海］：上海日本總領事館特別調查班，1941.——书目来源：日本国立国会图书馆

读书指导 2 册 / 陈之迈等撰.——重庆：文化服务社，1941.——书目来源：《抗战以来图书选目》

/陈之迈等撰.——重庆：中国文化服务社，1946.4.——本书有刘百闵1943年2月于重庆作的序.——书目来源：西南大学图书馆、复旦大学图书馆、苏州大学图书馆、武汉大学图书馆、广西师范大学图书馆

国立中央大学实验学校甸华级毕业纪念刊 / 国立中央大学编.——［重庆］：国立中央大学，1941.——书目来源：国家图书馆

国立中央大学要览 / 国立中央大学编.——［重庆］：国立中央大学，1941.——书目来源：国家图书馆

国立中央工业专科职业学校一览 / 国立中央工业专科职业学校出版委员会

编.——［重庆］：国立中央工业专科职业学校出版委员会，1941.——书目来源：重庆图书馆、广东省立中山图书馆、吉林省图书馆

／国立中央工业专科职业学校出版委员会编.——［重庆］：国立中央工业专科职业学校出版委员会，1942.1.——书目来源：北碚区图书馆

国立中央研究院工作报告／国立中央研究院编.——重庆：国立中央研究院，1941，油印本.——中华民国三十年十月.——书目来源：国家图书馆

／国立中央研究院编.——［重庆］：国立中央研究院，1943，油印本.——书目来源：国家图书馆

／国立中央研究院编.——［出版地不详］：国立中央研究院，1944，油印本.——中华民国三十三年五月.——书目来源：国家图书馆

／国立中央研究院编.——［出版地不详］：国立中央研究院，1944，油印本.——书目来源：国家图书馆

／国立中央研究院编.——［出版地不详］：国立中央研究院，1945，油印本.——中华民国三十四年五月.——书目来源：国家图书馆

国民教育法规汇编／教育部国民教育司编.——重庆：正中书局，1941.——书目来源：云南师范大学图书馆、嘉兴学院图书馆、西南大学图书馆

国民教育通论／杨汝熊.——金华：正中书局，1941.——书目来源：重庆图书馆

／杨汝熊.——重庆：正中书局，1941.2.——序言：杨汝熊三十年二月七日于青木关教育部。作者自从1939年9月《县各级组织纲要》公布以后，即着手蒐集材料，1940年开始编著本书.——书目来源：西南大学图书馆、中国社会科学院图书馆、西北师范大学图书馆、吉林省图书馆、苏州大学图书馆、广西师范大学图书馆、重庆图书馆、国家图书馆

／杨汝熊.——重庆：正中书局，1942.——书目来源：《抗战以来图书选目》

／杨汝熊.——重庆：正中书局，1943，3版.——书目来源：重庆图书馆

国民教育巡回辅导／章柳泉.——成都：四川省政府教育厅印行，1941.6.——附四川省各县（市）组织国民教育巡回辅导团注意事项、四川省立

实验小学省立师范附属小学指导各县国民教育巡回辅导团实习要项等 . ——书目来源：南京图书馆

嘉陵江社社刊 ／国立第二中学编 . ——重庆：国立第二中学，1941. ——书目来源：国家图书馆

江津县国民教师须知 ／［作者不详］. ——江津县：［出版者不详］，1941. ——书目来源：重庆图书馆

蒋委员长对各国驻渝记者谈话（汉藏文体） ／蒙藏委员会编译室编译 . ——重庆：蒙藏委员会编译室发行，1941.12. ——书目来源：北碚区图书馆

教育部视导人员手册（第一册） ／教育部编 . ——重庆：教育部，1941. ——书目来源：《抗战以来图书选目》

抗战四年来的文化运动 ／张道藩，陈立夫等著 . ——［重庆］：国民党中央宣传部文化运动委员会，1941. ——2册 . ——书目来源：南京图书馆、国家图书馆

科学化运动 ／［中央宣传部文化运动委员会］编 . ——［重庆］：［中央宣传部文化运动委员会］，1941. ——书目来源：南京图书馆、吉林省图书馆、重庆图书馆、广西壮族自治区图书馆、国家图书馆

三年来之建教合作 ／中央建教合作委员会编 . ——重庆：中央建教合作委员会，1941. ——书目来源：南京图书馆、吉林省图书馆、国家图书馆

四川省各县市国民教育实施概况：民国二十九年八月至三十年七月 ／四川省教育厅编 . ——成都：四川省教育厅，1941. ——包括四川139个县市国民教育实施概况 . ——书目来源：重庆图书馆

四川省国民教育实施概况：民国二十九年八月至三十年三月 ／四川省政府教育厅第三科编 . ——［出版地不详］：中华书局，1941. ——分学校实施、师资训练、经费筹支、行政辅导、困难问题等五部分，附统计图表 . ——书目来源：重庆图书馆、国家图书馆（缩微）

四川省国民教育实施概况：民国二十九年八月至三十年七月 ／四川省政府教育厅第三科编 . ——［出版地不详］：中华书局，1941. ——书目来源：重庆图书馆

四川省实施国民教育办法要览：第三辑 / 四川省政府教育厅编. ——成都：四川省政府教育厅，1941. ——收该省实施国民教育的计划、实施办法、纲要等18种. ——书目来源：重庆图书馆、南京图书馆

四川省新教育视导制之实际 / 章柳泉编. ——成都：四川省政府教育厅，1941. ——概述四川新教育视导制实施的经过、检讨及状况. ——书目来源：重庆图书馆、南京图书馆

四川省中等学校第一届至第十一届会考统计 / 四川省政府教育厅、四川省立教育科学馆主编. ——四川：四川省政府教育厅，1941. ——民国三十年四川省教育厅教育丛刊　第四十四辑　统字第3号. ——书目来源：重庆图书馆、国家图书馆（缩微）

图书馆 / 蒋复璁. ——［出版地不详］：正中书局，1941. ——书目来源：重庆图书馆、北碚区图书馆、西南大学图书馆

图书室管理法 / 蒋复璁著. ——重庆：正中书局，1941. ——作者简介：蒋复璁（1898—1990），1938年初即投入护送善本图书西迁工作。1940年在重庆创办中央图书馆，为首任馆长. ——书目来源：辽宁省图书馆、天津图书馆 / 蒋复璁著. ——重庆：正中书局，1943，3版. ——书目来源：重庆图书馆、国家图书馆、西南政法大学图书馆

小学教育大纲 / 吴研因，冰心同编. ——重庆：中央训练委员会，1941. ——作者简介：吴研因（1886—1975），原名辇赢，江阴要塞贯庄人. ——书目来源：《抗战以来图书选目》、西南大学图书馆

学校军训问题 / 王东原讲. ——［重庆］：中央训练团印刷所，1941，再版. ——书目来源：重庆图书馆

中等教育制度与设施 / 教育部中等教育司编. ——重庆：教育部中等教育司，1941. ——书目来源：重庆图书馆、国家图书馆、南京图书馆

中国国民党教育政策 / 朱子爽编. ——重庆：国民图书出版社，1941. ——内容包括各种战时教育政策. ——书目来源：西南大学图书馆、天津图书馆、复旦图书馆、云南师范大学图书馆、吉林省图书馆

中国教育改革问题 / 陈果夫撰. ——重庆：撰者自刊，1941. ——编者序：

1941年5月中央政治学校十四周年纪念. ——书目来源：吉林省图书馆、复旦大学图书馆、重庆图书馆、国家图书馆、南京图书馆

中央大学之回顾与前瞻/ 罗家伦. ——重庆：中央大学，1941. ——作者简介：罗家伦（1897—1969），浙江绍兴人，字志希，笔名毅。1932年8月，就任中央大学校长。中央大学1937年抗战时期迁重庆. ——书目来源：重庆图书馆、吉林省图书馆、复旦大学图书馆、上海社会科学院图书馆

中央政治学校高等科第二期同学录/ 中央政治学校编. ——［重庆］：中央政治学校，1941. ——书目来源：重庆图书馆

朱董事长告湟川、河西、黔江三中学学生书/ 朱家骅著. ——［出版地不详］：［出版者不详］，1941.1. ——该三校为管理中英庚款董事会所办，地处西北。著者当时任教育部长兼任该会董事长，在重庆写信给三校，指出应有新的打算和努力. ——书目来源：广东省立中山图书馆

专科以上学校行政人员手册/ 教育部编. ——重庆：青年书店，1941. ——书目来源：重庆图书馆、国家图书馆、南京图书馆、吉林省图书馆、广东省立中山图书馆

1942年

北碚民众图书馆馆一周工作预定/［北碚图书馆辑录］. ——［出版地不详］：［出版者不详］，1942.11—1943.3，手抄本. ——书目来源：北碚区图书馆

国立复旦大学概况 附：茶业研究室 / 北碚国立复旦大学编. ——［北碚］：［国立复旦大学］，1942. ——书目来源：北碚区图书馆

国立中央大学报告/［作者不详］. ——［出版地不详］：［出版者不详］，［1942］，油印本. ——书目来源：国家图书馆

国立中央大学教员名录 /［国立中央大学］编. ——［出版地不详］：国立中央大学，1942，油印本. ——书目来源：国家图书馆

国立中央大学一览 / 国立中央大学编. ——［重庆］：国立中央大学，［1942］. ——书目来源：国家图书馆、首都图书馆

国立中央工业专科职业学校三十年度第二学期教职员录/［国立中央工业专科职业学校校长室］编. ——［重庆］：［国立中央工业专科职业学校文书

组]，1942，油印本.——国立中央工业专科职业学校，1937年成立国立中央工业职业学校，1940年更名为中央工业专科学校，1950年更名为西南工业专科学校，1952年院系调整时撤销，并入重庆大学、重庆土木建筑工程学院、成都工学院和北京理工大学，现重庆土木建筑工程学院、成都工学院分别并入重庆大学、四川大学.——书目来源：国家图书馆、重庆图书馆

国立中央工业专科职业学校三十一年度第一学期教职员录／[国立中央工业专科职业学校]编.——[重庆]：[国立中央工业专科职业学校]，1942，油印本.——书目来源：国家图书馆

国民教育／沈子善，冰心.——重庆：独立出版社，1942.——序言：沈子善序于北碚.——作者简介：沈子善（1899—1969），又名六峰，祖籍江苏六合，世居南京。1937年，沈子善到了重庆。在于右任、陈立夫、沈子善、沈尹默等倡导下于1943年4月2日，在重庆国立中央图书馆，召开了中国书学研究会的成立大会，并奉教育部之令，会址设在重庆北碚区.——书目来源：苏州图书馆、吉林省图书馆、重庆图书馆、国家图书馆

／沈子善，冰心.——重庆：独立出版社，1944，再版.——书目来源：重庆图书馆、国家图书馆、南京图书馆

合志同芳　一册不分卷／[作者不详].——[出版地不详]：[出版者不详]，1942.——讲述川东师范学校的历史沿革，有甘前校长题字、聂校长题字、发刊词、文献、专著、校友动态、母校近况、劫后的母校、会务报告、各地通讯、省立川东师范学校校外同学调查表等十二部分的内容。该学校校址原在重庆沙磁区，后迁至江津白沙东海沱.——书目来源：重庆图书馆

沪江大学重庆同学录　三十一年十月／[沪江大学重庆同学会]编.——[上海]：沪江大学重庆同学会，1942.——书目来源：国家图书馆

建国教科书初级中学公民／叶溯中，朱元懋编著.——重庆：正中书局，1942，248版.——第2册.——书目来源：重庆图书馆

／叶溯中等编著.——重庆：正中书局，1942，176版.——第3册.——书目来源：重庆图书馆

／叶溯中等编著.——重庆：正中书局，1943，190版.——第3册.——书

目来源：重庆图书馆

交大概况：四十七周年校庆纪念刊／交通大学编．——［重庆］：交通大学，1942．——书目来源：吉林省图书馆、国家图书馆

教育部学术审议委员会工作概况／教育部编．——［重庆］：教育部，1942．——书目来源：南京图书馆、吉林省图书馆、重庆图书馆、国家图书馆

教育改造的新途径／张安国．——重庆：正中书局，1942．——1941年8月10日张安国序于四川北碚寓所．——书目来源：吉林省图书馆、重庆图书馆、国家图书馆、南京图书馆

／张安国．——金华：正中书局，1942．——书目来源：重庆图书馆

劳作教育思想之系统的研究／张安国编著．——重庆：正中书局，1942．——书目来源：吉林省图书馆、湖南图书馆、江西省图书馆、重庆图书馆、国家图书馆

／张安国编著．——金华：正中书局，1942．——书目来源：重庆图书馆

青木关实验民众教育馆一年来实验事业记／刘季友等编．——［北碚］：青木关实验民众教育馆，1942．——书目来源：重庆图书馆

全国专科以上学校要览．上册／教育部编．——［出版地不详］：正中书局，1942．——书目来源：西南政法大学图书馆

师范教育讨论集／教育部中等教育司编．——［重庆］：教育部中等教育司，1942．——书目来源：国家图书馆

师范学校及乡村师范学校小学教材及（上、下册）教学法／李清悚编．——重庆：正中书局，1942．——书目来源：重庆图书馆

／李清悚编．——南京：正中书局，1945．——书目来源：重庆图书馆

师范学校教科教育行政／章柳泉等编著．——成都：兼声编译社，1942．——书目来源：重庆图书馆

私立志诚技工训练班报告书／私立志诚技工训练班编．——重庆：私立志诚技工训练班，［1942］．——书目来源：重庆图书馆、国家图书馆

四川省各县市国民教育调查及统计／薛鸿志著．——［出版地不详］：商务印书馆，1942.5，初版．——书目来源：重庆图书馆、国家图书馆、南京图

书馆、四川省图书馆

/薛鸿志著.——[重庆]：商务印书馆，1944.2，再版.——书目来源：国家图书馆

四川省民众教育馆一览/四川省政府教育厅编.——成都：四川省政府教育厅，1942.——将四川省各地成立的民众教育馆，分市立、县立、私立，依建馆时间先后编列成表。起于民国十三年，截至三十一年年底.——书目来源：重庆图书馆

四川省实施国民教育办法要览：第四辑/四川省政府教育厅编.——成都：四川省政府教育厅，1942.——收该省实施国民教育的计划、办法、规程、大纲等18种.——书目来源：重庆数字图书馆

幼稚教育大纲/洪宝林，吴研因等编.——重庆：中央训练委员会，1942.——书目来源：《抗战以来图书选目》

战时文化建设概论/杨玉清著.——重庆：文信书局，1942.——著者1942年3月序于重庆南泉花溪东路寄庐.——书目来源：重庆图书馆、南京图书馆、国家图书馆

中国国民党中央政治学校三十一年度毕业生听训、分发实录/毕业生指导部编.——[重庆]：毕业生指导部，1942.——书目来源：重庆图书馆

中国教育学会对于今后三年教育建设之建议——重庆中国教育学术团体第二届联合年会提案/[作者不详].——[出版地不详]：[出版者不详]，1942.2，铅印.——书目来源：北碚区图书馆

中国社会教育概述/吴学信.——[出版地不详]：国民图书出版社，1942.——中华民国三十一年二月十九日吴学信志于国立社会教育学院.——书目来源：重庆图书馆、北碚区图书馆、西南大学图书馆

中央政治学校概况/中央政治学校编.——[重庆]：中央政治学校，1942.——书目来源：重庆图书馆

中央政治学校人事行政人员训练班四期工作总报告/中央政治学校人事行政人员训练班编.——重庆：党政军人事管理人员第二训练班，[1942].——书目来源：国家图书馆（存目）

中央政治学校同学会会员录/ 中央政治学校同学会编 . ——［重庆］：中央政治学校同学会，1942. ——书目来源：国家图书馆

中央政治学校新闻学系卅一年级级史 / 中央政治学校新闻学系编 . ——［重庆］：中央政治学校新闻学系，［1942］. ——残缺 . ——书目来源：国家图书馆

中央政治学校研究部概况 / 中央政治学校研究部编 . ——［南京］：中央政治学校研究部，［1942］. ——书目来源：南京图书馆、国家图书馆

做人、做事及其他 / 王云五 . ——重庆：商务印书馆，1942. ——书目来源：重庆图书馆

／王云五 . ——重庆：商务印书馆，1942，2 版 . ——书目来源：重庆图书馆、四川省图书馆

／王云五著 . ——重庆：商务印书馆，1943，3 版 . ——书目来源：重庆图书馆

／王云五著 . ——重庆：商务印书馆，1943，4 版增订版 . ——书目来源：重庆图书馆

／王云五著 . ——重庆：商务印书馆，1943，5 版增订版 . ——书目来源：重庆图书馆

1943 年

重庆大学校刊/ 国立重庆大学校刊编辑委员会编辑 . ——重庆：编者自刊，1943—1948. ——书目来源：广西壮族自治区图书馆

重庆区专科以上学校联合运动会秩序册/ 筹备委员会编 . ——［出版地不详］：［出版者不详］，1943.5. ——书目来源：北碚区图书馆

创造宣言 / 陶行知 . ——［出版地不详］：［出版者不详］，1943.1. ——在重庆时期发表 . ——书目来源：《四川省志 人物志》第 486 页

读书指导 / 杨杰等著 . —— 重庆：中国文化服务社，1943. ——书目来源：重庆图书馆、南京图书馆、国家图书馆

／杨杰等著 . —— 上海：中国文化服务社，1946.4. ——书目来源：重庆图书馆

国防建设与中等教育 / 章益讲. ——[出版地不详]：中央训练团党政高级训练班, 1943. ——作者简介：章益（1901—1986），字友三，安徽滁县人，抗战期间在重庆生活，曾任国立复旦大学校长. ——书目来源：重庆图书馆、南京图书馆

国立北京大学重庆同学会同学录［1943］/ 国立北京大学重庆同学会编. ——北京：国立北京大学重庆同学会, 1943. ——书目来源：重庆图书馆、国家图书馆

／国立北京大学重庆同学会编. ——重庆：国立北京大学重庆同学会, 1943. ——书目来源：重庆图书馆

国立重庆大学一九四三级毕业同学录/［作者不详］. ——[出版地不详]：[出版者不详], 1943. ——书目来源：北碚区图书馆

国立重庆师范学校过去现在与未来/ 重庆师范学校编. ——［重庆］：[重庆师范学校], 1943.3, 油印本. ——书目来源：北碚区图书馆、复旦大学图书馆、国家图书馆

国立四川造纸印刷科职业学校三年来之概况/ 国立四川造纸印刷科职业学校编. ——重庆：国立四川造纸印刷科职业学校, 1943. ——该校创建于1939年，校址设在重庆嘉陵江畔盘溪庙溪咀. ——书目来源：重庆图书馆、南京图书馆

军国民体育常识 / 吴光杰著. ——重庆：中华书局, 1943. ——作者简介：吴光杰（1886—1970），字霖泉，肥东县湖滨乡六家畈人。1941年调至重庆任军事委员会高级参谋，陆军少将衔，1946年于南京退役. ——书目来源：上海图书馆、南京图书馆、国家图书馆

课程编制/（美）Bobbitt J.F. 撰；熊子容译. ——重庆：商务印书馆, 1943. ——熊子容译序写于重庆沙坪坝（1941年8月）. ——作者简介：熊子容，曾任复旦大学教育学系主任、教授，中央大学教育学系主任、教授。毛主席赴重庆谈判期间亲自拜访他的老同学熊子容教授. ——书目来源：吉林省图书馆、湖南图书馆、重庆图书馆、国家图书馆

／（美）Bobbitt J.F. 撰；熊子容译. ——北京：商务印书馆,［出版时间不详］. ——书目来源：复旦大学图书馆

课外学艺研究 / 潘公展编 . ——金华：正中书局，1943. ——书目来源：重庆图书馆

孔学会成立大会言论辑要 / 孔学会编 . ——[重庆]：孔学会，1943. ——收林森、蒋介石的孔学会开幕致词和成立致词，以及孔祥熙、冯玉祥、陈立夫、何键、吴铁成、潘公展等人的讲演20篇 . ——书目来源：Stanford University（斯坦福大学）图书馆、云南师范大学图书馆

孔学会况 / 孔祥熙等著 . ——[重庆]：孔学会，1943. ——收孔学会成立的宣言、章程、工作计划大纲，以及孔祥熙、林森、何键、柯横、徐青甫等人的演说词、工作报告等共16篇 . ——书目来源：Stanford University（斯坦福大学）图书馆、云南大学图书馆

民众教育 / 陈礼江编著 . ——重庆：正中书局，1943. ——作者简介：陈礼江（1896—1984），号逸民，江西九江人，1940—1945年在重庆生活 . ——书目来源：重庆图书馆

/ 陈礼江编著 . ——上海：正中书局，1947. ——书目来源：国家图书馆、南京图书馆

/ 陈礼江编著 . ——[出版地不详]：正中书局，1947.2. ——书目来源：南京图书馆

新目录学的一角落 / 王云五 . ——重庆：商务印书馆，1943. ——书目来源：重庆图书馆、上海图书馆、南京图书馆、四川省图书馆

彭水教育源流概况 / [作者不详] . ——1943年，冉匡九生茔建成，刻于墓室两侧 . ——书目来源：《彭水县志》第937页

师范教育讨论集（第2辑） / 教育部中等教育司编 . ——[重庆]：教育部中等教育司，1943. ——教育部在陪都召集师范教育讨论会。内容有召集经过、讨论问题要目、决议案等 . ——书目来源：重庆图书馆、国家图书馆

文化教育与青年 / 罗家伦著 . ——重庆：商务印书馆，1943. ——中华民国三十一年十二月二十一日重庆 . ——书目来源：重庆图书馆、国家图书馆

/ 罗家伦著 . ——重庆：商务印书馆，1945. ——书目来源：重庆图书馆

/ 罗家伦著 . ——重庆：商务印书馆，1947. ——书目来源：四川省图书馆

学生课外作业大纲 / 周文郁口述 . ——[出版地不详]：[出版者不详]，

1943.——书目来源：《长寿县志》第 1145 页

学生相/ 丰子恺.——上海：开明书店，1943.——作者简介：丰子恺（1898—1975），字仁，号子恺，曾用名丰润、丰仁、婴行，浙江崇德人，1941—1946 年在重庆生活.——书目来源：南京图书馆

/ 丰子恺.——上海：开明书店，1945.——书目来源：重庆图书馆、广西壮族自治区图书馆

/ 丰子恺.——上海：开明书店，1947.——书目来源：重庆图书馆

学校文书处理与档案管理/ 殷钟麒著.——成都：更生书局，1943.——作者简介：殷钟麒（1907—1970），重庆长寿人，中国现代著名档案学家.——书目来源：重庆图书馆

/ 殷钟麒著.——成都：更生书局，1943.12，再版.——书目来源：南京图书馆

训育原理与实施/ 汪少伦.——重庆：商务印书馆，1943.——序言：1942 年 7 月，汪少伦于重庆沙坪坝国立中央大学.——作者简介：汪少伦（1902—1982），又名礼明，安徽桐城练潭（今双港镇山明村）人。国立编译馆编辑兼人文组主任，三民主义青年团重庆支团干事，中央政治学校教授兼教务副主任，国立中央大学教授兼公民训育系主任。民国三十三年任安徽省政府委员兼教育厅厅长.——书目来源：重庆图书馆、国家图书馆

/ 汪少伦.——上海：商务印书馆，1943.——书目来源：国家图书馆

/ 汪少伦.——上海：商务印书馆，1946.6.——书目来源：首都图书馆

/ 汪少伦.——上海：商务印书馆，1947，再版.——书目来源：湖南图书馆、浙江图书馆、国家图书馆、南京图书馆

战时儿童保育会四川分会第二保育院四周年/ 汪树棠等著.——永川：战时儿童保育会四川分会第二保育院，1943，石印本.——书目来源：重庆图书馆

战时各国宣传方策/ 赵超构.——重庆：独立出版社，1943.——作者简介：赵超构（1910—1992），原籍浙江文成，生于浙江瑞安（今文成县）。民国二十七年任重庆《新民报》主笔，撰写《今日论语》。民国三十三年参加中外记者团访问延安，发表系列通讯《延安一月》，向大后方人民介绍延安真实情况.

——书目来源：《抗战以来图书选目》

中国知行学说简史／赵纪彬．——重庆：中国文化服务，1943，初版．——民国三十一年三月十二日赵纪彬序于陪都南山之阴．——书目来源：重庆图书馆、北碚区图书馆、重庆中国三峡博物馆、涪陵区少年儿童图书馆

中山文化教育馆十周年工作概况／中山文化教育馆编．——重庆：中山文化教育馆，1943．——书目来源：南京图书馆、吉林省图书馆、重庆图书馆、国家图书馆、浙江图书馆

中西文化与文化复兴／胡秋原著；李建明编．——重庆：祖国出版社，1943．——新学术丛书，著者1938年至1943年春发表的论文，讨论文化及学术问题。收《中西文化论》《中国文化复兴论》《现代文化之主潮》《抗战以来之思想界》等12篇。附录：中西文化史对照简表．——书目来源：重庆图书馆、北碚区图书馆、南京图书馆、贵州省图书馆

／胡秋原著；李建明编．——重庆：祖国出版社，1943.9．——书目来源：贵州省图书馆

中央研究院三十一年度工作考察总评报告／国立中央研究院编．——［出版地不详］：［出版者不详］，［1943］，油印本．——书目来源：国家图书馆（存目）

1944 年

初中作文教学法／刘兆吉著．——上海：商务印书馆，1944．——作者简介：刘兆吉（1913—?），山东青州人。曾在重庆任职，写于重庆．——书目来源：重庆图书馆、国家图书馆、四川大学图书馆、四川省图书馆

／刘兆吉著．——上海：商务印书馆，1946．——书目来源：重庆图书馆

／刘兆吉著．——上海：商务印书馆，1948．——书目来源：四川大学图书馆、四川省图书馆

创造的儿童教育／陶行知著．——［出版地不详］：生活教育社，1944．——书目来源：重庆图书馆

广益中学四四级同学录／卢有玳编．——［出版地不详］：四川省银行印刷所，1944．——书目来源：重庆图书馆

国立北京大学重庆同学会同学录［1944］／国立北京大学重庆同学会编．——北京：国立北京大学重庆同学会，1944．——内收该同学会章程、同学录，以及《京师创立大学堂条议》等6篇文章，附建校四十周年大事年表．——书目来源：国家图书馆

国立同济大学重庆同学会会员录［1944］／国立同济大学重庆同学会编．——［出版地不详］：国立同济大学重庆同学会，1944．——书目来源：重庆数字图书馆

国立中央大学复校第一届毕业纪念刊／中央大学秘书处编．——［重庆］：中央大学秘书处，1944．——书目来源：南京图书馆、国家图书馆

国立中央大学概况：二十九周年校庆纪念／国立中央大学三十四届学生自治会学艺部编辑．——重庆：国立中央大学三十四届学生自治会学艺部发行，1944.7．——书目来源：北碚区图书馆、国家图书馆

国立中央大学机械工程学系三二级级友通讯录／重庆中心站编．——重庆：重庆中心站，［1944.10］．——书目来源：国家图书馆（存目）

江苏省立旅川临时中学概况／江苏省立旅川临时中学编．——［重庆］：江苏省立旅川临时中学，1944．——1938年春，江苏省组建两所联合中学，4月合并西迁至长沙，11月2日迁至重庆南岸野猫溪，更名为江苏省立旅渝联合中学，1940年初更名为江苏省立旅川临时中学．——书目来源：重庆数字图书馆

交流／葛一虹编；中苏文化协会主编．——重庆：商务印书馆，1944．——中、苏文化交流文集。收《文化交流与文化战斗》（王昆仑）、《中苏文艺交流之促进》（郭沫若）、《二十五年来苏联的汉学研究》（A.亚力克绥耶夫）、《鲁迅先生在苏联》（曹靖华）、《高尔基在中国》（果塔夫）等33篇，并有中、苏两国文化协会会议文件、文书、私人函件等．——书目来源：贵州省图书馆、北京大学图书馆、吉林省图书馆

校雠学／向宗鲁著．——重庆：商务印书馆，1944．——分正名、原始、宗郑、评杜、明颜、申陆、议孔、择本（上、中、下）、取材、杂述等12编．——书目来源：重庆图书馆、国家图书馆、四川大学图书馆、四川省图书馆／向宗鲁．——重庆：商务印书馆，1944.12．——书目来源：南京图书馆

教师日记／丰子恺著．——重庆：万光书店，1944．——1944年劳动节子恺

记于沙坪小屋. ——书目来源：北碚区图书馆

精益中学高七班同学录／［精益中学高七班编］. ——重庆：［精益中学高七班］，［1944］. ——书目来源：重庆图书馆

陆军机械化学校同学录／陆军机械化学校编. ——［出版地不详］：陆军机械化学校，1944. ——陆军机械化学校1944年秋迁至潼南. ——书目来源：重庆图书馆

陪都中等以上学校联合运动大会秩序册／［作者不详］. ——［重庆］：［出版者不详］，1944. ——书目来源：北碚区图书馆

社会教育机关训导实施法／陈礼江编著. ——重庆：正中书局，1944.6. ——作者简介：陈礼江（1896—1984），号逸民，江西九江人，1940—1945年在重庆生活. ——书目来源：重庆图书馆、南京图书馆

四川省实施国民教育办法要览：第六辑／四川省政府教育厅编. ——成都：四川省政府教育厅，1944. ——书目来源：南京图书馆

四川省实施国民教育办法要览·四川省政府教育办法要览／四川省政府教育厅编. ——成都：四川省政府教育厅，1944. ——书目来源：南京图书馆

文化建设新论／张道藩. ——重庆：中央文化运动委员会，1944. ——书目来源：重庆图书馆

五十年来出版趋势／王云五. ——［出版地不详］：商务印书馆，1944.2. ——书目来源：《陪都人物纪事》第287页

育才学校手册／陶行知编. ——重庆：私立育才学校，1944. ——书目来源：南京图书馆

育才学校小手册／陶行知. ——北碚：育才学校，1944. ——书目来源：北碚区图书馆

怎样练习写作／茅盾. ——重庆：文风书局，1944. ——书目来源：重庆图书馆、北碚区图书馆

战时中国报业／程其恒编著；马星野校订. ——桂林：铭真出版社，1944.3. ——程其恒自序于重庆. ——书目来源：首都图书馆、广东省立中山图书馆、湖南图书馆、天津图书馆、南开大学图书馆、复旦大学图书馆

中大指南／津人编著. ——重庆：北斗书店，1944. ——书目来源：重庆图

书馆

中国教育改革之途径/ 陈果夫．——重庆：正中书局，1944．——作者简介：陈果夫（1892—1951），浙江湖州人，1939—1945 年在重庆生活．——书目来源：重庆图书馆

　　／陈果夫．——上海：正中书局，［1944．12］．——书目来源：上海图书馆

　　／陈果夫．——重庆：正中书局，1945．——书目来源：重庆图书馆

　　／陈果夫．——南京：正中书局，1945．——书目来源：重庆图书馆、南京图书馆

　　／陈果夫．——上海：正中书局，［1945．10］．——书目来源：上海图书馆

　　／陈果夫．——［南京］：正中书局，1946．——书目来源：国家图书馆、南京图书馆、四川省图书馆

中国七大典籍纂修考/ 陆曼炎．——重庆：文信书店，1944．——民国三十三年三月二十五日陆曼炎渝都．——书目来源：重庆图书馆、北碚区图书馆

中外图书统一分类法 / 王云五．——［出版地不详］：商务印书馆，1944．——书目来源：南京图书馆

中央政治学校教职员录/ 中央政治学校编．——［重庆］：中央政治学校，1944．——书目来源：南京图书馆、国家图书馆

1945 年

重庆大公职业学校一览/ 重庆大公职业学校编．——重庆：重庆大公职业学校，1945．——书目来源：重庆图书馆、南京图书馆

重庆清华同学录 / 清华大学编．——［出版地不详］：清华大学，1945．——内收重庆清华同学会第二届理监事名单、卅四年度各级联络员名单、1909 级至 1943 级同学的通讯处等．——书目来源：上海图书馆

重庆清华同学名录/［作者不详］．——［出版地不详］：［出版者不详］，1945．——书名自拟．——书目来源：重庆图书馆

儿童教育 / 马客谈著．——重庆：中华儿童教育社，1945．——书目来源：重庆图书馆、国家图书馆

　　／马客谈著．——［出版地不详］：中华儿童教育社，1948．——书目来源：

重庆数字图书馆

国立同济大学重庆同学会会员录［1945］／［作者不详］．——［出版地不详］：［出版者不详］，1945.7．——书目来源：北碚区图书馆

国立中央大学法律系师生通讯录／国立中央大学法律系编．——［重庆］：国立中央大学法律系，1945．——书目来源：重庆图书馆

国立中央大学复校第二届毕业纪念刊／中央大学秘书处编．——［重庆］：中央大学秘书处，1945．——书目来源：南京图书馆、吉林省图书馆、国家图书馆

国民教师工作指引 第一集／马客谈主编；中华儿童教育社，国立重庆师范学校合编．——重庆：大东书局，1945．——书目来源：重庆图书馆

合川私立华国中学第十九班同学录／［合川私立华国中学第十九班编］．——合川：［合川私立华国中学第十九班］，1945．——有教师题字、同学留言、教师通讯一览表、同学通讯录等内容．——书目来源：重庆图书馆

教育心理学大观／艾伟．——重庆：商务印书馆，1945．——上册．——作者简介：艾伟（1890—1955），原名华泳，字险舟，湖北沙市人。1937 年随中央大学迁重庆沙坪坝，次年辞去中央大学师范学院院长职务，专任该校师范科研究部主任、研究院教育心理学部主任。1938 年，创办教育心理研究所，任所长，同时首创我国教育心理研究所，任所长。抗日战争胜利后，艾在中央大学受排挤，研究所亦奉令停办．——书目来源：重庆图书馆、国家图书馆

／艾伟．——［出版地不详］：商务印书馆，1946．——上中下册．——书目来源：复旦大学图书馆、广西师范大学图书馆、中国政法大学图书馆、苏州图书馆、北京大学图书馆、山东师范大学图书馆、浙江外国语学院图书馆

抗战时期之四川教育／四川省教育厅编．——四川：四川省教育厅，1945．——分高等、中等、国民、社会教育、教育行政等五部分．——书目来源：重庆图书馆

梁漱溟教育论文集，原名，梁漱溟先生教育文录／梁漱溟．——［重庆］：开明书店，1945.6．——书目来源：重庆图书馆、上海图书馆

／梁漱溟．——上海：上海书店出版社，1946．——书目来源：四川大学图书馆

／梁漱溟著，唐现之编．——上海：开明书店，1946.11.——书目来源：重庆图书馆、上海图书馆

／梁漱溟著．——重庆：[出版者不详]，1946.11.——书目来源：上海图书馆

普及现代生活教育之路及其方案／陶行知著．——重庆：生活教育社，1945.——书目来源：上海图书馆、重庆图书馆

四年来之中央文化运动委员会／[中央文化运动委员会]编．——[重庆]：中央文化运动委员会，[1945].——书目来源：南京图书馆、广西壮族自治区图书馆、国家图书馆、上海图书馆采编中心

怎样自我学习／郭沫若，夏衍等著．——[出版地不详]：青年生活社，1945.2.——书目来源：北京大学图书馆、广东省立中山图书馆、黑龙江省图书馆、吉林省图书馆、复旦大学图书馆、上海社会科学院图书馆、中共四川省委党校图书馆

中央广播事业管理处职员录／中央广播事业管理处人事室编．——[出版地不详]：中央广播事业管理处人事室，1945.——书目来源：国家图书馆（存目）

中央政治学校大学部第十一期毕业纪念册／中央政治学校大学部编．——[重庆]：中央政治学校大学部，1945.——书目来源：国家图书馆（存目）

1946 年

重庆市镶牙业务人员训练班毕业特刊／[作者不详]．——[出版地不详]：[出版者不详]，1946.8.——书目来源：重庆市档案馆

初等教育／马客谈著．——上海：正中书店，1946.——作者附注：马客谈（1884—1969），江苏六合人。抗战时期在北碚任国立重庆师范学校校长期间写成．——书目来源：重庆图书馆、南京图书馆

／马客谈著．——上海：正中书店，1947.——书目来源：国家图书馆

大足县旅渝同学会通讯录／胡齐畏编．——[出版地不详]：[出版者不详]，1946.——书目来源：重庆图书馆

国立重庆师范学校校友录／[作者不详]．——[出版地不详]：[出版者不

详]，1946.3.——书目来源：南京图书馆

国立中央工业专科学校、国立中央工业职业学校校友录/国立中央工校校友总会编.——重庆：国立中央工校校友总会，1946.——书目来源：重庆图书馆、国家图书馆

社会大学/社会大学同学会编.——[出版地不详]：北门出版社，1946.6.——该会组织职业青年在重庆开办社会大学，进行人格、知识、技术方面教育。书中收《新教育的开始（代序）》（李公朴）、《社会大学（诗）》（陶行知）、《三个半月的教学总结》（李公朴等）、《社会大学的我见》（黄齐生）、《在龌龊的社会里还要学习"人品"》（吴玉章）等文章.——书目来源：复旦大学图书馆、黑龙江省图书馆、西南大学图书馆

新师范教育论文集/陶行知，谢台臣等著.——[出版地不详]：[出版者不详]，1946.——书目来源：国家图书馆

四川古代文化史/郑德坤著.——[出版地不详]：华西大学博物馆，1946.——书目来源：国家图书馆

／郑德坤著.——[出版地不详]：华西大学博物馆，1946.7.——书目来源：上海图书馆

四川省二十四年度义务教育实施报告/四川省政府教育厅编.——四川：四川省政府教育厅，1946.——书目来源：重庆图书馆

陶行知教育论文选辑/陶行知著.——重庆：民联书局，1946.——书目来源：重庆图书馆

／陶行知著.——上海：生活·读书·新知联合发行所，1949.——书目来源：重庆图书馆

中工指南/国立中央工校基督教青年会编.——重庆：国立中央工校基督教青年会，1946.——书目来源：重庆图书馆

中国新型师范学校/马客谈著.——重庆：国立重庆师范学校，1946.——书目来源：重庆图书馆

／马客谈著.——[出版地不详]：国立重庆师范学校，1946.——书目来源：南京图书馆

／马客谈著.——上海：世界书局，1949.——书目来源：重庆图书馆

1947 年

重大概况/ 重大松光社主编. ——重庆：重大松光社，1947. ——主要介绍了重庆大学学校的校歌、学校概况、各院介绍（文理学院、工学院、商学院、法学院、医学院、统计专修科、体育专修科）、先修班，附录本校行政组织简表及各负责人，历届入学试题及解答. ——书目来源：重庆图书馆

重庆市教育概况统计要览/ 重庆市教育局统计室编. ——重庆：重庆市教育局统计室，1947. ——本书是搜集 1947 年度上学期本市各级教育机关及学校各项实际统计资料绘制而成的各种图表，有 15 张表、33 幅图. ——书目来源：重庆图书馆

公文档案管理法/ 傅振伦著. ——贵阳：文通书局，1947. ——作者简介：傅振伦（1906—1999），河北人，曾在重庆生活. ——书目来源：重庆图书馆

/ 傅振伦著. ［出版地不详］：文通书局，1947.1. ——书目来源：重庆数字图书馆

国立中央大学四川同学会会员通讯录/ 中大四川同学会第二届理事会编. ——［出版地不详］：中大四川同学会第二届理事会出版股，1947. ——内收中大川籍现任教授讲师助教一览表、历届毕业同学一览表、在校同学一览表等. ——书目来源：重庆图书馆

/ 中大四川同学会第二届理事会编. ——［出版地不详］：中大四川同学会第二届理事会出版股，1947.7. ——书目来源：南京图书馆

教育部特设体育师资训练所校友通讯/ 教育部特设体育师资训练所校友会重庆分会主编. ——重庆：教育部特设体育师资训练所校友会重庆分会，1947，石印本. ——书目来源：国家图书馆

私立潼光中学同学录拾班毕业/ ［作者不详］. ——潼南：［出版者不详］，1947. ——书目来源：重庆图书馆

四川旅平同学会通讯/ 四川旅平同学会编. ——［出版地不详］：［出版者不详］，1947. ——书目来源：重庆数字图书馆

四川平民教育促进会江津实验区概况/ 四川平民教育促进会江津实验区编. ——江津［重庆］：四川平民教育促进会江津实验区，1947. ——有本区沿革、

组织系统、工作概要、推广工作纪要等介绍.——书目来源：重庆图书馆

中国西部博物馆概况/［中国西部博物馆］编.——北碚：中国西部博物馆，1947.——书目来源：南京图书馆、吉林省图书馆、重庆图书馆、天津图书馆、贵州省图书馆、国家图书馆、上海图书馆采编中心、首都图书馆

中央政治学校毕业同学录/毕业指导部编.——［重庆］：毕业指导部，1947.——书目来源：国家图书馆、南京图书馆、浙江图书馆

1948 年

重庆市工业会会员名册　重庆市工业会成立大会提要/重庆市工业会筹备会编.——重庆：重庆市工业会筹备会，1948，油印本.——书目来源：重庆图书馆

树人十年：树人学校十周年纪念册/［树人学校出版委员会］编.——重庆：树人学校出版委员会，1948.——丰都人杨若愚有感于幼时求学的困苦，于民国二十七年创办树人学校。本纪念册主要有创办人杨董事长肖像，各界人士题词，校景十八幅，校况，专论，章则，习作五篇。其他题名：树人学校十周年纪念册.——书目来源：重庆图书馆

四川省教育会议纪要·第一辑/四川省政府教育厅编.——四川：四川省政府教育厅，1948.——书目来源：重庆图书馆

小学体育教材教法/邹法鲁编著；马客谈校.——上海：新夏图书公司，1948，初版.——上册1948年1月，下册1948年8月出版.——作者简介：邹法鲁，抗战时期曾在北碚任国立重庆师范学校校长。马客谈（1884—1969），江苏六合人。抗战时期在北碚任国立重庆师范学校校长期间写成.——书目来源：重庆数字图书馆

/邹法鲁编著；马客谈校.——［出版地不详］：世界书局，1948.8，初版.——书目来源：西北师范大学图书馆、河南大学图书馆、吉林省图书馆

/邹法鲁编著；马客谈校.——上海：世界书局，1948.9，初版.——书目来源：重庆图书馆

怎样教育人民/（美）赛珍珠（Pearl S. Buck）著；余铁英译.——［出版地不详］：华美印书社，1948.——介绍中国平民运动创始人晏阳初和平民教育

促进会工作。其抗战时期在重庆. ——书目来源：苏州大学图书馆

战时教育回忆/ 顾毓琇等. ——[出版地不详]：[出版者不详]，1948.10. ——书目来源：南京图书馆

中国围棋会重庆分会丛书（1、2册）/ 中国围棋会. ——[出版地不详]：中国围棋会，1948. ——书目来源：重庆数字图书馆

中央工专概况 / 张达尊，李巍编. ——重庆：国立中央工业专科学校同学会，1948. ——书目来源：重庆图书馆

1949 年

巴县私立人和初级中学报告书/ 巴县私立人和初级中学校董会编. ——巴县[重庆]：巴县私立人和初级中学校董会，1949. ——人和中学民国三十二年创办，报告明确了学校的组织形式、收支状况、教学情况等。本书是赠给陈思明先生的，缺损了摄影部分. ——书目来源：重庆图书馆

勉仁文学院院刊第一期/ 勉仁文学院院刊编辑委员会编辑. ——北碚：勉仁文学院，1949.5，线装. ——书目来源：西南政法大学图书馆

文化学及其在科学体系中的位置 / 黄文山著. ——广州：岭南大学西南社会经济研究所，1949. ——1940年著于重庆北碚. ——作者简介：黄文山（1901—1988），广东台山人. ——书目来源：重庆图书馆、南京图书馆、四川省图书馆

中国档案管理新论/ 殷钟麒著. ——重庆：私立崇实档案学校出版部，1949. ——分绪论、行政、办法三编，分述档案管理的意义、档案之功用，组织、人事、高级档案管理等. ——书目来源：重庆图书馆

中国文化要义 / 梁漱溟. ——[出版地不详]：[出版者不详]，1949. ——1946年北碚撰写. ——书目来源：《北碚地方志》第565页

出版时间不详

廿四年四川省学生集中训练总队训练管理规则/ [作者不详]. ——[出版项不详]. ——书目来源：重庆图书馆

巴县县立南泉乡村师范学校一览/ [冯均逸]编. ——[出版项不详]. ——冯均逸决定把办学的动议、筹备、成立、开办及现在办学状况等一切经过

情形统编成册，以备公众披览。本书分为序、创办旨趣、信条、组织吕纲（附组织系统图）、学则、实验小学概况、社会事业、农事概况、本校成立略史九部分.——书目来源：重庆图书馆

北新文选　说合理的意思等/任鸿隽等著.——上海：北新书局，［出版时间不详］.——作者简介：任鸿隽（1886—1961），字叔永，重庆垫江人.——书目来源：重庆数字图书馆

兵工署第十一技工学校同学录/兵工署第十一技工学校编.——［出版项不详］.——该校抗战期间在重庆江北.——书目来源：重庆图书馆

重庆大学一览/重庆大学.——重庆：重庆大学，［出版时间不详］.——有校长副校长各院长各系主任肖像、校景（重庆大学全景、重庆大学建筑中之理学院、重庆大学建筑中之学生宿舍、重庆大学第三十二周年纪念全体教职员学生拍电影、其他）、重庆大学经过概况、章则（重庆大学校董会简章、重庆大学组织大纲、重庆大学组织系统图、重庆大学校务会议简章等14项规程）、各院组织及学程（文学院、理学院、农学院）、经费（重庆大学二十一年度收支概况、二十年度收支预算）、名录（历任教职员名录、现任教职员名录、学生名录）、附高中部概况共十部分内容.——书目来源：重庆图书馆

重庆清华同学会名录/［作者不详］.——［出版项不详］.——收有重庆清华同学会第二届理监事名单，1909年到1943年34年中各级联络员名单、研究院人员名单、同学名单。名单按姓名、系别、籍贯、办公处（电话）、住处或通讯处编排.——书目来源：重庆图书馆

重庆益志书局/［作者不详］.——［出版项不详］.——有水平测量中的误差及水平仪之纠正、平板仪之劣点、平板仪之应用、四种测量方法、放射法、进测法、直测角度法等内容.——书目来源：重庆图书馆

重庆益志书局/［作者不详］.——［出版项不详］.——有平面测量、罗盘仪测量、角度测量中的误差及经纬仪纠正等内容.——书目来源：重庆图书馆

德育讲义/熊国璋.——［出版项不详］.——晚年著书.——书目来源：《万县文史资料》第1辑第8页

第二次中国教育年鉴1/教育部教育年鉴编纂委员会编.——［出版项不

详].——收国立黔江中学等概况.——书目来源：广州市社会科学院图书馆

国立北平大学工学院旅渝同学会会章／国立北平大学工学院旅渝同学会编.——［出版项不详］.——书目来源：重庆图书馆

国立北平大学农学院试验财产清查及估计／董时进编.——［出版地不详］：国立北平大学农学院试验场，［出版时间不详］.——书目来源：四川省图书馆

国立中山大学旅川同学会会刊／国立中山大学旅川同学会编.——重庆：国立中山大学旅川同学会，［194—？］.——书目来源：国家图书馆

国立中央大学重庆同学会会员录／［作者不详］.——［出版项不详］.——有国立中央大学重庆同学会理监事录、同学会会员录两部分.——书目来源：重庆图书馆

国立中央工校组织大纲办事总则暨各处室科办事细则／国立中央工业职业学校编.——重庆：国立中央工校，［1911？—1949？］，油印本.——书目来源：重庆图书馆

国立中央工业职业学校筹备委员会建筑说明书／国立中央工业职业学校筹备委员会编.——［出版项不详］.——书目来源：重庆图书馆

国立中央工业职业学校组织大纲及各项规则／国立中央工业职业学校编.——重庆：国立中央工业职业学校，［1911？—1949？］，油印本.——书目来源：重庆图书馆

国语科教材教法／郭林.——［出版项不详］.——作者简介：郭林（1913—1990），原名郭嗣麟，号詠公，云阳人.——书目来源：《云阳县志》第1121页

汉藏教理院立案文件汇编／［作者不详］.——［出版项不详］.——书目来源：重庆市档案馆

汉译科学大纲／任鸿隽译著.——［出版项不详］.——书目来源：《四川省志 人物志》第540页

合川县科学馆概况一览／合川县科学馆编.——［合川］：合川县科学馆，［出版时间不详］.——收该馆史略、目标、组织大纲、办事细则、规约、报告等.——书目来源：国家图书馆（存目）

淮南鸿烈简端记/ 向宗鲁．——［出版项不详］．——书目来源：重庆数字图书馆

江津县立女子中、小学校一年来之经过/［作者不详］．——［出版项不详］．——书目来源：西南政法大学图书馆

教导工作点滴 / 郭林．——［出版项不详］．——书目来源：《云阳县志》第 1121 页

聚奎学校史稿/ 吴芳吉著．——［出版项不详］．——作者简介：吴芳吉（1896—1932），字碧柳，别号白屋，自称白屋先生，世称白屋诗人，重庆江津人．——书目来源：《江津文史资料选辑》第 12 辑 134 页

抗事新闻记者的基本训练/ 刘光炎．——重庆：独立出版社，［出版时间不详］．——书目来源：《抗战以来图书选目》

抗战文化与青年 / 罗家伦著．——［出版项不详］．——书目来源：重庆图书馆

良师兴国的理论与实际 / 马客谈著．——［出版项不详］．——书目来源：《北碚文史资料》第 4 辑"抗日战争时期的北碚"第 154 页

孟禄教育调查讨论录 / 程昌祺编．——北京：北京新知书社，［出版时间不详］．——书目来源：重庆图书馆

陪都教育文化建设五年计划案/ 重庆市参议会．——重庆：［出版者不详］，［出版时间不详］．——书目来源：《重庆市临时参议会研究（1939—1946）》（向中银著）第 395 页

拳谱□□卷/（清）周玉峰撰．——民国抄本．——作者简介：周玉峰（1849—1916），字鹏元，重庆江北人。——书目来源：《江北县文史资料》第五辑第 151 页

申报儿童节纪念册 / 陶行知等著．——上海：申报，［出版时间不详］．——书目来源：重庆图书馆

四川留日同乡会年刊 / 四川留日同乡会编．——四川：四川留日同乡会，［出版时间不详］．——书目来源：重庆图书馆

四川农村教育服务车促进会青美号服务车概况报告书/［作者不详］．——重庆：［出版者不详］；［1911？—1949？］．——书目来源：国家图书馆（存目）

四川省教育近况 / 四川省教育厅编. ——成都：四川省教育厅，［出版时间不详］. ——主要有要旨、四川省之人口与面积、省教育经费、县教育经费、各类学校教育总况等内容. ——书目来源：重庆图书馆

四川省教育行政报告书 / 四川教育司编. ——四川：四川教育司，［出版时间不详］. ——书目来源：重庆图书馆

四川省立重庆中学高十四班毕业同学录 / ［作者不详］. ——［出版项不详］. ——书目来源：重庆市档案馆

四川省立教育学院交通区组学生暑期农村服务团报告书 / ［作者不详］. ——［出版项不详］. ——四川省立教育学院，院址现重庆市沙坪坝区第二十八中校内. ——书目来源：重庆图书馆

四川省政府派送教育部民众教育干部人员讲习班学员陈述四川省失学民众补习教育情形报告书 / ［作者不详］. ——四川：四川省教育部，［出版时间不详］. ——内有四川省失学民众补习教育实施概况、四川省二十五年度推行失学民众补习教育实施计划、四川省各县市保甲人员推进民众教育义务教育办法、四川省省会普及教育实施委员会工作计划纲要等内容. ——书目来源：重庆图书馆

四川省中等以上学校校长主任会谈辑要 / ［教育部编］. ——重庆：教育部，［出版时间不详］. ——书目来源：重庆图书馆、南京图书馆

四川实施义务教育大纲 / ［作者不详］. ——四川：［出版者不详］，［出版时间不详］. ——收大纲10条、规程58条. ——书目来源：重庆图书馆

四字儿童启蒙教材 / 成桢编著. ——［出版项不详］. ——作者简介：成桢，生卒年不详，字干特，重庆奉节藕塘人. ——书目来源：《奉节县志》第866页

图画常识 / 丰子恺. ——［出版地不详］：文化供应社，［出版时间不详］. ——教材. ——书目来源：重庆图书馆

新闻摄影 / 毛松友著. ——［出版项不详］. ——作者简介：毛松友（1911—2000），名仿梅，字松友，浙江省江山县仕阳村（今属大桥镇）人。1938—1945年在重庆生活。在北碚写成. ——书目来源：《北碚文史资料》第4辑"抗日战争时期的北碚"第402页